Gesichter des Lebens

Ethik Klassen 9/10

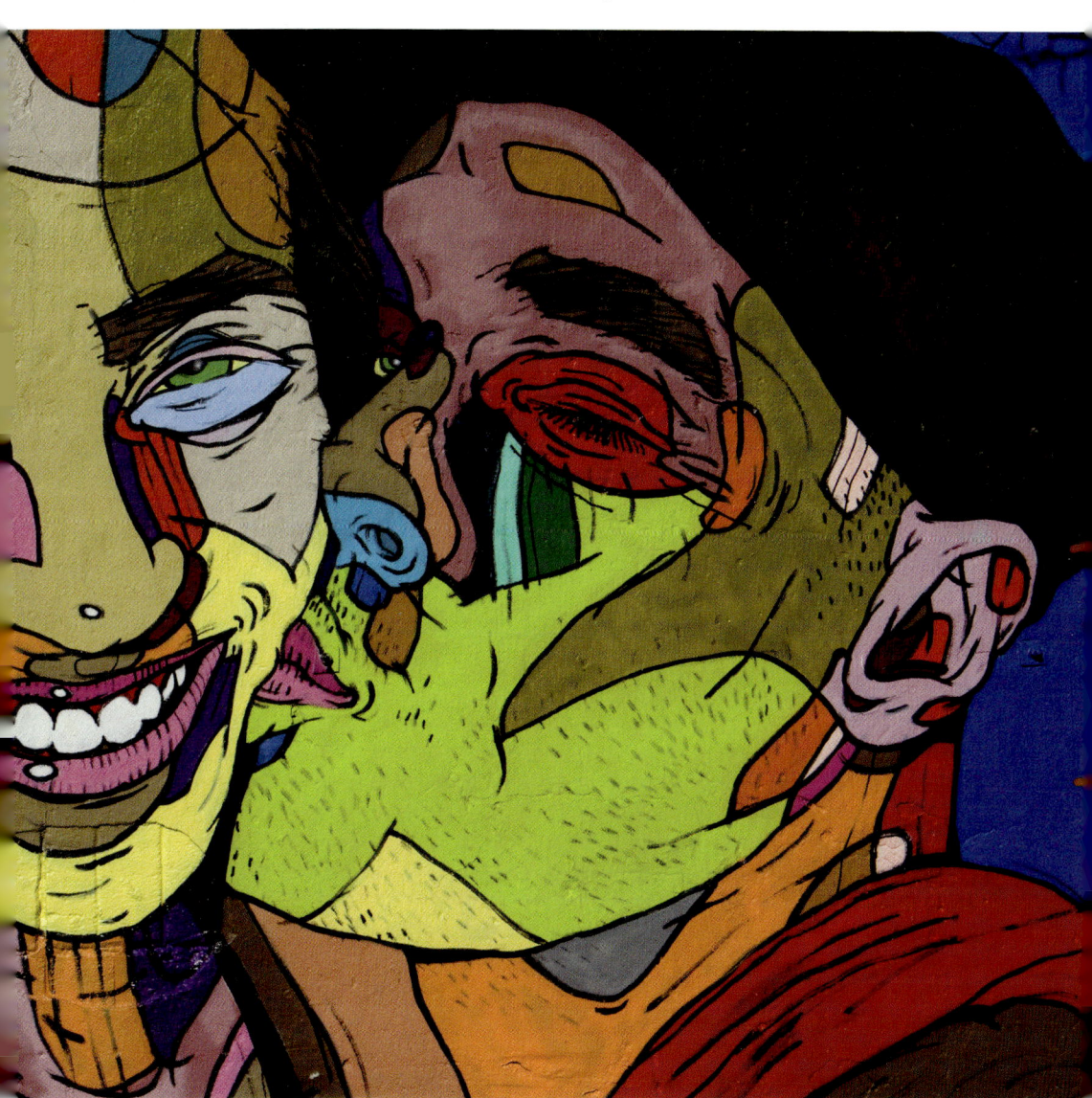

Herausgegeben von Dr. Helge Eisenschmidt

MILITZKE

Herausgeber: Dr. Helge Eisenschmidt

Autoren:
Kapitel 1	Donat Schmidt
Kapitel 2	Dr. Helge Eisenschmidt
Kapitel 3	Dominik Fehrmann
Kapitel 4.1, 4.2, 4.3	Dr. Martin Kühnel
Kapitel 4.4	Dominik Fehrmann
Kapitel 4.5	Dr. Wolfgang Luutz
Kapitel 5	Dr. Wolfgang Luutz
Kapitel 6.1, 6.2, 6.3	Dominik Fehrmann
Kapitel 6.4	Jana Paßler
Kapitel 7	Dr. Helge Eisenschmidt

Das Werk und seine Teile sind urheberrechtlich geschützt. Jede Nutzung in anderen als den gesetzlich zugelassenen Fällen bedarf der vorherigen schriftlichen Einwilligung des Verlages. Hinweis zu § 60 a UrhG: Weder das Werk noch seine Teile dürfen ohne eine solche Einwilligung eingescannt und in ein Netzwerk eingestellt werden. Dies gilt auch für Intranets von Schulen und anderen Bildungseinrichtungen.

© Militzke Verlag GmbH, Magdeburg 2020
Umschlaggestaltung: Ralf Thielicke (unter Verwendung eines Fotos von Stanislav Popov/ panthermedia.net)
Druck und Bindung: Himmer GmbH Druckerei & Verlag, Augsburg
ISBN: 978-3-86189-553-4

Militzke Verlag GmbH – www.militzke.de

1 Kommunikation, Medien, Wahrheit — 8

1.1 Verstehen und Verständigung — 10
Von Sendern und Empfängern — 12
Eisberge, Störungen, misslingende Kommunikation … — 16

1.2 Medien als Fenster zur Welt — 20
Die Welt wahrnehmen durch Medien — 22
Die Welt gestalten – mit Medien — 28

1.3 Die Suche nach Wahrheit und Erkenntnis — 38
Die Welt im Schaufenster – ein Exkurs zur Werbung — 36
Sehnsucht nach Ent-Täuschung — 40
Methode: Internetrecherche — 43

2 Über Glück, Freundschaft und Liebe — 44

2.1 Auf der Suche nach dem Glück — 45
Glück finden — 46
Philosophische Glücksvorstellungen — 50

2.2 Glück in der Erlebnisgesellschaft — 53
Neue „Götter" unserer Zeit — 54
Glück und Konsum – ein verrücktes Paar — 56

2.3 Freundschaft und Liebe — 60
Alle Menschen brauchen Freunde — 60
Lass es Liebe sein — 63
Sexualität und Verantwortung — 68
Methode: Sokratisches Gespräch — 71

3 In Freiheit und Würde — 72

3.1 In Fesseln: Unfreiheit hat viele Gesichter — 73
Äußere Unfreiheit — 73
Innere Unfreiheit — 76

3.2 Ich bin so frei: Freiheit und Selbstbestimmung — 78
Was es heißt, frei zu sein — 78
Warum Freisein kein Zuckerschlecken ist — 80
Fest verankert: staatliche Freiheitsrechte — 82

3.3 Menschenwürde und Menschenrechte — 84
Achtung: Menschenwürde! — 84
Menschenwürde im Lauf der Geschichte — 86
Menschenwürde unter der Lupe — 88
Von der Würde zu den Rechten — 90

3.4. Menschenwürde in Gefahr — 94
Stopp! Menschenwürde hat Vorfahrt — 94
Menschenwürde in der Diskussion — 96
Methode: Begriffsanalyse — 99

4 Verantwortung im Handeln — 100

4.1 Was in der Welt geschieht, hängt auch von uns ab — 101
Jeder ist ein „Global Player" — 101
Unrecht weltweit nicht dulden — 104

4.2 Wie wir miteinander leben wollen — 106
Gleiche Werte für alle? — 106
Philosophische Hilfestellungen — 109

4.3 Wissen, was man tut – verantwortlich sein — 113
Moralische und rechtliche Verantwortung — 113
Wer ist schuldig? — 117

4.4. Das Gewissen: meine innere Stimme — 120
Vom Gewissen geleitet — 120
Das Gewissen näher beleuchtet — 124

4.5 Wo liegt Utopia? — 128
Wie die Zukunft gedacht werden kann — 129
Träume leben — 134
Methode: Zukunftswerkstatt — 137

5 Eine Gesellschaft mit mehr Gerechtigkeit — 138

5.1 Gerechtigkeit auf dem Prüfstand — 140
Chancengleichheit auf dem Arbeitsmarkt? — 142
Benachteiligungen abbauen — 146

5.2 Rechtsansprüche gerecht abwägen — 150
Konflikte zwischen persönlichen Freiheitsrechten? — 150
Freiheitsrechte im Widerstreit mit dem Recht auf Existenzsicherung? — 152

5.3 Warum demokratische Gesellschaften Gerechtigkeit brauchen — 154
Der Grundsatz des Vorrangs der Freiheit — 156
Grundsatz verteilender Gerechtigkeit — 158
Methode: Gedankenexperiment — 161

6 Orientierung durch Glauben — 162

6.1 In gutem Glauben: religiöse Ethik — 163
Was tun? Religionen geben Antwort — 163

Zum Beispiel: Der Schutz der Umwelt	166
Das Projekt Weltethos	168
Religiöse Moral hinterfragt	170

6.2 Fundamentale Verirrungen — 174
Vorsicht Fundamentalismus! — 174
Jetzt reicht's: Fanatismus — 178

6.3 Gehört das Böse zum Leben? — 181
Der Mensch: Von Natur aus böse? — 181
Gibt es „das Böse"? — 184
Das Böse entzaubern — 186

6.4 Heilsversprechen – Auf der Suche nach Sinn — 188
Neue religiöse und weltanschauliche Gemeinschaften — 188
Faszination des Geheimen – Okkultismus und Esoterik — 196
Methode: Schritte ethischer Urteilsfindung — 201

7 Problemfelder menschlichen Lebens — 202

7.1 Selbstbestimmt leben — 203
Über Bedürfnisse und Fähigkeiten — 203

7.2 Die Endlichkeit des Lebens — 208
Begegnungen mit dem Tod — 208
Umgang mit Trauer — 212
Deutungen des Todes in Religion und Philosophie — 214

7.3 Zum Leben gehört das Sterben — 218
Sterbehilfe – Lebenshilfe oder Tötung? — 218
Das Sterben begleiten — 224

7.4 Medizinethik: Verantwortung vor dem Leben — 226
Bereiche der Medizinethik — 226
Chancen der Transplantationsmedizin — 230
Methode: Dilemmamethode — 235

Anhang — 236
Glossar *(mit * gekennzeichnete Worte werden im Glossar erklärt)* — 236

Das bedeuten die Symbole:

A Aufgaben   Ü Übung   Q Quelle   P Projekt   ↗ Tipp, Hinweis

1 Kommunikation, Medien, Wahrheit

Was kann ich wissen? – Eine große Frage

Die Frage nach dem, was ich wissen kann, stellt sich in der einen oder anderen Form jeder Mensch. Überhaupt handelt es sich bei dieser Frage um eine der ältesten Fragen der Menschheit – gleich nach der Frage, was es zu essen gibt. Zu dieser Frage wurden in den vergangenen Klassenstufen schon allerhand Antworten bedacht. Auch in diesem Kapitel wird sich diese Frage nicht endgültig klären lassen – aber es wird einige interessante Antworten geben.

Bücher im Regal:
- Verstehen und Verständigen
- Medien als Fester zur Welt
- Auf der Suche nach Wahrheit
- Worte, Begriffe, Bedeutungen
- Urteilen und Begründen
- Argumentieren leicht gemacht
- Schein und Sein
- Weltsichten Weltentwürfe
- Wirklichkeit und Konstrukt
- Die Suche nach dem Selbst
- Unsere Sinne
- Von den Sinnen getäuscht
- Über Wahrheit und Lüge
- Über Urteil und Vorurteil
- Über das Prüfen von Informationen

Gedankenblase: Was kann ich wissen?

A
1. Bilden Sie vier Gruppen. Jede Gruppe bearbeitet ein Regalabteil aus den unteren beiden Regalböden: Formulieren Sie je Buch zwei wichtige Erkenntnisse aus den vergangenen Schuljahren.
2. Definieren Sie in Gruppenarbeit den Begriff „Wissen". Grenzen Sie ihn dabei von „Wahrnehmen", „Verstehen", „Information", „Glauben" und „Meinen" ab.
3. Diskutieren Sie in den Gruppen: Wieso es für Menschen wichtig ist, zu wissen, was sie wissen? Formulieren Sie eine Antwort und erläutern Sie diese anhand verschiedener Beispiele.

Was kann ich wissen? – Drei kleine Antworten

Kommunikation ist ein Schlüssel zur Welt, zum Verstehen der Welt. Vieles von dem, was wir über die Welt wissen, wissen wir, weil es uns mitgeteilt wurde.
Aber wie genau funktioniert das Mitteilen? Wie können wir andere verstehen? Können wir einander überhaupt verstehen? Unter welchen Bedingungen? Wie können wir durch gelungene Kommunikation unsere Welt sinnvoll gestalten?

Verstehen und Verständigung

Woher wissen wir, dass die Welt eine Kugel ist, dass es radioaktive Elemente gibt, dass es in Spanien gerade regnet? Aus Büchern, aus dem Fernsehen, aus Zeitschriften. Medien sind unser Fenster zur Welt. Doch wie beeinflussen Medien unser Verhältnis zur Wirklichkeit? Besser gesagt: Wie bestimmen sie unsere Wirklichkeit? Können wir den Medien immer glauben? Welche Gefahren liegen in ihrer Nutzung? Welche Möglichkeiten und Chancen eröffnen sie uns?

Die Erkenntnistheorie setzt sich damit auseinander, was „wahr" oder „wirklich" ist und wo die Grenzen unserer Erkenntnis liegen.
In diesem Kapitel werden grundlegende Fragen gestellt: Ist Erkenntnis überhaupt möglich? Was ist wirklich wahr? Gibt es ein sicheres Wissen? Was verhindert, dass wir wissen? Wie kann ich zu sicherem Wissen gelangen?

Auf der Suche nach Wahrheit und Erkenntnis

Medien als Fenster zur Welt

Verschiedene Standpunkte – Von Traumtänzern und Bedenkenträgern

Je nachdem, ob ein optimistischer Traumtänzer oder ein kritischer Bedenkenträger die drei Bücher von Kommunikation, Medien und Erkenntnismöglichkeiten verfasst hat, dürften die Bücher ein unterschiedliches Bild abgeben: Ein optimistischer Traumtänzer sieht die positiven Aspekte, Chancen und Möglichkeiten, während der Andere die Gefahren, Beschränkungen und Probleme aufdeckt.

1. Erarbeiten Sie in Gruppenarbeit zu einem der drei Bücher je ein Werbeplakat für das Buch eines Traumtänzers und ein Werbeplakat für das Buch eines Bedenkenträgers. **A**

1.1 Verstehen und Verständigung

In aller Munde
Kommunikation ist in aller Munde, ein Modewort: Wir leben in einer Kommunikationsgesellschaft, in der Kommunikationskompetenz eine Schlüsselkompetenz ist. Es gibt Kommunikationstraining, Massenkommunikation, Kommunikationstechnik, Kommunikationsmedien, Kommunikationswissenschaft und vieles mehr. Doch: Was genau ist Kommunikation?

A
1. Beschreiben Sie Ihrem Partner abwechselnd mit wenigen Worten, welche Situationen in der Collage abgebildet sind.
2. Beurteilen Sie gemeinsam, auf welchen Bildern Kommunikationssituationen abgebildet werden und begründen Sie Ihren Standpunkt.

Zur Diskussion gestellt

Kommunikation ist immer wechselseitig.	Kommunikation ist ein Werkzeug.	Kommunikation dient stets der Durchsetzung von Interessen.
Kommunikation ist Informationsaustausch.		Jede Kommunikation findet über Zeichen statt.

1. Diskutieren Sie in einer Gruppenarbeit die Thesen.
2. Finden Sie Beispiele, die die Thesen belegen bzw. widerlegen.
3. Beurteilen Sie, welche der Thesen richtig, teilweise richtig bzw. falsch sind.

Alles Kommunikation, oder was?

Es muss [...] daran erinnert werden, dass das „Material" jeglicher Kommunikation keineswegs nur Worte sind, sondern auch [...] Phänomene [...] wie z.B. Tonfall, Schnelligkeit oder Langsamkeit der Sprache, Pausen, Lachen [sowie ...] Körperhaltung, Ausdrucksbewegungen (Körpersprache) usw. [...] – kurz, Verhalten jeder Art. [...]
Verhalten hat kein Gegenteil, oder um dieselbe Tatsache noch simpler auszudrücken: Man kann sich nicht nicht verhalten. [...] Der Mann im überfüllten Wartesaal, der vor sich auf den Boden starrt oder mit geschlossenen Augen dasitzt, teilt den anderen mit, dass er weder sprechen noch angesprochen werden will, und gewöhnlich reagieren seine Nachbarn richtig darauf, indem sie ihn in Ruhe lassen. Dies ist nicht weniger als ein Kommunikationsaustausch. [...] Aus dem oben Gesagten ergibt sich [...]: Man kann nicht **nicht** kommunizieren.

(Paul Watzlawick, Janet H. Beavin, Don D. Jackson: Menschliche Kommunikation: Formen, Störungen, Paradoxien. Huber, Bern 2007, S. 51ff.)

4. Erläutern Sie den Satz „Man kann nicht **nicht** kommunizieren."
5. Erläutern Sie Watzlawicks Kommunikationsbegriff: Wenn man nicht **nicht** kommunizieren kann, ist dann alles was man tut Kommunikation?
6. Beurteilen Sie Watzlawicks Schlussfolgerung, dass man nicht **nicht** kommunizieren kann.

Die Lasswell*-Formel

Kommunikative Handlungen lassen sich durch die Lasswell-Formel beschreiben.

WER SAGT		Sender	Sender	Sender	Sender
Inhalt	WAS		Inhalt	Inhalt	Inhalt
Empfänger	Empfänger	ZU WEM		Empfänger	Empfänger
Medium	Medium	Medium	AUF WELCHEM KANAL		Medium
Wirkung	Wirkung	Wirkung	Wirkung	MIT WELCHEM EFFEKT?	

7. Erstellen Sie eine Mindmap zum Thema „Kommunikation". Mögliche Schlüsselworte: Arten, Merkmale, Kommunikationskanäle (das womit man kommuniziert).

Von Sendern und Empfängern

Kommunikation und Zeichen

Zur Kommunikation werden Worte oder andere Zeichen genutzt. Mittels dieser Zeichen versucht man sich dem anderen begreiflich zu machen, sich auszudrücken, eine Bedeutung zu transportieren. Doch ganz so einfach ist es nicht: Wenn ich von einem Baum spreche, dann wird wohl jeder an einen anderen Baum denken oder andere Dinge mit Bäumen verknüpfen. Ganz davon abgesehen, kann ich Baum auch schreiben, in einer Fremdsprache formulieren oder ein anderes Wort verwenden usw. Es gibt für einen Zeicheninhalt mehrere mögliche Zeichenausdrücke und für einen Zeichenausdruck immer mehrere mögliche Inhalte (Bedeutungen).

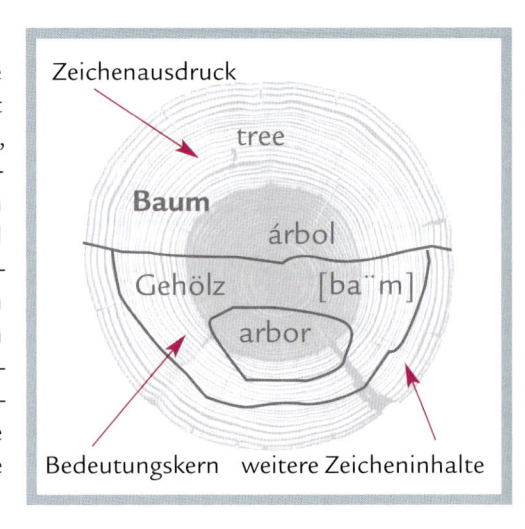

A
1. Erläutern Sie das Modell anhand des Wortes „Stuhl".
2. Diskutieren Sie in einer Gruppe, was den Bedeutungskern eines Wortes festlegt und wodurch die weiteren Zeicheninhalte entstehen.
3. Beurteilen Sie die folgende Behauptung: „Worte sind wie Pakete: Man packt eine Bedeutung hinein und der andere holt sie heraus. So und nicht anders funktioniert es, wenn man miteinander redet."

Verstehen und Verständigung

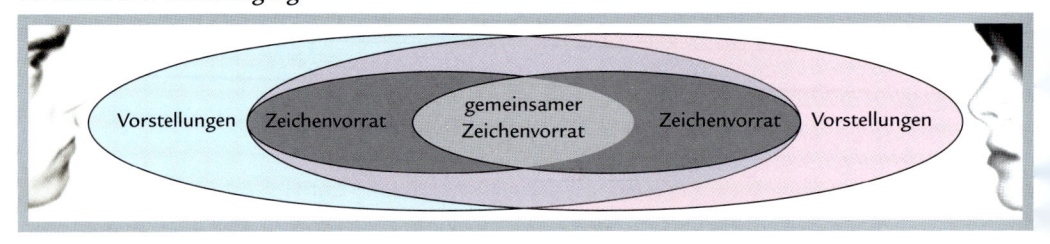

Der Löwe

Q
Als die Mücke zum ersten Mal den Löwen brüllen hörte, da sprach sie zur Henne: „Der summt aber komisch."
„Summen ist gut", fand die Henne.
„Sondern?" fragte die Mücke.
„Er gackert", antwortete die Henne. „Aber das tut er allerdings komisch."

(Günther Anders: Der Blick vom Turm. Fabeln. C.H. Beck, München 1988, S. 7)

A
4. Erklären Sie, wieso sowohl Mücke als auch Henne den Löwen nicht „verstehen" können.
5. Erläutern Sie das Kommunikationsproblem, das Mücke, Henne und Löwe haben – anhand der Kommunikation von Lehrern und Schülern.
6. Erklären Sie anhand des Schemas:
   a) das Verhältnis von Vorstellungen, Zeichenvorrat und gemeinsamen Zeichenvorrat
   b) wie Kommunikation funktioniert und welcher Voraussetzungen sie bedarf.

Von Sendern und Empfängern

Clara hat vor dem Mittagessen schon genascht. „Bitte nicht soviel", sagt sie daher zu ihrer Mutter. Diese antwortet genervt: „Es kann nun mal nicht immer nur Pizza und Spaghetti geben!"

1. Erläutern Sie den Dialog zwischen Clara und ihrer Mutter anhand der Lasswell-Formel (siehe S. 11).
2. Definieren Sie die Begriffe „Sender", „Medium" und „Empfänger".
3. Beurteilen Sie die Möglichkeiten der Lasswell-Formel (siehe S. 11), kommunikative Prozesse zu beschreiben.
4. Erläutern Sie das Schema anhand des Beispiels von Clara und ihrer Mutter.
5. Erklären sie anhand der Schemata zum Zeichen und zum Verstehen, wieso sich Aussageabsicht und Verstandenes deutlich voneinander unterscheiden können.

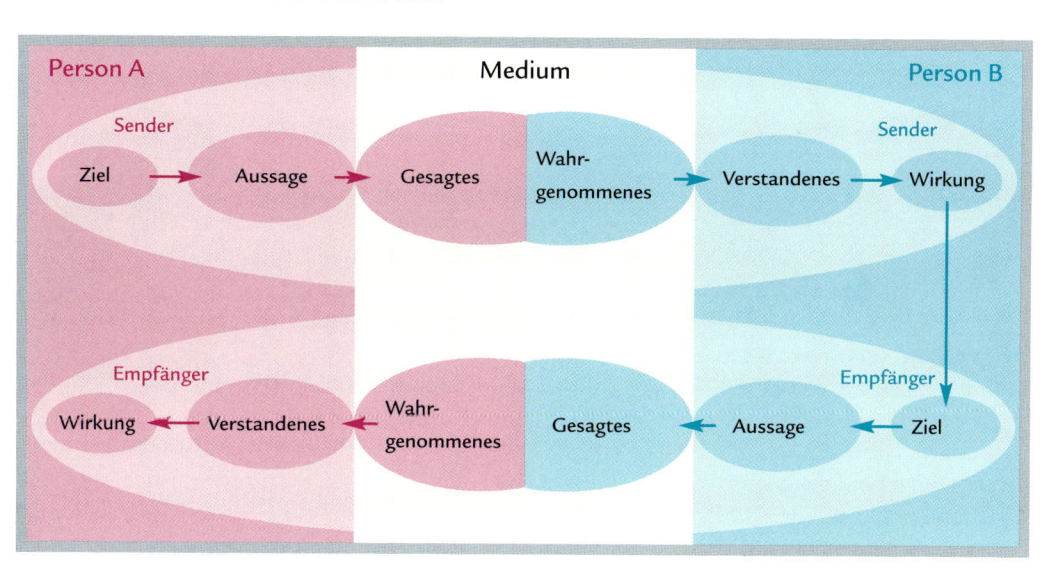

Was man unter „Verstehen" versteht

Verstehen ist ein vielschichtiger und aktiver Prozess. Er beginnt damit, dass ein Empfänger die Äußerung eines Senders mit seinen Sinnen wahrnimmt. Nehmen wir den Satz: „Hier zieht es." Der Empfänger hört die Worte und identifiziert sie als Zeichen. Erst wenn er weiß, dass es sich um für ihn bedeutungsvolle Zeichen handelt, macht er sich Gedanken um ihre Bedeutung. Dabei entschlüsselt er zunächst die einzelnen Bestandteile der Äußerung und deutet sie. Was meint der Sender mit „ziehen"? Erst wenn die Bedeutung der einzelnen Worte klar ist, kann die Äußerung im Zusammenhang verstanden werden. Wenn ich allerdings glaube, dass sich die Bedeutung von „Hier zieht es." darin erschöpft, dass mein Gegenüber mir mitteilen will, es herrsche eine rege Luftzirkulation im Raum, verkenne ich, dass der Sender etwas über sich mitteilen und mich möglicherweise zum Schließen eines Fensters anhalten will.

6. Beurteilen Sie die Behauptung: „Kommunikation heißt, dass beide, Sender und Empfänger, aktiv sind. Sie formulieren bzw. entschlüsseln eine Botschaft."
7. Diskutieren Sie in einer Gruppe, an welchen Stellen im obigen Schema Störungen/Probleme auftreten können.
8. Erstellen Sie in Gruppenarbeit ein Schema, das aufzeigt, wie „Verstehen" funktioniert und welche Probleme auftreten können.

Die Anatomie von Sender und Empfänger

Wie kann es zu einem derartigen Missverständnis kommen? Der Kommunikationswissenschaftler Friedemann Schulz von Thun hat dafür eine einfache Erklärung: Jede Nachricht enthält mehrere Botschaften. Dadurch ist Kommunikation in hohem Maße störanfällig. Das von ihm entwickelte Modell des Kommunikationsquadrats zeigt, dass eine Nachricht immer vier Seiten und Botschaften aufweist.

Ich kann heute Abend nicht zu deiner Party kommen.

Schon klar, du kannst mir auch gestohlen bleiben.

Sachebene
Selbstkundgabe
Beziehungsseite
Appellseite

Sachebene: Die Nachricht informiert, enthält Daten, Fakten und benennt Sachverhalte.
Selbstkundgabe: Jede Nachricht gibt (beabsichtigt oder unbeabsichtigt) etwas über ihren Sender preis (seine Gefühle, Werte, seinen Zustand).
Beziehungsebene: Durch die Wortwahl, den Tonfall, Mimik und Gestik vermittelt der Sender stets, was er von dem Empfänger hält und wie er das Verhältnis zu diesem sieht.
Appellseite: Mit einer Nachricht will der Sender etwas beim Empfänger bewirken (auf etwas Einfluss nehmen, Wünsche mitteilen, Emotionen wecken usw.).

	Sachebene	Selbstkundgabe	Beziehungsebene	Appellseite
Ich kann heute Abend nicht zu deiner Party kommen.				
Du kannst mir auch gestohlen bleiben.				

A 1. Übertragen Sie die Tabelle in Ihren Hefter und füllen Sie alle Felder aus. Gehen Sie zunächst davon aus, was die Sprecher eigentlich mitteilen wollen und übersetzen Sie dann beide Sätze auf jeder Ebene in andere mögliche Lesarten.

Eigenwillige Anatomie – Vier Ohren und vier Münder

Während der Sender im übertragenen Sinne mit vier verschiedenen Mündern vier verschiedene Botschaften übermittelt, hört der Empfänger die Botschaft mit vier verschiedene Ohren.

Das **Sach-Ohr** entnimmt der Nachricht die wichtigen Informationen und prüft deren Wahrheitsgehalt, Relevanz und Vollständigkeit.

Das **Selbstkundgabe-Ohr** fragt nach den Befindlichkeiten des Senders, seinen Gefühlen und Stimmungen.

Das **Beziehungs-Ohr** ist sensibel für die vermeintliche Einstellung des Senders zum Empfänger: Wird der Empfänger als gleichwertiger Partner respektiert oder bevormundet und herabgewürdigt? Herrscht eine angemessene Distanz oder eine vertrauliche Nähe? Ist der Empfänger mit der in der Botschaft enthaltenen Beziehungsdefinition nicht einverstanden, so wird seine Antwort dies signalisieren. In der Regel gilt, dass die beste Kommunikation in einer gleichberechtigten und von gegenseitigem Respekt geprägten Beziehung erfolgt.

Das **Appell-Ohr** achtet darauf, welche Erwartungen der Sender an den Empfänger hat, was der Empfänger fühlen oder tun soll. Manipulierende Sender stellen die anderen Botschaften in den Dienst der Appellseite: die Sachverhalte werden bewusst einseitig dargestellt, die Selbstkundgabe wird zur Selbstdarstellung genutzt, um eine bestimmte Wirkung bei Empfänger hervorzurufen und die Beziehungsbotschaft spiegelt einen Beziehungsstatus vor, den der Sender für günstig hält, um sein Ziel zu erreichen.

Kommunikationsstörungen treten auch dann auf, wenn der Empfänger einer Nachricht eine der Botschaften falsch deutet und/oder mit deren Inhalt nicht einverstanden ist.

Vor dem Tor einer mittelalterliche Stadt spielt sich folgende Szene ab. Die Belagerer stehen davor. Ihr Anführer schreit: Öffnet das Tor und ergebt euch!
Ihm hallt es entgegen: Ergeben? Dieses Wort kennen wir nicht!
Daraufhin der Anführer zu seinen Knappen: Geh, hol das Wörterbuch und wirf es ihnen über die Mauer!

1. Definieren Sie die Begriffe „Beziehungsdefinition" und „Kommunikationsstörung".
2. Formulieren Sie für jede der Nachrichten im Comic und im Dialog die vermutlich beabsichtigten Botschaften.
3. Analysieren Sie in Partnerarbeit die dargestellten Kommunikationssituationen (gesendete Botschaften, empfangene Botschaften, evtl. Kommunikationsstörungen)

Eisberge, Störungen, misslingende Kommunikation ...

Gefährliche Nachrichten sind wie Eisberge
Eisberge sind tückisch für die Schifffahrt. Nur einen Teil sieht man aus dem Wasser ragen, der größere Teil liegt unter der Wasseroberfläche verborgen – nicht oder nur schwer erkennbar.

A
1. Erläutern Sie, inwiefern Nachrichten wie Eisberge sein können.
2. Benennen Sie, was bei einer Nachricht sichtbar und was verborgen ist (Anregungen im Kasten).
3. Übertragen Sie das Eisbergmodell auf die vier Seiten einer Nachricht: Wann ist eine Nachricht gefährlich für die Kommunikation?

Anregungen
(Nur lesen, falls Sie nicht weiterkommen):

Gefühle, Wortwahl, Interessen, Ängste, Tonlage, Mimik, Hoffnungen, Erwartungen, Gestik, Prinzipien, Werte, Unsicherheiten, Probleme, Lautstärke, Wortbedeutungen

Kommunikationsstörungen

> Hey, was soll das? Die Blumen sind doch für dich.

> Die sind aber nicht mehr frisch. Soll das etwa heißen, dass ich auch nicht mehr frisch bin?

››› Es ist nicht von vornherein gesagt, dass etwas, das man als verletzend empfindet auch so gemeint ist. Aus diesem Grund dann eine negative, abwertende Beziehungsbotschaft zu senden, ist fatal, sie kränkt das Gegenüber.

››› Wissentlich wichtige Informationen unterschlagen, führt zu Fehleinschätzungen der Situation durch den Partner. Diese Form der Manipulation kann zu einem Vertrauensverlust führen.

››› Wertende Aussagen verhindern häufig sachbezogene Kommunikation – noch dazu, wenn die Wertung sich darin zeigt, dass der andere nicht ernst genommen, ironisiert bzw. verspottet wird

A
1. Erläutern Sie anhand des Bildes, wie Missverstehen zu einem „Teufelskreis der Kommunikation" führen und wie man diesem entkommen kann.
2. Finden Sie eigene Beispiele für Kommunikationsstörungen. Erläutern Sie diese anhand des Eisbergmodells oder des Kommunikationsquadrats.

... und was man dagegen tun kann

Auf den Kopf gestellt
Die folgende Aufgabenreihe ist eine Gruppenarbeit, die als Wettbewerb zu verstehen ist: Welche Gruppe kennt die „besten" Fehler?

1. Formulieren Sie 10 Tipps, wie man als Sender für Kommunikationsstörungen sorgen kann.
2. Formulieren Sie 10 Tipps, wie man als Empfänger für Kommunikationsstörungen sorgen kann.
3. Stellen Sie Ihre Arbeitsergebnisse im Plenum vor und stimmen Sie darüber ab, welche Gruppe die „besten" Tipps erstellt hat.

Missverständnissen vorbeugen zum Ersten – Zeigen, was man fühlt
Sei du selbst, gib dich so, wie dir zumute ist. Voraussetzung dafür: Versuche dir selbst klar zu werden, wie dir innerlich zumute ist. In der Psychologie spricht man von „Kongruenz" bzw. „Authentizität".
Kongruenz ist die Übereinstimmung zwischen dem inneren Erleben (was fühle ich), dem Bewusstsein (was davon ist mir bewusst) und der Kommunikation (was davon teile ich mit). Als Faustregel gilt:
››› Je kongruenter der Sender kommuniziert, desto klarer und eindeutiger ist die Nachricht zu verstehen. Bei nicht kongruenten Nachrichten weiß der Empfänger nicht, „woran er ist".
››› Je offener der Sender seine Gefühle und Gedanken „preisgibt", desto weniger braucht der Empfänger selbst auf der Hut zu sein, er kann wirklich intensiv zuhören.
››› Je mehr der Empfänger wirklich zuhört, umso mehr fühlt sich der Sender verstanden. Wenn er sich verstanden fühlt, wird er dem Empfänger positive Wertschätzung (auf der Beziehungsseite der Nachricht) entgegenbringen.
››› Dies wiederum merkt der Empfänger. Er fühlt sich akzeptiert und kann seinerseits kongruenter kommunizieren. Auf diese Art und Weise verstärken sich die positiven Gesprächsmerkmale gegenseitig.

Missverständnissen vorbeugen zum Zweiten – Verständlich sein
Verständlich informieren – kann man das lernen? Wer es lernen will, kann es. Dazu gehört lediglich: 1. Einfachheit als Gegenteil von Kompliziertheit und Verkomplizierung, 2. Gliederung und Ordnung als Gegenteil von Unübersichtlichkeit und Zusammenhangslosigkeit, 3. Kürze und Prägnanz als Gegenteil der Weitschweifigkeit.
(Nach Friedemann Schulz von Thun: Miteinander reden 1: Störungen und Klärungen – Allgemeine Psychologie der Kommunikation. Rowohlt, Reinbek 2008, S. 116ff.)

1. Erläutern Sie anhand eines selbstgewählten Beispiels, was eine nicht- oder inkongruente Nachricht ist.
2. Erklären Sie, wieso man sich weder selbst verbergen, noch ein Selbstdarsteller sein soll.
3. Ordnen Sie die Aspekte im Kasten den Kriterien für Verständlichkeit zu. Erstellen Sie eine Übersicht.

Beispiele, direkte Verbindungen aufzeigen, Anrede, Beschränkung auf Wesentliches, Visualisierungen, bekannte Worte, Überblick, mit wenigen Worten viele Informationen liefern, Fachworte erklären, Anschaulichkeit, Hervorhebungen, kurze Sätze, Überschriften, Abschnitte verdeutlichen, Vergleiche, logischer Aufbau

Nicht nicht kommunizieren gilt nicht!
Vermeidung von Kommunikationsstörungen

Clara: Du hast das schon wieder nicht mit. Und du willst'ne Freundin sein ...

Maxine: Wenn du daran Freundschaft festmachst ... Zicke!

A
1. Analysieren Sie in Partnerarbeit die Nachrichten: Wo liegen problematische Äußerungen vor? Begründen Sie!
2. Formulieren Sie die einzelnen Nachrichten so um, dass eine störungsfreie Kommunikation möglich wird.
3. Führen Sie kurze Szenen als Rollenspiel auf, bei welchem Sie jeweils einer problematischen eine verbesserte Variante der Kommunikation gegenüberstellen.

Gemeinsame Ziele setzen
Bevor man ein gemeinsames Gespräch sucht, sollte erst einmal klar sein, was man erreichen will. Unterrichtsgespräche zeichnen sich meist durch einen starken Sachbezug aus. Es ist dann darauf zu achten, dass eine Diskussion nicht durch die anderen Ebenen gestört wird und dass das Gespräch konstruktiv verläuft. Das fällt leichter, wenn ein roter Faden existiert, ein gemeinsames Ziel. Dieses sollte vor der Diskussion klar formuliert sein.

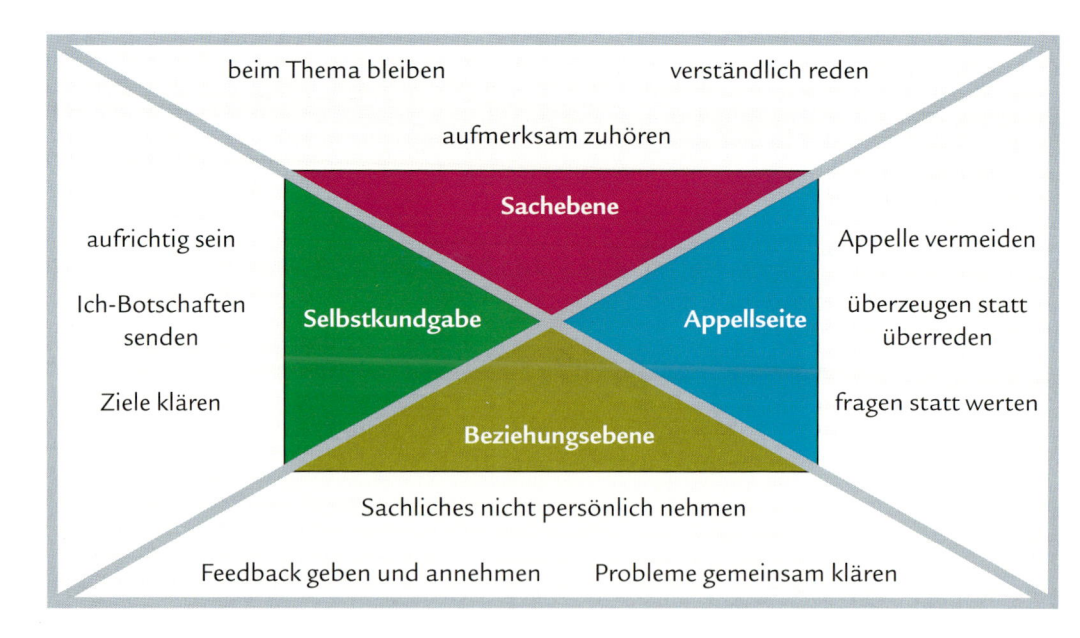

- beim Thema bleiben
- verständlich reden
- aufmerksam zuhören
- Sachebene
- aufrichtig sein
- Appelle vermeiden
- Ich-Botschaften senden
- Selbstkundgabe
- Appellseite
- überzeugen statt überreden
- Ziele klären
- fragen statt werten
- Beziehungsebene
- Sachliches nicht persönlich nehmen
- Feedback geben und annehmen
- Probleme gemeinsam klären

A
4. Diskutieren Sie, inwiefern eine gemeinsame Zielformulierung für ein Gespräch notwendig ist.
5. Tauschen Sie sich mit Ihrem Partner aus, bei welchen drei Hinweisen für Sie persönlich der größte Handlungsbedarf herrscht.
6. „Nicht nicht kommunizieren gilt nicht", so lautet die Seitenüberschrift. Erläutern Sie, wieso es mit „Nicht-nicht-Kommunikation" in einem Gespräch nicht getan ist.

Verstehen und Verständigung | 19

Philosophische* Gespräche führen

Eine wichtige Form des philosophischen Gesprächs ist das Sokratische Gespräch, bei dem man gemeinsam und gleichberechtigt ein philosophisches Problem diskutiert. Konkrete Erfahrungen bilden dabei Ausgangspunkte, von denen auf allgemein Gültiges geschlossen wird – ohne dass auf Theorien, Lehren und Autoritätsargumente zurückgegriffen wird.

Sokratisches Gespräch

In der Vorbereitung wird eine gemeinsame Problemfrage formuliert (Was soll geklärt werden?) und es erfolgt eine Verständigung über die Regeln und den Ablauf der Diskussion.

Im philosophisches Gespräch selbst werden zunächst Beispiele zum Thema gesammelt und schriftlich festgehalten. Um den Kern der Sache aufzuspüren, werden Gemeinsamkeiten zwischen den Beispielen und Gegenbeispiele gesucht. In Auswertung der Beispiele und Gegenbeispiele wird eine gemeinsame Antwort auf die Problemfrage formuliert.

Schließlich sollten noch das Gespräch selbst, seine Regeln, sein Verlauf und seine Ergebnisse reflektiert werden.

Schüler: Wenn Sie ordentlichen Unterricht machen würden, würden wir auch mitmachen!

Lehrer: Ihr lasst mir doch keine andere Möglichkeit als Lehrervortrag und Stillarbeit.

Gesprächsregeln

- Formuliere deine Beiträge kurz und prägnant.
- Beiträge sollen sachlich und sachdienlich sein.
- Nach der Diskussion wird die Diskussion an sich ausgewertet.
- Kritik ist konstruktiv zu gestalten.
- Keine Appelle – stattdessen Ich-Botschaften.
- Gefühle und Meinungen anderer sind zu respektieren und dürfen geäußert werden.
- Es redet immer nur einer, die anderen hören zu.
- Probleme, die die Diskussion stören, sind zuerst zu klären.
- Wer etwas nicht versteht oder wem etwas unklar ist, der fragt nach.
- Jede Äußerung erhält ein Feedback.
- Autoritätsargumente sind verboten. (Das hat ... schon gesagt.)
- Jeder sagt, was er denkt oder fühlt; keine Täuschungen, kein Rollenspiel.
- Berechtigte Kritik wird angenommen.
- Es herrscht Begründungspflicht.
- Alle dürfen und sollen ihre Meinungen äußern.
- Gruppenregeln gelten für alle gleichermaßen.

2. Einigen Sie sich in Ihrer Gruppe auf zehn Gesprächsregeln für den Unterricht, es können auch selbst formulierte Regeln sein. Stellen Sie diese im Plenum vor. [A]
3. Einigen Sie sich im Plenum auf zehn für die Klasse verbindliche Gesprächsregeln.

1.2 Medien als Fenster zur Welt

Ein Zimmer mit Blick auf... die Welt

Was sind Medien?

Diese Frage lässt sich durch Beispiele recht schnell beantworten: Fernsehen ist ein Medium, das Internet, Zeitungen, Zeitschriften, Bücher, CDs und DVDs, Handy, Filme, Texte, Bilder usw. – alles Genannte sind Medien. Aus dem Lateinischen übersetzt, bedeutet Medium soviel wie „Mitte" oder „das, was dazwischen ist". Medien stehen zwischen Menschen und vermitteln was andere sagen, denken, fühlen – bzw. sagten, dachten, fühlten.

```
- Speicherung
  - Botschaft
    - Information
      - Werbung ...
```

```
- Fenster, Rahmen,
  Griff
- drinnen, draußen
- Wieso lebt man nicht
  draußen?
- Warum hat ein Haus
  Fenster?
```

A
1. Erarbeiten Sie eine Definition zum Begriff „Medien".
2. Ist eine Einkaufsliste ein Medium? Begründen Sie!
3. Erstellen Sie eine Mindmap zu „Medien".
4. Betrachten Sie das Bild. Würden Sie sich in einem solchen Raum wohlfühlen? Begründen Sie.
5. Der Titel des Bildes lautet "Fenster zur Welt". Erklären Sie mit Hilfe der Notizzettel, wie Sie den Titel verstehen.
6. Legen Sie dar, ob und inwiefern unser Lebensraum wie die abgebildete Wohnstube ist?
7. Übertragen Sie die obere Tabelle auf Seite 21 in Ihren Hefter und füllen Sie sie aus. Was bemerken Sie?

Medien als Fenster zur Welt   21

Woher weißt du, ...	weiß ich nicht	in Medien gesehen bzw. gehört	in Medien gelesen	aus eigener Erfahrungen
dass Steinkohle brennt?				
dass Megan Fox als schön gilt?				
dass es Atome gibt?				
welches Datum heute ist?				
dass es in der Antarktis Eis gibt?				
wer uns regiert?				
dass die Titanic gesunken ist?				
dass Butter aus Milch gemacht ist?				
welche Musik gerade „in" ist?				
dass es Schnabeltiere gibt?				
wie groß Deutschland in etwa ist?				

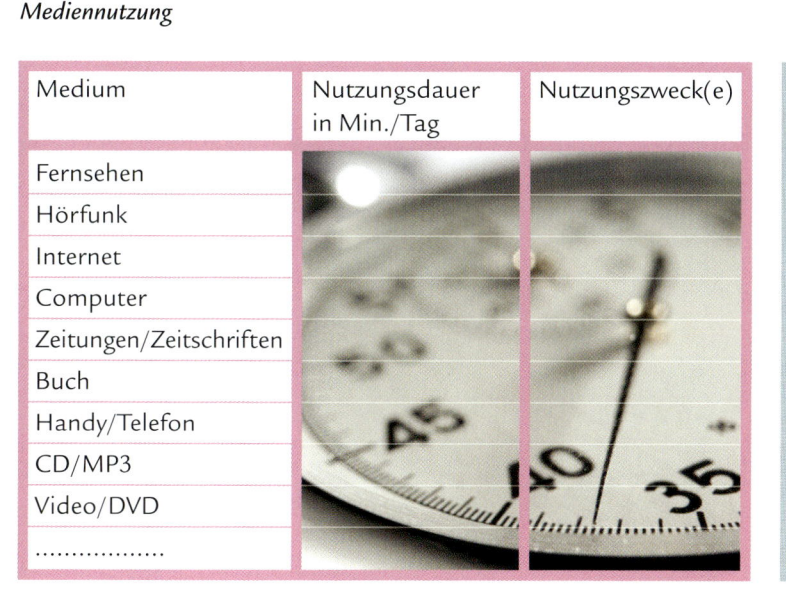

Mediennutzung

Medium	Nutzungsdauer in Min./Tag	Nutzungszweck(e)
Fernsehen		
Hörfunk		
Internet		
Computer		
Zeitungen/Zeitschriften		
Buch		
Handy/Telefon		
CD/MP3		
Video/DVD		
....		

Nutzungszwecke von Medien

Bildung/Wissenserwerb
Information/Neuigkeiten
Beratung/Lebenshilfe
Unterhaltung/Entspannung
Spiel/Spaß
Kommunikation/Gespräch

1. Übernehmen Sie die Tabelle in Ihren Hefter und vervollständige Sie diese.
2. Bilden Sie Fünfer Gruppen und vergleichen Sie Ihre Tabellen: Was sind die drei von Ihnen am meisten genutzten Medien? Was sind die drei am meisten genutzten Funktionen?
3. Stellen Sie sich vor, Sie dürften nur drei dieser Medien und nur drei dieser Funktionen nutzen: Welche wären das? Diskutieren Sie in der Gruppe und fassen Sie die Ergebnisse vor der Klasse zusammen.
4. Erklären Sie, welche Gründe mögliche Unterschiede von Wichtigkeit und Nutzungshäufigkeit haben könnten.

A

Die Welt wahrnehmen durch Medien

Noch einmal von vorn – Was ist wirklich wahr?

Bevor es weiter um das Thema „Medien und Wirklichkeit" geht, scheint es sinnvoll, genauer hinzuschauen, was „Wirklichkeit" ist – bzw. wie sie *gemacht* wird. Richtig: „Gemacht wird", denn die Welt ist nicht einfach da und wir sehen sie, wie sie ist – sondern „wirklich" ist, was wir für „wahr" nehmen und wahrnehmen. Sicher gibt es nur die eine Wirklichkeit – aber letztlich ist sie für jeden anders.

A
1. Führen Sie ein Gruppenpuzzle durch. Jede Gruppe hat mindestens fünf Mitstreiter, die sie in die Expertengruppen entsendet – je eine Expertengruppe pro untenstehenden
    a) Aufgaben für die Expertengruppen:
      › Finden Sie drei Beispiele für Situationen, in denen es sinnvoll oder problematisch wäre, auf „Ihren" Tipp zu hören.
      › Beurteilen Sie Ihren Tipp und formulieren Sie ihn gegebenenfalls um.
    b) Aufgaben für die weitere Arbeit in den Gruppen:
      › Beurteilen Sie die Behauptung „Wirklichkeit gibt es nur die eine – nur: sie ist für jeden anders."
      › Wenn Medien das Fenster zur Wirklichkeit sind: Wie lassen sich die fünf Tipps auf den Umgang mit Medien übertragen? Formulieren Sie fünf Ratschläge für den Umgang mit Medien.

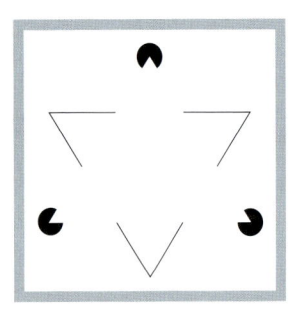

1. Eine Frage des Denkens

Zwei Dreiecke? Wirklich? Ich sehe kein einziges, sondern nur drei Kreisausschnitte und drei Winkel. Faktisch vervollständigt unser Denken unsere Beobachtungen, sodass man Dinge zu sehen glaubt, die vielleicht gar nicht existieren – ganz einfach weil wir meinen, dass sie da sind. Wenn man jedoch lernt, sich eines vorschnellen Urteils zu enthalten, dann läuft man weniger Gefahr, dem Denken und Meinen in die Falle zu laufen.

Keine vorschnellen Urteile fällen, sondern erst einmal „nur" beobachten und beschreiben.

2. Eine Frage der Perspektive

Je nachdem, welchen Standpunkt man hat, wird die Welt mal so und mal so erscheinen. Aus dieser Perspektive muss man annehmen, der Leuchtturm ist winzig, kein Schiff auf See kann ihn sehen. Bewegt man sich jedoch, blickt man aus einer anderen Perspektive, dann bemerkt man die Täuschung. Damit man einer Täuschung nicht erliegt, muss man in der Lage sein, seinen Standpunkt zu ändern.

Im Geist beweglich bleiben und verschiedene Standpunkte einnehmen!

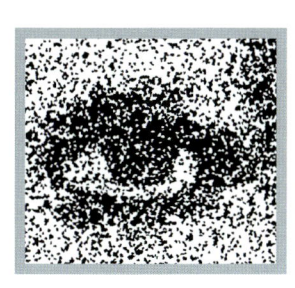

3. Eine Frage der Genauigkeit

Auf dem Bild links sind nur schwarze Flecken? Sicher richtig. Aber wer genauer hinschaut, der sieht mehr. Manchmal sieht man Dinge nicht auf den ersten Blick. Man kann Situationen nicht immer sofort überblicken. Und: Wer genauer hinschaut, wird manchmal auch enttäuscht. So gilt für jede Wahrnehmung: Lieber erst einmal in Ruhe hinschauen.

Genau hinschauen, sich Zeit nehmen, die Wahrnehmung „verlangsamen".

4. Eine Frage der Einstellung

Von Verliebten sagt man, dass sie eine „rosarote Brille" aufhaben. Gemeint ist damit, dass man nur das Positive sieht und Negatives übersieht. Wenn einer „schwarzmalt", dann wird er hingegen einige schöne Dinge nicht für „wahr" nehmen. So funktioniert Wahr-Nehmung: Wie man in den Wald hineinruft, so schallt es heraus. Je nachdem, welche Herangehensweise man hat, blendet man bestimmte Dinge aus oder nimmt andere stärker wahr. Man spricht in diesem Zusammenhang davon, dass Wahrnehmung selektiv ist. Wenn man weiß, welche Gefühlslage man gerade hat, dann kann man die eigene Wahrnehmung kritisch hinterfragen.

Immer überlegen, welche „Brille" man gerade aufhat – und überlegen, wie es durch eine andere Brille aussehen könnte.

5. Eine Frage der Gewöhnung

Nicht immer muss alles so sein, wie man es gelernt hat oder wie andere es sagen. Innerhalb gesunder Grenzen sollte man Neues ausprobieren, alte Denkgewohnheiten ignorieren und neue Sichtweisen einnehmen. Wenn jeder alles so hingenommen hätte, wie er es vermittelt bekommen hat, würden wir heute immer noch glauben, dass die Erde eine Scheibe ist. Um herauszufinden, was an einer Sache dran ist, bedarf es der richtigen Dosis Zweifel und einfacher Fragen: Wieso sollte ich das glauben? Was wäre wenn es sich doch anders verhält? Gibt es gute Gründe für eine andere Sichtweise?

Nicht einfach alles hinnehmen, sondern sich selbst ein Bild machen.

1. Erstellen Sie für Ihre Klasse ein Weblog (siehe S. 35). Dieses Weblog soll für das Thema „Medien und Wirklichkeit" Ihr Wegbegleiter sein: Hier werden Ihre Arbeitsergebnisse und Gedanken zum Thema gesammelt, veröffentlicht und diskutiert. Bis zum Ende der Unterrichtsreihe hat jeder Schüler im Weblog mindestens einen eigenen Beitrag sowie drei Kommentare zu verfassen.
2. Diskutieren Sie, in welchem Maße Medien unsere Wirklichkeit „machen".
3. Erweitern Sie auf der Grundlage eigener Erfahrungen die Liste der Tipps für den Umgang mit Medien.

Fenster zur Welt – Vermittelte Wirklichkeit

Lieferung frei Haus

„Hier ist das erste deutsche Fernsehen mit der Tagesschau. Guten Abend …" — Und wieder werden nur Gesichter gezeigt, personalisierte Geschichten, nichtssagende Neuigkeiten. Jede Nachricht wird durch ein ausdrucksstarkes aber inhaltsleeres Bild eröffnet. Hauptsache, die Verpackung stimmt.
Deshalb schaut man hin: Schließlich will/muss man ja Bescheid wissen und dabei sein (oder mittendrin). So wird uns die Welt ins Wohnzimmer geliefert: mundgerecht aufbereitet, schmackhaft und verdaulich.

A
1. Erklären Sie den Sinn und Nutzen von Nachrichtensendungen.
2. Erläutern Sie die Kritikpunkte, die im Text genannt werden.
3. Wählen sie zwei Versuchspersonen, schauen Sie mit diesen „zufällig" eine Nachrichtensendung an und fragen Sie diese eine Stunden später, welche Nachrichten in der Sendung vorkamen (Wichtig ist dabei, dass die Versuchspersonen nichts vom Zweck des Versuchs wissen.).
   Beurteilen Sie das Ergebnis: Welchen Nutzen haben Nachrichtensendungen?

Die Welt erfahren

Q Da es dem König aber wenig gefiel, dass sein Sohn, die kontrollierten Straßen verlassend, sich querfeldein herumtrieb, um sich selbst ein Urteil über die Welt zu bilden, schenkte er ihm Wagen und Pferd. „Nun brauchst du nicht mehr zu Fuß zu gehen", waren seine Worte. „Nun darfst du es nicht mehr", war deren Sinn. „Nun kannst du es nicht mehr", deren Wirkung.

(Günther Anders: Die Antiquitiertheit des Menschen 1. Beck, München 1994, S. 97)

Für den Philosophen Günther Anders (1902–1992) sind Wagen und Pferd eine Metapher* für das Fernsehen und andere Massenmedien.

Bildteil	Deutung
Der Sohn trieb sich herum, um …	Wir wollen …
Ohne die Kutsche …	Ohne Medien …
Eine Kutsche ist schnell, bequem und …	Medien sind …
Straßen sind …,	während querfeldein …
Wegen der Kutsche braucht/darf/kann der Sohn nicht mehr …	Wegen der Medien, brauchen/dürfen/können wir nicht mehr …
Der König schenkt seinem Sohn die Kutsche, weil …	… gibt uns Medien, weil …

A
4. Übertragen Sie die Tabelle in Ihren Hefter und vervollständigen Sie diese gemeinsam.
5. Beurteilen Sie Anders' Einschätzung der Massenmedien.
6. Formulieren Sie einen Weblog-Beitrag zu Anders' Medienkritik.

And that's the way it is

Da sieht man, was in der Welt passiert. Man ist eigentlich, häufig in Echtzeit und living colours, geradezu selber dabei gewesen. Meint man. Es gab vor langer Zeit in Amerika mal eine Nachrichtensendung, die der Moderator am Schluss mit dem Satz beendete: „And that's the way it is." Und dann folgte lediglich noch das Datum. Das hieß: Jetzt wusste man, was heute in der Welt Wichtiges passiert war. [...] Na ja, so ganz stimmt das eben leider doch nicht. [...] Die Bildschirm- oder die Zeitungswahrheit ist doch nur die Wahrheit dessen, der sie ausgewählt und sich zurechtgelegt hat. [...] Heute sind wir in der Lage, Fernsehbilder zu manipulieren und in Echtzeit und living colours eine Realität vorzugaukeln, die es gar nicht gibt. [...]

[W]ir werden überflutet mit Daten und Informationen – zum einen, weil wir vor lauter Papierbergen und vor lauter Internetseiten und vor lauter Fernsehbildern nicht mehr durchblicken, zum andern, weil wir diese Flut einfach in uns hineinlaufen lassen, weil wir nicht distanziert und kritisch darüber nachdenken, und auch deshalb, weil wir einfach nicht richtig zuhören und nicht genau hinsehen. Wenn uns abends um neun jemand fragt, was denn in den Nachrichten um sieben gesendet worden ist, dann fangen wir an zu stottern. [...] Wir haben es ja gar nicht wahrgenommen, haben es nicht verinnerlicht, obwohl wir im Sessel vor dem Fernseher saßen und hingeschaut haben. [...]

Für schlimm halte ich, dass [...] nicht zuletzt mit Hilfe der neuen Medien [...] aus der Welt, unserer Welt, die wir wahrnehmen, lauter kleine Pakete, lauter ganz kleine Zuckerwürfel gemacht werden. Es wird aus allem ein kleines, zumeist sehr kleines Quantum gemacht. Am Ende besteht, so wird uns glauben gemacht, die Welt aus lauter kleinen Zuckerstückchen, aus lauter kleinen Würfeln, die alle einander gleichen und die alle zueinander die gleiche Distanz haben. Was bedeutet das? Es bedeutet, dass sie alle denselben Grad von Wichtigkeit haben. Es gibt keinen Würfel mehr, der wichtiger ist als irgend ein anderer. Wenn aber jeder Würfel so wichtig ist wie alle anderen, bedeutet dies, dass keiner eine Wichtigkeit hat. Von keinem dieser Würfel, die uns die Medien präsentieren, kann man sagen: Der ist wirklich wichtig. Sondern es ist ganz egal, welchen Würfel man nimmt; alle sind gleich bedeutend oder gleich unbedeutend, wie Sie wollen. Um es an einem Beispiel zu demonstrieren: Da sehen wir eine Nachrichtensendung. Die beginnt zunächst mit so einem kleinen Würfel aus der Nachricht: In Schottland wurden 16 Kinder ermordet. Fertig, nächster Würfel: Der eine Boxer hat den anderen KO geschlagen. Fertig, nächster Würfel: Präsident Clinton hat dies und das gesagt. Und dann schnell noch ein kleiner Würfel, und noch einer; und ein Würfel Werbung muss auch noch rein, wir haben ja nur eine halbe Stunde.

(Joseph Weizenbaum: Fernsehen und Wirklichkeit, Computer und Wahrheit - Über die Zwiespältigkeit des technologischen Fortschritts. 6. Düsseldorfer Gespräche, 1996. http://www.lfm-nrw.de/downloads/rede-weizenb.pdf; Zugriff: 05.04.2010.)

1. Fassen Sie die vier Abschnitte des Textes in je einer Behauptung zusammen.
2. Nennen Sie Gründe, die für oder gegen diese Behauptungen sprechen.
3. Wieso verwendet Weizenbaum das Bild des „Zuckerwürfels"? Begründen Sie Ihre Meinung.
4. Formulieren Sie im Weblog einen Beitrag in Form einer Antwortmail an Weizenbaum.
5. Wenn ein Unglück geschieht und die Medien berichten nicht davon: Ist es dann wirklich passiert? Begründen Sie Ihre Meinung.

Einfach nur Glas? – Inszenierte Wirklichkeit
Die Schlagzeilen

> **NACH WINNENDEN**
> **Amok-Ausschuss fordert Schießtraining für Schüler**
> WINNENDEN-ELTERN ENTSETZT ÜBER MASSNAHMENKATALOG DES LANDTAGES

> **EIN JAHR NACH DEM AMOKLAUF VON WINNENDEN**
> **SCHÜLER IN DEN SCHIESSUNTERRICHT**
> DER WAFFEN-BERICHT DES SONDERAUSSCHUSSES DES LANDTAGES SCHOCKT ANGEHÖRIGE DER OPFER, DIE VON DER POLITIK GENAU DAS GEGENTEIL FORDERN

Der Hintergrund

Der Sonderausschuss Winnenden möchte die erfolgreiche Jugendarbeit in den Sportschützenvereinen stärken, indem insbesondere der Gewaltpräventionsgedanke noch intensiver betont wird. Besonders geeignet ist aus Sicht des Sonderausschusses die Sportart Biathlon, da neben den Schützenverbänden des Landes auch die baden-württembergischen Skiverbände (Winterbiathlon) sowie die Leichtathletikverbände (Sommerbiathlon) in das Projektvorhaben einzubinden sind.

(http://www.bildblog.de, Zugriff: 12.3.2010)

1. Bewerten Sie die beiden Schlagzeilen vor dem angegebenen Hintergrund.
2. Informieren Sie sich bei http://www.bildblog.de/ über aktuell problematische Berichterstattungen in den Medien. Beurteilen Sie anhand eines Beispiels, das Verhältnis von Medien und Wirklichkeit.
3. Ein Slogan der Bild-Zeitung lautet: „Bild dir deine Meinung!" Beurteilen Sie diesen.

KISS und AIDA – Wie die Medien konstruiert sind

Fensterglas sollte die Wirklichkeit nicht verzerrt wiedergeben. Ob das bei Medien der Fall ist sollte bezweifelt werden. Medien bereiten die Wirklichkeit nach dem KISS-Prinzip oder AIDA auf.

KISS steht für „Keep it short and simple" („Gestalte es einfach und kurz.") oder böse formuliert für „Keep it simple and stupid." („Halte es einfach und leicht verständlich") Es geht also darum, zu reduzieren, auszusparen und zu vereinfachen.

AIDA steht für „Attention, Interest, Desire, Action" („Aufmerksamkeit, Interesse, Verlangen, Handlung"). Zunächst soll (z.B. durch ein Hingucker-Bild) Aufmerksamkeit erregt werden. Diese soll in Interesse am Thema/Produkt umgewandelt werden, so dass ein Verlangen nach dem Produkt/dem Wissen entsteht, welches zu einer Handlung (Kaufen/Lesen usw.) führt. Daher wird gern mit Bildern und Schlagzeilen (Attention) und rührenden oder schockierenden Geschichten (Interest) gearbeitet, statt möglichst sachlich und nüchtern zu berichten.

4. Benennen Sie mögliche Gründe dafür, dass manche Medien die Wirklichkeit verzerrt wiedergeben.
5. Präsentieren Sie einen selbst gewählten Medienbeitrag (bspw. aus Fernsehen, Zeitung, Internet) und erläutern Sie an diesem KISS und AIDA.
6. Beurteilen Sie KISS und AIDA: Was sind ihre Vorteile, was ihre Nachteile? Sind sie sinnvoll und gut?
7. Erläutern und beurteilen Sie die Behauptung „Medien sind ein verzerrender Spiegel."
8. Berichten Sie in einem Weblog-Beitrag über einen aktuellen Fall problematischer Berichterstattung.

Ausschnitte der Wirklichkeit

Bilder wecken unser Interesse und können uns berühren. Sie wirken viel unmittelbarer als Texte. Aber das tun sie nicht mit einer klaren Aussage. Vielmehr sind Bilder für Deutungen viel offener als Texte. Darüber hinaus sind sie auch für Manipulationen anfälliger. Jeder, der ein Bildbearbeitungsprogramm bedienen kann, kann uns eine neue, berührende Wirklichkeit schaffen.
Durch Montagen, Ausschnitte, Übermalen, Farbänderungen usw. können Bilder beinahe beliebig verändert werden.

Die Augen stopfen

[Das ist die Gefahr der] Bilderflut von heute: die Tatsache, dass man den heutigen Menschen, und zwar überall, mit allen Mitteln [...]: mit illustrierten Blättern, Filmen, Fernsehsendungen, zum Angaffen von Weltbildern, also zur scheinbaren Teilnahme an der ganzen Welt (bzw. an dem, was ihm als „ganze" gelten soll) einlade; [...] dass man ihm [...] „die Augen stopfe": ihm nämlich um so mehr zu sehen gebe, je weniger er zu sagen habe, [...] dass Bilder stets die Gefahr in sich trügen, zu Verdummungsgeräten zu werden, weil sie, [...] im Unterschied zu Texten, grundsätzlich keine Zusammenhänge sichtbar machten, sondern immer nur herausgerissene Weltfetzen: also, die Welt zeigend, die Welt verhüllten.

(Günther Anders: Die Antiquiertheit des Menschen 1. Beck, München 1994. S. 3)

1. Erläutern Sie am obigen Bild die Merkmale von Bildern.
2. Informieren Sie sich bei http://www.rhetorik.ch/Bildmanipulation über Möglichkeiten der Manipulation. Erläutern Sie anhand eines Beispiels die Möglichkeiten der Wirklichkeitsverzerrung durch Bilder.
3. Beurteilen Sie den Satz: „Bilder sind eine Gefahr für das Denken – dennoch sind sie notwendig."
4. Erklären Sie, was im Text mit „Weltfetzen" und „Welt zeigend, die Welt verhüllten" gemeint sein könnte.
5. Analysieren Sie den bildlichen Ausdruck „die Augen stopfen": Was ist gemeint? Wer stopft? Wie? Warum?
6. Bauen Sie in Gruppen ein Standbild zu diesem Text.

Die Welt gestalten – mit Medien
Die Nadel im Heuhaufen

Das Problem ist nicht, dass wir zu wenige Informationen haben. Wir wissen nur nicht, welche davon wichtig und brauchbar sind.

Dafür gibt es Google? Google und andere Suchmaschinen sind Roboter, die das Netz nach Verknüpfungen und häufig besuchten Seiten durchsuchen und diese dann auf Anfrage in einer Rangfolge auflisten. Abgesehen davon, dass diese Vorauswahl problematisch sein kann, sind Suchmaschinen sehr effektiv – wenn man sie richtig nutzt. Wenn man zum Beispiel „KISS" eingibt, kommt man auf stolze 174.000.000 Suchergebnisse. Viel zu recherchieren.

Operatoren bei Google
*	Platzhalter für weitere Zeichen
+	steht für „und"
-	steht für „und nicht" bzw. „ohne"
„"	genaue Wortgruppe suchen
ext:	sucht nach konkreten Dateien (z. B. pdf-Dateien)

Beispiel: KISS +„keep it short" + Formel* - Band ext:pdf

Auf den Zahn gefühlt

Nur weil eine Webseite bei den Suchmaschinen hoch im Kurs steht, bedeutet das nicht, dass die Seite eine gute Informationsquelle ist. Mit Hilfe der Lasswell-Formel (siehe S. 11 und S. 43) kann man einer Webseite „auf den Zahn fühlen".

A
1. Recherchieren Sie, welche weiteren Suchmaschinen es gibt und was eine Meta-Suchmaschine ist.
2. Diskutieren Sie, wie Sie herausfinden können, ob der Verfasser einer Homepage kompetent ist und ob die Informationen auf seiner Seite richtig sind.
3. Überlegen Sie sich abwechselnd eine schwierige Frage, die Ihr Partner mit Hilfe des Internets beantwortet (Wenn Sie geübt sind, können Sie sich auch Zeitfristen setzen – z. B. drei Minuten.).

Die Nadel im Heuhaufen aufspüren

Das Problem in der Informationsgesellschaft besteht nicht in einem Zuwenig, sondern in einem Zuviel an Informationen und Daten. Aufgrund der ungeheuren Menge an Informationen, die über das Internet binnen Minuten abrufbar sind, besteht die reale Gefahr, dass diese Informationen den Einzelnen förmlich überrollen, dass Wichtiges in der Informationsflut einfach untergeht.

Gerade deshalb ist die kritische Prüfung der gewonnenen Informationen eine Pflicht, die man trainieren kann (siehe hierzu S. 43).

Doch nicht nur der Einzelne, auch Firmen haben manchmal Schwierigkeiten, die für sie relevanten Informationen zu sichten, diese einzelnen Aufgabenfeldern zuzuordnen, die Gesamtheit der Infos zu archivieren und bei Bedarf abrufen und weiterleiten zu können. Andererseits gilt es bestimmte (persönliche oder Firmen-) Daten vor dem Zugriff Dritter zu schützen. Um dies zu gewährleisten, entstand ein neuer Beruf, der des Info-Brokers.

Wikipedia – Das schnelle Lexikon

1. Das schnelle Lexikon. Teilen Sie die Klasse in drei Gruppen.
   - Gruppe 1: hier schreibt jeder für sich allein (nicht quatschen!).
   - Gruppe 2: alle schreiben gemeinsam auf ein Blatt, was ihnen zum Thema einfällt – auch spontane Einfälle und Meinungen
   - Gruppe 3: alle schreiben nur das auf, was sie sicher zum Thema wissen – bleiben Sie dabei sachlich
   › Sie haben 10 Minuten Zeit, alles zum Thema Okkultismus aufzuschreiben, was Sie wissen.
   › Tragen Sie Ihre Arbeitsergebnisse vor der Klasse vor (Gruppe 1 darf einen Vertreter auswählen, der vorträgt).
   › Diskutieren Sie, welche Gruppe die für ein Referat zum Thema brauchbarsten Ergebnisse vorweisen konnte.

„Wikipedia" ist ein allseits bekanntes Internet-Lexikon zum Mitmachen. Der Name setzt sich aus „wiki" (hawaiisch: „schnell") und „pedia" (wie „Enzyklopädie") zusammen. „Wikis" nennt man Systeme für Webseiten, bei denen alle Nutzer etwas zum Inhalt beitragen können. Das funktioniert etwa so, wie Gruppe 3 gearbeitet hat – nur eben im Netz. „Wikipedia" ist die bekannteste Enzyklopädie, das am meisten genutzte Nachschlagewerk. Doch wie zuverlässig sind die Informationen, die man dort findet?

2. Recherchieren Sie welche Maßnahmen Wikipedia trifft, um ein gutes Nachschlagewerk zu sein

http://de.wikipedia.org/wiki/Hilfe:FAQ und http://de.wikipedia.org/wiki/Wikipedia:Grundprinzipien.

3. Erstellen Sie eine Tabelle, in der Sie die Vor- und Nachteile von „Wikipedia" als Informationsquelle gegenüberstellen.

Internet als Vision - „Es war die beste Zeit und zugleich die schlimmste."

4. Recherchieren Sie nach dem Film „Google Epic 2015". Erklären Sie was das für ein Film ist und schauen Sie ihn sich an.
5. Erläutern Sie was mit dem ersten Satz des Films „Es war die beste Zeit und zugleich die schlimmste" gemeint sein könnte.
6. Beurteilen Sie diese Utopie: Wie realistisch ist sie? Wie wäre/ist es in dieser Welt zu leben? Formulieren Sie einen Blogbeitrag zu diesem Film.

Digitale Raubzüge

Copy&Paste – also das Ausschneiden von (fremden) Texten und Einsetzen in eigene Texte ist eine der größten Versuchungen der neuen Technik. Dieser Versuchung zu widerstehen ist sinnvoll, denn auf diese Weise denkt man selbst und plappert nicht einfach gedankenlos nach. – Außerdem: Würden Sie es mögen, wenn Sie etwas geschrieben haben und jemand veröffentlicht es unter seinem eigenen Namen? Es ist es eine Frage des zwischenmenschlichen Umgangs und der Achtung voreinander, das Urheberrecht anderer anzuerkennen. Nebenbei bemerkt, ist ein Verstoß gegen dieses Recht strafbar und kann mit hohen Geldstrafen belegt werden. Kommt es in einer zu benotenden Schulaufgabe vor, muss das als Betrugsversuch gewertet werden – so steht es im Schulgesetz. Also Quellenangaben nicht vergessen!

Einfach nur spielen ...

Eine Art Selbstverwirklichung

Die Bezeichnung „Avatar"* für Spielfiguren in virtuellen Umgebungen ist durchaus treffend: Innerhalb der Spielwelten bzw. virtuellen Gemeinschaften kann ein Mensch wie ein Gott wirken und sich – völlig unabhängig von seinem eigentlichen Aussehen – selbst gestalten, entfalten und Einfluss auf seine Umgebung nehmen. Das übt auf Viele eine große Faszination aus.

Q [Im Fantastischen] bricht sich eine uralte Sehnsucht des Menschen Bahn. Es ist die Sehnsucht nach einem großen Ziel, das uns aus dem banalen Alltag [...] heraustreten lässt.
Weil wir uns selbst nicht so hervortun können, projizieren wir unsere Wünsche auf einen Helden, der die Reise zum Ruhm für uns unternimmt. Der Weg führt durch das Geheimnisvolle und durch Widrigkeiten.

(Joachim Latacz: Interview Focus-Online. In: http://www.focus.de/kultur/medien/kultur_sehn-sucht_nach_einfachheit_aid_226915.html Zugriff: 23.6.2010)

A
1. Würden Sie auch manchmal gern jemand anderes sein, eine bestimmte Rolle spielen? Notieren Sie auf einem Blatt, welche besonderen Eigenschaften Sie in Ihrer Wunschrolle gern besitzen möchten.
2. Finden Sie sich in Vierer-Gruppen zusammen und erklären Sie, wieso Sie Ihre(n) Heldin(en) so gestaltet haben.
3. Was könnten Ihre Helden bzw. Heldinnen gemeinsam erleben? Setzen Sie die Geschichte unten fort.
4. Wie wäre es, eine solche Geschichte mit Ihrem Avatar* zu „erleben"? Begründen Sie Ihren Standpunkt.
5. Welche Vor- und Nachteile hat das „Abtauchen" in eine solche Spielwelt? Erstellen Sie eine Tabelle.

*K*aum ein Sonnenstrahl fällt durch das dichte Blätterdach des dunklen Waldes von Aglaroth. Es herrscht eine bedrückende Stille. Die Strapazen der letzten Tage liegen euch noch schwer in den Knochen: Selten nur habt ihr euch eine Rast gegönnt, kurz waren eure Nächte und düster eure Träume und Vorahnungen – so dunkel wie dieser ewige Wald. Schwerfällig setzt ihr einen Fuß vor den anderen – hoffend, dass diese beschwerliche Reise bald ein Ende hat ... als ihr plötzlich aus einiger Entfernung einen Ruf vernehmt. Schnell eilt ihr in die Richtung, aus der ihr die Quelle des Lärms vermutet. Schon seht ihr gleißendes Sonnenlicht, das sich den Weg durch die Wipfel der Bäume hindurch bricht. Ihr tretet auf eine Lichtung und seht ...

World of Warcraft – Spiel, Flucht, Sucht?

Amazon-Rezension zum Spiel: Vor mehr als einem Jahr hat mich ein Freund [...] dazu überredet auch mal WoW [= World of Warcraft] zu spielen. [...] Ratzfatz waren die ersten Quests erledigt und man erreichte schnell schon zweistellige Levelbereiche [...].
Anfänglich [...] habe ich in Ruhe, meistens abends [... gespielt]. Stark beseelt von dem Verlangen endlich die Stufe 60 zu erreichen [...]. Unzählige Stunden wurden vorm PC verbracht, sei es nach der Arbeit oder am Wochenende. Denn, so hörte ich es bald täglich: „Ein Krieger wird gebraucht!" [...] Die Mitglieder in meiner Gilde – allesamt eher nachtaktive Spieler, verbrachten fortan unzählige Stunden auf den Weg zu diesem Level. Sie nahmen sich dafür sogar Urlaub. [...]
[... M]eine Gilde erwartete mehr von ihrem Mitglied. Damit ich endlich die magischen 70 erreichen konnte, um mit ihnen durch die High-Level-Instanzen zu ziehen. Am besten war man von 20.00–3.00 Uhr nachts online. [...] So wurde [...] ein Druck aufgebaut, dem man sich nur schwer entziehen konnte. [...]

(http://www.amazon.de/product-reviews/B0006BFR LA/ref=sr_1_2_cm_cr_acr_txt?ie=UTF8&showViewpoints=1&qid=1277194052&sr=8-2, Zugriff: 22.6.2010)

Kommentar zu dieser Rezension: [WoW] ist ein Rollenspiel. Rollenspiele bergen schon seit eher großes Suchtpotential. Jeder Spieler ist selbst dafür verantwortlich, ob er sich dieser Sucht hingibt. [...] Der spezielle Charakter eines Online Spiels ist die Gemeinschaft. [...] Ist der Gruppenzwang also vorprogrammiert? Ja, aber man sollte hier die Details beachten.
Nehmen wir als Beispiel den regionalen Amateurkicker. Letzten Sommer wurde der Aufstieg in die Oberliga geschafft. Ein großer Erfolg, das nächste Ziel ist der Klassenerhalt. Dafür werden die Trainingseinheiten verdoppelt, es wird auch langsam darauf geachtet, wie der jeweilige Lebenswandel der einzelnen Spieler die Mannschaft beeinflussen könnte. Es geht doch um den gemeinsamen Erfolg, da muss sich jeder der mit will unterordnen. [...] Fußball ist als Hobby etabliert. Computerspiele sind es nur in der Ausnahme. Natürlich sollte man sich Gedanken machen, wie sinnig es ist seine gesamte freie Zeit vor dem PC zu verbringen. Oder vor dem Fernseher. Oder in der Garage, beim Schrauben am Auto. Oder auf dem Fußballplatz. [...] Die Gedanken sind frei, Menschen grundsätzlich auch.

(http://www.amazon.de/review/R1DR6L4T0S7936/ref=cm_cr_pr_viewpnt#R1DR6L4T0S7936, Zugriff: 11. 4. 2010)

1. Benennen Sie die Standpunkte von Rezension und Kommentar sowie deren Begründungen.
2. Informieren Sie sich im Internet zu „MMPORPG", „Computerspielsucht", „Realitätsflucht" und „Lesesucht im 18. Jahrhundert". (Vergessen Sie nicht, den Quellen „auf den Zahn zu fühlen".)
3. Berichten Sie über eines der Themen in einem Weblog-Beitrag.
4. Verfassen Sie im Weblog/in Ihrem Hefter einen kommentierenden Beitrag zu einem der Texte.
5. Sollte man MMPORG-Spiele für Jugendliche sperren? Führen Sie eine Pro-Contra-Debatte durch.

Einfach nur quatschen …
Maskenball

Ich betrete einen Raum und sogleich finden sich darin Bekannte und Freunde – auch ein paar Neue sind dabei. Es dauert nicht lange, und schon sind wir in ein gutes Gespräch vertieft.

(Sina, 14)

Der Raum, den Sina betreten hat, ist ein Chatraum. Wohl nirgends sonst findet man so schnell so viele Leute mit ähnlichen Interessen und gleichen Ansichten wie in einem Chat. Und das Wichtigste: Weil man sich hinter einem Nicknamen verbirgt, kann man angstfrei über alles sprechen, was gerade anliegt und über Dinge schreiben, die man sonst nicht so gern preisgibt. Nur: Wer ist es, mit dem man da redet?

Weit über 70 % der Schüler von 12 bis 19 Jahre sind in sozialen Netzwerken (z. B. SchülerVZ, MySpace) vertreten. Das Gefühl der Dazugehörigkeit, Spaß beim Kommunizieren mit anderen, die Lust am Leute-Kennenlernen und die Möglichkeit, sich selbst darstellen zu können, sind gute Gründe, solche Netze zu nutzen. Leider verleiten sie auch zu der einen oder anderen Unvorsichtigkeit.

1. Analysieren Sie die Maskenball-Metapher: Inwiefern sind Chats Maskenbälle?
2. Diskutieren Sie Vor- und Nachteile des Maskiert-Seins in Chats.
3. Erklären Sie die unten abgebildeten Statistiken.

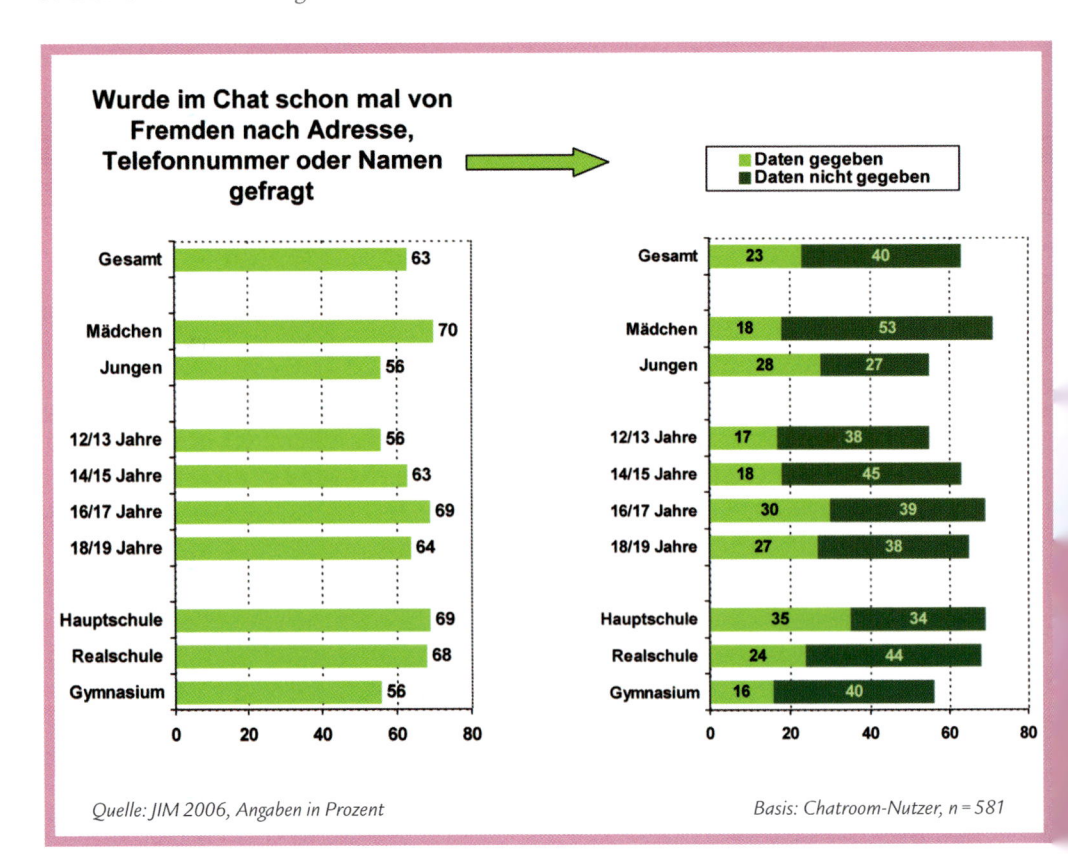

Wurde im Chat schon mal von Fremden nach Adresse, Telefonnummer oder Namen gefragt

	%
Gesamt	63
Mädchen	70
Jungen	56
12/13 Jahre	56
14/15 Jahre	63
16/17 Jahre	69
18/19 Jahre	64
Hauptschule	69
Realschule	68
Gymnasium	56

■ Daten gegeben ■ Daten nicht gegeben

	Daten gegeben	Daten nicht gegeben
Gesamt	23	40
Mädchen	18	53
Jungen	28	27
12/13 Jahre	17	38
14/15 Jahre	18	45
16/17 Jahre	30	39
18/19 Jahre	27	38
Hauptschule	35	34
Realschule	24	44
Gymnasium	16	40

Quelle: JIM 2006, Angaben in Prozent
Basis: Chatroom-Nutzer, n = 581

Medien als Fenster zur Welt | 33

Sinnvolle Regeln?

– Nie nach 20.00 Uhr chatten – Belästigungen weitermelden –
– Weder Adresse noch Telefonnummer preisgeben – Chatiquette beachten –
– Sich nie mit einer Bekanntschaft aus dem Chat treffen –
– Immer die Wahrheit sagen – Auf die Rechtschreibung achten –
– Nur moderierte Chats nutzen – Seine Eltern ab und zu mitlesen lassen –
– Fantasienamen nutzen, die keine
Information über Geschlecht und Alter geben –
– Nie in Erwachsenen-Chats gehen – Nie den richtigen Namen verwenden –
– Zu einem ersten Treffen mit einer Chatbekanntschaft nie allein gehen –
– Keinen im Chat gesetzten Links folgen – Niemanden beleidigen –
– Chatiquette-Verstöße weitermelden – Nie über eigene Hobbys sprechen –
– Nie allein mit Fremden chatten – Keine Bilder von sich hochladen –

Leider gibt's auch – Cyberbullying

Es fing alles an vor einem Jahr, da bekam ich plötzlich fremde SMS und E-Mails, die saublöd waren. „Du blöde Kuh" stand da und „Pass ja auf – wir kriegen dich". Am Anfang war mir das egal, aber irgendwann nervte es doch ziemlich. Nach ein paar Wochen sagte eine Klassenkameradin, dass ich ja wohl nicht richtig ticke, solche Dinge in Internetforen zu schreiben, und ich wusste gar nicht, wovon sie redet. Dann hat sie es mir gezeigt: Irgendwelche Idioten haben in meinem Namen Einträge gemacht. […] Bei SchülerVZ gab es eine Hassgruppe mit meinem Namen. Ich habe mich kaum mehr in die Schule getraut. […] Seit etwa acht Wochen kursieren in meiner Schule angebliche Nacktbilder von mir, die per E-Mail verbreitet werden. Die ganze Schule kennt sie, und wenn ich irgendwo vorbeigehe, flüstern sie mir „Pornoqueen" hinterher. […] Es ist so weit, dass ich mich in den Pausen auf dem Klo verstecke, wenn ich überhaupt in die Schule gehe […]

(http://www.klicksafede/cms/upload/user-data.pdf, S. 26, Zugriff: 23.6.2010)

1. Beurteilen Sie die Chat-Regeln: Welche finden Sie angemessen, welche nicht?
2. Suchen Sie die Filme „Date" und „Mensa" von watchyourweb.de sowie den norwegischen Film „Lehrerkonferenz" von medietilsynet.no im Internet – und sehen Sie sich diese an.
3. Benennen Sie die dargestellten Probleme von virtuellen Gemeinschaften und beurteilen Sie die Filme: Inwiefern geben sie tatsächlich existierende Probleme wieder?
4. Verfassen Sie zu einem der Filme einen Weblog-Beitrag.
5. Informieren Sie sich auf der Seite von https://www.klicksafe.de/themen über die Probleme in sozialen Netzwerken – v. a. über Datenschutz und Urheber- und Persönlichkeitsrechte.
6. Recherchieren Sie: Was kann man gegen Cyberbulling tun? Wo Hilfe finden?
7. Erstellen einen Videoclip zu einer der von Ihnen als wichtig erachteten Verhaltensregel im Netz.

Einfach selbst machen!

User Generated Content · Wikis · Podcasts · SOCIAL SOFTWARE · SOCIAL TAGGING/FOLKSONOMY · Weblogs · Open Source · *Kollaboration* · Videoblogs · Soziale Netzwerke · Social News · **WEB 2.0** · Blogosphäre · Videoportale · Microblogging · Abschaffung der Gatekeeper · **virtuelle Welten** · Prosumer · *Creative Commons* · Vernetzung · digitale Demokratie · SOCIAL BOOKMARKS

Web 2.0 – Das Mitmach-Netz
Das Internet wird immer mehr zu einem Medium, das man selbst gestalten kann. Während es in den Anfangszeiten des Internets meist Organisationen und Firmen waren, die sich präsentierten, wird durch sogenannte Web-2.0-Anwendungen (z.B. Wikis, Podcasts und Weblogs) das Netz „demokratisiert" – d.h. Internet-Nutzer werden immer mehr zu Gestaltern.

Was ist ein Weblog?
„Weblog" setzt sich aus den Begriffen Web (für World Wide Web) und Log für (Logbuch – also Tagebuch) zusammen. Weblogs sind also eine Art Internet-Tagebuch. Man kann hier seine Gedanken zu verschiedenen Themen im Internet veröffentlichen und seine eigene kleine Webseite gestalten. Die von den Anbietern (z.B. wordpress.com oder blogger.com) bereitgestellte Software ermöglicht es Nutzern, ohne größere Programmier-Kenntnisse eigene Weblogs inhaltlich und formal zu gestalten. In Weblogs können Texte und Bilder veröffentlicht, Filme oder Audio-Tracks verlinkt sowie Beiträge kommentiert werden.

Wieso Weblogs? Meinungen
››› Plötzlich entscheiden nicht mehr andere (sogenannte Gatekeeper), was mitteilenswert ist, sondern jeder entscheidet selbst, was er mitteilen und veröffentlichen will. Auf diese Weise wird tatsächlich Meinungsfreiheit realisiert und es existiert nun neben der Presse eine weitere Kontrollgewalt für die Mächte aus Politik und Wirtschaft.
››› Von den Weblogs, den Klowänden des Internets (Was berechtigt eigentlich jeden Computerbesitzer, ungefragt seine Meinung abzusondern? Und die meisten Blogger sondern einfach nur ab).
››› Auf diese Weise kann ich sagen, was ich denke – und komme in Kontakt mit anderen interessanten Menschen. Die Blogosphäre lebt.
››› Häufig werden mir meine eigenen Gedanken erst beim Schreiben so richtig klar. Ich blogge vor allem für mich selbst.
››› Ungefilterte Informationen? Als ob es nicht schon genug gäbe. Außerdem wird der Manipulation Tür und Tor geöffnet.

WWW – WilloWebersWeblog

Informationen über
- WW – Willo Weber
- WWs Familie
- WWs Schule
- WWs Stadt

Weblogbeiträge
- chronologisch
- alphabetisch
- 2009
- 2010
- 2011
  - KW 01
  - KW 02
  - KW 03
  - KW 04

Diverses
- Hilfe/FAQ
- Anbieterkennzeichnung

Ein guter Weblog-Beitrag …
ist inhaltlich ergiebig
regt eine Diskussion an
bezieht konkret Stellung zum Problem/Thema
stellt eigene Positionen dar und begründet diese
bezieht manchmal Zitate/Bilder/Videos mit ein
macht Zitate als solche erkennbar
gibt seine Quellen an
hält sich an Regeln (Rechtschreibung, Grammatik – keine Umgangssprache)
umfasst mindestens 300 Wörter

Ein guter Weblog-Kommentar …
gibt eine begründete Meinung zum Beitrag oder einem anderen Kommentar wieder
ist konstruktiv und kritisch
beleidigt nicht und greift niemanden persönlich an
hält sich an Regeln (Rechtschreibung, Grammatik – keine Umgangssprache)
(umfasst mindestens 70 Wörter)

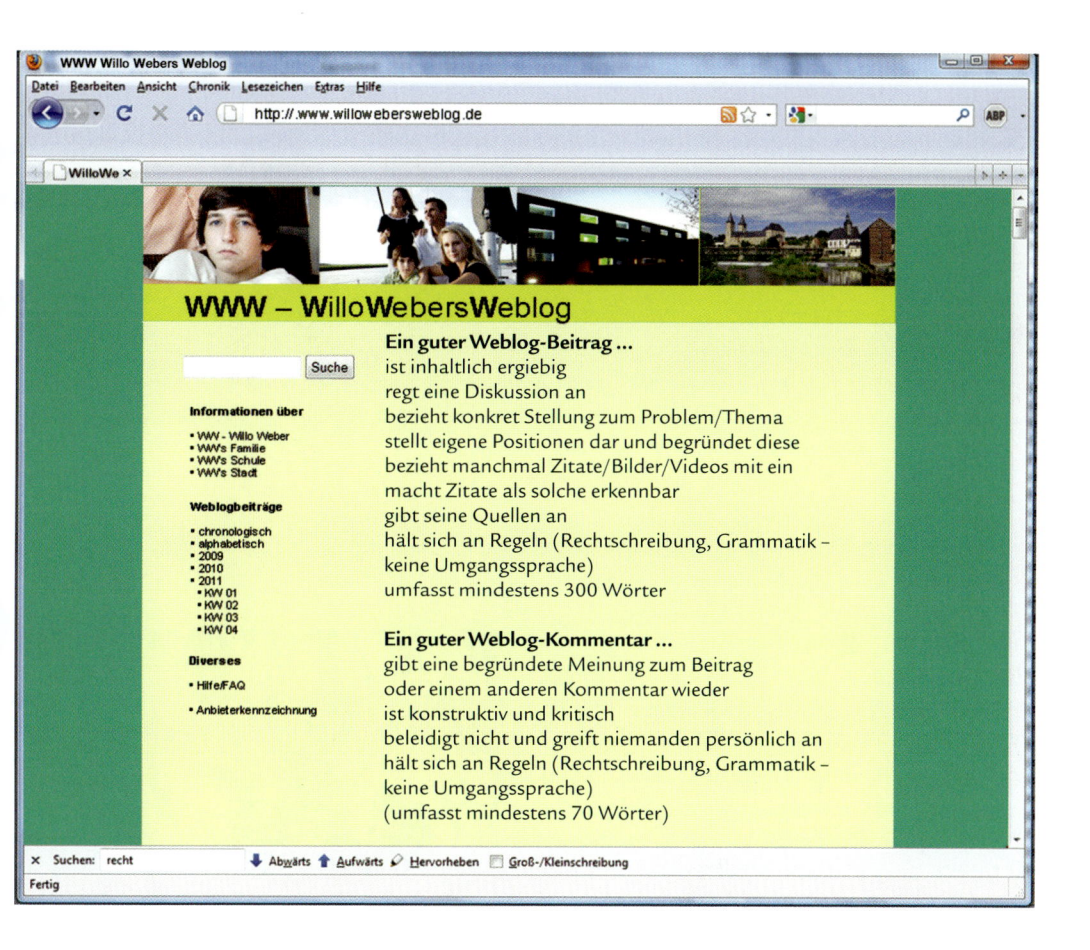

1. Erstellen Sie ein Web-2.0-Lexikon, in dem die in der Wortwolke (S. 34) aufgeführten Begriffe definiert werden. **A**
2. Erläutern Sie, was das Web 2.0 von herkömmlicher Internetnutzung unterscheidet. Gestalten hierzu einen kurzen Vortrag.
3. Recherchieren Sie über den Fall „Kryptonite Blogstorm". Beurteilen Sie anhand dieses Falls Nutzen und Risiken des Web 2.0.
4. Diskutieren Sie die verschiedenen Meinungen zum Nutzen von Weblogs und formulieren Sie einen eigenen Standpunkt.

Ein Weblog gestalten

Im Schulbereich hat sich der Einsatz von Weblogs bereits vielfach bewährt. Die großen Vorteile: Man kann in aller Ruhe (selbst von zu Hause aus) Beiträge verfassen, Arbeitsergebnisse veröffentlichen und über Schlagworte oder Kategorien systematisiert aufbewahren. Die einzelnen Beiträge können dann kommentiert werden, sodass auch eine gute Diskussion (ggf. auch über die Klasse hinaus) zu einem Thema möglich ist.
Wenn man keine Vorkenntnisse besitzt, ist es sinnvoll, ein Weblog über blogger.com einzurichten. Die Einrichtung ist recht problemlos und wird auf den Webseiten der Anbieter durch Anleitungen genauer beschrieben.

Die Welt im Schaufenster – ein Exkurs zur Werbung

Werbung als Wegbegleiter

Ü
1. Vorbereitend auf die Stunde zieht jeder per Los einen der folgenden Arbeitsaufträge:
   › Gehen Sie 10 min. durch die Stadt und notieren Sie die Anzahl der Ihnen begegnenden Werbungen (Plakate, Werbeschilder auf Autos …) und die beworbenen Produkte/Unternehmen.
   › Hören Sie 30 min. Radio (Privatsender) und notieren Sie die Anzahl der Werbespots und die beworbenen Produkte/Unternehmen.
   › Schauen Sie 30 min. Fernsehen (Privatsender) und notieren Sie die Anzahl der Werbespots und die beworbenen Produkte/Unternehmen.
   › Surfen Sie 10 min. im Internet, rufen Sie u. a. Mails ab, besuchen Sie ein Soziales Netzwerk und Recherchieren Sie einen beliebigen Begriff. Notieren Sie die Anzahl der Werbebanner, Gewinnspiele und Pop-Ups, die Ihnen begegnen und die beworbenen Produkte/Seiten.
2. Diskutieren Sie in der Klasse folgende Thesen:
   a. Werbung ist allgegenwärtig.
   b. Werbung wird kaum noch bewusst wahrgenommen.
   c. Werbung beeinflusst uns ständig.

Wenn mehrmals hintereinander ein bestimmtes positives Erlebnis (bspw. angenehme Musik) in Verbindung mit einem bestimmten Reiz (z. B. ein Markenlogo) gebracht wird, reicht nach wenigen Wiederholungen das Zeigen des Logos, um dieselbe Empfindungen auszulösen.

Personalisierte Werbung
Gerade in Verbindung mit dem Internet ist es möglich, auf den potenziellen Käufer konkret zugeschnittene Werbung zu machen. Indem über soziale Netzwerke das Surfverhalten oder Einkäufe bzw. Wunschlisten Daten gesammelt und ausgewertet werden, kann Werbung genau die Artikel anbieten, die für den Beworbenen von Interesse sein könnten. Über Daten zur Altersstruktur, Hobbys, Gruppenzugehörigkeiten usw. können zudem Persönlichkeitsprofile erstellt werden, die dann auch noch die Art der Werbung festlegen, die erfolgversprechend ist.

A
3. Begründen Sie, wieso so häufig Stimmungsbilder (schöne Landschaften) oder schöne Menschen in der Werbung gezeigt werden.
4. Erklären Sie, wie die oben abgebildete Werbung funktioniert.
5. Erläutern Sie die Funktionsweise personalisierter Werbung.
6. Erläutern Sie vor dem Hintergrund der personalisierten Werbung, wie wichtig Datenschutz ist.

Die Nürnberger Prozesse gegen die Werbung

Aufgrund folgender Untaten eröffne ich hiermit den Nürnberger Prozess gegen die Werbung: [...]

››› **Verschwendung von Unsummen.** Nach einem offiziellen Bericht [...] vom Januar 1994 stellten die europäischen Unternehmen für Werbung in den Massenmedien [... so viele hunderte von Milliarden bereit, wie] die Hälfte der Auslandsschulden Südamerikas [...] ausmacht. [...] Mit dieser enormen Finanzkraft im Rücken pflastert die Werbung heutzutage jede Straßenecke zu, jede Sehenswürdigkeit, jede Grünanlage. [...] Unsere gesamte Welt, der ganze Planet wird überschwemmt! [...] Doch wer finanziert all diese Kampagnen [...]? [W]ir, die Verbraucher, denn diese Rieseninvestitionen schlagen sich in den Endpreisen der Produkte nieder. [...]

››› **Lüge.** Für Zehntausende von Dollar wird ein Super-Model in Szene gesetzt, um frischverliebten Friseusen ohne das nötige Kleingeld und schwärmerischen Sekretärinnen auf der ganzen Welt Parfüms zu verkaufen. [...] Die Werbung verkauft keine Produkte oder Ideen, sondern ein verfälschtes und hypnotisierendes Glücksmodell. [...] Man muss die breite Öffentlichkeit mit einem Lebensmodell blenden, dessen gesellschaftliches Ansehen es verlangt, dass man Garderobe, Möbel, Fernseher, Auto, Haushaltsgeräte, Kinderspielzeug, einfach sämtliche Gebrauchsgegenstände so oft wie möglich erneuert. Und selbst dann, wenn es überhaupt nicht notwendig wäre. [...] Die Werbung geht unterschwellig auf unsere Wünsche ein, mit einem Universum, das uns vorgaukelt, Jugend, Gesundheit, Männlichkeit wie Weiblichkeit hingen einzig davon ab, was wir kaufen. Eine Welt des Lächelns, in der in heiteren Dialogen und dümmlichen Liedchen heimlich diese hinterhältigen Ratschläge mitschwingen: [... D]u wirst keine Arbeit finden, wenn du nicht diesen Rasierapparat für Siegertypen und das dazu passende Notebook hast, du wirst hässlich und verpasst das „wahre Leben", das „Leben voller Leben", „das authentische Leben", „das Leben in vollen Zügen", wenn du nicht diesen faden Magerkäse oder dieses schwarz gefärbte Zuckerwasser kaufst. [...]

››› **Ausgrenzung und Rassismus.** [In der Werbung wird eine] rassistische Utopiewelt [zur Schau gestellt ...] Suchen Sie doch einmal in der Werbung dieser Tage nach Armen, Zuwanderern, Unfallopfern. [...]

››› **Verbrechen gegen den inneren Frieden.** In ihrem Bemühen, uns das Glück zu verkaufen, erzeugt die Werbung letztendlich Heerscharen von Frustrierten. Indem sie vermehrt Wünsche weckt, die unerfüllt bleiben müssen, verfehlt sie ihr Ziel und schafft Deprimierte und Kriminelle. [...]

(Oliviero Toscani: Verbrechen gegen die Intelligenz. In: Ders.: Die Werbung ist ein lächelndes Aas. Bollmann, Mannheim 1996, S. 15–37)

1. Benennen Sie Beispiele für oder gegen die von Toscani genannten Anklagepunkte.
2. Beurteilen Sie, welche Rolle für Sie selbst Markenartikel spielen: Inwiefern sind sie für Ihr Selbstwertgefühl wichtig? Inwiefern verschaffen sie Ihnen Akzeptanz bei anderen?
3. Inwiefern ist Toscanis Anklage gegen die Werbung berechtigt?
4. Informieren Sie sich darüber, was die Nürnberger Prozesse waren und überlegen Sie, wie der von Toscani gewählte Titel gemeint sein könnte. Bewerten Sie die Titelwahl.
5. Toscani ist selbst Werbefotograf. Beurteilen Sie seine Werbung auf S. 36.

1.3 Die Suche nach Wahrheit und Erkenntnis

Höhlenmenschen und Schattenspiel – Platons Höhlengleichnis
In seinem Dialog „Politeia", nutzt Platon (427–347 v. Chr.) ein Gleichnis, um zu beschreiben, wie Menschen die Welt wahrnehmen und wie sie zu wahrer Erkenntnis gelangen können

Q Stelle dir nämlich Menschen vor in einer höhlenartigen Wohnung unter der Erde [...], die von Kindheit auf an Schenkeln und Hals gefesselt sind, so dass sie dort bleiben und nur nach vorn schauen müssen, aber den Kopf wegen der Fesseln nicht umzudrehen vermögen; das Licht scheine ihnen von oben und von fern von einem Feuer hinter ihnen; zwischen dem Feuer und den Gefesselten sei oben ein Querweg; entlang diesem stelle dir eine kleine Mauer gebaut vor [...] entlang dieser Mauer trügen Leute allerhand Gerätschaften, die über die Mauer hinausragten, auch Statuen und Bilder von anderen Lebewesen [...] wobei [...] einige der Vorübertragenden reden, andere schweigen.[...] Haben solche Gefangene zunächst wohl von sich selbst und von einander etwas anderes gesehen als die Schatten, die von dem Feuer auf die ihnen gegenüberstehende Wand fallen?
Unmöglich [...] Überhaupt [...] würden solche Leute nichts für wahr halten als die Schatten jener Gerätschaften? [...] Wenn einer entfesselt und genötigt würde, plötzlich aufzustehen, den Hals umzudrehen, umherzugehen, in das Licht zu sehen, [...] was würde er wohl dazu sagen wenn ihm einer erklärte, er habe vorhin nur Nichtigkeiten gesehen, jetzt aber sei er dem wahren Sein schon näher und habe sich zu schon wirklicheren Gegenständen gewandt und sehe daher nunmehr auch schon richtiger? Und wenn man ihm so denn auch jeden der vorüberwandernden wirklichen Gegenstände zeigte [...], glaubst du nicht, dass er [...] glaubte, das zuvor Geschaute hätte mehr Realität als das jetzt Gezeigte? [...] wenn man ihn zwänge, in das Licht selbst zu sehen, so würde er Augenschmerzen bekommen, davonlaufen und sich wieder dem zu wenden, was er ansehen kann, und glauben, dies sei wirklich deutlicher als das, was man ihm zeige? [...]
Wenn ihn aber [...] einer aus dieser Höhle mit Gewalt den rauhen und steilen Aufgang, ohne loszulassen, hinaufzöge, [...] dürfte er da nicht Schmerzen empfinden und aufgebracht sein, dass er gezogen wird, und, nachdem er an das Licht gekommen, die Augen voll Blendung haben und so gar nichts von dem sehen können, was jetzt als wirklich angegeben wird? [...] Also dürfte er, glaube ich, der Gewöhnung bedürfen, wenn er die Dinge oben schauen soll. Und zunächst dürfte er wohl die Schatten am leichtesten anschauen können und die Spiegelbilder der Menschen und der übrigen Wesen im Wasser, später aber sie selbst. [...] Und zuletzt, denke ich, könnte er wohl die Sonne, [...] selbst für sich an ihrem eigenen Platz anblicken.

(Platon: Der Staat. Reclam, Leipzig 1978, (7. Buch; 514a-517c) S. 301ff.

Stufen der Erkenntnis

Platon zeigt in dem Gleichnis verschiedene Erkenntnisstufen auf. Auf der ersten Stufe stehen die gefesselten Menschen. Sie halten die Schatten, die sie sehen, für wirklich. Selbst wenn sie befreit werden, wollen sie zunächst nicht daran glauben, getäuscht worden zu sein. Die zweite Stufe ist das Sehen der Gegenstände, die auf der Mauer getragen werden. Die Schatten werden auf dieser Stufe als Täuschungen erkannt. Der aus der Höhle Gekletterte, der zunächst Schatten und Spiegelbilder, später die Gegenstände selbst sieht, befindet sich auf der dritten Erkenntnisstufe. Die höchste Stufe der Erkenntnis hat derjenige erreicht, der die Sonne erkennt.

1. Setzen Sie in Gruppenarbeit die Situation in der Höhle in einem szenischen Spiel um.
2. Erstellen Sie eine Übersicht zur Deutung des Gleichnisses: Ordnen Sie dabei die einzelnen Aspekte aus dem Kasten den Stufen zu.
3. Bewerten Sie die Stufung Platons: Ist den Sinnen weniger zu trauen als dem Verstand?

> Naturwissenschaftler Lieschen Müller
> kritisches Hinterfragen des sinnlich Wahrgenommenen
> naiver Glaube an sinnlich Wahrgenommenes
> Wissen durch Verstandeskraft
> Philosoph Mathematiker
> tiefe Einsicht in das Wesen der Dinge und in das Gute
> Annahmen aufgrund von Sinneserfahrungen
> Verstand leitet aus vorausgesetzten Hypothesen ab

Willkommen in der Matrix – Das Höhlengleichnis als Medienkritik

Bei Platon ist der aus der Höhle Entflohene nach dem schmerzhaften Prozess der Gewöhnung an die Wahrheiten, glücklich und will auch andere befreien. Diejenigen, die er befreien will, verspotten ihn und töten ihn am Ende sogar. Sie wollen nichts von der Wahrheit wissen.

Aus heutiger Sicht kann das Gleichnis als Medienkritik gelesen werden.

4. Führen Sie in Ihrer Gruppe ein Schreibgespräch zu einer der folgenden Fragen.
   › Macht Erkenntnis glücklich?
   › Sollte man Illusionen bestehen lassen, wenn sie andere glücklich machen?
   › Wie werden solche „Rückkehrer" heute behandelt?
5. Diskutieren Sie (siehe auch Kapitel 1.2, S. 20 ff.) inwiefern das Höhlengleichnis auf unsere Mediengesellschaft übertragbar ist.
6. Erstellen Sie ein fiktives Interview mit Platon, in dem er sein Gleichnis für die Mediengesellschaft deutet.
7. Informieren Sie sich über den Film „Matrix" und erstellen Sie eine Präsentation, in der Sie zeigen, wie das Höhlengleichnis im Film aufgenommen und erweitert wird.

Sehnsucht nach Ent-Täuschung
Trugbilder und Täuschungen – Bacons* Idolenlehre

Francis Bacon (1561–1626) zeigt in seinem Werk „Novum Organum" vier Arten von Trugbildern (Idolen) auf, die den Menschen an wahrer Erkenntnis hindern.

Idole des Stammes

Idole des Stammes haben ihren Grund in der menschlichen Natur, im Stamm oder Geschlecht der Menschen selbst. Denn es ist unrichtig, dass die menschlichen Sinne das Maß der Dinge sind. Vielmehr geschehen alle Auffassungen der Sinne und des Verstandes nach der Natur des Menschen, nicht nach der Natur des Weltalls. [...] Der menschliche Geist ist kein reines Licht, sondern erleidet einen Einfluss von dem Willen und den Gefühlen. Dies erzeugt jene „Wissenschaften für Alles, was man will"; denn was man am liebsten als das Wahre haben mag, das glaubt man am leichtesten. [...] Aber das größte Hemmnis und der größte Anlass zu Irrtümern kommt dem menschlichen Verstand von dem Staunen, von der Ohnmacht und von den Täuschungen der Sinne.

Idole der Höhle

Idole der Höhle sind die Trugbilder des einzelnen Menschen. Denn jeder Einzelne hat neben den Verirrungen der menschlichen Natur im Allgemeinen eine besondere Höhle oder Grotte, welche das natürliche Licht bricht und verdirbt; teils in Folge der eigentümlichen und besonderen Natur eines Jeden, teils in Folge der Erziehung und des Verkehrs mit Andern, teils in Folge der Bücher, die er gelesen hat, und der Autoritäten, die er verehrt und bewundert, teils in Folge des Unterschiedes der Eindrücke bei einer voreingenommenen und vorurteilsvollen Sinnesart. [...] Die Idole der Höhle entstehen aus der besonderen geistigen und körperlichen Natur des Einzelnen; auch aus der Erziehung, den Gewohnheiten und den Zufälligkeiten des Lebens.

Idole des Marktes

Es gibt auch Idole in Folge der [...] Gemeinschaft des menschlichen Geschlechts, welche ich wegen des Verkehrs und der Verbindung der Menschen die Idole des Marktes nenne. Denn die Menschen gesellen sich zu einander vermittelst der Rede; aber die Worte werden den Dingen nach der Auffassung der Menge beigelegt; deshalb behindert die schlechte und törichte Beilegung der Namen den Geist in merkwürdiger Weise. [...] Worte tun dem Verstande Gewalt an, stören alles und verleiten die Menschen zu leeren und zahllosen Streitigkeiten und Erdichtungen. [...] Die Menschen glauben, dass ihr Geist dem Worte gebiete; aber oft kehren die Worte ihre Kraft gegen den Geist um. [...] So sollte der Verständige die Worte durch Definitionen ins Reine bringen. Doch können selbst solche Definitionen diese Übel nicht heilen; denn die Definitionen bestehen selbst aus Worten, und Worte erzeugen Worte.

Kollateralschäden   **Nullwachstum**

sozialverträgliches Frühableben

Idole des Theaters

Es gibt endlich Idole, welche in die Seele der Menschen aus den mancherlei Lehrsätzen der Philosophie und auch aus verkehrten Regeln der Beweise eingedrungen sind, und die ich die Idole des Theaters nenne. Ich beziehe das nicht bloß auf die allgemeine Philosophie, sondern auch auf manche Prinzipien und Lehrsätze der besonderen Wissenschaften, die durch Herkommen, Leichtgläubigkeit und Nachlässigkeit Geltung erlangt haben. [...] Die Idole des Theaters sind [...] aus den Fabeln der Theorien und den verkehrten Regeln der Beweisführung eingeflösst und aufgenommen. Das Problem ist, dass die Philosophie auf einer zu schmalen Grundlage der Erfahrung errichtet ist.

(Nach Francis Bacon: Novum Organon. Heimann, Berlin 1870, S. 94ff.)

> ...mal, warum ...t die Sonne ...ntlich unter?
>
> Wenn die Luft warm wird, geht die Sonne auf. Wenn die Luft warm ist, dann steht die Sonne ganz oben. Wenn die Luft kalt wird, geht die Sonne wieder unter.
>
> Und warum wandert Sie von Osten nach Westen?
>
> Das liegt am Sonnenwind.

1. Benennen Sie die Ursachen der einzelnen Trugbilder (Idole) mit eigenen Worten.
2. Erläutern Sie die Idole an je einem eigenen Beispiel.
3. Formulieren Sie auf der Grundlage der Trugbilder, die es zu vermeiden gilt, Regeln für angemessenes Arbeiten.
4. Zeichnen Sie eine Landkarte vom „Land der Erkenntnis": Darin sollte eine sichere Reiseroute vom „Hafen der Sinne" zum „Berg des Wissens" eingezeichnet sein, die an den für sicheres Wissen gefährlichen Gebieten vorbeiführt.

Das Märchen von der einen Wirklichkeit

Gibt es nur eine Wahrheit, die allen zugänglich ist, wenn sie sich um rechte Erkenntnis bemühen? Eine buddhistische Legende erzählt dazu folgende Begebenheit.

Der Elefant

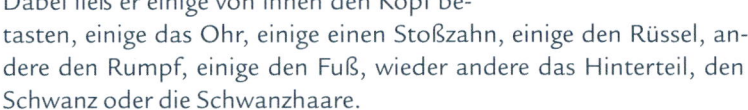

Unsicher, welchem Gelehrten sie nun glauben sollten, kamen Mönche zu Buddha gelaufen und fragten ihn, wer von den streitenden Weisen die Wahrheit sage. Da erzählte ihnen der Erleuchtete ein Gleichnis:
Einst lebte in Shravasti ein König, der seinem Diener befahl, er solle die Blindgeborenen der Stadt an einem Orte versammeln. Diesen Blinden ließ er einen Elefanten vorführen und sprach zu ihnen: „Das, ihr Blinden, ist ein Elefant." Dabei ließ er einige von ihnen den Kopf betasten, einige das Ohr, einige einen Stoßzahn, einige den Rüssel, andere den Rumpf, einige den Fuß, wieder andere das Hinterteil, den Schwanz oder die Schwanzhaare. 
Dann sprach der König erneut zu den Blinden: „Ihr habt nun einen Elefanten erlebt. Was ist denn ein Elefant, wem gleicht er?" Da antworteten die Blindgeborenen, die den Kopf zu fassen bekamen: „Ein Elefant ist wie ein Kessel." Die das Ohr hatten, erklärten, der Elefant gleiche einem flachen Flechtkorb; die mit dem Stoßzahn meinten er sei „wie ein Pflugschar", die mit dem Rüssel „wie ein Pflugbaum". Die den Rumpf betasteten, verglichen den Elefanten mit einer Vorratstonne; die mit dem Fuß glaubten, ein Elefant sei wie ein Pfosten. Die mit dem Hinterteil meinten, der Elefant sei ein Mörser; die mit dem Schwanz behaupteten, er sei ein Stößel – und die mit der Schwanzquaste antworteten: „Ein Elefant, Majestät, ist wie ein Besen." Und sie prügelten aufeinander mit den Fäusten ein: „So ist ein Elefant, nicht so!" - „Nein, so ist ein Elefant nicht; so ist er", und der König hatte seinen Spaß.  
Ebenso, erklärte Buddha den Mönchen, ist es mit den Gelehrten. Wie die Blinden vertreten sie unbeirrt ihre Meinung und bleiben auf ihrem Standpunkt – weil sie nur ihren Teil der Wahrheit sehen.

(Nach einer buddhistischen Legende)

1. Erklären Sie die Situation der Blinden: Können sie die Wirklichkeit erkennen? Sind sie in der Lage, sich auf eine gemeinsame Wahrheit zu einigen?
2. Führen Sie die Geschichte des Buddha fort – und zwar so, dass der König den Blinden hilft, sich ein gemeinsames Bild vom Elefanten zu machen.
3. Benennen Sie Beispiele für solche „Blinde" aus Ihrer Lebenswelt.
4. Diskutieren Sie im Plenum, welche Forderungen sich für die Wissenschaft (aber auch für das gemeinsame Philosophieren) aus dieser Geschichte und Ihren Fortsetzungen ableiten lassen.
5. Formulieren Sie in Gruppenarbeit auf der Grundlage der Tipps von Seite 22/23 und der Diskussionsergebnisse aus Aufgabe 4 Leitsätze zum gemeinsamen Philosophieren im Unterricht.

Internetrecherche

Vorgehen bei der Internetrecherche

> - Klarheit gewinnen: Was will ich wissen? Frage formulieren.
> - Suchbegriffe bestimmen: Brainstorming zu möglichen Suchbegriffen, die gängigsten auswählen
> - Suchformel formulieren: Nutzung von Operatoren (siehe S.28)
> - Verwendung mehrerer Suchmaschinen
> - beste Ergebnis-Seiten aufschlagen und überprüfen

Suche nach den richtigen Seiten
- Welches Problem ist zu klären?
- Von welchem Gegenstand (welcher Theorie) sind Lösungsansätze zu erwarten?
- Welche Suchbegriffe sind sinnvoll?
- Ist die verwendete Suchformel (Operatoren, Kombination der Begriffe) sinnvoll?
- Welche Suchdienste (Meta-, Suchmaschinen) werden genutzt (Googeln allein reicht nicht!)?
- Welche Seiten werden von mehreren Suchdiensten empfohlen?
- Welche Rolle spielt der Gegenstand auf den gefundenen Seiten?

Kritische Prüfung einer Webseite

Wer ...	Sucht das Impressum der Webseite: Wer ist der Verfasser bzw. Herausgeber? Recherchiert: Welche Kompetenz hat er und für wen arbeitet er?
sagt was ...	Überprüft stichprobenartig Informationen der Seite: Sind sie korrekt und aktuell? Werden verschiedene Meinungen (neutral) dargestellt? Werden Belege (Quellennachweis!) und Begründungen angeführt?
warum ...	Was ist der Zweck einer Seite (unterhalten/informieren/überzeugen/werben)? Ist die Seite sachlich und neutral oder will sie etwas vermarkten?
in welchem Medium ...	Werden Texte/Bilder/Filme auf der Seite verwendet? (Texte sind meist informativer.)
wie ...	Sind die Medien der Seite informativ oder sind sie werbend bzw. manipulierend gestaltet?
zu wem ...	An wen wendet sich die Seite?
mit welcher Wirkung?	Gibt mir die Seite eine zuverlässige, glaubwürdige und umfassende Antwort auf meine Frage?

Bewertung der gewonnenen Informationen
- Sind die Informationen zur Problemklärung/Beantwortung der Frage wichtig?
- Sind sie begründet, belegt, zuverlässig und glaubwürdig?
- Gibt es andere Ansichten/Lösungsansätze zum vorliegenden Problem?
- Sollte eine vertiefende Recherche angeschlossen werden?
- Sollte die Ausgangsfrage geändert (ausgeweitet/konkretisiert) werden?

2 Über Glück, Freundschaft und Liebe

Sucht man im Internet Bilder zum Thema „Glück", findet man fast ausschließlich Aufnahmen von verliebten Menschen. Offenbar besteht für viele Menschen das Glück vor allem in der Liebe. Ähnlich positive Gefühle sind auch in Freundschaften zu beobachten. Andererseits: Gibt es Glück nur bei Menschen, die lieben oder sich in Freundschaft verbunden fühlen? Darauf und auf andere Fragen soll in diesem Kapitel eingegangen werden.

Q

Die höchste Form des Glücks ist ein Leben mit einem gewissen Grad an Verrücktheit.
(Erasmus von Rotterdam, 1469–1536)

Seine Freude in der Freude des anderen zu finden – das ist Glück.
(Georges Bernanos, 1888–1948)

Es ist schwer, das Glück in uns zu finden, und es ist ganz unmöglich, es anderswo zu finden.
(Nicolas Chamfort, 1741–1794)

Glück muss vorübergehen, damit es Platz macht für neues Glück. *(Eckhardt v. Hirschhausen, geb. 1967)*

Lebst du im Glück, dann umschmeicheln dich Scharen von Freunden. Geht es dir schlechter, gleich wenden sich alle von dir. *(Titus Petronius, auch genannt: Arbiter, ca. 14–66)*

Ich erwarte von einem Freund, dass man einander immer wieder fordert und immer wieder entdeckt.
(Maxie Wander, 1934–1977)

Ein wahrer Freund ist wie ein anderes Selbst.
(Marcus Tullius Cicero, 106–43 v. Chr.)

Ohne Freundschaft möchte niemand leben.
(Aristoteles, 384–322 v. Chr.)

Liebe läuft sehr weit.
(Sarah Kirsch, geb. 1935)

Weißt du, was das sicherste Anzeichen von Verliebtheit ist? Wenn man an dem anderen keinen Fehler mehr findet. *(Christa Wolf, geb. 1929)*

Wenn man die Liebe sucht, findet man sie nicht. Sie kommt zu uns, wenn wir sie gar nicht erwarten.
(George Sand, 1804–1876)

Eheliche Liebe pflanzt das menschliche Geschlecht fort, freundschaftliche Liebe veredelt, aber wollüstige Liebe vergiftet und erniedrigt es. *(Francis Bacon, 1561–1626)*

A

1. Wählen Sie sich aus der Sammlung einen Ausspruch aus, mit dem Sie sich auseinander setzen möchten. Stellen Sie Ihre Interpretation in einer Kleingruppe von ca. vier Schülern zur Diskussion.
2. Bestimmen Sie aus jeder Arbeitsgruppe einen Ausspruch, den Sie der Klasse erläutern wollen. Ihre Interpretation kann als Kurzstatement erfolgen und ergänzend durch Zeichnungen, Pantomime oder Rollenspiel verstärkt zum Ausdruck gebracht werden.

2.1 Auf der Suche nach dem Glück

Wer möchte nicht glücklich sein? Rezepte und Ratschläge gibt es in einer kaum zu überblickenden Fülle von Ratgeberliteratur. Die Werbung verspricht uns täglich neue Glücksmöglichkeiten. Zu allen Zeiten haben sich auch Philosophen Gedanken über das Glück gemacht. Doch worin besteht das Glück und wodurch lässt es sich erreichen? Liegt es im Besitz von viel Geld oder Ansehen, im Genuss toller Musik, im schulischen Erfolg, einer engen Beziehung zu einem anderen Menschen, in innerer Einkehr …? Eine Antwort darauf wird sehr unterschiedlich ausfallen. Jeder muss eine eigene Vorstellung und individuelle Wege zum Glück finden.

Was bedeutet Glück für mich

Die einen erklären [das Glück] für etwas Greifbares, Sichtbares wie Lust, Reichtum und Ehre, andere für etwas Anderes.
Bisweilen wechselt sogar ein und derselbe seine Meinung:
Wird er krank, so sieht er das Glück in der Gesundheit, ist er arm, dann im Reichtum.

(Aristoteles*: Nikomachische Ethik. Reclam Stuttgart 1994, S. 8)

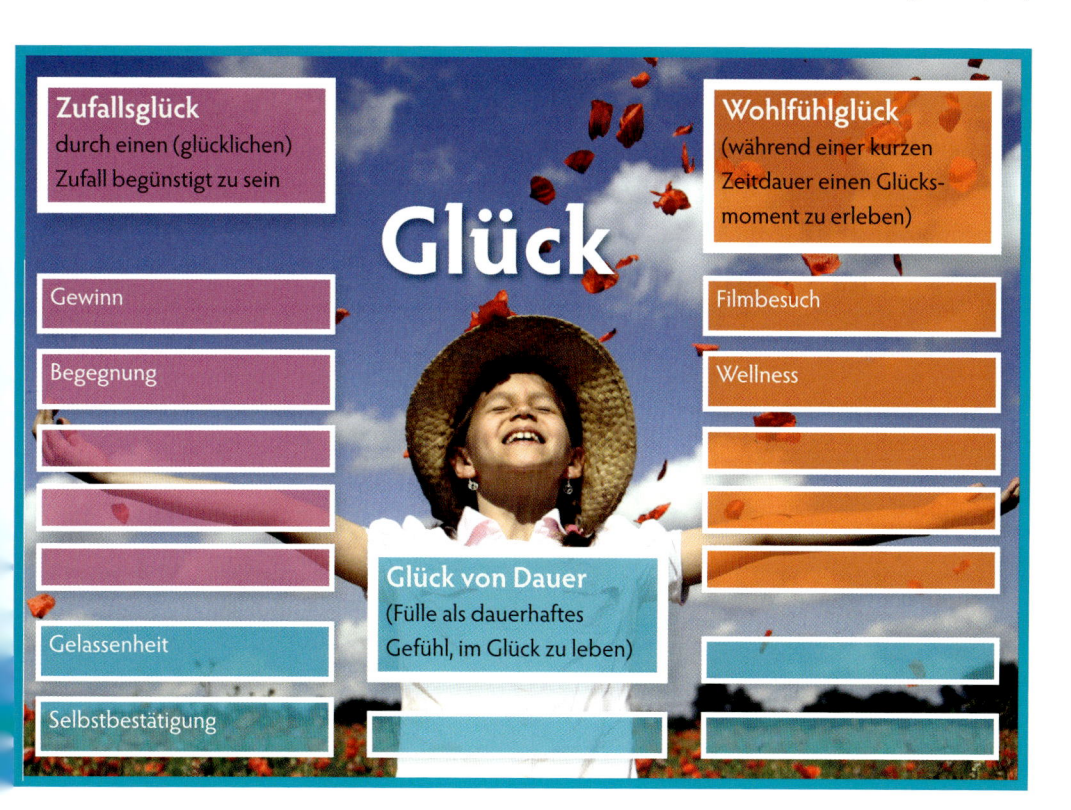

Zufallsglück
durch einen (glücklichen) Zufall begünstigt zu sein

- Gewinn
- Begegnung
-
-
- Gelassenheit
- Selbstbestätigung

Wohlfühlglück
(während einer kurzen Zeitdauer einen Glücksmoment zu erleben)

- Filmbesuch
- Wellness

Glück von Dauer
(Fülle als dauerhaftes Gefühl, im Glück zu leben)

1. Informieren Sie sich über die Begriffsanalyse „Glück" auf Seite 99.
2. Notieren Sie sich sechs Beispiele, die für Sie etwas mit Glück zu tun haben.
3. Ordnen Sie Ihre Beispiele nach den verschiedenen Arten von Glück: Zufallsglück, Wohlfühlglück, Glück von Dauer. Diskutieren Sie in der Klasse die Zuordnungen.
4. Stellen Sie in der Klasse eine „Top-Ten-Liste" auf, mit der Sie eine Rangfolge der am häufigsten genannten Angaben festlegen.
5. Schreiben Sie abschließend auf, was nicht glücklich macht.

Glück finden

So wie sich der Mensch im Laufe seines Lebens ändert und Entwicklungen durchläuft, so wandeln sich auch die Vorstellungen darüber, was einen glücklich macht. In allen Lebensphasen stehen aber die Ansprüche, die jemand an das Leben stellt, die Zufriedenheit, die sich daraus ergibt und die Qualität des Glücks in einem Wechselverhältnis. Stellt man geringe Ansprüche an das Leben, wird die Zufriedenheit nur von kurzer Dauer sein und auch das Glück verschwindet wieder sehr schnell. Sind beispielsweise Konsumansprüche erfüllt, wachsen schnell neue Ansprüche nach und auch die Zufriedenheit und das damit verbundene Glücksgefühl halten nicht lange an.

Wege zum Glück

Der Professor für Empirische Sozialwissenschaft, Gerhard Schulze, und der Comedian und promovierte Mediziner, Eckart von Hirschhausen, haben sich in Interviews über Wege zum Glück geäußert.

Gerhard Schulze

Alle suchen das Glück. Wo finden sie es wirklich?
Schulze: Das ist nicht klar zu sagen. Aber wenn man die Menschen fragt, was sie in der Vergangenheit glücklich gemacht hat, dann taucht etwas auf, das über die Erlebnisgesellschaft hinausgeht. Am glücklichsten sind die Leute nicht beim Konsumieren, sondern wenn sie sich schwierigen Aufgaben zuwenden: schreiben, arbeiten, ein anstrengendes Hobby ausüben.

(Frank Gerbert: Ein Supermarkt namens Leben. Interview mit Gerhard Schulze. In: Focus. H. 37/1999, S. 264)

Eckart von Hirschhausen

Haben Sie Glücksvorschläge?
Hirschhausen: Ja, der wichtigste lautet: Machen Sie einen roten Kringel in Ihrem Adressbuch um die Namen der Menschen, die Ihnen gut tun, und sorgen Sie dafür, dass Sie diese Menschen regelmäßig treffen. Zweitens: Führen Sie ein Glückstagebuch, in das Sie am Abend Ihre schönsten Erlebnisse eintragen, das schärft die Achtsamkeit von Glück. Und drittens: Seien Sie zehn Minuten am Tag einfach still und tun Sie nichts. Sie werden sehen, wie viel Fülle immer da ist, in uns und um uns! Die Einstellung „ich brauche noch dieses oder jenes, um glücklich zu sein", ist sehr menschlich, aber Unsinn. Und wer wirklich etwas für sich tun will – tut etwas für andere. Glück kann man verschenken, ohne es selbst gehabt zu haben.

(http://www.brigitte.de/liebe/persoenlichkeit/glueck-evh/index.htlm, Zugriff: 27.6.2009)

A 1. Welche Ratschläge geben Schulze und Hirschhausen, um das Glück zu finden? Formulieren Sie auf der Grundlage ihrer Ratschläge drei Leitsätze, die man als Wege zum Glück bezeichnen könnte.

Ü 2. Beziehen Sie die von Ihnen bestimmten Glückswege auf Ihre Lebenssituation. Schreiben Sie kleine Beispiele auf, mit denen Sie die Leitsätze anhand Ihrer Lebenssituation illustrieren.

3. Stellen Sie die von Ihnen gefundenen Glückswege und die Möglichkeiten ihrer praktischen Umsetzung in der Klasse zur Diskussion.

Glücklich ohne Geld und Gut

Die Psychotherapeutin [Heidemarie Schwermer] aus Norddeutschland hat sich diese ungewöhnliche Existenz ohne Geld und festen Wohnsitz, ohne Bankkonto und Versicherungen bewusst gewählt. „Mir fehlt nichts. Ich bin glücklich so", sagt sie energisch und schüttelt ihr gepflegtes weißes Haar. „Wir sind nicht auf der Welt, um den ganzen Tag hinterm Geld her zu sein, es zu verdienen und wieder auszugeben. Ich habe mich von dem ganzen Ballast befreit." Zuerst gab sie ihre Beamtenlaufbahn als Lehrerin auf, später die therapeutische Praxis. Und seit 1996, die beiden Kinder waren schon groß, trennte sie sich auch von ihrer Wohnung und allem Besitz. „Anfangs für ein Jahr gedacht", erzählt sie. Aber jetzt, nach zehn Jahren, ist daraus eine neue Lebensform geworden, die auf Tauschhandel beruht, Schwermer hütet Häuser von Bekannten, führt den Haushalt, kümmert sich um Kinder, pflegt Kranke oder gibt Lebenshilfe-Seminare und Therapiestunden. All das in sorgfältig über die Jahre aufgebauten Tauschringen und Netzwerken von „Gib und Nimm" mit zahlreichen Beteiligten. Schwermer selbst bietet ihre Fähigkeiten im Tausch für Unterkunft, Essen, Kleidung, Bahnfahrkarten oder Kinobesuche an und bekommt dafür alles, was sie braucht. „Schließlich bin ich ja keine Asketin", gibt sie unverblümt zu und greift genüsslich nach den reifen Weintrauben vor sich auf dem Tisch.

Ihre Kritiker halten Schwermer für eine Spinnerin oder Schnorrerin, denn schließlich sei ihr Lebensstil nur möglich, weil andere weiterhin Geld verdienen und Besitz anhäuften. Ihre Befürworter aber sind fasziniert von der konsequent gelebten Gesellschaftskritik an Konsum und Kommerz. Wer kann schon mit einem selbstbewussten Lächeln von sich aus sagen: „Ich habe nichts und bin viel." [...]

(Bettina von Clausewitz: Glücklich ohne Geld und Gut. In: Leipziger Volkszeitung, 15.09.2006, S. 2)

1. Von Aristoteles (lesen Sie dazu auch Seite 50/51) stammt der Spruch „Glück ist Selbstgenügsamkeit". Bewerten Sie diesen Spruch im Zusammenhang mit dem Leben von Heidemarie Schwermer.
2. Diskutieren Sie, wie die Welt aussehen würde, wenn die Mehrzahl der Menschen so denken und handeln würde wie Heidemarie Schwermer? Was am Lebensstil von ihr empfiehlt sich zur Nachahmung auf dem Weg zum Glück? Was lehnen Sie ab?
3. Interpretieren Sie den Spruch von Heidemarie Schwermer „Ich habe nichts und bin viel".
4. Recherchieren Sie im Internet nach Projekten von „Gib und Nimm" unter:
   http://projekte.free.de/gibundnimm
   Was halten Sie von solchen Aktionen?

Sie dienen sich selbst, wenn Sie anderen dienen

Menschen, die sich helfend für andere engagieren, fördern in sich die Fähigkeit zu Mitgefühl, Verständnis und eigener Zufriedenheit. Gewissermaßen ist der Profit unter anderem eine persönliche „Horizont- und Herzerweiterung". Tieferer Lebenssinn. Das Engagement für andere kann unserem Leben einen tieferen Sinn geben, und die menschliche Seele sehnt sich nach Sinn! Sinn ist ein Hauptfaktor für Erfüllung und Zufriedenheit im Leben. [...] Wie der amerikanische Glücksforscher Martin Seligmann bestätigt, ist der Einsatz der eigenen Stärken für ein höheres Ziel Voraussetzung für ein „sinnvolles Leben". Untersuchungen über die Motivationsfaktoren von Putzpersonal in Krankenhäusern haben ergeben, dass diejenigen sogar Glück bei ihrer Arbeit empfanden und mit Begeisterung und großem Engagement bei der Sache waren, die glaubten, dass sie eine sinnvolle und für die Patienten wichtige Arbeit leisten. Der Mensch hat anscheinend ein natürliches und tiefes Bedürfnis zu geben. Und er ist froh, wenn er jemanden findet, dem er geben kann. [...] Dass der Helfer vom Helfen selbst belohnt wird, schien auch König Salomo zu wissen, der im Alten Testament schrieb: „Eine segnende Seele wird gesättigt, und wer andere tränkt, wird selbst erquickt." Letztlich könnte man sagen: Was auch immer Sie für andere tun, Sie tun es auch für sich! Dies ist gewissermaßen ein „altruistischer Egoismus" (eine Selbstlosigkeit, die letztlich doch dem eigenen Interesse dient), der auch unabhängiger machen kann von der Anerkennung durch die Öffentlichkeit. – Sie dienen sich selbst, wenn sie anderen dienen!

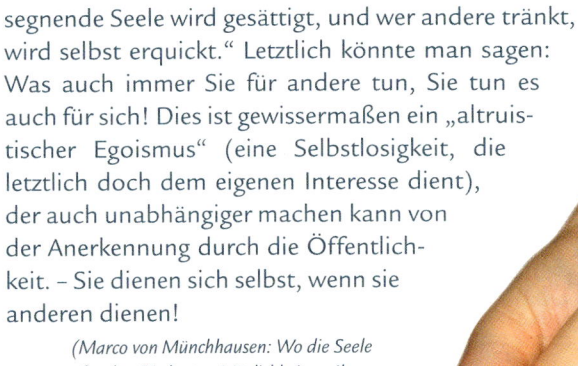

(Marco von Münchhausen: Wo die Seele auftankt. Die besten Möglichkeiten, Ihre Ressourcen zu aktivieren. Campus, Frankfurt a.M. 2004, S. 247–249)

1. Der Text bringt ein bestimmtes Glücksverständnis zum Ausdruck. Fassen Sie die Aussage Marco von Münchhausens in zwei Sätzen zusammen.
2. Stellen Sie ein Beispiel aus Ihrer Erfahrung vor, mit dem Sie die Aussagen von Marco von Münchhausen bestätigen.

3. Schreiben Sie einen Dialog zwischen einem Altruisten* und einem Egoisten* über das Glück.
4. Recherchieren Sie im Internet zu dem verwandten Thema „Hilfsbereitschaft macht sexy" unter: http://www.scienceticker.info/2008/10/14/hilfsbereitschaft-macht-sexy.

Auf der Suche nach dem Glück

Wovon hängt das Glück ab?
Der Psychologe Richard Winterswyl hat die Antworten gebündelt. Zu jeder Frage hat er zwei Alternativen genannt.

1. **Liegt das Glück darin, einen Lebenssinn zu finden,** oder ist es selbst Lebenssinn?

2. **Hängt das Glück von dem ab, was ein Mensch hat,** oder von dem, was er leichten Herzens entbehren kann? **Von dem, was er erwirbt,** oder wovon er sich befreit?

3. **Ist es Glück, wenn er sich findet,** oder eher, wenn er sich verliebt, verliert, vergisst?

4. **Ist es die Identität (Übereinstimmung) mit sich selbst** oder mit den Umständen?

5. **Erreicht oder bewahrt man es durch Leidenschaft** oder durch Ökonomie (Vernunft, Planung)?

6. **Ist es die Freiheit, zu tun, was man will,** oder die Einsicht, das Richtige zu wollen?

7. **Ist es Glück, wenn unsere Wünsche in Erfüllung gehen** oder wenn wir gnädig davor bewahrt bleiben?

8. **Liegt das Glück im Weg** oder im Ziel?

9. **Findet man es eher im Abstand** oder in der Nähe zur Welt?

10. **Sind es eher die Ereignisse und Umstände, von denen unser Glück abhängt,** oder eher die Art, wie man diese nimmt?

(Richard Winterswyl: Das Glück. www.learn-line.nrw.de/angebote/praktphilo/fragen_kreise/fragenkr7_glueck.html, Zugriff: 3.3.2007, Hervorhebungen H. E.)

1. Entscheiden Sie sich für die Alternative, die Ihnen schlüssig erscheint. Überlegen Sie sich Begründungen, mit denen Sie Ihre Entscheidungen erläutern können.
2. Was ist Ihrer Meinung nach der beste Weg zum Glück? Erstellen Sie in Ihrer Klasse eine Rangfolge der Glückswege.
3. Schreiben Sie eine Glücksgeschichte, mit der Sie anhand eines Beispiels die praktische Umsetzung eines Glücksweges erläutern.

Philosophische* Glücksvorstellungen

Zwei Philosophenschulen der Antike haben zwei bis heute grundlegende Entwürfe zur guten Lebensgestaltung vorgelegt: der *Hedonismus*, der besagt, dass das Glück in der Maximierung von Lust und Freudenerlebnissen bestehe, einerseits und der *Stoizismus* (siehe auch S. 216) andererseits, dessen Vertreter meinen, dass das Glück darin bestehe, sich möglichst unabhängig von sinnlichen Leidenschaften zu machen und hauptsächlich Tugend zu üben.

Aristoteles (384–322 v. Chr.) entwickelte eine mittlere Position zum Glück. In seiner Nikomachischen Ethik, die er nach seinem Vater und seinem Sohn benannt hat, die beide Nikomachos hießen, spielt die Bestimmung von Glück eine große Rolle.
In einem fiktiven Interview befragen Schüler den Verfasser der Nikomachischen Ethik über seine Auffassungen vom Glück.

Q *Aristoteles, wie kann ein Mensch glücklich werden?*
Ja, in meiner Nikomachischen Ethik habe ich gezeigt, dass alle Menschen darin übereinstimmen, dass sie glücklich sein wollen. In allem, was wir tun, streben wir nämlich nach einem Gut, d. h. nach einem Zweck, der für uns etwas Gutes darstellt. Wer Sport treibt, um sich beispielsweise fit zu halten, tut dies, weil er Fitness für etwas Gutes hält.

Ich verstehe. Würde er dieses Ziel nicht als für sich wertvoll betrachten, würde er es nicht anstreben, er würde etwas anderes tun.
Ja, und es gibt Menschen, die etwas lernen, um berufliche Vorteile zu erlangen; oder andere, die sparen, um eine Reise machen zu können. Aber warum wollen sie überhaupt fit bleiben, warum eine berufliche Karriere machen, warum Reisen unternehmen?

Beispielsweise, um ein hohes Alter zu erreichen, für ein hohes Einkommen oder um ferne Länder kennen zu lernen.
Richtig, die Ziele, die die Menschen in ihren Handlungen verfolgen, verweisen auf höhere Ziele. Ich habe mir nun die Frage gestellt, ob es für diese Ziele wiederum höhere Ziele gibt usw. bis ins Unendliche fort, oder ob es ein höchstes Ziel gibt, ein Endziel sozusagen, über dem keine Ziele mehr existieren.

Und zu welchem Ergebnis sind Sie gekommen?
Ein Schreiten ins Endlose würde bedeuten, dass unser Handeln letztlich keinen Sinn hätte. Daher behaupte ich, dass es ein letztes Ziel gibt, von dem her alles Tun einen Sinn erhält. Dieses Endziel ist die eudaimonia, die Glückseligkeit, oft auch kurz als Glück bezeichnet. Andere Güter, z. B. Ansehen oder Lust, sucht man gelegentlich um der Glückseligkeit willen; aber nach Glückseligkeit streben wir nicht um eines anderen Ziels willen, sondern um ihrer selbst willen. Sie ist das, was für sich allein, ohne dass noch etwas anderes dazukäme, wünschenswert ist, das höchste aller Güter.

O. K. Und wie kann man nun dieses höchste Gut, die Glückseligkeit erreichen?
Glückselig wird man nicht, wie die meisten meinen, durch ein Leben des Genusses. Wer nur nach Lustbefriedigung strebt, unterwirft sich den sinnlichen Begierden und den Leidenschaf-

ten, statt sein Leben selbst in die Hand zu nehmen; er führt also lediglich ein animalisches, kein menschliches Dasein.

Aber Lust gehört doch zum Glück dazu! Ich kann mir kein glückliches Leben ohne Lust vorstellen!
Zugegeben. Die Lust bildet einen Bestandteil des Glücks, aber reines Genussleben führt nicht zur Glückseligkeit. Die Lebensform, die uns Menschen glücklich machen soll, muss eine spezifisch menschliche Qualität haben. Das, was den Menschen vor allen anderen Lebewesen auszeichnet, ist der logos, die Vernunft; in diesem Zusammenhang könnte man das Wort am besten mit Überlegung übersetzen. Tiere sind hinsichtlich ihres Wohlergehens lediglich durch Lust- und Unlustgefühle bestimmt. Der Mensch dagegen hat nicht nur Begierden, sondern er hat auch die Möglichkeit, sich überlegt in ein Verhältnis dazu zu bringen: Er kann z.B. diesen Antrieben nachgeben oder sie zurückdrängen. Und sein Wohlergehen hängt davon ab, ob er das in richtiger Weise tut.

Und was ist in diesem Zusammenhang das Richtige? Gibt es einen Maßstab dafür?
Ja, das Richtige ist das Mittlere.

(Bernd Rolf: Aristoteles, wie kann der Mensch glücklich werden? In: Ethik & Unterricht 4/1999, S. 14)

1. Schreiben Sie alle Dinge auf, die Sie persönlich glücklich machen. |A|
   Um herauszufinden, was wahres Glück ist, schlägt Aristoteles vor, die Dinge, auf die sich unser Streben nach Glück richtet, einmal genauer zu betrachten und in drei Gruppen zu unterscheiden, nämlich in:
   a) Dinge, nach denen wir nicht um ihrer selbst willen streben, sondern nur, um durch sie etwas zu erreichen (= extrinsische Glücksgüter ››› reine Mittel)
   b) Dinge, nach denen wir sowohl um ihrer selbst willen streben als auch, um durch sie etwas anderes zu erreichen (= intrinsische Glücksgüter ››› Mittel und Selbstzweck)
   c) Dinge, die wir ausschließlich um ihrer selbst willen anstreben und nicht, um durch sie noch etwas anderes zu erreichen (= höchste und letzte Glücksgüter ››› reiner Selbstzweck)
2. Gehen Sie Ihre persönliche Liste der Dinge durch, die Sie glücklich machen. Ordnen Sie Ihre Glücksgüter jeweils einer der drei von Aristoteles beschriebenen Gruppen zu.
3. Versuchen Sie nun zu beschreiben, was Glück für Sie bedeutet.
4. Fassen Sie jetzt Ihre Beschreibung in Form eines Merksatzes zusammen:
   Glücklich ist, wer ...

(Nach Material-Extra. Ethik & Unterricht, 4/2008, S. 5)

Glück durch Lust oder Tugend?

Ein wichtiger Vertreter des Hedonismus war der vornehmlich in einem Garten lehrende Philosoph *Epikur* (341–270 v. Chr.). Epikur setzte Lust aber keineswegs mit Zügellosigkeit gleich. Vielmehr erfordert nach ihm die Lust zu ihrer Umsetzung durchaus Vernunft und Selbstbeherrschung.

Die Lust als höchstes Ziel

Ich weiß nicht, was ich mir als das Gute vorstellen soll, wenn ich die Lust des Geschmacks, die Lust der Liebe, die Lust des Ohres beiseite lasse, ferner die angenehmen Bewegungen, die durch den Anblick einer Gestalt erzeugt werden [...]. So kann man auch nicht sagen, dass ausschließlich die Freude des Geistes das Gute ausmache. Denn die Freude des Geistes erkenne ich in der Hoffnung auf all jene Dinge, die ich eben genannt habe, und darauf, dass die Natur, wenn sie sie besitzt, von Schmerz frei sein wird. [...] Für Menschen, die zu überlegen fähig sind, enthält der wohlgefestigte Zustand des Fleisches und die zuverlässige Hoffnung im bezug auf ihn die höchste und sicherste Freude. Man muss das Edle, die Tugenden und dergleichen schätzen, wenn sie Lust verschaffen; tun sie das nicht, dann soll man sie fahren lassen.

(Epikur: Von der Überwindung der Furcht. DTV, München 1983, S. 114f., S. 103f.)

Einer der bedeutendsten Stoiker war der Philosoph *Seneca* (1 v. Chr.–65), der Erzieher des späteren Kaisers Nero*.

Die Tugend als Weg zur Glückseligkeit

Du bist von Natur aus ein vernunftbegabtes Wesen: was kann dir besseres dargeboten werden als die Vernunft? Die Tugend ist das Herrlichste, was es gibt [...]. Immer gehe die Tugend voran und trage die Fahne. [...] Diejenigen aber, die das Vergnügen zur Hauptsache machen, haben weder das eine noch das andere: die Tugend verlieren sie, und das Vergnügen haben sie nicht, sondern das Vergnügen beherrscht sie, und entweder quält sie der Mangel daran oder sie ersticken im Überfluss. [...] Was man nach den allgemeinen Gesetzen der Weltordnung zu erdulden hat, das erdulde man hochherzig. Darauf sind wir verpflichtet, zu tragen, was im Leben eines Sterblichen vorkommen mag, und uns nicht irremachen zu lassen durch etwas, was zu vermeiden nicht in unserer Macht steht.

(Seneca: Vom glücklichen Leben. Reclam, Stuttgart 1977, S. 78ff.)

1. Formulieren Sie mit eigenen Worten die Kernaussagen Epikurs und Senecas. Stellen Sie in einer Übersicht deren zentrale Aussagen und Begriffe gegenüber. Welcher Auffassung stimmen Sie am ehesten zu?

2. Entwerfen Sie zwei Lebensentwürfe, mit denen Sie die Gedanken Epikurs und Senecas in die heutige Zeit übertragen.

2.2 Glück in der Erlebnisgesellschaft

Die individuelle Vielfalt menschlicher Interessen gibt Raum für ganz verschiedene Glückserwartungen und Glückserfahrungen. Mit dem Begriff „Erlebnisgesellschaft" wird eine auf Glück und Genuss ausgerichtete Konsumgesellschaft bezeichnet, die besonders von hedonistischen Werten (siehe S. 50) geprägt ist. Es geht um die individualistische Ausgestaltung des eigenen Lebensstils, womit im Kern das Handlungsmotiv „Erlebe Dein Leben" gemeint ist.

Alternative **Antifas** *Barbies* Acid Airbagger Alternative Antifas Barbies Funk Fußballfans Gamer Geeks Groupies Hacker Hausbesetzer **EMOS** **HEAVY METALS Fußballfans** Hacker Heavy Metals Hippies Hopper Hippies House *Hip-Hopper* Skater Jesus Freaks **GOTHICS** Kiffer Kiffer Kiffer Kiffer New Age **OKKULTISTEN** *Hippies* Punks Rainbow Hopper Raver Rollenspieler Satanisten *Skater* ten S-Bahn Surfer Science-Fiction Skater Skinheads Fans Spon- **Rapper** *Punks* Raver Spieler der Straße Sprayer Streetgangs Turbojugend **RAVER SATANISTEN** Ultras Veganer **Ultras** Zippies **SPRAYER** **Veganer**

Drin sein

Eine Szene ähnelt typischerweise einem „Überraschungsei": Es gibt was zum Naschen, d.h. vielerlei Möglichkeiten, zu konsumieren; es gibt was zum Spielen, also vielfältige Unterhaltungsangebote; und es gibt Überraschungen, d.h. „action" und spannende Beteiligungsoptionen. [...] Jedenfalls hat jede Szene so etwas wie ihr zentrales Thema. Dieses Thema hat zumeist mit Musik, mit Sport, mit Mode oder mit Spiel- und Tüftel-Spaß an neuen Medien zu tun. Um dieses zentrale Thema herum gruppiert sich dann so etwas wie ein Lifestyle mit eigenen Sprachgewohnheiten, Umgangsformen, Treffpunkten bzw. Lokalitäten, Zeitbudgetierungen, Ritualen, Festen bzw. Events und zum Teil – aber wirklich nur zum Teil – eben auch mit einem als szenespezifisch erkennbaren Outfit.

(Ronald Hitzler: Drin sein. In: Kölner Stadtanzeiger, 23.10.2006)

1. Was meint „Lifestyle"? Was gehört Ihrer Meinung nach dazu? Erläutern Sie, wie im „Lifestyling" Leitbilder aus Werbung, Soaps und Filmen aufgegriffen werden.
2. Erörtern Sie, aus welchen Gründen sich Jugendliche einer Jugendszene anschließen. Warum kommt es überhaupt zur Bildung von Jugendszenen?

3. Erkundungsauftrag: Sammeln Sie aus Zeitungen und Zeitschriften Informationen zu einer Jugendszene (Geschichte, zentrales Thema, Rituale, Symbole, Sprachgewohnheiten, Umgangsformen ...), die für diese Szene ganz besonders typisch sind. Finden Sie für die Ergebnisse der Untersuchungen eine ansprechende Form der Präsentation (Fotoausstellung, Wandzeitung, Plakat).

Neue „Götter" unserer Zeit

Die Bewunderung der Fans für ihre Helden ist unerschöpflich, sie nimmt quasi-religiöse Züge an. Immer neue Erlebnisse von Gemeinschaft bieten heftige Beteiligung der Fan-Gemeinden an den Tätigkeiten ihrer Heiligen. Andere stilisieren sich selbst zum Helden, indem sie durch spektakuläre Aktionen Eingang in die Phalanx der Einzigartigen erlangen wollen.

Moderne Heilige

In den Gemeinschaften des Sports ist den alten Kirchen eine junge, kräftige Konkurrenz entstanden. Es sind neue Gebilde, anders organisiert, nicht mehr greifbar, mit neuartigen Ritualen, auf viele Orte verstreut, aber spektakulär sichtbar in aufblitzender Präsenz.

Als erstes fällt bei den Fans die Erzeugung von Gemeinsamkeiten auf. Ähnlich vereinigend wie gemeinsames Trinken wirkt das Absingen von Fußballhymnen, unterstützt von gleichen Bewegungsweisen. Beim Absingen der Hymnen ist eine strikte rituelle Ordnung einzuhalten. Die Schals werden mit beiden Händen über den Kopf gehalten und im Rhythmus der Musik langsam hin und her bewegt, wie die Fahnen einer Prozession.

Nach dem Triumph Schuhmachers in Monte Carlo wurde von seinen Fans das Plakat hochgehalten: „Blick auf zum Himmel – nur er ist stärker als du". Durch den Sieg des Heiligen ist die Welt besser geworden. Auch die Fans werden geheiligt; sie werden ergriffen, sie haben sich durch große Leistungen der Ausdauer, des Tragens von Strapazen bewährt. Auf alle erdenkliche Arten sucht die Gemeinde die Nähe zu ihren Heiligen: durch Autographen, Fanpost, Anfassen, Nachahmungen, durch das Tragen „seines Trikots" mit seiner Rückennummer und seinem Namen.

Im Stadion von Nou Camp befindet sich eine *Hall of fame* des FC Barcelona; dort hatte ich einen ganz ähnlichen Eindruck wie im Heiligtum der Schwarzen Madonna*. Ergriffenheit herrschte bei den Wallfahrern, ehrfürchtige Bewunderung vor den Europacups und anderen Trophäen vergangener Siege, Beweise der Macht des Vereins. In Form von Reliquien war ein Domschatz ausgestellt, bestehend aus originalen Bällen, Trikots, Schuhen aus unvergesslichen Spielen. Beim Verlassen der dämmrigen Ausstellungsräume wirkten die Fans heiter und gelöst wie eine Gemeinde nach der Messe: Die Welt hatte sie wieder, sie hatten sich einer heiligen Pflicht unterzogen und wandelten wie verbesserte Menschen in die Stadt zurück.

(Nach Gunter Gebauer: Bewegte Gemeinden. In: Sonderheft MERKUR. Nach Gott fragen. Deutsche Zeitschrift für europäisches Denken, Heft 9/10/1999, S. 936b ff.)

1. Glückserlebnisse können als Gruppenerlebnisse in Fan-Gemeinden quasi religiöse Züge annehmen. Tragen Sie weitere Beispiele zusammen, mit denen Sie diese Ansicht vertiefen.
2. Lesen Sie auf Seite 197 nach und erörtern Sie, welche Parallelen sich zwischen esoterischen und okkulten Praktiken sowie dem beschriebenen Fan Verhalten auftun.

Sucht nach dem Kick: Extremsport

Auf der Suche nach dem Glück spielt die Lust auf Nervenkitzel eine große Rolle. Ob Ultratriathlon, Achttausender besteigen oder Base Jumping von den höchsten Gebäuden der Welt – Extremsportler loten die Grenzen ihrer körperlichen und psychischen Belastbarkeit aus. Was Spaß macht und gefährlich ist, verschafft ihnen einen Endorphinrausch*.

Base Jumping – Der wohl gefährlichste Sport der Welt

Diese Variante des Fallschirmspringens wird meist von feststehenden Objekten ausgeführt. Waghalsig stürzen sich Base Jumper von Gebäuden, Brücken oder Felsen. Die im Vergleich zum Fallschirmspringen aus dem Flugzeug geringe Höhe dieser Objekte macht es erst möglich, den Fallschirm erst in letzter Sekunde zu öffnen. Einen Reservefallschirm gibt es nicht.

Basejumper springt vom Waldorf Astoria Hotel

Ein Basejumper ist am frühen Mittwochmorgen vom Rohbau des Waldorf-Astoria-Hotel am Hardenbergplatz in Charlottenburg gesprungen und hat sich dabei lebensgefährlich verletzt. Der 30-Jährige verlor beim illegalen Sprung vom Dach des 118 Meter hohen Gebäudes die Kontrolle über seinen Fallschirm, prallte gegen das gegenüberliegende „Hutmacherhaus" und stürzte aus der sechsten Etage ab. Dabei beschädigte er eine Telefonzelle und schlug schließlich hart auf dem Gehweg auf. Der Springer wurde am Mittwoch stundenlang operiert und schwebt weiterhin in Lebensgefahr.

Mit einer Kamera am Helm hatte der Springer seinen Flug aufgezeichnet. Die Polizei hat die Aufnahmen aus der Helmkamera inzwischen gesichtet. „Es ist, als wäre man dabei gewesen", sagte ein Sprecher. Auf dem Film sei deutlich zu erkennen, wie der Springer auf dem Dach mehrfach Anlauf nimmt und dann um 3.35 Uhr der Nacht in die Tiefe springt. Der gesamte Unfall sei genauestens dokumentiert.

(Nach http://www.tagesspiegel.de/berlin/polizei-justiz/basejumper-springt-vom-waldorf-asto; Zugriff: 16.12.2010)

Auf der Suche nach dem Glück spielt auch oft der Nervenkitzel eine wichtige Rolle. Insbesondere der Extremsport und Glücksspiele verschaffen den „Kick", ohne den sich Glücksgefühle scheinbar nicht einstellen.

1. Stellen Sie in der Klasse Extremsportarten (z. B.: Basejumping, Bungee-Springen, Parcour-Lauf) vor und erläutern Sie, worin der besondere „Kick" bei diesen Sportarten besteht.
2. Informieren Sie sich über Glücksspiele (z. B. im Internet: www.spielen-mit-verantwortung.de) und gehen Sie darauf ein, wie man in die Spielsucht hinein geraten kann. Lesen Sie auch auf S. 206 über die Entstehung von Sucht nach.
3. Diskutieren Sie in der Klasse, ob diese Arten, sich einen Kick zu holen, noch etwas mit Glück zu tun haben?

Glück und Konsum – ein verrücktes Paar

In unserer modernen Gesellschaft wird das „gute Leben" größtenteils mittels materieller (= auf Geld bezogener) Begriffe definiert. Moderne Lifestyles führen zu einem Konsum, der weit über das hinausgeht, was für Überleben, Gesundheit und Glück gebraucht wird. Das „Bedürfnis" nach ewig währendem wirtschaftlichen Wachstum, nach Wettbewerb in den Märkten und der Wettbewerb der einzelnen Menschen um sozialen Status treiben den Ressourcenverbrauch nach oben. Die Sehnsucht nach Glück ist nach Überzeugung einiger philosophischer Richtungen der wichtigste Faktor, der den menschlichen Unternehmungsgeist antreibt. Die Werbung nutzt dieses Streben, indem sie Glück mit immer neuen Produkten verspricht, immer mehr davon.

(Nach Harald Hutterer: http://kommentare.zeit.de/user/karuna-wien/beitrag/2007/11/30/glueck-und-konsum-ein-verruecktes-paar; Zugriff: 12.12.2010)

Verführung zum Konsumrausch

Beispiel Kleidung. Dafür geben Jugendliche den größten Teil ihres Geldes aus, die Konkurrenz ist entsprechend groß. Dennoch verzichtet der Jeanshersteller Levi's seit 2007 auf TV-Werbung, hat stattdessen im Internet eine Musikplattform gegründet und veranstaltet Clubtouren mit Bands. Außerdem stattet das Unternehmen Künstler und Moderatoren im Musikfernsehen aus. Dass diese Aktionen von Levi's gesteuert sind, findet keine Erwähnung.

Eine andere Strategie hat der Konkurrent Lee gewählt. Zentrales Marketinginstrument ist die Internetplattform „Make History". Besucher sehen dort keine Jeansmodelle, sondern können selbst gemachte Fotos einschicken. Die besten Aufnahmen schaffen es als Anzeige in Modemagazine. Was Lee davon hat? „Den Ruf, so etwas zu ermöglichen, das Image", sagt die Marketingchefin Anne Fahr, „letztlich verkaufen wir ein Lebensgefühl. Aber eine Hose an sich hat nun mal keine Seele." Lee ist ein Beispiel für den Trend, Internet und reale Welt zu verknüpfen.

Auch die Vernetzung Jugendlicher untereinander mittels Computer und Mobiltelefon ist ein beliebtes Einfallstor für Werbebotschaften. Wer einen einzigen Jugendlichen begeistert, hat die Chance, dass eben dieser die Botschaft an Freunde weiterschickt, die wiederum aufs Knöpfchen drücken. Das nennt sich dann „viraler Effekt". Aber wie pflanzt man ein Virus in die Lebenswelt der Jugendlichen? Etwa mit dem kleinen Film des Sportartikelherstellers Nike, in dem der Fußballstar Ronaldinho viermal nacheinander gegen die Torlatte schießt – und der 18 Millionen Mal von der Nike-Homepage heruntergeladen wurde, weil sich jeder fragte: Ist so etwas wirklich möglich?

Zum Gesprächsstoff werden, statt „Kauf mich!" schreien: Das ist entscheidend beim Jugendmarketing.

(Nach Christian Sywottek: Geld her! – oder: Die Verführung zum Konsumrausch. In: Geo Wissen, H. 41/2008, S. 105 ff.)

Ist Konsum eine Quelle von Glück?

Konsum und Glück? KONSUM?! In einer Ansage von Glück?! Ihr spinnt doch! Klar wird unser Leben von Konsum gesteuert, aber ist das o.k.? Hat das was mit Glück oder vielleicht eher mit Sklaverei zu tun! In unserer Gesellschaft ist Konsum zu einer Krankheit geworden, auf die alles ankommt! Vom persönlichen Glück bis zur Inflation! Der Mensch wird auf den Konsumenten reduziert, ist nur ein Mittel zum Zweck, und dabei soll Glück entstehen?

(Maximilian Paga: http://diegesellschafter.de/diskussion/leben/detail.php?aid=3177&z1=1222501345&z2=ea2402206d49cfc4fa3028b95be8426a&, Zugriff: 08.12.2010)

Eine Konsum-Alternative: Der „Buy Nothing Day"

Was als einfache Idee vor elf Jahren in Nordamerika begann (am Tag nach dem Feiertag „Thanksgiving" – Amerikas geschäftigstem Einkaufstag des Jahres), wuchs als Buy Nothing Day zu einer weltweiten Zelebration und Demonstration des Konsumbewusstseins und des übermäßigen Konsums heran. Die Buy Nothing Day-Kampagne hat Debatten, Radio-Talkshows, Mitteilungen in den Fernsehnachrichten und Zeitungsschlagzeilen in der ganzen Welt ausgelöst. Der andauernde weltweite „Krieg gegen den Terrorismus" hat unser Verständnis dafür geschärft, wie fragil und potentiell katastrofisch die Abhängigkeit einer unersättlichen „Ersten Welt" von fremdem Öl, vernetzten internationalen Devisenmärkten und den absolut erbarmungslosen Überlebensinstinkten der multinationalen Gesellschaften ist. Maßloser Konsum führt zu langfristigen ökologischen Problemen, die in wirtschaftliche Berechnungen des Konsums nicht mit einfließen. Menschen in mehr als 65 Ländern beschlossen, eine persönliche Meinung abzugeben, indem sie für 24 Stunden nicht einkauften.

(Nach http://buynothingday.de)

Beziehen Sie sich bei Ihren Überlegungen und Antworten auch auf die im Abschnitt 2.1 „Auf der Suche nach dem Glück" (siehe S. 45 ff.) erworbenen Einsichten.

1. Informieren Sie sich auf S. 36 über Strategien der Werbung. Wie beurteilen Sie aus dieser Sicht die Inhalte, die im Text „Verführung zum Konsumrausch" angesprochen werden? Welche Antwort gibt die Werbung auf die Sehnsucht des Menschen nach Glück?
2. Markenartikel versprechen ein bestimmtes Lebensgefühl. Versuchen Sie, konkreten Markenartikeln ein bestimmtes Lebensgefühl zuzuordnen. Gibt es Produkte, die negative Gefühle bei Ihnen hervorrufen? Bearbeiten Sie diese Aufgabe in Kleingruppen.
3. Recherchieren Sie im Internet nach dem „Kauf nichts Tag", z.B. unter: http://buynothingday.narra.de/blog/. Diskutieren Sie über den Wert solcher Aktionen.
4. Erklären Sie mit eigenen Worten die Formulierung „Wettbewerb der einzelnen Menschen um sozialen Status". Was sind die Folgen dieses Wettbewerbs?
5. Sammeln Sie eine Woche lang Material aus der Werbung (Zeitungen, Zeitschriften oder Internet), die den Zusammenhang von Glück und Konsum vorgaukeln und gestalten Sie aus dem Material eine Collage.

Von Bildern umstellt: Medienkonsum

Durchschnittlich mehrere Stunden täglich nutzen Jugendliche die elektronischen Medien. Fernsehen, Computer und Internet spielen in allen Lebensbereichen bedeutende Rollen. Unser Bild der Wirklichkeit stammt nur zu etwa zehn Prozent aus eigener Erfahrung, ansonsten aus den Medien.

Flucht ins fremde Glück.

Q Ich gucke Soaps seit ich elf bin. Als Flucht aus meiner Familien fing es an. Ich suchte in den Soaps eine neue. Ich glaube, jeder vermisst irgendetwas in seinem Leben. Bei mir war es jedenfalls so. Jeder braucht Liebe, Vertrautheit, Wärme. Aus den Soaps kann man es sich holen. Und weil sie jeden Tag laufen, hatte ich bei ihnen – anders als bei anderen Fernsehserien oder Filmen – immer das irre Gefühl, dazuzugehören. Jeden Tag konnte ich in diese Welt eintauchen, das fand ich klasse. […] Mit vierzehn verfolgte ich zwölf Soaps am Tag. Ich versuchte auf diesem Wege herauszufinden, welche Geschichten es vielleicht noch nicht gegeben hatte. Denn ich wollte meine eigene erfinden! Mit dem Script schaffte ich mir meine eigene Welt. Während der Lehrer vorn unterrichtete, saß ich in der Schule und schrieb Soap-Drehbücher. Eine Zeit lang identifizierte ich mich extrem mit den Soap-Figuren. Ich wollte im wahren Leben Dinge tun, die mir vorgespielt wurden. Als ich nach Köln kam, hatte ich einen Scheißjob, mir ging es nicht gut. Die Soaps waren das Einzige, was mich ein bisschen den tierischen Alltag vergessen ließ. Wenn es mir gut geht und ich beschäftigt bin, muss ich nicht immer alles sehen. Aber wenn es mir schlecht geht oder ich über etwas hinwegkommen muss stehen Soaps bei mir im Zentrum.

Hochzeit am Set der ARD Daily Soap „Verbotene Liebe" (02.06.2010)

(Peter Süß/Gabriele Kosack: Daly Soaps: Macher, Frau und Stars. DTV, München 2009, S. 57 ff.)

A 1. Lesen Sie zunächst auf den Seiten 20 bis 27 über die „Medien als Fenster zur Welt" nach. Beurteilen Sie aus dieser Sicht den Text „Flucht ins fremde Glück".
2. Diskutieren Sie darüber, warum die Person im Text Schwierigkeiten bei der Unterscheidung von Realität und Fiktion hat.

Ü 3. Schreiben Sie einen Plot, womit der Aufbau und Ablauf einer Handlung in Kurzform bezeichnet wird, zu einem Soap-Drehbuch. Das Rahmenthema lautet: „Was mich glücklich macht".

Glück in der Erlebnisgesellschaft 59

Deutschland sucht den Superstar: Glück durch TV-Erfolg

Du musst nur einmal Glück haben, musst das richtige Lied singen, einmal die richtigen Leute treffen. Dann bist du ein gemachter Mann, eine berühmte Frau. Die Realität sieht anders aus.

Traumberuf Superstar: Glück durch TV-Erfolg
Im Fernsehen singen, teure Klamotten tragen und um die Welt jetten. Viele Teenies haben den Traum, ein Star zu werden. Castingshows vermitteln, dass das Ziel gar nicht so schwer zu erreichen ist. Eltern sollten vorsichtig auf den Wunsch der Kinder reagieren.
„Dass Teenager den Idolen nacheifern, die sie aus Fernsehshows und Zeitschriften kennen, ist in der heutigen Mediengesellschaft ein relativ normaler Bestandteil der Entwicklung", sagt der Hannoveraner Kinderpsychologe Wolfgang Bergmann.
In Castingsendungen werde den Kindern vorgemacht, dass es ganz einfach sei, glücklich zu sein – man müsse es nur vor eine Fernsehkamera schaffen. „Im Gegenzug wird den jungen Leuten dadurch aber auch vermittelt, dass man nichts wert ist, wenn man nicht im Glitzerfummel im Rampenlicht steht. Eltern sollten ihren Kindern vor Augen führen, wie wenig diese Scheinwelt mit der Realität zu tun hat", rät der Erziehungsexperte.
(Nach www.rp-online.de/public/article/beruf/527683/Traumberuf-Superstar-Kurzes-Glueck.html)

Sprüche von Dieter Bohlen in der Sendung „Deutschland sucht den Superstar"

- Scheiße zu singen ist auch ne Begabung. Aber die suchen wir hier nicht.
- Du stehst da wie ein Kuhstallbesen.
- Das ist voll lächerlich. Von mir aus kannst du direkt wieder abhauen.
- Für mich stehen zwei Sachen fest: Der Arsch ist beim Menschen immer hinten und du kannst nicht singen.
- Das ist mein Lieblingslied, das lass ich mir von dir nicht kaputt singen.

(Nach http://www.welt.de/fernsehen/article1621570/Jugendschuetzer_ermitteln_gegen_DSDS.htlm#vote1621654; Zugriff: 25.3.2009)

1. Wie beurteilen Sie die Sprüche von Dieter Bohlen?
2. Recherchieren Sie im Internet über die weitere Entwicklung der Superstars. Haben sie ihr Glück gefunden?

3. Talkshow: Für und Wider von Castingshows
   Veranstalten Sie eine Talkshow zu diesem Thema. Teilnehmer: Moderator, Jury-Mitglied von „Deutschland sucht den Superstar", ein besorgtes Elternpaar, der Erziehungsexperte aus dem Text, der Gewinner der letzten Staffel, ein bloß gestellter Kandidat usw.

2.3 Freundschaft und Liebe

„Ich liebe dich nicht mehr, aber wir können Freunde bleiben". Mit diesem Satz verbinden Liebende, die sich trennen, die Hoffnung, auch in Zukunft mit dem Leben des Anderen verbunden zu bleiben, darin einen Platz zu behalten. Das klappt aber nur selten. Schon eher passiert es, dass aus Freundschaft Liebe wird. Richtig ist aber auch, dass es keine Freundschaft ohne Liebe gibt und in einer Liebesbeziehung freundschaftliche Aspekte mit eingeschlossen sind.

Alle Menschen brauchen Freunde

„Alle Menschen brauchen Freunde", schrieb der Philosoph Aristoteles (384–322 v. Chr.) und zählte die Freundschaft zu den wichtigsten Anforderungen des Zusammenlebens in der Gemeinschaft.

Drei Arten der Freundschaft
Drei Gründe gibt es, weshalb die Menschen lieben und sich befreunden. [...] Wo der Nutzen das Motiv der Freundschaft ist, da lieben sich die Menschen nicht um ihres Wesens willen, sondern nur soweit sie etwas voneinander haben können, und ebenso ist es bei denen, die um der Lust willen befreundet sind. Denn nicht wegen ihrer Charaktereigenschaften lieben sie den in der Gesellschaft Gewandten, sondern weil sie ihn unterhaltsam finden. [...]
Vollkommene Freundschaft ist die der trefflichen Charaktere und an Trefflichkeit einander Gleichen. Denn bei dieser Freundschaft wünschen sie einer dem anderen in gleicher Weise das Gute, aus keinem anderen Grunde als weil sie eben trefflich sind, und trefflich sind sie „an sich", wesensmäßig. Nun sind aber Menschen, die dem Freunde um des Freundes willen das Gute wünschen die echtesten Freunde: denn sie sind es nicht im akzidentiellen [zufälligen, H.E.] Sinn, sondern weil jeder des anderen Wesensart liebt. Und so währt ihre Freundschaft so lange, wie sie trefflich sind, Trefflichkeit ist aber ein Wert, der dauert. Und es ist jeder der beiden Partner „an sich" und für den Freund trefflich. Denn die Trefflichen sind sowohl trefflich an sich als einander von Nutzen. Und in gleicher Weise sind sie einander auch angenehm, denn sowohl an sich sind die Trefflichen angenehm als auch für einander.

(Aristoteles: Nikomachische Ethik. Reclam, Stuttgart 1963, S. 216ff.)

Ja es gibt Freunde, aber der Irrtum, die Täuschung über dich führte sie dir zu; und Schweigen müssen sie gelernt haben, um dir Freund zu bleiben; denn fast immer beruhen solche menschlichen Beziehungen darauf, dass irgend ein paar Dinge nie gesagt werden, ja dass an sie nie gerührt wird; kommen diese Steinchen aber ins Rollen, so folgt die Freundschaft hinterdrein und zerbricht.

(Friedrich Nietzsche: Menschliches, Allzumenschliches. Dtv, München 1980, S. 262f.)

1. Aristoteles unterscheidet drei Arten von Freundschaft – welches ist das Unterscheidungsmerkmal? Nennen Sie Beispiele für jede der drei Arten.
2. Wann, wodurch, unter welchen Bedingungen ist eine Freundschaft nützlich/lustvoll/trefflich? Worin liegt dann jeweils das Gute? Kann es Bedingungen geben, unter denen die Nützlichkeit, die Lust und die Trefflichkeit in einer Freundschaft verbunden sind?
3. Wie äußert sich jeweils die Gegenliebe? Schildern Sie zu jeder der drei Arten eine Situation aus Ihrem Erfahrungsbereich. Was ist der Unterschied, wenn die Gegenliebe einmal auf den Nutzen, dann auf die Lust und schließlich auf den Wert der Freundschaft selbst zielt?

Freundschaft in der Zerreißprobe

Marion und Andrea sind seit Kindertagen eng miteinander befreundet. Ohne es offen auszusprechen, hätte Marion gern ein bisschen mehr von dem gehabt, was Andrea auszeichnet. Ihre unbekümmerte, lustige Art findet bei den anderen großen Zuspruch. Auch mit Jungs kommt Andrea gut zurecht. Marion ist eher die nachdenklichere, zurückhaltendere von beiden. Mit dem anderen Geschlecht hat sie so ihre Schwierigkeiten. Aber vielleicht funktioniert gerade wegen ihrer Gegensätzlichkeit ihre Freundschaft so gut.
Alles wird ganz anders, als sich Andrea und Dirk verlieben. Als Drummer der Schülerband „Chaosperle" wird er von vielen Mädchen umschwärmt. Auch Marion und Andrea gehören zu seinen Verehrerinnen. Gefunkt zwischen Andrea und Dirk hatte es, als Andrea beim Probesingen in der Schülerband mit ihm herumalberte. Anfangs unternehmen die drei vieles gemeinsam. Immer ist Marion dabei, wenn es in die Disko, zum Shoppen oder ins Schwimmbad geht. Allmählich fühlt sich aber Marion als fünftes Rad am Wagen. Die alte Vertrautheit zwischen ihr und Andrea ist verloren gegangen. Noch schwerwiegender macht ihr aber der Umstand zu schaffen, sich total in Dirk verliebt zu haben und es nicht ertragen zu können, die beiden glücklich zu sehen. Sie fasst sich ein Herz und gesteht Dirk ihre Liebe.
Dirk gibt Marion zu verstehen, dass sie ihm nicht gleichgültig wäre. Auch wenn sich Dirk zu Andrea bekennt, schöpft Marion aus der Begegnung mit ihm die Hoffnung, dass die Liebe zwischen ihnen eine Chance hätte. Für Dirk sind die Äußerungen nicht bloß so dahingesagt. Ihm gefällt die stille, gefühlvolle Art Marions. Die Situation ändert sich schlagartig, als Andrea wegen einer schwierigen Operation für mehrere Wochen ins Krankenhaus muss. Marion könnte also die Chance nutzen und Dirk für sich gewinnen. Zwei Seelen schlagen nun in Marions Brust: Zum einen hat sie noch immer feste Bindungen zu Andrea und will die Freundschaft zu ihr nicht verlieren. Zum anderen möchte sie Dirks Liebe gewinnen. Sie spürt, dass auch er sich immer stärker zu ihr hingezogen fühlt.

1. Stellen Sie sich vor, Sie wären mit Marion befreundet und sie würde Sie in dieser schwierigen Situation um Rat fragen. Mit welchen Argumenten könnten Sie ihr beistehen? Worauf sollte sie bei ihrer Entscheidung achten? Schreiben Sie einen Dialog zwischen Marion und einer Freundin. **A**
2. Vergleichen Sie in der Klasse Ihre Dialoge. Welche Argumente sind in der geschilderten Situation besonders wichtig? Gibt es Verhaltensprinzipien, die Marion bei ihrer Entscheidung berücksichtigen sollte?
3. Setzen Sie sich mit Nietzsches Sicht auseinander. Beziehen Sie dabei den oben stehenden Text ein.

Halten Sie sich für einen guten Freund?

FRAGEBOGEN

››› Was würden Sie einem Freund nicht verzeihen?
   a. Doppelzüngigkeit?
   b. Dass er ihnen die Freundin ausspannt?
   c. Dass er Ihrer sicher ist?
   d. Ironie auch Ihnen gegenüber?
   e. Dass er keine Kritik verträgt?
   f. Dass er Personen, mit denen Sie sich verfeindet haben, durchaus schätzt und gerne mit ihnen verkehrt?
   g. Dass Sie keinen Einfluss auf ihn haben?

››› Was fürchten Sie mehr: das Urteil von einem Freund oder das Urteil von Feinden?

››› Wie viel Aufrichtigkeit von einem Freund vertragen Sie in Gesellschaft oder schriftlich oder unter vier Augen?

››› Gesetzt den Fall, Sie haben einen Freund, der Ihnen in intellektueller Hinsicht sehr überlegen ist: tröstet Sie seine Freundschaft darüber hinweg oder zweifeln Sie insgeheim an einer Freundschaft, die Sie sich allein durch Bewunderung, Treue, Hilfsbereitschaft usw. erwerben?

››› Wie reden Sie über verlorene Freunde?

››› Wenn es dahin kommt, dass Freundschaft zu etwas verpflichtet, was eigentlich Ihrem Gewissen widerspricht, und Sie haben es um der Freundschaft willen getan: hat sich die betreffende Freundschaft dadurch erhalten?

››› Gibt es Freundschaft, die keinerlei Beziehung zum Humor aufweist?

››› Was halten sie ferner für unerlässlich, damit Sie eine Beziehung zwischen zwei Personen nicht bloß als Interessengemeinschaft, sondern als Freundschaft empfinden:
   a. dass man sich unter vier Augen einmal gehen lassen kann, d.h. das Vertrauen, dass nicht alles ausgeplaudert wird
   b. dass einer den anderen in den Zustand der Hoffnung versetzen kann nur schon dadurch, dass er da ist, dass er anruft, dass er schreibt
   c. Mut zum offenen Widerspruch, aber mit Fühlern dafür, wie viel Aufrichtigkeit der andere gerade noch verkraften kann, und also Geduld
   d. dass der eine den anderen gelegentlich im Unrecht sehen kann, aber deswegen nicht richterlich wird
   e. dass man einander nicht festlegt auf Meinungen, die einmal zur Einigkeit führten, d.h. dass keiner von beiden sich ein neues Bewusstsein versagen muss aus Rücksicht?

(Nach Max Frisch*: Halten sie sich für einen guten Freund? Fragebogen 7. Insel, Frankfurt a. M./Leipzig 1995, S. 57–62)

1. Beantworten Sie den Fragebogen. Machen Sie sich Stichpunkte, mit denen Sie Ihre Antworten begründen.
2. Diskutieren Sie die Ergebnisse der Befragung in der Klasse.

3. Schreiben Sie in Kleingruppen einen Ratgeber für eine Freundschaft. Formulieren Sie den Ratgeber in Form von Regeln („Du sollst ..." oder „Du sollst nicht"). Diskutieren Sie die Ergebnisse der Gruppe mit allen Mitschülern. Versuchen Sie sich in der Klasse auf fünf Regeln für eine Freundschaft zu einigen.

Lass es Liebe sein

Es gibt keine Regeln, wann ein Mensch sich in einen anderen verliebt. Plötzlich bekommt der Liebende ein komisches Gefühl im Bauch, in seinen Träumen denkt er nur noch an den anderen. Man ist fasziniert von diesem Menschen und von allem, was er macht. Das ist die Liebe ... Ganz nahe möchte man diesem Menschen sein und oft auch eine sexuelle Beziehung zu ihm haben.

Wenn das Liebe ist
Bin unter Tränen eingeschlafen
Bin unter Tränen wieder aufgewacht
Hab über dieselbe beschissene Frage
Zwei Millionen Mal nachgedacht
Hab mich gedreht und mich gewendet
In demselben Scheißproblem
Für dich ist es beendet
Aber ich kann's nicht sehen
Ich kann's nicht sehen
Kann nicht schlafen
Kann nicht essen
Ich kann es nicht verstehen
Du hast mich vergessen
Während Erinnerungen mich lähmen
Hab Angst vor dem Abend
Mir graut vor der Nacht
Bis an den Morgen mich dieselbe Frage
wach hält
Warum bist du nicht da?
Warum bist du nicht da?
Wenn das Liebe ist
Warum bringt es mich um den Schlaf?
Wenn das Liebe ist
Warum raubt es mir meine Kraft?
Wenn das Liebe ist
Sag mir was es aus mir macht?
Wenn das Liebe ist
Was ist dann Hass?

Tausendmal deine Nummer gewählt
Und tausendmal wieder aufgelegt
Die ganze Kacke eh keinem erzählt
Wer versteht schon wie du mir fehlst
Genau das bezwingt den ganzen anderen
Stress
Leider kann ich nicht so viel trinken
Dass ich, dass ich dich vergess
Dass ich dich vergess

(Moses Pelham: Wenn das Liebe ist. Aus: Glashaus. 3p Songs Musikverlag GmbH)

1. Erstellen Sie einen Fotoroman zum Thema „Erste Liebe". Vorschläge zur Realisierung:
   › Entwerfen Sie in Grundzügen eine kurze Geschichte zum Thema.
   › Unterteilen Sie den Handlungsverlauf in neun Situationen. Der fertige Roman soll ein A3 großes Blatt füllen.
   › Zeichnen oder fotografieren Sie zu den neun Situationen entsprechende Bilder.
   › Fügen Sie Sprechblasen ein, mit deren Hilfe man in wenigen Worten den Sinn Ihrer Geschichte verstehen kann.
   › Stellen Sie sich Ihre Bildgeschichten gegenseitig vor und sprechen Sie darüber.

Liebe – was ist das?

Unter „Liebe" zwischen erwachsenen Menschen versteht man zum *einen* das sexuelle Begehren bzw. die sexuelle Beziehung selbst, zum *anderen* das – nicht nur bzw. nicht einmal vorrangig sexuelle – starke Verlangen zweier Menschen nach emotionaler (gefühlsmäßiger) Nähe und Intimität in den ersten Wochen, Monaten, manchmal sogar Jahren ihrer Beziehung, das man Verliebtheit nennt, und *drittens* jenes Gefühl der Zusammengehörigkeit, Geborgenheit, Zufriedenheit und Zärtlichkeit, das sich einstellt, wenn die erste Verliebtheit verflogen und es den Liebenden gelungen ist, den Partner oder die Partnerin mit allen Stärken und Schwächen zu akzeptieren, sie/ihn trotz der Schwächen zu mögen und mit ihm oder ihr glücklich zusammenzuleben.

(www.ulrich-willmes.de/glueck-in-der-liebe-liebesglueck.htlm; Zugriff: 4.1.2011)

Liebe – Eros – Sexus

Beginnen wir mit der *Liebe*. Sie meint das geistig-seelische Einssein mit einem anderen Menschen, das meistens ganz harmlos beginnt, dann jedoch dazu führt, dass das Ich den Weg zum Du findet, um schließlich in einem ewig beglückenden Geben und Nehmen zu enden.

Der *Eros* hingegen ist schon daran zu erkennen, dass er auf den ganzen Partner, auf Körper und Geist gerichtet ist. Leider kann er auch zu einem beglückenden Eins-Sein und all den Weiterungen führen, wenn man nicht sehr aufpasst, da die Grenzen des Eros zur Liebe hin fließend sind. Wer sich absichern will, der sollte vor allem sein Ich unter Kontrolle halten und es, wenn es versucht, sich auf den Weg zum Du zu machen, es notfalls mit Gewalt zurückpfeifen.

Der *Sexus* sieht im Partner ausschließlich ein Objekt der Lust. Kennzeichnend für ihn ist, dass er an die Stelle des Gebens und Nehmens das sehr viel einträglichere Nehmen setzt. Doch so erfreulich und verlockend das alles klingt – rein sexuelle Beziehungen sind ebenso selten wie schwierig zu gestalten. Sobald sie über das rein Körperliche hinausgehen – und das kann bereits mit harmlosen Fragen und Gesprächen beginnen – schleicht sich nur allzu leicht der Eros in das Verhältnis ein, und von ihm zur Liebe ist es bekanntlich kein weiter Weg.

(Robert Gernhardt: Prosamen. Reclam, Stuttgart 1995, S. 32/33)

1. Führen Sie eine Befragung unter Mitschülern zum Thema „Liebe" durch. Trennen Sie die Ergebnisse nach Aussagen zu den Gefühlen und Aussagen zu den Erwartungen an eine Liebesbeziehung.
2. Sammeln Sie eigene Ideen, was Sie unter Liebe verstehen. Erstellen Sie eine Mind Map (Gedächtnislandkarte)* zum Begriff Liebe.

3. Angenommen, Sie wären Lehrer(in) und „Liebe – Eros – Sexus" hätte ein Schüler geschrieben und Sie müssten den Text korrigieren. Schreiben Sie einen kritischen Kommentar zum Text.

Liebe lernen?

Manche Menschen meinen, dass nur die „Liebe auf den ersten Blick" die wahre Liebe ist. Andere wiederum glauben, dass Liebe erlernt werden müsse. Der Therapeut Friedhelm Pielage stellte dazu folgende Frage ins Internet:

„Ist jemand lieben etwas, das erlernt werden kann? Wenn ja, wie?"
Einige Antworten von Chat-Teilnehmern:

Cat14: Die Liebe kann sehr wohl erlernt werden, diese wächst mit der Zeit immer mehr. Verliebtheit ist keine Liebe, sondern nur Schmetterlinge im Bauch. Dieses Gefühl geht aber schnell vorbei, dann kann aus dieser Liebe entstehen. Aber das ist ein Lernprozess, der nur aus tiefem Gefühl und Vertrauen entstehen kann.

keks15: Nein. Die Liebe kommt und geht ... unmöglich, jemanden „lieben zu lernen"!!! Ich habe noch nie vermocht, jemanden einfach zu lieben. Im Gegenteil war ich eher immer sehr überrascht, wie sie erschien ... und wen ich gerade liebte ...

teufelchen: Wirklich lieben kann man nur, wenn man sich selbst liebt, und das muss hart erarbeitet werden. Liebe muss selbstlos sein, also bedingungslos sein, sonst ist es keine Liebe.

girl95: Liebe ist ein Gefühl. Das ist nichts, was ich erlernen kann. Aber die Liebe zu jemandem am Leben zu erhalten, das kann ich lernen. Wichtig ist meiner Meinung nach, miteinander im Gespräch zu bleiben, Probleme etc. beim Namen zu nennen, nicht auf unausgesprochenen Erwartungen sitzen zu bleiben, Wünsche und Vorstellungen zu äußern.

chatt4u: Liebe unter Menschen ist eine zwischenmenschliche, emotionale (gefühlsmäßige) Erfahrung. Wir lernen nicht die Liebe, aber wir lernen den Umgang mit ihr, durch den jedes Individuum eine einzigartige Prägung erfährt.

(www.transpersonal.com/frage/ant9912.htm; Zugriff: 4.1.2011)

1. Stellen Sie die Frage von Friedhelm Pielage Ihren Eltern, Verwandten und Freunden.
2. Wie antworten Sie selbst auf diese Frage?
3. Fassen Sie die Ergebnisse der Befragung zusammen. Diskutieren Sie die Ergebnisse in der Klasse.

4. Führen Sie den Satz, der mit den Worten „Liebe ist ..." beginnt, in drei Varianten zu Ende. Schreiben Sie die Sätze auf ein Blatt, das Sie an der Wandzeitung aushängen.

Verliebt, vernarrt – was dann?

„Verliebtsein", Vernarrtheit, ist ein intensiver Zustand, der vertraute Züge aufweist: man denkt fast immer an den Menschen; man will ihn ständig berühren und mit ihm zusammen sein; man ist durch die Gegenwart des anderen erregt; man wird schlaflos; man drückt seine Gefühle durch Gedichte, Geschenke oder mit anderen Mitteln aus, die den Geliebten oder die Geliebte erfreuen sollen; man schaut sich gegenseitig tief in die Augen; man ist zusammen bei Kerzenschein; man hat das Gefühl, dass kurze Trennungen lang sind; man lächelt albern, wenn man sich an Handlungen und Bemerkungen des anderen erinnert; man hat das Gefühl, dass die kleinen Schwächen des anderen reizend sind; man empfindet Freude darüber, dass man den anderen gefunden hat und von ihm gefunden worden ist; und man findet [...] alle Menschen reizend und meint, sie müssten merken, wie glücklich man ist. Andere Interessen und Verpflichtungen werden zu untergeordneten Hintergrunddetails in der Romanze, die jetzt das beherrschende Ereignis im Vordergrund des Lebens darstellt. [...]

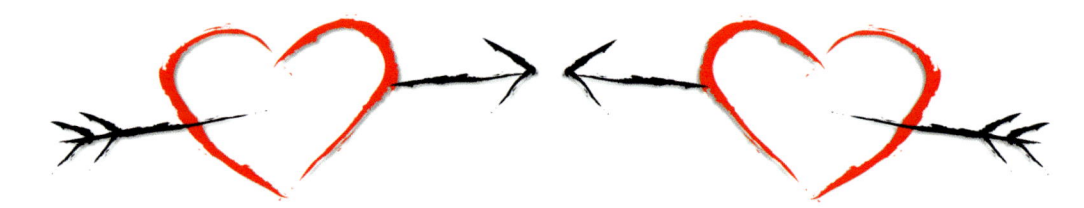

Vertraut ist auch, wenn die Liebe nicht in gleicher Weise erwidert wird: Melancholie, zwanghaftes Nachgrübeln über das, was daneben gegangen ist, Fantasien darüber, dass es in Ordnung kommt, Verweilen an bestimmten Orten, um einen Blick des Menschen zu erhaschen, Telefonanrufe, um die Stimme des anderen zu hören, das Gefühl, dass alle anderen Aktivitäten schal erscheinen, gelegentliche Selbstmordgedanken.

Ganz gleich, wie und wann Vernarrtheit beginnt, wenn sie die Gelegenheit erhält, verwandelt sie sich in eine bleibende romantische Liebe, oder aber sie verschwindet. Bei dieser bleibenden romantische Liebe haben die beiden Menschen das Gefühl, dass sie sich verbunden haben, um ein neues Wesen in der Welt zu bilden und darzustellen, das man als ein Wir bezeichnen könnte. Man kann jedoch in einen Menschen romantisch verliebt sein, ohne tatsächlich mit ihr oder ihm ein Wir zu bilden – es könnte sein, dass der andere nicht in einen selbst verliebt ist. Liebe, romantische Liebe, ist der Wunsch, mit dieser besonderen Person ein Wir zu bilden, das Gefühl oder vielleicht der Wunsch, dass dieser Mensch der Richtige ist, um ein Wir zu bilden, und auch der Wunsch, der andere möge im Hinblick auf einen selbst ebenso empfinden.

(Robert Nozick: Vom richtigen, guten und glücklichen Leben. dtv, München 1989, S. 83 f.)

1. Diskutieren Sie zunächst in Kleingruppen und anschließend in der Klasse folgende Fragen:
   Was macht ein Wir-Gefühl in der Liebe aus?.
   › Was sollte man tun, wenn man eine(n) andere(n) liebt, die Liebe aber nicht erwidert wird? Verschwindet diese Liebe dann wieder von alleine?
   › Beruht Liebe immer auf totaler Gegenseitigkeit? Oder ist es eher so, dass der (die) eine etwas mehr als der (die) andere liebt?
   › Was vermag die Liebe für die Liebenden zu leisten? Stellen Sie eine Rangfolge fünf allgemeiner Merkmale zusammen, die die Liebe zu leisten imstande ist.
2. Tauschen Sie sich in der Gruppe aus, wie man seine Zuneigung oder Liebe erklären kann. Welche Formen der Kontaktaufnahme kennen Sie und welche finden Sie auch gut?

Liebe erhalten

Liebe ist ein schönes Gefühl. Doch das anfängliche Glücksgefühl wird im Beziehungsalltag auf die Probe gestellt. Um es nicht zum Scheitern der Liebe kommen zu lassen, ist es wichtig, einige Tipps gelungener Beziehungen zu berücksichtigen.

Keine Vorwürfe machen, sondern eigene Gefühle äußern

nicht: „du machst nie ...", „du bist lieblos zu mir"
sondern: „ich fühle ...", „ich fände es schön, wenn ...", „ich wünschte mir ..."

Geduldig zuhören

nicht: gleich unterbrechen; sofort Gegenargumente anführen
sondern: wiederholen, was man verstanden hat; nachfragen

Konflikte lösen wollen

nicht: sich unbedingt durchsetzen und gewinnen wollen
sondern: Lösungen suchen, die beiden richtig erscheinen

Offen und ehrlich reden

nicht: „um den heißen Brei" herumreden, auf andere Felder ausweichen
sondern: Dinge offen und ehrlich ansprechen

Zärtlich und rücksichtsvoll sein

nicht: nur auf Sex und heftiges Knutschen aus sein
sondern: liebevolle Blicke, zarte Berührungen, charmant sein

Sich entschuldigen und verzeihen können

nicht: dickköpfig und stur die „beleidigte Leberwurst" spielen
sondern: nach einem Fehler diesen ehrlich einräumen

Lob und Anerkennung ausdrücken

nicht: das, was der andere tut, einfach als selbstverständlich nehmen, dauernd kritisieren
sondern: ehrlich gemeintes Lob und Ermutigung aussprechen

Gemeinsame Unternehmungen organisieren

nicht: passiv rumhängen
sondern: etwas unternehmen: z. B. Kino, ausgehen, Sport treiben, Musik hören, mit Freunden zusammen sein

(Nach Jürgen Bendszus: 8 Basics für die gelingende Beziehung. www.gelingendesleben.de/Neues.Web.2/lieben.lernen.htm; Zugriff: 4.1.2011)

1. Erstellen Sie eine Rangfolge der Punkte nach ihrer Wichtigkeit.
2. Wählen Sie sich einen Punkt aus, und schreiben Sie eine selbst erlebte oder fiktive Geschichte aus dem Blickwinkel der zwei Perspektiven.
3. Diskutieren Sie die Geschichten in der Klasse.
4. Gibt es weitere Aspekte, um die die Aufzählung ergänzt werden sollte?

Sexualität und Verantwortung

Sexualität ist etwas sehr Mächtiges. Zu ihr gehören Spaß und romantische Liebesgefühle, Lust, Aufregung und Freude. Sie kann aber auch unangenehme Seiten zeigen: Schmerz und Abhängigkeit können zu ihr gehören und gefährlich für unsere Gesundheit werden.

Q

Gute Gründe, keinen Sex zu haben

Wenn du überlegst, ob du Sex mit jemanden haben möchtest oder nicht, frage dich, ob deine Gründe dafür in der folgenden Liste zu finden sind. Wenn ja, solltest du noch einmal darüber nachdenken.

Du möchtest Sex haben, …

› weil dein Freund oder deine Freundin will, dass du mit ihm/ihr schläfst.
› weil du meinst, alle tun es.
› um zu beweisen, wie sehr du jemanden liebst.
› weil du denkst, dass es dich erwachsener macht.
› weil du hoffst, dass es jemanden dazu bringt, dich zu lieben.
› weil du befürchtest, dass dein Freund oder deine Freundin dich sonst fallen lässt.
› weil du neugierig bist und wissen willst, was dahintersteckt.
› weil du dich langweilst oder du dich einsam fühlst.
› damit du deinen Freunden davon erzählen kannst.
› weil du Angst hast, die Gefühle des anderen zu verletzen.
› weil du meinst, es macht dich beliebt oder „cool".
› weil du das ganze Hin und Her von „Soll ich? Soll ich nicht?" aus dem Kopf haben willst.
› weil du nicht weißt, wie du „Nein" sagen sollst.

(Jacqui Baily: Sex, Zahnspangen & der andere Stress. Verlag an der Ruhr, Mülheim 2008, S. 69f.)

A

1. Bilden Sie zwei nach Geschlechtern getrennte Arbeitsgruppen.
   › Weibliche Arbeitsgruppe: Schreiben Sie Formulierungen auf, mit denen jemand zum Sex überredet werden soll (z. B.: „Stell dich nicht so an, alle anderen tun es doch auch", „Wenn du mich wirklich liebst, tun wir es jetzt").
   › Männliche Arbeitsgruppe: Schreiben Sie Formulierungen auf, mit denen Sie dem Wunsch anderer nach Sex widersprechen (z. B.: „NEIN, wir kennen uns noch nicht gut genug", „NEIN, nicht so hastig. Das geht mir zu schnell").
2. Diskutieren Sie in der Klasse die Ergebnisse beider Arbeitsgruppen. Versuchen Sie fünf allgemeine Regeln aufzustellen, nach denen ein verantwortungsvoller Umgang mit der Sexualität erfolgen sollte.

Verhütung – aber wie?

Auch wenn nur eine klitzekleine, kaum denkbare Möglichkeit besteht, mit jemandem Sex zu haben, muss dafür gesorgt werden, dass beide Partner geschützt sind. Nicht nur vor einer ungewollten Schwangerschaft, sondern auch vor der Ansteckung mit einer sexuell übertragbaren Krankheit.

Meinungen zum Thema Verhütung:

> Wenn ich ein Mädchen schon länger kenne, verzichte ich auf ein Kondom. Die Mädchen nehmen doch sowieso die Pille. (Olli, 17 J.)

> Man sollte mit dem Partner reden, wie man sich schützen könnte. (Julia, 16 J.)

> Es ist doch total unromantisch, vorher Verhütungsmittel zu kaufen. (Daniel, 17 J.)

> Ein Kondom wirkt sich doch beim Sex negativ aus, finde ich. Die Gefühle sind dabei dann nicht so stark. (Robert, 16 J.)

> Auch wenn beim „ersten Mal" schon ein Kind gezeugt werden kann, würde ich mir nicht so viele Gedanken machen. Irgendwie wird schon nichts passieren. (Paul, 17 J.)

> Mit dem Sex und der Liebe sollte man nicht leichtfertig umgehen. Man trägt dabei immer Verantwortung für sich, aber auch für den Partner. Schließlich könnte ja ein neues Leben entstehen – und dann …? (Lena, 16 J.)

> Ich bin der Meinung, dass Kondome ein Muss sind. AIDS holt man sich nur einmal. (Cindy, 15 J.)

> Ich finde das Kondomüberziehen total easy und es macht sogar Spaß, wenn man es mit der Freundin zusammen macht. (Basti, 17 J.)

www.loveline.de (Webseite für Jugendliche von der BZgA)
www.schwanger-unter-20.de (Erfahrungsberichte und Chats über Verhütung und Schwangerschaft von der BZgA)
www.kidshotline.de (Foren-, Einzel- oder Chatberatung über Liebe und Sexualität)

1. Setzen Sie sich mit den Meinungen zum Thema Verhütung auseinander und sprechen Sie über die Folgen, die die einzelnen Haltungen und Einstellungen haben können!
2. Erarbeiten Sie einen Vortrag zu Verhütungsmitteln, die zur Vermeidung ungewollter Schwangerschaft dienen und mit denen man sich vor sexuell übertragbaren Krankheiten schützt. Gehen Sie darauf ein, warum viele junge Leute trotzdem keine Verhütungsmittel benutzen. Nutzen Sie das Internet als Informationsquelle.
3. Die evangelische Kirche bejaht Verhütungsmittel ausdrücklich, da sie einen verantwortungsvollen Umgang mit der Sexualität fördern. Die katholische Kirche verbietet Verhütung grundsätzlich. Argumentieren Sie für oder gegen die folgende Auffassung: „Ich glaube, dass Verhütung eine private Angelegenheit ist, in die die Kirche sich nicht einmischen sollte."

Abtreibung

Das Thema „Abtreibung" stand heute im Ethikunterricht zur Diskussion. Nora konnte nicht länger zuhören. Die hatten doch keine Ahnung. Die diskutierten, als müsste man eine schwierige Matheaufgabe lösen. Aber sie, Nora, erwartete ein Kind. War sie sich sicher? Ja, seit gestern. Der Schwangerschaftstest mit ein paar Tropfen Urin ergab ein positives Ergebnis. Man konnte auch schwanger sein, ohne dass es angezeigt wurde. Aber wenn der Test seine Farbe änderte, war man schwanger. Immer.

Komisch, dass es sich schon zeigte. Sie war erst am Ende der ersten Woche. Der Embryo war maximal sechs Tage, vierzehn Stunden und zirka zehn Minuten alt. Denn Samstagabend hatte sie zum ersten Mal mit einem Jungen geschlafen. Stefan.

Was würde er dazu sagen? Nein, er durfte es nicht erfahren! Sie würde also ein Kind bekommen. Nein, klar, dass sie das nicht tun würde. Ein Mädchen in der Neunten kann doch kein Kind bekommen. Im schlimmsten Fall treibt man es ab. Das ist einfach so.

Gerade sagte ein Junge, dass eine Frau das Recht haben müsste, über ihren Körper zu entscheiden; jedenfalls so lange, wie der Embryo noch zu klein ist, um etwas von der Abtreibung mitzubekommen. Ah ja! Ein anderer Junge war dran und erzählte etwas über den Respekt vor dem Leben. Eine Gesellschaft sollte niemals vergessen, die Schwächsten zu schützen. Nee!

Es war, als würde sie eine Fernsehdebatte aus dem Weltall verfolgen. Worüber sprachen die eigentlich? Das einzig Wichtige war doch, dass sie fünfzehn war und schwanger. Vorige Woche hätte sie sicher noch gerne mitdiskutiert. Was sie gesagt hätte? Merkwürdig, sie erinnerte sich nicht mehr daran, was sie für eine Einstellung dazu hatte. Damals, vor tausend Jahren. Jetzt war Abtreibung keine Sache mehr, zu der man Ansichten haben konnte, es war ein furchtbares Wort, das sie in Angst und Panik versetzte. Sie musste jemandem davon erzählen, schnell! Und das ging nicht!

Was würde ihre Mutter sagen? Zuerst würde sie enttäuscht aussehen. Das konnte man noch ertragen. Dann würde sie sagen, Nora sei zu jung für Sex. Und dann würde sie anfangen, über Verhütungsmittel zu sprechen und über eine sofortige Abtreibung. Und wie solle es mit der Schule und ihrer Ausbildung weitergehen, würde sie weiterfragen? Je länger Nora über ihre Situation nachdachte, desto auswegloser erschien ihre Lage zu sein und umso mehr überwältigte sie ein kaum zu unterdrückendes Angstgefühl.

(Nach Lars Collmar: Das seh' ich aber ganz anders! Verlag an der Ruhr, Mülheim 2007, S. 69)

1. Angenommen, Nora fragt Sie als Freund(in) um Ihren Rat. Was würden Sie ihr raten? Wie könnten Sie Nora möglichst konkret helfen?
2. Erläutern Sie, warum es leichter ist, über ein Problem zu reden, wenn man nicht davon betroffen ist.

3. Stellen sie sich vor, Sie wären die Tochter von Nora und Ihre Mutter hätte Ihnen von der unterbliebenen Abtreibung erzählt. Schreiben Sie Ihre Gedanken und Gefühle auf, die Ihnen dabei durch den Kopf gehen könnten.
4. Sollte ein Kind wissen, dass seine Mutter an eine Abtreibung dachte, als sie mit ihm schwanger war? Diskutieren Sie in der Klasse Pro und Kontra und erläutern Sie beide Sichtweisen.

Sokratisches Gespräch

Der griechische Philosoph* Sokrates* (470–399 v. Chr.) hat Gespräche mit Menschen um wichtige Lebensfragen geführt. Die nach ihm benannte Methode soll zu eigenverantwortlichem Denken anleiten. Die Beteiligten an einem Sokratischen Gespräch sollen sich nicht mit einfachen Antworten zufrieden geben, sondern tiefere Erkenntnisse über sich selbst gewinnen. Beim Dialogschreiben findet das Gespräch zunächst zwischen zwei Parteien statt, bevor anschließend alle einbezogen werden.

Dabei sollten folgende Regeln beachtet werden:
››› Die Antworten werden von den Gesprächspartnern hinterfragt.
››› Es sind Gesprächsregeln zu beachten wie z.B.: Einander ausreden lassen, genau zuhören, Meinungen begründen.
››› Es wird nach stimmigen Aussagen gesucht.
››› Das Gespräch hat kein endgültiges Ergebnis, sondern kann offen oder mit einer Frage enden.

Beispiel: Dialog Steve – Manuel über Freundschaft
Steve: Was verstehst du unter Freundschaft, Manuel?
Manuel: Ein Verhältnis von Geben und Nehmen.
Steve: Was würdest du für das, was du gegeben hast, nehmen wollen und wie kannst du verlangen, für das, was du gegeben hast, etwas zurückzukriegen?
Manuel: Ich würde ihm schließlich mein Vertrauen geben und mir wünschen, dass er mir seines auch schenkt.
Steve: Nun kann es aber doch sein, dass diese Person sich nicht imstande sieht, dir so viel Vertrauen entgegenzubringen, wie du dir dieses Vertrauen wünschen würdest. Wäre es deshalb gleich ein schlechter Freund?
Manuel: Ich weiß nicht so recht.
Steve: Sagen wir mal, er würde dir dieses Vertrauen schenken und du ihm deines. Wie kannst du sicher sein, dass er es nicht missbraucht?
Manuel: Dann wäre er kein Freund.
Steve: Aber du wolltest ihm doch dein Vertrauen schenken und vielleicht konnte er in diesem Moment nicht wissen, dass er dein Vertrauen missbrauchte.
Manuel: Nun gut, er müsste natürlich auch die Fähigkeit besitzen, das Vertrauen, welches ich ihm schenkte, so für sich zu bewahren, dass er mich nicht damit bloßstellt.
Steve: Vielleicht besitzt er diese Fähigkeit nicht, hat aber andere gute Eigenschaften. Ist er deshalb gleich für dich abgeschrieben?
Manuel: Du machst mich ganz konfus.

(Hiltrud Hainmüller: Vom „Ding, das äußerst wichtig ...". In: Ethik & Unterricht H. 4/2005, S. 29

1. Entwerfen Sie jeweils zu zweit einen Dialog zum Thema „Was verstehst du unter Freundschaft?".
2. Informieren Sie sich auf S. 19 über das „Sokratische Gespräch".
3. Stellen Sie die Zweier-Dialoge in der Klasse zur Diskussion.
4. Vergleichen Sie Ihre Dialoge mit den Kernaussagen von Aristoteles (siehe S. 60) zur Freundschaft. Haben Sie Bestimmungen von Freundschaft gefunden, die über die von Aristoteles hinausgehen?
5. Führen Sie ein „Metagespräch" über Verlauf und Ergebnis der Diskussion (siehe auch S. 19).

3 In Freiheit und Würde

Du hast die Wahl!
Das Freiheitsspiel

Das Freiheitsspiel lässt Ihnen weitgehend freie Hand. Es gibt eigentlich nur eine Regel: Lösen Sie reihum jeweils eine der sechs Aufgaben. Statt dem Würfel und damit der Laune des Zufalls gehorchen zu müssen, dürfen Sie Ihre Aufgabe frei wählen. Es bleibt Ihnen überlassen, ob Sie mehrmals dieselbe Aufgabe wählen oder ihre Freiheit nutzen, um verschiedene Aufgaben zu lösen.
Spielen Sie zunächst einige Runden in kleinen Gruppen.
Eine kleine Regel noch – aber die gilt für jedes Spiel: Spielen Sie mit Spaß, aber zugleich auch ernsthaft.

A
1. *Nennen Sie ein Wort mit dem Bestandteil „frei" (z. B. „Befreiung").*
2. *Nennen Sie eine Form der Freiheit (z. B. „Die Freiheit, überall hinreisen zu können").*
3. *Setzen Sie den Begriff der Freiheit in eine einfache Zeichnung um (Halten Sie Stift und Papier bereit; aus Zeitgründen sollte es kein Gemälde sondern nur eine Skizze werden.).*
4. *Erklären Sie pantomimisch (also nur mit Gesten) einen der folgenden Begriffe: Zwang, Gefangenschaft, Glück, Respekt, Auswahl, Unterstützung, Sucht, Mauer.*
5. *Wählen Sie einen der Begriffe aus Aufgabe 4 aus und bringen Sie ihn zusammen mit dem Wort „Freiheit" in einem sinnvollen Satz unter (z. B. „Wo Freiheit herrscht, gibt es keine Mauern").*
6. *„Mein Traum von Freiheit…": Schildern Sie kurz, welche Form der Freiheit Sie vermissen und warum.*

Nachdem Sie nun einige Runden gespielt haben, tauschen Sie Ihre Erfahrungen aus. Lässt sich das Spiel verbessern? Beratschlagen Sie, ob Sie weitere Regeln einführen oder bestehende Regeln verschärfen wollen. Ob Sie also Ihre Freiheit freiwillig ein wenig einschränken wollen, weil das Spiel dadurch vielleicht interessanter wird. Einigen Sie sich auf die Regeländerungen, spielen Sie dann das Spiel erneut und beurteilen Sie das Ergebnis ihrer Entscheidungen.

Spielen Sie das Spiel schließlich nach Abschluss der Behandlung der Thematik „Freiheit" noch einmal. Sie werden dann viel über Freiheit nachgedacht haben und können dem Spiel vielleicht neue Seiten abgewinnen.

3.1 In Fesseln: Unfreiheit hat viele Gesichter

Unfreiheit kann mehr oder weniger stark erlebt werden. Manchmal ist sie unübersehbar, manchmal aber auch versteckt. Manchmal wird unsere Freiheit von außen eingeschränkt, manchmal aber auch von innen – durch uns selbst.

Äußere Unfreiheit

Der klarste Fall von Unfreiheit liegt vor, wenn Menschen gegen ihren Willen in ihrer Handlungs- und Bewegungsfreiheit eingeengt werden. Wenn z.B. ein Staat Grundrechte* seiner Bürger beschränkt. Oder ganz konkret: wenn Menschen eingesperrt werden.

Im Gefängnis
3.096 Tage hinter einer schalldichten Tresortür

Drei Mal vier Meter misst das Gefängnis, in dem Natascha [....] jahrelang gefangen gehalten wurde. Das Versteck befand sich unter der Garage eines Einfamilienhauses in Strasshof: Eine steile schmale Treppe führt in einen winzigen Raum unterhalb der Garage, verschlossen ist das Verlies mit einer schalldichten Tresortür. Das Verlies habe alle nötigen Einbauten wie Toilette und Bad gehabt, „man konnte dort wohnen", sagte der Polizeisprecher. [...] In den ersten Jahren seiner Gefangenschaft habe das Mädchen, das vor acht Jahren auf dem Weg zur Schule entführt worden war, das Haus nie verlassen dürfen, berichtet der ORF. Wolfgang P. habe das Mädchen unterrichtet. Es habe Radio hören und manchmal auch fernsehen dürfen. Im Verlies seien Kinderbücher gefunden worden. [...] Der jungen Frau war es gestern gelungen, aus ihrem Verlies zu fliehen. Ihr Peiniger hatte offenbar vergessen, Natascha einzusperren. Eine Nachbarin entdeckte die abgemagerte und verwirrt wirkende Frau in ihrem Garten und rief daraufhin die Polizei.

(www.spiegel.de/panorama/justiz/0,1518,433356,00.html; 24.08.2006; Zugriff: 07.10.2010)

1. Erläutern Sie, worin genau Nataschas Unfreiheit bestand. Zählen Sie all die Dinge auf, die Natascha durch ihre Gefangenschaft nicht tun konnte. Welche wiegen für Sie besonders schwer? Begründen Sie Ihre Meinung.
2. Kann man äußerlich unfrei sein, innerlich aber frei bleiben? Diskutieren Sie?
3. Einen Menschen einzusperren, ihm die Freiheit zu entziehen, ist die härteste Maßnahme, die das deutsche Strafrecht kennt, um Verbrecher zu bestrafen. Spekulieren Sie, welche Aspekte der Unfreiheit Ihnen hinter Gittern besonders schwer erträglich wären.

Staatliche Unfreiheit: Beispiel DDR

Man muss nicht buchstäblich hinter Gittern leben, um unfrei zu sein. Unfrei ist man auch als Bürger eines Staates, in dem Freiheitsrechte eingeschränkt sind.

Von wegen Meinungsfreiheit: Ein Schülerschicksal

Wolfgang Hünerbein wurde als 16-jähriger Schüler 1970 in Allstedt (Kreis Sangerhausen) verhaftet, weil er mit handgefertigten Flugblättern seine Meinung verbreitet hatte. Mit Sätzen wie „Erkämpft Euch die Freiheit!", „Organisiert Euch" und „Wir rufen zum Widerstand gegen Ulbricht auf" wollte er zur Veränderung der DDR, insbesondere des Schulsystems aufrufen. Ein Jahr und zehn Monate wurden als Strafe verhängt. [... Im Gefängnis wird er dann von Mithäftlingen befragt] „Warum bist du hier, siehst noch sehr jung aus." Er antwortete, während die fünf schlürfend ihre Suppe aßen. „[...] Staatsfeindliche Hetze. Habe Flugblätter geschrieben und verteilt." „Also politisch!", kam es vom Tisch her.[...] Er saß auf seinem Bett und blätterte etwas lustlos in einem Buch, das er sich vom Tisch genommen hatte. Er brauchte nicht zu lesen, die Bilder sagten alles: Siegesfeiern, Paraden, sozialistische Kollektive, und immer wieder die arbeitende Bevölkerung, die kampferprobte Arbeiterklasse, wie es immer so schön hieß, waren darin abgebildet. Dazu die entsprechenden Bildunterschriften und Kommentare. Mehr ist hier wohl nicht zu lesen?", fragte Wolfgang. „Nein!", kam es vom Tisch.

(Wolfgang Hünerbein: Mit 16 im „Roten Ochsen". Betroffene erinnern sich. Magdeburg 2002, S. 1 und 36/37.)

1. Was treibt einen Staat dazu, Menschen wegen harmloser Flugblätter ins Gefängnis zu werfen? Und was treibt Menschen dazu, dennoch Flugblätter zu verteilen? Suchen Sie nach Erklärungen.
2. Die erwähnten Bilder von Siegesfeiern und jubelnden Massen wurden in der DDR von staatlicher Seite stark verbreitet. Erläutern Sie, inwiefern auch solche Propaganda mit der Einschränkung der Meinungsfreiheit zu tun hat.

Allerlei Freiheiten – allerlei Einschränkungen
In der DDR waren viele Freiheitsrechte, also bestimmte Grundrechte jedes Staatsbürgers, stark eingeschränkt.

Meinungsfreiheit (Pressefreiheit)
Reisefreiheit   **Versammlungsfreiheit**
Wahlfreiheit
Religionsfreiheit   **Berufsfreiheit**

3. Recherchieren Sie (in Lexika, Geschichtsbüchern und im Internet), in welcher Form diese Freiheitsrechte in der DDR eingeschränkt waren. Suchen Sie dann auf der Internetseite www.jugendopposition.de nach Beispielen dafür, wie junge DDR-Bürger unter diesen Freiheitsbeschränkungen gelitten und dagegen aufbegehrt haben.

Jugendliche Unfreiheit

Auch in einem demokratischen Staat haben bestimmte Menschen nur eingeschränkte Freiheitsrechte. Nämlich junge Leute – all diejenigen, die noch nicht volljährig sind. Erst nach und nach werden Ihnen alle staatlich verbürgten Freiheitsrechte gewährt.

Schritt für Schritt zur Freiheit: eine Auswahl an Rechten

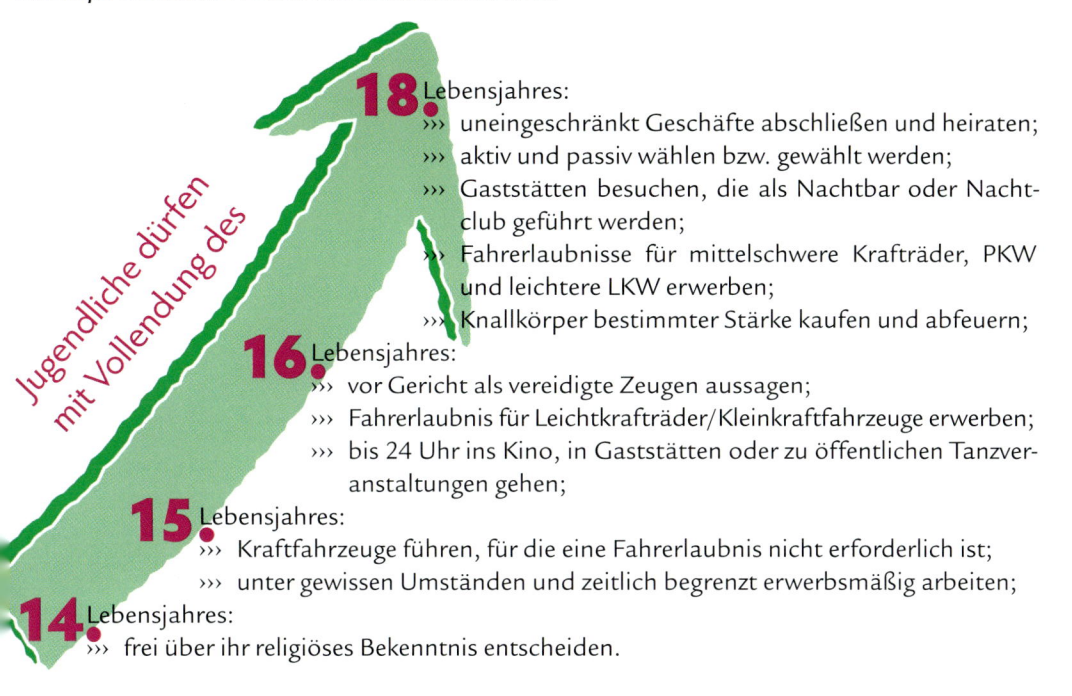

Jugendliche dürfen mit Vollendung des

18. Lebensjahres:
››› uneingeschränkt Geschäfte abschließen und heiraten;
››› aktiv und passiv wählen bzw. gewählt werden;
››› Gaststätten besuchen, die als Nachtbar oder Nachtclub geführt werden;
››› Fahrerlaubnisse für mittelschwere Krafträder, PKW und leichtere LKW erwerben;
››› Knallkörper bestimmter Stärke kaufen und abfeuern;

16. Lebensjahres:
››› vor Gericht als vereidigte Zeugen aussagen;
››› Fahrerlaubnis für Leichtkrafträder/Kleinkraftfahrzeuge erwerben;
››› bis 24 Uhr ins Kino, in Gaststätten oder zu öffentlichen Tanzveranstaltungen gehen;

15. Lebensjahres:
››› Kraftfahrzeuge führen, für die eine Fahrerlaubnis nicht erforderlich ist;
››› unter gewissen Umständen und zeitlich begrenzt erwerbsmäßig arbeiten;

14. Lebensjahres:
››› frei über ihr religiöses Bekenntnis entscheiden.

1. Welches dieser Rechte betrifft Freiheiten, die Sie jetzt schon genießen möchten? Ordnen Sie diese Freiheiten nach der Bedeutung für Ihr Leben. [A]
2. Welche Regelungen erscheinen Ihnen sinnvoll, welche unsinnig? Begründen Sie Ihre Meinung.
3. Nicht nur Rechte, auch einige Pflichten sind gesetzlich an ein Mindestalter gebunden, z.B. die Wehrpflicht oder die Pflicht, für seine Taten vor Gericht die volle Verantwortung zu übernehmen. Ist das ebenfalls eine Art Unfreiheit von Jugendlichen? Diskutieren Sie.

Schon mit 16 den Bundestag wählen?

Die Befürworter eines niedrigeren Wahlalters nennen [vor allem] zwei Argumente: Auch 16-Jährige könnten vernünftige Wahlentscheidungen treffen. Und wenn man Jugendliche als politische Akteure ernst nimmt, bekämpft man Politikverdrossenheit. [...] Trotzdem sind sie erst mit 18 Jahren uneingeschränkt geschäftsfähig, sie sind dann volljährig und dürfen harten Alkohol trinken und schwere Motorräder fahren. Daran will die Politik aus guten Gründen nichts ändern. Dann aber soll sie auch vom Wahlalter die Finger lassen. [...] Warum soll jemand über die Geschicke des Staates mitentscheiden dürfen, den man noch nicht für reif genug hält, seine privaten Lebensverhältnisse zu regeln? [Q]

(www.spiegel.de/politik/debatte/0,1518,619686,00.html, 19.4.2009, Zugriff: 29.10.2010)

4. Führen Sie eine Pro-Contra-Diskussion zum Thema „Wahlrecht ab 16" durch. [Ü]

Innere Unfreiheit

Schwieriger zu erkennen als die äußere ist die innere Unfreiheit. Wenn wir uns selbst Ketten anlegen. Wenn wir nicht mehr „Herr" unserer Entscheidungen sind.

Krankhaft unfrei
Rausch des Nichtessens: Magersucht

Mit 14 in der Klapse, Mensch das ist ja eine Leistung, aber wie fast alle Dinge auf dieser Welt hat es einen Grund, dass ich hier bin. OK, am Anfang wusste ich es selbst nicht. Ich meine, ist es nicht normal, wenn man die Rippen sieht, man in der Schule nur eine halbe Stunde sitzen kann, nein, nicht, weil ich hyperaktiv bin, sondern weil meine Hinternknochen auf dem Holz so wehtaten, dass es mir Schmerzen bereitete. [...] Als alles anfing, war ich mir nicht im Geringsten bewusst, wo das hinführt. Die Magersucht ist wie eine Droge, sie benebelt mich im Rausch des Nichtessens. Zu wissen, nichts im Magen zu haben und das über mehrere Tage, verleiht mir ein Gefühl von tiefer Zufriedenheit. Die Krankheit hatte mich in Beschlag genommen, ich war nicht mehr ich selbst. Felicitas (15 Jahre)

(Andreas Jordan (Hg.): Das Eismeer in mir. Hamburger Kinderbuch Verlag, Hamburg 2007)

1. Erläutern Sie, worin Felicitas' Unfreiheit besteht. Berücksichtigen Sie vor allem ihre Aussage, als Süchtige sei sie nicht mehr sie selbst gewesen.
2. Felicitas schreibt von „Zufriedenheit". Diskutieren Sie, ob man zugleich unfrei und zufrieden sein? .

Zwanghaft Shoppen: Kaufsucht

Die Grenze zwischen echter Sucht und „normalen Kompensationskäufen" ist schwer zu ziehen, und nicht jeder Frustkauf bedeutet gleich, dass man süchtig ist: Erst der regelmäßig immer wiederkehrende, zwanghafte Drang, etwas zu kaufen, wäre typisch für eine echte Kaufsucht. Dabei haben fast alle Kaufsüchtigen ein „Spezialgebiet": Die einen kaufen ständig neue Klamotten, bis die Schränke zuhause platzen, die anderen technische Geräte, wieder andere horten massenweise Schmuck oder Schuhe. Die Folgen sind dann neben der drohenden Überschuldung meist auch Scham und ein schlechtes Gewissen – und im Extremfall auch die zunehmende Isolation, denn irgendwann verstehen auch die besten Freunde nicht mehr, was da abgeht. [...Es] sollen etwa 800.000 Deutsche betroffen sein. [...] Und: Jüngere Konsumenten gelten als stärker kaufsuchtgefährdet als ältere!

(www.checked4you.de/UNIQ128955869821854/kaufsucht; 28.7.2009; Zugriff: 12.11.2010)

3. Erläutern Sie anhand der Sucht-Definition auf S. 206, wann man von Kaufsucht reden muss. Was hat Sucht mit Unfreiheit zu tun?
4. „Wieso Unfreiheit? Sich dieser Sucht hinzugeben, war doch seine/ihre freie Entscheidung": Diskutieren Sie diesen Einwand.

Unbemerkt unfrei

Unsere innere Freiheit ist auch durch alltägliche Unaufmerksamkeit bedroht. Viele Entscheidungen treffen wir, ohne uns dabei zu fragen: Will ich das wirklich? Wir handeln aus Gewohnheit oder Bequemlichkeit.

Gruppenzwang: „Wenn alle rauchen …"
Keinem schmeckt die erste Zigarette, aber man raucht weiter, weil es die anderen machen, weil man als Schwächling dasteht, wenn man die Kippen nicht verträgt und als Spießer gilt, wenn man von den Gefahren redet. Meine Clique (damals mit 13, 14 oder 15 Jahren) hat es richtig als Leistung angesehen, wenn man auf Lunge rauchen konnte und wer es nicht konnte, dem wurde es beigebracht, wie ein Sport. (Kira, 17)

1. Beurteilen Sie, ob Kiras Entscheidung für das Rauchen „unfrei" war. Nennen Sie weitere Beispiele für Situationen, in denen Gruppenzwang herrscht.
2. Was kann man tun, um bei Gruppenzwängen seine Freiheit zu behaupten? Diskutieren Sie Ihre Vorschläge.

Ein computergesteuertes Leben?
Es gibt immer mehr Stimmen, die vor einem zu großen Einfluss des Internets auf unsere Entscheidungen warnen. Der folgende Text fasst einige dieser Bedenken zusammen.

Die Software des Onlinebuchhändlers weiß, dass wir dieses Jahr bereits drei leicht bekömmliche Krimis bestellt haben, sie schlägt uns zwei weitere vor, die überraschenderweise unserem Geschmack entsprechen. iTunes wiederum kennt unsere musikalischen Vorlieben längst besser, als wir es selbst tun. Die Daten, die wir im Netz hinterlassen, kehren neu zusammengesetzt wieder – als Entscheidungshilfen, die wir dankbar annehmen. Sie entlasten von der Frage, was für uns relevant ist. Der Computer scheint bereits vor uns zu wissen, was wir eigentlich wollen. Wir handeln zunehmend „nach einem Skript, einem Programm oder Drehbuch." […] Und doch leben wir im trügerischen Glauben, unsere Bewegungen im Netz seien selbstbestimmte, ganz von Zufällen geprägte Spaziergänge.

(Adam Soboczynski: Wir Süchtigen. DIE ZEIT, 19.11.2009)

3. Hatten auch Sie schon das Gefühl, der Computer nehme Ihnen Entscheidungen ab? Teilen Sie die im Text geäußerten Befürchtungen oder scheinen sie Ihnen übertrieben? Begründen Sie Ihre Meinung.
4. Welche Möglichkeiten sehen Sie, einer Fremdbestimmung durch den Computer vorzubeugen? Machen Sie Vorschläge.
5. Äußern Sie Ihre Ansicht zum Thema „Innere Unfreiheit" in einem Text (Aufsatz, Gedicht, Rap-Song etc.). Lassen Sie sich dabei von dem Foto anregen.

3.2 Ich bin so frei: Freiheit und Selbstbestimmung

Ohne Freiheit scheint ein glückliches Leben kaum möglich. Doch Freiheit kann anstrengend sein. Und unsere Freiheit ist nicht grenzenlos: Sie endet dort, wo sie die Freiheit und Sicherheit anderer gefährdet.

Was es heißt, frei zu sein

Wenn wir wünschen, frei zu sein, meint das vor allem: frei in unseren Entscheidungen. Wir wollen selbst bestimmen, was wir tun und lassen. Gegenbild des selbstbestimmten Menschen ist die Marionette: willenlos, ferngesteuert, fremdbestimmt.

Frei zu sein, bedarf es wenig …
Zwei E-Mails

> Hi Tom, du wirst es nicht glauben: Ich habe mit dem Kiffen aufgehört und genieße es total. Kein stundenlanges Abhängen mehr. Endlich mal wieder einen klaren Kopf. Jetzt habe ich auch endgültig entschieden, im Herbst die Ausbildung anzufangen.
> CU, Mike

> Liebe Esther, endlich habe ich mich von Simon getrennt. Er hat mich immer mehr eingeengt. Ständig musste ich nach seiner Pfeife tanzen. Jetzt fühle ich mich wie befreit. Und voller Energie. Lass uns bald telefonieren,
> Marie

1. Erläutern Sie, inwiefern es in diesen Beispielen um Freiheit geht. Unterscheiden Sie dabei negative (weg von…) von positiver Freiheit (hin zu…).
2. Schildern Sie weitere „Freiheitserfahrungen".

Freiheit als Selbstbestimmung

Wir möchten nicht, dass uns jemand vorschreibt, was wir zu denken, zu sagen und zu tun haben. […] Es kann nicht heißen, von den Anderen überhaupt nicht beeinflusst zu werden. Was wir denken, hat viel mit den Anderen zu tun: Wir teilen eine Sprache und eine Lebensform, wir werden unterrichtet und verlassen uns auf Autoritäten. […] Was also kann es heißen, Einfluss auf sich selbst zu nehmen? […] Das Ganze ist ein Kampf gegen die innere Monotonie. […] Die beste Chance, den Kampf zu gewinnen, liegt in der Selbsterkenntnis. Von inneren Zwängen kann man sich nur befreien, wenn man sie durchschaut. Je besser wir uns selbst verstehen, desto leichter finden wir Wege, uns zu überlisten und für neues Erleben zu öffnen. […] Der Kampf kann mehr oder weniger erfolgreich sein, und er ist nie zu Ende. Selbstbestimmung ist etwas Graduelles und etwas, das immer wieder verloren gehen kann.

(Peter Bieri: Was heißt es, über unser Leben selbst zu bestimmen? In: ZEITmagazin, 7.6.2007)

3. Sagen Sie in eigenen Worten, wie Selbstbestimmung hier beschrieben wird. Wie verstehen Sie die Rede von „innerer Monotonie"? Und von „Selbsterkenntnis"?
4. Beziehen Sie den Text auf Mike und Marie: Inwiefern haben beide mehr Selbstbestimmung erreicht? Und wie könnte sie ihnen wieder „verlorengehen"?

Erst Grenzen schaffen Freiheit

Eirik Glambek Bøe von der Kultband „Kings of Convenience" äußerte in einem Interview: [Ich] führe ein sehr freies Leben. Ich genieße finanzielle Freiheit, muss nicht jeden Tag arbeiten, kann mehr oder weniger tun, was ich will. Dafür bin ich sehr dankbar, aber das freie Leben birgt auch seine Schwierigkeiten. Immerzu muss man sich fragen: Ist es das Beste für mich? Stets die Wahl zu haben, ist manchmal sehr verwirrend. Es macht einen ruhelos. Vielleicht handelt es sich erst dann um wirkliche Freiheit, wenn man weiß, was man tun *soll*. Die eigene Bestimmung zu kennen und mit dem eigenen Schicksal zu leben. Das ist Freiheit. Nicht der permanente Wandel in Lebensstil, Wohnorten, und die ganze Zeit neue Leute zu treffen.

(Mathias Wöbking: Erst Grenzen schaffen Freiheit. LVZ, 9.10.2009)

Wirklich frei?

Unglücklicherweise gibt es keine menschliche Realität oder Gesellschaft, wo man wirklich tun kann, was man will. Dafür müsste man auf einer einsamen Insel leben wie Robinson, bevor er Freitag entdeckte. Denn Robinsons Freiheit entfremdet den armen Freitag. Anders gesagt, Robinsons Freiheit hört da auf, wo diejenige Freitags beginnt. Es ist eine Illusion, völlig mutwillig handeln zu können. Wir sind zwar von diesem Wunsch besessen; es gibt aber immer Motive, Gründe oder irgendwelche treibenden Kräfte (z. B. für das Verbrechen) wie gefühlsmäßige Schwingungen, die unsere Handlungen determinieren (bestimmen). [...]

Wenn wir versuchen, das Problem auf eine politische, ökonomische und soziale Ebene zu heben, wird es vielleicht klarer. Man spricht dann von Meinungsfreiheit, Religionsfreiheit, Gewissensfreiheit. Man erlaubt oder verbietet der Gemeinschaft, sich zu versammeln, sich zu artikulieren, sich zu vereinigen oder abzustimmen. Aber es ist falsch anzunehmen, dass aus der Bewilligung aller politischen Freiheiten notwendigerweise folgt, der Mensch als soziales Wesen könne absolut tun und lassen, was er will: Materielle, soziale und politische Einschränkungen begrenzen den Menschen in vielerlei Hinsicht. [...] Jean-Jacques Rousseau, einer der bedeutendsten Staatsphilosophen aller Zeiten, kommt zu dem Schluss, dass Freiheit Gehorsam gegenüber dem Gesetz ist, dem man sich verschrieben hat.

Anders ausgedrückt besteht also Freiheit nicht darin, Gehorsam zu verweigern, Zwänge zu verneinen, Determination abzuweisen. Sie besteht gerade darin, dies alles auf sich zu nehmen, indem man versucht, erst zu überlegen, bevor man handelt; möglichst klar und vernünftig zu urteilen, um nicht durch Ausschweifungen aus allen Ordnungen herauszufallen. Nicht die Anarchie, die als Domäne der wahren Freiheit erscheint, sondern die Ordnung gewährt dem Weisen eine wohltemperierte Freiheit. Wir wollen also nicht den Anarchisten mit dem freien Geist verwechseln.

(Denis Huisman: Philosophie für Einsteiger. Rowohlt, Reinbek 1983, S. 62ff.)

1. Verfassen Sie einen fiktiven Weblog-Eintrag, in welchem Sie Eirik Glambek Bøe Ihre Meinung zu seiner Auffassung sagen.
2. Geben Sie den Inhalt des Textes von Huisman mit eigenen Worten wieder und nehmen Sie Stellung zu den Hauptaussagen.
3. In welchem Verhältnis stehen die Auffassungen von Bieri (S. 78) und Huisman zueinander?
4. Diskutieren Sie im Plenum, ob und wie das umrissene Verständnis von Freiheit Ihre individuelle Selbstbestimmung beeinflusst.

Warum Freisein kein Zuckerschlecken ist

Freiheit macht glücklich, aber nicht automatisch. Man muss sie auch zu nutzen wissen. Viel Freiheit bedeutet auch „viel Arbeit". Wer selbstbestimmt leben will, muss bereit sein, Verantwortung für seine Entscheidungen zu übernehmen.

Zur Freiheit verpflichtet

Eine bedeutende philosophische Strömung des 20. Jahrhunderts, der Existenzialismus, geht davon aus, dass jeder Mensch seine Individualität und Identität erst dadurch gewinnt, dass er „etwas aus sich macht", indem er bewusst und immer wieder neu die Werte wählen muss, denen er in seinem Leben folgen will.

Vom Fluch der Freiheit

Q Es gibt keinen Determinismus, der Mensch ist frei, der Mensch ist die Freiheit. Wenn Gott nicht existiert, haben wir keine Werte oder Anweisungen vor uns, die unser Verhalten rechtfertigen könnten. So finden wir weder hinter noch vor uns im Lichtreich der Werte Rechtfertigungen oder Entschuldigungen. Wir sind allein, ohne Entschuldigungen. Das möchte ich mit den Worten ausdrücken: der Mensch ist dazu verurteilt, frei zu sein. Verurteilt, weil er sich nicht selbst erschaffen hat, und dennoch frei, weil er, einmal in die Welt geworfen, für all das verantwortlich ist, was er tut. Der Existentialist glaubt nicht an die Macht der Leidenschaft. Er wird nie meinen, eine schöne Leidenschaft sei eine alles mitreißende Flut, die den Menschen schicksalhaft zu bestimmten Taten zwingt und daher eine Entschuldigung ist. Er meint, der Mensch ist für seine Leidenschaft verantwortlich. Der Existentialist meint genausowenig, der Mensch könne Hilfe finden in einem Zeichen, das ihm seine Richtung weist; denn er denkt, der Mensch entziffert das Zeichen, wie es ihm gefällt. Er meint also, der Mensch ist in jedem Augenblick, ohne Halt und ohne Hilfe, dazu verurteilt, sich als Menschen zu erfinden.

(Nach Jean-Paul Sartre: Der Existenzialismus ist ein Humanismus. In: Ders.: Gesammelte Werke in Einzelausgaben. Philosophische Schriften 4, Rowohlt, Reinbek 2000, S. 155)

„Wenn ihr Schiß habt vor der Freiheit, geht zurück in euren Stinkstall und laßt' euch verwursten."

Friedrich Karl Waechter, Wahrscheinlich guckt wieder kein Schwein, 1978

A 1. Erläutern Sie mit eigenen Worten, warum Freiheit nach Sartre kein Zuckerschlecken, sondern ein Fluch ist.
2. Wodurch wird sie für das Individuum zum Fluch?
3. Schildern Sie Situationen, in denen es anstrengend für Sie war, Entscheidungen bzw. eine Wahl treffen zu müssen.

Ich bin so frei: Freiheit und Selbstbestimmung

Frei sein – verantwortlich sein

Nur wer eine freie Entscheidung trifft, kann für die Folgen dieser Entscheidung verantwortlich gemacht werden. Kann gelobt oder belohnt, getadelt oder bestraft werden. Das ist manchmal angenehm, manchmal unangenehm, in jedem Fall aber unvermeidbar. Freiheit und Verantwortlichkeit sind sozusagen zwei Seiten einer Medaille. Das eine ist ohne das andere nicht zu haben.

Ja, ich bin es gewesen!

Verantwortlich sein heißt, sich wirklich frei zu wissen, für das Gute und das Schlechte. [...] Im Unterschied zu dem schlecht erzogenen und feigen Kind ist der Verantwortliche immer bereit, für seine Handlungen einzustehen: „Ja, ich bin es gewesen!" Die Welt, die uns umgibt, wenn du genau hinschaust, ist voller Angebote, sich des Gewichts der Verantwortung zu entledigen. An dem Schlechten, das passiert, scheinen die Umstände schuld zu sein, die Gesellschaft, in der wir leben, das kapitalistische System, der Charakter, den ich habe (ich bin nun einmal so!), die schlechte Erziehung (die zu große Verwöhnung), die Fernsehwerbung, die Versuchungen der Schaufenster, die unwiderstehlichen und verderblichen Beispiele und so weiter. [...] Sobald das Unwiderstehliche auftaucht, hört man auf, frei zu sein, und verwandelt sich in eine Marionette, von der man keine Rechenschaft verlangen darf. [...] Und wenn ich dir sagen würde, dass das „Unwiderstehliche" nicht mehr ist als ein Aberglaube, von denen erfunden, die Angst vor der Freiheit haben? [...] Genau das sage ich dir, ich sage es dir mit aller Überzeugung der Welt.

(Fernando Savater*: Tu, was du willst. Beltz, Weinheim/Basel 2001, S.91/92)

1. Beschreiben Sie die beiden Standpunkte – den von Calvin formulierten und den von Fernando Savater – mit eigenen Worten. Finden Sie Beispiele für Situationen, in denen jemand (vielleicht Sie selbst?) keine Verantwortung für sein Handeln übernehmen will.
2. „Freiheit braucht Mut": Diskutieren Sie diese Aussage.
3. Das Bild der Marionette spielt sowohl bei Calvins als auch bei Savaters Überlegungen eine große Rolle. Machen Sie diese Rolle deutlich, indem Sie in kleineren Gruppen
   › Dialoge erarbeiten, in denen ein freier Mensch einen Marionetten-Menschen im Sinne Savaters zur Rede stellt;
   › für diese Dialoge kleine Spielszenen entwerfen, in denen der Mensch als Marionette von anderen Mitspielern (den „äußeren Umständen") gelenkt wird;
   › diese Szenen einstudieren und den anderen vorspielen; diese sollen dann die Argumentationen und Ihre Darstellung beurteilen.

Fest verankert: staatliche Freiheitsrechte

Die Idee, dass alle Menschen ein Recht auf ein selbstbestimmtes Leben haben, ist noch nicht alt. Unfreiheit, etwa in Form von Sklaverei und Leibeigenschaft, war lange Zeit für viele Menschen der Normalfall. Erst heute ist weithin akzeptiert, dass Freiheit ein Menschenrecht ist.

Die Geschichte einer Idee

Epoche	Freiheit bedeutet	Freiheit gilt
Antike Sklaverei	kein Sklave sein; Recht auf politische Mitbestimmung	für alle männlichen und wirtschaftlich unabhängigen Bürger
Mittelalter	einzelne vererbte, gewährte oder erworbene Rechte (Privilegien), z. B. Erbrecht, Steuer- und Abgabenfreiheit	für einzelne „privilegierte" Personen oder Personengruppen, z. B. Stadtbewohner, Kaufleute, Männer
Aufklärung	naturgegebenes Recht, „seine Handlungen zu lenken und über seinen Besitz und seine Person zu verfügen" (John Locke)	allgemein, aber bestimmte Freiheiten – wie politische Mitbestimmung – nur für Männer
Gegenwart	naturgegebenes Recht im Sinne umfassender Selbstbestimmung	für alle Menschen ohne Ausnahme

[A]
1. Beschreiben Sie wichtige Veränderungen in der Geschichte der Freiheitsauffassung.
2. Entwerfen Sie – auf der Grundlage ihrer Geschichtskenntnisse – für jede Epoche ein Kurzporträt einer fiktiven Person jener Zeit, das deren spezielle Freiheiten verdeutlicht.

Freiheit (und ihre Grenzen) im deutschen Grundgesetz
In der Bundesrepublik Deutschland ist Freiheit in Form von Grundrechten* (auch „Freiheitsrechte"genannt) garantiert. Sie legen auch fest, wo die Freiheit des Einzelnen endet.

[A]
3. Lesen Sie im Grundgesetz nach, welche Grenzen für die persönliche Freiheit dort festgeschrieben sind und verständigen Sie sich darüber, was „freie Entfaltung der Persönlichkeit" vor diesem Hintergrund bedeutet?
4. Erkundigen Sie sich nach den im Grundgesetz fixierten Grundrechten (z. B. unter: www.bpb.de/publikationen/M68F7H,0,0,Grundrechte.html.). Überprüfen Sie jedes Grundrecht daraufhin, welche Freiheit damit geschützt wird und welche Grenzen genannt sind. Erstellen Sie eine entsprechende Liste.
5. Übertragen Sie die Liste auf ihren Schulalltag, indem Sie erläutern, welche Rolle die einzelnen Rechte dort spielen.

[Ü]
6. Setzen Sie die Idee des Rechts auf freie Entfaltung der Persönlichkeit anschaulich um (als Zeichnung, Bildergeschichte, Collage etc.). Auch die Grenzen dieses Rechts sollten dabei deutlich werden.

Sicherheit – auf Kosten der Freiheit?
Der Staat muss nicht nur die Freiheit seiner Bürger schützen, sondern auch ihre Sicherheit. Dafür scheint es manchmal notwendig, gewisse Freiheitsrechte einzuschränken, zwischen zwei Werten abzuwägen.

Staatliche Überwachung: Schutz oder Bedrohung der Freiheit?
Nicht zuletzt infolge der Terroranschläge vom 11. September 2001 wird auch in Deutschland über neue Methoden der Verbrechensbekämpfung diskutiert. So fordern einige Politiker die sogenannte Vorratsdatenspeicherung. Diese sieht vor, die Daten der gesamten elektronischen Kommunikation (Internet, Mail, Handy, Telefon) aller Bürger für sechs Monate zu speichern, damit die Polizei im Bedarfsfall darauf zugreifen kann.

Jörg Ziercke, Präsident des Bundeskriminalamts: „[Verbindungsdaten] spielen bei der Aufklärung von schweren Straftaten eine bedeutende Rolle. So ist die IP-Adresse eines Internetnutzers oftmals die einzige Spur zu den Tätern. Deshalb ist es wichtig, dass die Internetprovider [...] verpflichtet werden, Verbindungsdaten ihrer Kunden für sechs Monate zu speichern. Ohne diese Daten wäre das Internet ein verfolgungsfreier Raum und die Polizei stünde im Kampf gegen zahlreiche Formen der Kriminalität [...] völlig im Dunkeln."

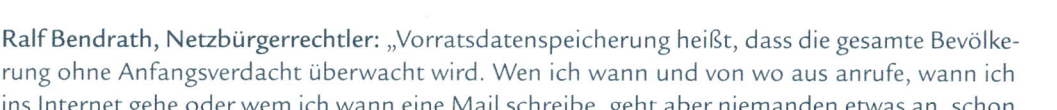

Ralf Bendrath, Netzbürgerrechtler: „Vorratsdatenspeicherung heißt, dass die gesamte Bevölkerung ohne Anfangsverdacht überwacht wird. Wen ich wann und von wo aus anrufe, wann ich ins Internet gehe oder wem ich wann eine Mail schreibe, geht aber niemanden etwas an, schon gar nicht den Staat. [...] Wie die Telekom-Datenskandale gezeigt haben, werden gespeicherte Datenhalden immer wieder missbraucht."

(www.fluter.de/de/74/thema/7262/?tpl=1260; 10.11.2008, Zugriff: 20.10.2010)

1. Geben Sie beide Positionen mit eigenen Worten wieder. Äußern Sie spontan Ihre Meinung.
2. Übertragen Sie die Frage nach dem Verhältnis von Sicherheit und Freiheit auf Ihr Leben: Inwiefern befinden sich Eltern manchmal in einem ähnlichen Zwiespalt?
3. Recherchieren Sie weitere Informationen und Argumente zur Diskussion um die Vorratsdatenspeicherung (z. B. im Internet) und diskutieren Sie nun – mit mehr Sachkenntnis – erneut.
4. Stellen Sie das Verhältnis von Sicherheit und Freiheit bildlich dar: mit einer Zeichnung, einer Bildergeschichte, einer Collage. Präsentieren Sie Ihre Ergebnisse und diskutieren Sie, welche Aspekte jeweils besonders deutlich werden.

3.3 Menschenwürde und Menschenrechte

Unsere Freiheit ist nichts Selbstverständliches. Andere Lebewesen führen kein selbstbestimmtes Leben, sondern sind Gefangene ihrer Instinkte und ihrer biologischen Programmierung. Die Fähigkeit zur Selbstbestimmung macht uns Menschen zu etwas Besonderem. Sie verleiht uns Würde, die es zu achten und zu verteidigen gilt.

Achtung: Menschenwürde!*

Keiner lebt für sich allein. Ständig treten wir in Kontakt zu anderen Menschen. Nicht mit allen können wir befreundet sein, nicht alle schätzen wir gleichermaßen. Doch alle müssen wir als Menschen behandeln, ihre Würde achten und ihnen mit Respekt begegnen.

Respekt! Weil Du etwas geleistet hast.
Skateboard-Großmeister
„Hey Micha, hast du dich mit dem Neuen schon mal unterhalten?"
„Ne, der hat bestimmt nichts drauf!"
„Unterschätz' Lucas nicht. Der soll ein großer Skateboard-Freak sein, echt fähig! Ich hab' gehört, dass der Typ schon 'ne Menge Wettbewerbe gewonnen hat."
„Respekt! Sieht man ihm gar nicht an. *(Geht zu Lukas)* Hey Lucas, hab' gehört, du bist Skateboard-Großmeister, starke Sache ..."

[A] 1. Äußern Sie sich spontan zu dieser Situation. Überlegen Sie, wie der Wandel in Michas Einstellung zu Lucas am besten beschrieben werden kann, und was der Begriff „Respekt" damit zu tun hat. Erzählen Sie ähnliche „Respekt"-Geschichten – erlebte oder erfundene.

Respekt im Hip-Hop
Respekt als Anerkennung, die man sich verdienen muss, spielt im Hip-Hop mit seinen Ausdrucksformen Rap, Graffiti und Breakdance eine große Rolle.

[Q] Im Hip-Hop geht es um Respekt. Deshalb messen und streiten sich Rapper in „Battles" oder „Freestyle-Jams" (Improvisationen). Voraussetzung dafür sind eigener Stil („Style"), Glaubwürdigkeit („Realness"), Virtuosität und Spontaneität. Andere beleidigen oder niedermachen („dissen") darf nur der Beste. Ist man das nicht, hat man den Respekt verwirkt und bekommt ihn in Form von „Disrespect" entzogen.

(Nach Friedrich Neumann: Streiten nach den Regeln des Rap. In: Musik & Bildung 4/2001)

[A] 2. Erläutern Sie, welche Verbindung es zwischen „Respekt" im Hip-Hop und Michas Verhalten gibt. Verdeutlichen Sie in Form eines Tafelbilds die Beziehung von „Leistung", „Anerkennung" und „Respekt".

[Ü] 3. Gedankenexperiment: Entwerfen Sie in einem kurzen Text das Bild einer Welt, in der es Respekt nur im Sinne von Anerkennung gibt. Wie ginge es in dieser Welt zu? Vergleichen Sie ihre Entwürfe und diskutieren Sie darüber.

Respekt! Weil Du ein Mensch bist.

Gegen Respekt als Anerkennung aufgrund bestimmter Leistungen ist nichts zu sagen. Viele dieser Leistungen bereichern die Gesellschaft. Aber Respekt gegenüber Menschen darf sich nicht auf Anerkennung wegen Leistung beschränken. Es gibt jedoch einen anderen Sinn von „Respekt", der mit dem Begriff der Menschenwürde* verbunden ist: die Achtung eines jeden Menschen allein deshalb, weil er ein Mensch ist.

Junge Leute zum Thema Respekt

Nico: Gegenseitiger Respekt ist der Schlüssel für eine bessere Gesellschaft. Meine Botschaft heißt: respect yourself! Nur, wenn man sich selbst achtet, kann man auch andere respektieren.

Simon: Behindert, nicht behindert, leistungsfähig oder nicht, arm, reich ... Die Übergänge sind fließend. Das alles kann nur durch gegenseitigen Respekt zusammengehalten werden.

Till: Respekt ist für mich ein ziemlich wichtiger Begriff, er bedeutet, anderen grundsätzlich mit Achtung gegenüber zu treten.

1. Vergleichen Sie die Aussagen. Erläutern Sie, worin sich ihr Verständnis von Respekt (als Achtung) von einem Verständnis von Respekt (als Anerkennung) unterscheidet. [A]

Achtung vor der Würde des Menschen

2. Interpretieren Sie das Plakat so, dass Respekt hier als Achtung verstanden wird. Greifen Sie bei Ihrer Interpretation auf den Begriff der Menschenwürde zurück, wie er im Folgenden definiert ist. Wie könnte sich die Achtung vor dem Menschen in diesem Fall äußern? Nennen Sie Beispiele. [A]

> Als „Menschenwürde" wird die *unbedingte Achtung* bezeichnet, die jedem Menschen „als Mensch", d.h. unabhängig von seinen besonderen Eigenschaften oder Leistungen zukommt.
> (Hans Jörg Sandkühler (Hg.): Enzyklopädie Philosophie. Meiner, Hamburg 1999, S. 824) [Q]

3. Schreiben Sie die Szene mit Micha auf S. 84 so um, dass Micha Lucas unabhängig davon achtet, was dieser kann. Stellen Sie Ihr Ergebnis anschließend zur Diskussion. [Ü]

Menschenwürde im Lauf der Geschichte

Seit über 2.000 Jahren suchen Philosophen* Erklärungen, warum gerade der Mensch durch eine Würde ausgezeichnet ist. Es lässt sich eine Entwicklung erkennen von der Anerkennung aufgrund von Leistungen zur Achtung allein aufgrund des Menschseins.

Würde als gesittete Lebensführung
Cicero*, römischer Staatsmann (106–43 v. Chr.)

Zu jeder Untersuchung pflichtgemäßen Handelns gehört es aber, sich immer vor Augen zu halten, wie weit der Mensch in seinem Wesen dem Vieh und den übrigen Tieren überlegen ist. Sie fühlen nichts als Lust und drängen mit jeder Regung nur zu ihr, der Geist des Menschen aber findet Nahrung im Lernen und im Denken, stets forscht er oder geht irgendeiner Sache nach, er lässt sich von der Freude am Sehen und am Hören leiten. Ja selbst wenn jemand etwas mehr dem Genuss zuneigt, vorausgesetzt er zählt der Art nach nicht zum Vieh – denn manche Leute sind ja nicht wirklich Menschen, sondern nur dem Namen nach –, doch wenn er etwas höher steht, dann mag die Lust ihn noch so sehr verlocken, er wird das Streben nach ihr doch aus Scheu verbergen und verheimlichen. Daran erkennt man, dass die körperliche Lust der Würde des Menschen nicht entspricht und dass sie zu verachten und zurückzuweisen ist.

(Cicero: De Officiis. Insel, Frankfurt a.M./Leipzig 1991, S.104/105)

1. Geben Sie Ciceros Ansicht in eigenen Worten wieder. Beachten Sie dabei: Wie grenzt er Menschen von Tieren ab? Wie grenzt er einige Menschen von anderen Menschen ab?
2. Erläutern Sie, inwiefern Ciceros Begriff von Würde hinter dem Begriff der Würde als bedingungslose Achtung vor dem Mitmenschen zurückbleibt.

Würde aufgrund eines freien Willens
Pico della Mirandola, italienischer Philosoph (1463–1494)

Du [Mensch!] bist durch keinerlei unüberwindliche Schranken gehemmt, sondern sollst nach deinem eigenen freien Willen […] sogar jene Natur dir selbst vorher bestimmen. […] [Gott hat dich] weder als einen himmlischen noch als einen irdischen, weder als einen Sterblichen noch als einen Unsterblichen geschaffen, damit du als dein eigener vollkommen frei und ehrenhalber schaltender Bildhauer und Dichter dir selbst die Form bestimmst, in der du zu leben wünschst. Es steht dir frei, in die Unterwelt des Viehes zu entarten, es steht dir ebenso frei, in die höhere Welt des Göttlichen dich durch den Entschluss deines eigenen Geistes zu erheben.

(Pico della Mirandola: Über die Würde des Menschen. Manesse, Zürich 1996)

3. Worauf beruht nach Pico della Mirandola die Einzigartigkeit und damit die Würde des Menschen? Erläutern Sie seine Sichtweise durch einen Bezug auf Ihr eigenes Leben und überlegen Sie dann, inwiefern diese Sichtweise über diejenige Ciceros hinausgeht.

Würde aufgrund der moralischen Autonomie*

Für Immanuel Kant (1724–1804) kann der Mensch sich mittels der Vernunft selbst moralische Gesetze, die Allgemeingültigkeit besitzen, geben und danach leben. Dies nennt er Autonomie. Sie begründet die Würde des Menschen.

> Ein jeder Mensch hat rechtmäßigen Anspruch auf Achtung von seinen Nebenmenschen, und wechselseitig ist er dazu auch gegen jeden anderen verbunden. [...] Die Menschheit [= das Menschsein] selbst ist eine Würde; denn der Mensch kann von keinem Menschen (weder von Anderen noch sogar von sich selbst) bloß als Mittel sondern muss jederzeit zugleich als Zweck gebraucht werden, und darin besteht eben seine Würde [...], dadurch er sich über alle anderen Weltwesen, die nicht Menschen sind und doch gebraucht werden können, mithin über alle Sachen erhebt."

(Immanuel Kant: Die Metaphysik der Sitten. In: Ders.: Gesammelte Schriften. Band VI, Berlin 1907, S.462)

1. Erläutern Sie, worin sich Kants Begründung der menschlichen Würde von der Pico della Mirandolas unterscheidet. Überlegen Sie, welche Handlungen durch das Gebot, den Menschen nie nur als Mittel zu behandeln, verboten sind.

Drei Elemente der Menschenwürde*

> Die Nicht-Fixiertheit des Menschen: während allen übrigen Wesen ihre Daseinsweise von Natur bzw. von Gott vorgeschrieben wurde, ist der Mensch frei in der Wahl seiner Lebensweise, ihm kommt die Möglichkeit der schöpferischen Selbstbestimmung zu.

> Seine Vernunftnatur: d.h. seine Fähigkeit zu rationalem Denken und Handeln.

> Seine Autonomie: der Mensch ist Schöpfer seiner Normen und Werte.

(Kurt Bayertz. In: Hans Jörg Sandkühler: Enzyklopädie Philosophie. Meiner, Hamburg 1999, S. 824)

2. Ordnen Sie die drei Elemente den Sichtweisen Ciceros, Pico della Mirandolas und Kants zu. Erläutern Sie, inwiefern alle drei mit der Freiheit des Menschen zu tun haben.

Menschenwürde aus christlicher Sicht

In der Bibel ist die Rede von der Ebenbildlichkeit des Menschen mit dem Schöpfer. In jedem Menschen ist etwas von diesem Ebenbild Gottes zu finden, auch dann, wenn er scheitert, wenn er pflegebedürftig und nicht entscheidungsfähig ist. Die Menschenwürde jedes Einzelnen kann von dieser Ebenbildlichkeit abgeleitet werden. Weil Gott den Menschen geschaffen hat und weil er uns auch noch hält über den Tod hinaus, gibt es im Leben kein einziges Stadium, in dem Würde verloren gehen kann.

(Nach Margot Käßmann: Andacht auf dem Bioethik-Kongress in Berlin 2002. www.ekd.de/bioethik/vortraege/7234.html; Zugriff: 25.10.2010)

3. Schildern Sie das christliche Verständnis von Menschenwürde.

Menschenwürde unter der Lupe

Die Menschenwürde ist der unverrückbare Mittelpunkt aller Überlegungen zur Frage: Wie darf man Menschen behandeln? An der Menschenwürde führt kein Weg vorbei. Deshalb steht sie auch im Grundgesetz der Bundesrepublik Deutschland an erster Stelle.

Die Würde* des Menschen ist unantastbar

> „Die Würde des Menschen ist unantastbar.
> Sie zu achten und zu schützen ist Verpflichtung aller staatlichen Gewalt."
> (Grundgesetz. Art. 1)

Damit ist eigentlich alles gesagt. Menschenwürde ist Menschenrecht – und damit auch nicht an eine Staatsbürgerschaft gebunden. Der einzelne Mensch kann sie nicht verlieren, freiwillig aufgeben oder durch „unwürdiges" Verhalten verspielen. Der Staat kann sie nicht aberkennen. Der Mensch bleibt immer Mensch. Und seine Würde immer unantastbar.

(Michael Bechtel: Menschenrechte – Grundrechte – Bürgerrechte. In: PZ-EXTRA. 50 Jahre Grundrechte. 1998, S.7)

1. Nennen Sie die besonderen Merkmale der Würde des Menschen und beschreiben Sie, was ihr Schutz für den einzelnen Menschen bedeutet.

Wert und Würde

Der Mensch hat eine Würde. Damit ist mehr gemeint als nur: Der Mensch hat einen bestimmten Wert. Viele Dinge haben einen bestimmten Wert*, etwa eine Stereo-Anlage, ein paar Turnschuhe oder ein Möbelstück. Aber diese Dinge haben keine Würde.

Denkend gegen Sklaverei auf dem ehemaligen Sklavenmarkt in Sansibar

Wer für ein Möbelstück keine Verwendung mehr hat, kann es verkaufen zu einem bestimmten Preis. [...] Was einen Preis hat, ist durchaus in sich von Wert, kann aber gegen etwas anderes aufgewogen werden. Was Würde hat, [...] kann nicht in eine Güterabwägung eingehen, man kann es nicht aufwiegen.

(Werner Wolbert: Der Mensch als Mittel und Zweck. Aschendorff, Münster 1987, S.17)

2. Erklären Sie den Unterschied zwischen dem Wert einer Sache und der Würde des Menschen. Welche Verbote im Umgang mit Menschen folgen daraus?
3. Beurteilen Sie, ob folgende Aussagen mit der Achtung der Menschenwürde vereinbar sind:
   › Er hat seine Frau betrogen. Für mich hat er damit seine Menschenwürde verspielt.
   › Nur Deutsche haben in Deutschland ein Recht auf Achtung ihrer Würde.
   › Im Namen des Volkes entziehe ich dem Angeklagten hiermit die Menschenwürde.
   › Schatz! Ich will unbedingt ein Kind. Lass uns ein afrikanisches Baby kaufen. Es kostet nur 10.000 Euro.

Meine Würde* – deine Würde

Dass der Mensch eine Würde hat, bedeutet zweierlei: Einerseits das Recht, als Mensch geachtet und menschlich behandelt zu werden; andererseits die Pflicht, genau dieses Recht aller anderen Menschen zu achten und gegebenenfalls zu schützen.

Die Perspektive des anderen

Worin besteht dieses, die Personen wie Personen, das heißt menschlich zu behandeln? Antwort: Es besteht darin, sich *in ihre Lage zu versetzen.* [...] Denn darauf hat jeder Mensch gegenüber den anderen ein Recht, auch wenn er der Allerschlechteste ist: Er hat das Recht darauf – das *Menschenrecht* –, dass jemand versucht, sich in seine Lage zu versetzen und zu verstehen, was er tut und fühlt; auch wenn es dazu dient, ihn im Namen von Gesetzen zu verurteilen, die jede Gesellschaft haben muss. Mit einem Wort, dich in die Lage eines anderen zu versetzen heißt, ihn ernst zu nehmen, ihn als so wirklich zu betrachten wie dich selbst.

(Fernando Savater: Tu, was du willst. Beltz, Weinheim/Basel 1993, S.108f.)

1. Schildern Sie mit eigenen Worten, wie im Text ein die Menschenwürde achtender Umgang miteinander beschrieben und begründet ist.
2. Jeder kennt Situationen, in denen man keine Lust hat, sich in die Lage eines anderen zu versetzen; man missbilligt dessen Verhalten oder ist einfach wütend auf ihn. Schildern Sie solche Situationen und überlegen Sie, wie in diesen Fällen ein „menschenwürdiger" Umgang aussehen kann.

Selbstverwirklichung und ihre Grenzen

„Ich bin wichtig ..."
„Ich orientiere mich an meinen Wünschen ..."
„Ich nutze meine Chancen ..."   „..., aber ..."
„Ich vertraue auf meine Stärke ..."
‚Ich bin zufrieden mit mir ..."

Einer für den andern

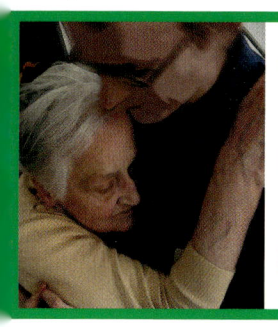

Gleichgültigkeit ist die schlimmste Krankheit die ein Mensch bekommen kann.

3. Suchen Sie sich jeweils eine Äußerung heraus, der Sie zustimmen können. Begründen Sie ihre Zustimmung anhand von Beispielen. Überlegen Sie dann, inwiefern diese Äußerung eingeschränkt werden muss („..., aber ..."), um tatsächlich zum Ausdruck zu bringen, dass die Anderen und ihre Würde auch eine Rolle spielen.

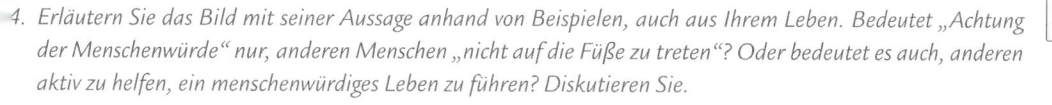

4. Erläutern Sie das Bild mit seiner Aussage anhand von Beispielen, auch aus Ihrem Leben. Bedeutet „Achtung der Menschenwürde" nur, anderen Menschen „nicht auf die Füße zu treten"? Oder bedeutet es auch, anderen aktiv zu helfen, ein menschenwürdiges Leben zu führen? Diskutieren Sie.

5. Schreiben Sie einen Text (Gedicht, Rap-Song, Kurzgeschichte etc.) über die Menschenwürde, in dem folgende Ausdrücke vorkommen: *Achtung, Missachtung, Beachtung, Verachtung, Hochachtung.* Vergleichen und besprechen Sie Ihre Werke.

Von der Würde zu den Rechten

Im Laufe der Jahrhunderte wurden aus der Würde des Menschen in zunehmendem Maß bestimmte Rechte abgeleitet und gesetzlich verankert: die Menschenrechte.

Menschenwürde – Menschenrechte* – Grundrechte*
Der rechtliche Schutz der Menschenwürde: einige Meilensteine

1679 – Habeas Corpus Akte
Englisches Verfassungsgesetz, wonach kein Untertan der englischen Krone ohne richterlichen Haftbefehl verhaftet oder ohne Haftprüfung in Haft gehalten werden darf.

1776 – Virginia Bill of Rights
Vorläufer der amerikanischen Verfassung; ihr Grundsatz: „Alle Menschen sind von Natur aus gleichermaßen frei und besitzen gewisse angeborene Rechte"; garantiert männlichen Bürgern u.a. das Recht auf Schutz vor ungesetzlicher Verhaftung, auf freie Religionsausübung, das Wahlrecht sowie die Versammlungs- und Pressefreiheit.

1789 – Erklärung der Menschen- und Bürgerrechte
Im Zuge der Französischen Revolution veröffentlichte Erklärung, die sich auf alle (weiterhin nur männlichen) Menschen bezieht; Grundsatz: „Die Menschen sind und bleiben von Geburt an frei und gleich an Rechten". Übernimmt weitgehend die Rechte der *Virginia Bill of Rights*.

1948 – Allgemeine Erklärung der Menschenrechte
Erklärung der Vereinten Nationen; Artikel 1: „Alle Menschen sind frei und gleich an Würde und Rechten geboren" (umfasst nun tatsächlich alle Menschen, also auch Frauen); erweitert den Menschenrechtskatalog um soziale Rechte wie das auf Arbeit, Bildung oder Versorgung im Krankheitsfall.

A 1. Skizzieren Sie den Weg der Menschenrechte in eigenen Worten. Erkundigen Sie sich auch nach der Menschenrechtssituation im Dritten Reich. Unterscheiden Sie drei Aspekte: Wie verändert sich
   a) der Inhalt der Rechte;
   b) der Personenkreis, für den sie gelten;
   c) der räumliche Bereich, in dem sie gelten.

Grundrechte und Grundgesetz

Q Das Grundgesetz [...] ist die Reaktion auf die Verbrechen des Dritten Reiches. Damals hieß es „Du bist nichts, dein Volk ist alles." Jetzt kommt der Einzelne mit seinen Rechten und dann ab Artikel 20 der Staat. [...] Die Würde des Menschen als oberstes Verfassungsprinzip, aus dem in Absatz 2 die Konsequenz gezogen wird: „Das deutsche Volk bekennt sich darum zu unverletzlichen und unveräußerlichen Menschenrechten als Grundlage jeder menschlichen Gemeinschaft des Friedens und der Gerechtigkeit in der Welt.

(Uwe Wesel: Fast alles, was Recht ist. Eichborn, Frankfurt a.M. 1992, S.49f.)

Menschenwürde und Menschenrechte

Menschenwürde, Menschenrechte, Grundrechte – ist das alles dasselbe oder worin unterscheiden sich Menschen- und Grundrechte?

Menschenrechte* und Grundrechte*

Menschenrechte werden heute angesehen als übergeordnete Rechtsnormen, die dem positiven (gesetzten) […] Recht vorgelagert sind. Ausgangspunkt für ihre Beschreibung ist die menschliche Würde. […] Diese Rechte sind dem Menschen – aus christlicher Sicht von Gott, aus humanistischer und aufgeklärte Sicht von Natur aus – von Beginn seiner Existenz an mitgegeben.

Grundrechte sind im Verhältnis zu den Menschenrechten […] nichts anderes oder gar Gegenteiliges; vielmehr sind sie die in eine Verfassung übersetzten, das heißt in einer neuen Rechtsform verankerten und konkretisierten Menschenrechte.

(Hans-Otto Mühleisen: Menschenrechte – Grundrechte – Bürgerrechte. In: Informationen zur politischen Bildung 239, Bonn 1998, S. 3.)

1. Schreiben Sie die Ausdrücke „Menschenrechte" und „Grundrechte" an die Tafel und um sie herum jeweils weitere Wörter, die den Begriff kennzeichnen. Dabei sollte der Unterschied zwischen beiden ganz deutlich werden.
2. Welche Grundrechte kennen Sie? Stellen Sie aus dem Gedächtnis eine Liste zusammen. Ergänzen Sie diese dann mit Hilfe entsprechender Quellen.
3. Erläutern Sie am Beispiel einiger Grundrechte, inwiefern sie dem Schutz der Menschenwürde dienen.

Grundrechte: Eine Schülerumfrage

Schüler in ganz Deutschland wurden gefragt, welche Grundrechte sie einführen würden. Hier einige Antworten:

Das Grundrecht, dass niemand zur Arbeit gezwungen werden darf, sollte teilweise aufgehoben werden. Meiner Meinung nach würde die Arbeitslosigkeit somit sinken. (Vanessa, 16 J.)	Dass jeder Mensch alles tun kann, was er will, ohne dafür benachteiligt zu werden. (Malte 15 J.)
Recht auf Intimsphäre der Kinder gegenüber Eltern. (Anna, 17 J.) / Recht zu träumen, Recht auf Kindheit (Annika, 16 J.)	Dass jeder das Recht auf eine Lehrstelle hat, unabhängig von den Zeugnisnoten. (Jannik, 17 J.)
	Wenn jeder damit anfangen würde, Respekt vor anderen zu haben, wären wir schon ein ganzes Stück weiter. (Alina, 16 J.)
Frauen sollten so weit gleichberechtigt werden, dass sie ebenfalls zu einer sozialen Leistung verpflichtet werden, das heißt soziales Jahr oder Zivildienst. (Niklas, 15 J.)	Das Recht, dass Kinder bei einer Scheidung schon ab acht Jahren bestimmen können, zu welchem Elternteil sie möchten. (Hanna, 16 J.)

4. Äußern Sie sich spontan zu den hier vorgeschlagenen Grundrechten. Überlegen Sie, welche davon (un-) geeignet sind, die Würde des Menschen zu schützen.
5. Wiederholen Sie die Umfrage in Ihrer Klasse und besprechen Sie deren Ergebnisse.
6. Verdeutlichen Sie die Beziehung von Menschenwürde, Menschenrechten und Grundrechten. Entwerfen Sie zu diesem Zweck ein Schaubild, in dem die drei Begriffe mit beschrifteten Pfeilen verbunden sind, die den jeweiligen Zusammenhang erklären. Arbeiten Sie zunächst allein. Vergleichen Sie dann Ihre Ergebnisse in kleinen Gruppen und einigen Sie sich auf ein gemeinsames Schaubild. Vergleichen Sie schließlich die Schaubilder der einzelnen Gruppen und einigen Sie sich auf ein endgültiges Ergebnis.

Grenzenlos geschützt: Menschenrechte*

Seit 1948 sind die Menschenrechte von den Vereinten Nationen festgeschrieben. Aber sie werden immer wieder missachtet.

> **Die Allgemeine Erklärung der Menschenrechte**
>
> **Artikel 1:** Alle Menschen sind frei und gleich an Würde und Rechten geboren. [...]
> **Artikel 2:** Jeder hat Anspruch auf alle in dieser Erklärung verkündeten Rechte und Freiheiten, ohne irgendeinen Unterschied, etwa nach Rasse, Hautfarbe, Geschlecht, Sprache, Religion. [...]
> **Artikel 3:** Jeder hat das Recht auf Leben, Freiheit und Sicherheit der Person. [...]
> **Artikel 5:** Niemand darf der Folter oder grausamer, unmenschlicher oder erniedrigender Behandlung oder Strafe unterworfen werden. [...]
> **Artikel 18:** Jeder hat das Recht auf Gedanken-, Gewissens- und Religionsfreiheit. [...]
> **Artikel 19:** Jeder hat das Recht auf Meinungsfreiheit und freie Meinungsäußerung. [...]
> **Artikel 25:** Jeder hat das Recht auf einen Lebensstandard, der seine und seiner Familie Gesundheit und Wohl gewährleistet, einschließlich Nahrung, Kleidung, Wohnung, ärztliche Versorgung. [...]
>
> *(Allgemeine Erklärung der Menschenrechte durch die Generalversammlung der Vereinten Nationen)*

A
1. Wählen Sie aus den aufgelisteten Menschenrechten zwei aus, die Ihnen besonders wichtig scheinen. Begründen Sie Ihre Wahl.
2. Spekulieren Sie, welche Menschenrechte hier noch nicht aufgelistet sind. Vergleichen Sie Ihre Ergänzungsvorschläge mit der vollständigen Erklärung (unter www.uno.de).
3. Prüfen Sie alle Artikel daraufhin, ob für Sie selbst die entsprechenden Menschenrechte tatsächlich gelten.

AMNESTY* INTERNATIONAL

Armut und Menschenrechte · Diskriminierung · bewaffnete Konflikte · Folter · Frauen · Justiz · Flüchtlinge & Asyl · Internationale Organisationen · Waffen · Kinder · Menschenrechtsverteidiger · Terrorismusbekämpfung · Polizeigewalt · Sexuelle Identität · Staatlicher Mord · Straflosigkeit · Todesstrafe · Migration · Verschwinden lassen · Wirtschaft & Menschenrechte

Ü
4. Durchstöbern Sie eine Woche lang Zeitungen und Online-Medien nach Meldungen über Menschenrechtsverletzungen. Ordnen Sie die Funde einzelnen Themenbereichen zu. Suchen Sie auf www.amnesty.de entsprechende Hintergrundinformationen und erstellen Sie so eine Dokumentation, die Sie in Ihrer Schule öffentlich präsentieren.

Wichtige und unwichtige Menschenrechte?*

In vielen Teilen der Welt kämpfen viele Menschen täglich ums nackte Überleben. Für diese Menschen haben somit einige Menschenrechte eine existenzielle Bedeutung.

Basic Rights

[Der amerikanische Philosoph Henry] Shue unterscheidet zwischen *basic rights* und übrigen Rechten in der Weise, dass die grundlegenden Rechte diejenigen sind, die erfüllt sein müssen, damit ein Mensch überhaupt irgendwelche Rechte einfordern und wahrnehmen kann. Ein Recht, das auf dem Papier steht, aber nicht wahrgenommen werden kann, ist wertlos. Shue versucht zu zeigen, dass körperliche Unversehrtheit, ein bestimmtes Existenzminimum und gewisse Freiheitsrechte zusammen die grundlegenden Rechte in diesem Sinne sind. Wer über das in diesen Rechten Garantierte nicht verfügt, kann z.B. seine politischen Rechte nicht wahrnehmen. Von daher ergibt sich dann ein zumindest vager Anhalt dafür, wie hoch das Existenzminimum sein muss. Man kann sich nun diesen Gedanken in der Weise zunutze machen, dass die Verhältnisse, in denen ein Mensch lebt, genau dann menschenwürdig sind, wenn sie die Minimalbedingung erfüllen, dass er seine Rechte wahrnehmen kann und *in diesem Sinne* eine spezifisch „menschliche", „menschenwürdige" Existenz führt.

(Ernst Tugendhat: Vorlesungen über Ethik. Suhrkamp, Frankfurt a.M. 1993, S.363)

1. Erläutern Sie den Unterschied zwischen „basic rights" und anderen Menschenrechten.
2. Ordnen Sie die Rechte nach ihrer Bedeutung für Menschen in existenzieller Not.

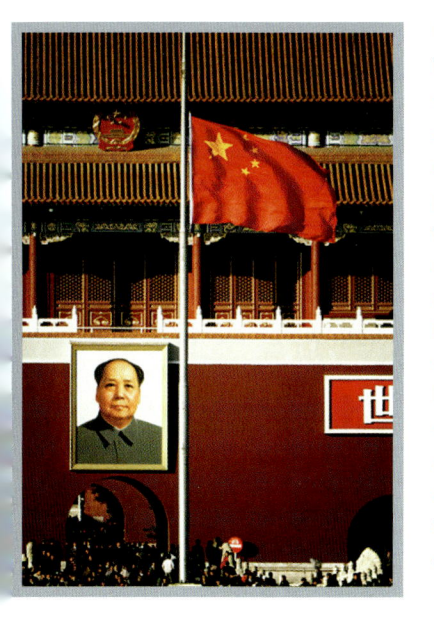

Die Unteilbarkeit der Menschenrechte

Wenn europäische Staats- und Regierungschefs beispielsweise in China das Thema Menschenrechte ansprechen, wird ihnen [...] entgegen gehalten, dass die chinesische Führung auf anderen Gebieten Schwerpunkte gesetzt habe und nicht alle Rechte auf einmal verwirklichen könne. Gern verweisen die Chinesen in diesem Zusammenhang auf ihre Leistung, weit über eine Milliarde Menschen zu ernähren. Unterschwellig folgern die chinesischen Machthaber, dass dies die Einschränkung der Meinungsfreiheit, die Inhaftierung von Dissidenten oder Anhängern der Falun-Gong-Sekte sowie die exzessive Anwendung der Todesstrafe erfordere oder rechtfertige. Doch neben der Universalität ist auch die Unteilbarkeit der Menschenrechte ein internationales Prinzip. Kein Menschenrecht darf gegen ein anderes ausgespielt werden.

(Harald Gesterkamp. In: Aus Politik und Zeitgeschichte. Nr 31/32, 2000)

3. Was bedeutet „Unteilbarkeit der Menschenrechte"? Formulieren Sie als Erklärung eine Antwort auf die geschilderte chinesische Position. Erläutern Sie, inwiefern mit dieser Position die Unterscheidung von Shue missverstanden oder gar missbraucht wird.

4. Untersuchen Sie, inwiefern hierzulande alle Menschen über das in den „basic rights" Garantierte verfügen. Informieren Sie sich dazu z.B. bei Behindertenverbänden, Arbeits- und Obdachlosenhilfestellen.

3.4. Menschenwürde in Gefahr

Es brauchte Jahrhunderte, um die Achtung der Menschenwürde in den Grundrechten vieler Staaten und den Köpfen vieler Menschen zu verankern. Und diese Aufgabe ist nicht erledigt. Die Menschenwürde muss ständig verteidigt werden. Im alltäglichen Leben genau wie im politischen Handeln.

Stopp! Menschenwürde* hat Vorfahrt

Die Missachtung der menschlichen Würde geschieht oft in Form einer Diskriminierung von Angehörigen bestimmter Minderheiten, von Menschen einer bestimmten Herkunft, Religion oder sexuellen Orientierung.

Beispiel Homophobie: Diskriminierung und Gewalt

Homophobie verletzt die Menschenwürde

Unter Homophobie versteht man Schwulen- und Lesbenfeindlichkeit. [...] Die Diskriminierung von Homosexuellen ist in vielen Staaten der Erde immer noch nicht nur gesellschaftlich und individuell, sondern auch rechtlich verankert: neben Geldbußen drohen in verschiedenen afrikanischen und arabischen Staaten oder in der Karibik Gefängnis oder sogar die Todesstrafe auf homosexuelle Handlungen. Jüngst machte Uganda von sich reden, wo eine Gesetzesvorlage die Einführung der Todesstrafe vorsah und auch alle „Mitwisser" homosexueller Lebensweise unter Strafe stellen würde. [...] Doch auch in vielen Ländern Europas ist es noch nicht lange her, dass homosexuelle Handlungen unter Strafe standen. Und auch heute werden beispielsweise Demonstrationen von Homosexuellen als Störung der öffentlichen Ordnung untersagt, werden Homosexuelle in Europa offen diskriminiert und fühlen sich viele Homosexuelle und Transsexuelle dazu gezwungen, ihre sexuelle Orientierung „zu verstecken oder zu verleugnen".

(www.europarl.europa.eu; 14.05.2010, Zugriff: 21.10.2010)

1. Wie kann man für die Achtung der Menschenwürde hierzulande lebender Homosexueller eintreten? Hier ein paar Vorschläge – ergänzen Sie die Liste, ordnen Sie die Vorschläge nach ihrer Wirksamkeit und diskutieren Sie die Reihenfolge:
   › an einer Demo gegen die Diskriminierung von Homosexuellen teilnehmen
   › einen Solidaritätsbutton mit der Aufschrift „Gaymeinsam" tragen
   › bei den nächsten Wahlen eine Partei wählen, die sich für Homosexuelle einsetzt
   › ein Anti-Diskriminierungsvideo drehen und im Internet veröffentlichen
   › im Alltagsleben Homosexuelle ebenso achten und behandeln wie jeden anderen auch

Beispiel Rechtsextremismus: eine menschenverachtende Ideologie
Hass und Gewalt von rechts: zwei Berichte

››› Der zur rechten Szene in Laucha gehörende Angeklagte soll am frühen Abend des 16. April 2010 an einer Bushaltestelle einen 17-jährigen Schüler geschlagen, getreten und den Israeli währenddessen als „Judenschwein" beschimpft haben.
››› In der Nacht vom 24./25. Mai 2008 wurden zwei Flüchtlinge aus Guinea und Saudi-Arabien Opfer eines schweren rassistischen Angriffs in Burg bei Magdeburg. Beide Betroffenen wurden aus einer 10 bis 15-köpfigen Gruppe unter rassistischen Beleidigungen wie „Scheiß-Neger" vor der Diskothek Night Fly tätlich angegriffen.

(www.mobile-opferberatung.de; Zugriff: 21.10.2010)

Volkstümelei und Menschenwürde*

Im Programm der neonazistischen NPD heißt es unter Punkt 1 vergleichsweise unverfänglich: „Volkstum und Kultur sind die Grundlagen für die Würde des Menschen." Bereits hier aber wird der eklatante Unterschied zur [...] Idee der individuellen Freiheitsrechte deutlich: In einer humanistischen Ordnung kommt jedem Menschen seine Würde aus sich selbst heraus zu. Alle sind gleich, unabhängig von Geschlecht, Hautfarbe, Herkunft, Religion oder sexueller Orientierung.

(Miteinander e.V./Arbeitsstelle Rechtsextremismus (Hg.): Streiten mit Neonazis? Zum Umgang mit öffentlichen Auftritten von Rechtsextremisten. Magdeburg/Halle 2008.)

1. Erläutern Sie den Zusammenhang zwischen der Aussage im NPD-Parteiprogramm und gewalttätigen Übergriffen. Beurteilen Sie das dahinterstehende Menschenbild.

Kleine Initiativen – große Wirkung

Schauspielerin Iris Berben schreibt an eine Jugendinitiative gegen Rechtsextremismus:
[D]ie „große Politik" kann den Problemkomplex „Rechtsextremismus" nicht allein per Gesetz lösen, sondern braucht die Stärke jedes Einzelnen aus unserer Gesellschaft, um gemeinsam bösartige Extrembewegungen im Keim zu ersticken. Solch vermeintlich kleinen Initiativen in vermeintlich kleinen Städten besitzen nämlich in ihrer realen Wirkung eine enorme Größe. [...] Und daher möchte ich mit meinem Schreiben dieser Initiative [...] meinen großen Respekt entgegen bringen.

(home.arcor.de/jugendini/gesichtzeigen.htm; Zugriff: 21.10.2010)

2. Stimmen Sie Iris Berben darin zu, dass die „große Politik" das Problem Rechtsextremismus nicht allein lösen kann? Begründen Sie Ihre Meinung.
3. Was könnte und sollte die große Politik Ihrer Meinung nach tun, um die kleinen Aktionen zu stützen und dem Rechtsextremismus den Boden zu entziehen?

3. Recherchieren Sie im Internet (z. B. unter: www.sachsen-anhalt-guckt-hin.de), welche Initiativen zur Verteidigung der Menschenwürde speziell gegen rechtsextreme Übergriffe es gibt. Erstellen Sie eine Übersicht, so dass Sie entscheiden können, ob Sie sich (als Klasse oder einzeln) an einer dieser Initiativen beteiligen möchten.

Menschenwürde in der Diskussion

Es gibt moralische Probleme, bei denen umstritten ist, was die Achtung der Menschenwürde hier gebietet.

Die Würde* des Verbrechers
Rettung um jeden Preis?

Stellen Sie sich vor, Sie sind Vernehmungsbeamter. Vor Ihnen sitzt der Verdächtige, und irgendwo da draußen in einem Erdloch ist das Kind gefangen, das er entführt hat. Wenn Sie es nicht finden, droht es zu sterben, an Durst, Kälte oder Verletzungen. Dieser Mann weiß genau, wo es ist. Aber er sagt es nicht. Er lügt dreist, oder er beruft sich auf sein Recht, die Aussage zu verweigern. Und die Zeit läuft Ihnen davon. Dürfen Sie [...], um das Kind zu retten, [...] das Versteck aus ihm herausprügeln, ihm ein Wahrheitsserum einflößen, ihm zumindest mit all dem drohen? [...] Den Frankfurter Kripo-Beamten, die im Oktober 2002 den Studenten Magnus G. verhörten, stellte sich genau diese Frage. G. war dringend verdächtig, den elfjährigen Bankierssohn Jakob von Metzler entführt zu haben, und die Beamten glaubten, der Junge lebe noch. G. hatte ihn zwar bereits getötet, wie er später gestand, aber zu diesem Zeitpunkt narrte er die Vernehmer. Das Ergebnis ihrer Zwangslage ist eine Aktennotiz des stellvertretenden Frankfurter Polizeipräsidenten Wolfgang Daschner: „Füge Magnus G. Schmerzen zu und versuche den Aufenthaltsort herauszufinden." Mit anderen Worten: Foltere ihn, um das Kind zu retten. Die Drohung genügte offenbar, um G. zum Sprechen zu bringen. Jakob von Metzler aber war nicht mehr zu retten. [...] Die Frankfurter Staatsanwaltschaft [...] ermittelt nun gegen die Beteiligten. [...] Folter in jeder Form ist völkerrechtlich, gesetzlich und durch Paragraf 136a der Strafprozessordnung verboten. [...] Zwar gibt die Strafprozessordnung der Polizei gewisse Freiheiten, einen Verdächtigen unter Druck zu setzen. [...] Aber sie dürfen ihn nicht schlagen, keine Wahrheitsdrogen spritzen und ihn nicht einmal glauben machen, dass ihm so etwas bevorstehe. [...] Auch für das polizeiliche Verhör gilt, so schreibt Reinhard Chedor, Kripochef in Hamburg und Autor eines Polizei-Handbuchs über Vernehmung, „dass die Würde des Menschen unantastbar ist und es insofern keine Wahrheitserforschung um jeden Preis gibt."

(Joachim Käppner: Die Not der Vernehmer. Süddeutsche Zeitung, 18.02.2003)

1. Lesen Sie zunächst im Lehrbuch S. 235 nach, was man unter einem Dilemma versteht. Überlegen Sie, inwieweit Ihnen die Schritte der Entscheidungsfindung in einem Dilemma auch hier weiter helfen können.
2. Erläutern Sie, inwiefern die Polizisten in einem Dilemma steckten und welche Rolle die Menschenwürde in dem Dilemma spielt.
3. Was könnte mit der folgenden Bemerkung gemeint sein, die in der Diskussion über diesen Fall zu hören war: „Wenn man das Fenster auch nur einen kleinen Spalt öffnet, wird die kalte Luft des Mittelalters den ganzen Raum erfüllen"?

Wenn Grundrechte* gegeneinander stehen: Beispiel Burkaverbot

In einigen europäischen Ländern ist das öffentliche Tragen einer „Burka" – einer Vollverschleierung nach islamischem Gebot – per Gesetz verboten. Einige Politiker fordern so ein Verbot auch für Deutschland.

Burkas gutheißen? Nein!

Eine Bekleidung, die einen Menschen so entwürdigt, wie die [Burka], ist mit unserem Menschenbild, mit der Würde der Person und mit der Vorstellung vom Zusammenleben in unserer Gesellschaft nicht zu vereinbaren. Aus drei Gründen:
1. [...] Wenn jemand sein Gesicht abwenden muss, ist das eine Unterwerfungsgeste. Wenn jemand sein Gesicht nicht zeigen darf, ist das entwürdigend.
2. [...] Wenn ich den anderen nicht sehen kann, kann ich auch nicht mit ihm sprechen. [...]
3. Welche Botschaft geht denn umgekehrt von der aus, die sich hinter [...] einer Burka versteckt: Ich möchte mit dir nichts zu tun haben. Du bist mir egal. Deine Welt, dein Leben ist mir egal. [...] Wo man so wenig voneinander erwarten kann, gibt es letztlich keine Solidarität mehr miteinander [...]

(www.politik.de/forum/religion/221666-burkaverbot.html; 21.04.2010, Zugriff: 04.11.2010)

Burkas verbieten? Nein!

Wenn eine Muslima aufgrund islamischer Kleidungsvorschriften eine Burka trägt, wird dies [erstens] vom Grundrecht der Religionsfreiheit geschützt. [...] Zum Inhalt der Menschenwürde und des allgemeinen Persönlichkeitsrechts zählt [nämlich zweitens] das Recht auf Selbstbestimmung, und damit auch das freiwillige Tragen eines Schleiers. [...] Folgt daraus nun, dass die Burka überall erlaubt ist und nirgendwo verboten werden darf? Ganz und gar nicht. Dies zeigt sich beispielsweise an öffentlichen Schulen. Dort kann muslimischen Schülerinnen das Tragen eines Vollschleiers gesetzlich verboten werden. Dafür spricht der staatliche Bildungsauftrag, der in Art. 7 GG verankert ist. Die schulische Erziehung soll die Persönlichkeitsentwicklung umfassend fördern und das Sozialverhalten beeinflussen. Dazu gehört auch die Kommunikation mit „offenem Visier".

(www.lto.de/de/html/nachrichten/1558/Burka-Die-Verschleierung-von-Gleichberechtigung-und-Menschenwuerde; 24.09.2010; Zugriff: 04.11.2010)

1. Wie wird im ersten Text dafür argumentiert, die Burka verletze die Würde des Menschen? Teilen Sie diese Einschätzung?
2. Wie wird im zweiten Text dafür argumentiert, ein Burkaverbot sei mit dem Grundgesetz nicht vereinbar? Erläutern Sie die „Wirkungsweise der Grundrechte".
3. Angenommen, man lehnt sowohl die Burka als auch ein Burkaverbot ab: Wie ließe sich die Burka mit anderen (friedlichen) Mitteln aus der Welt schaffen? Machen Sie Vorschläge und diskutieren Sie.

Verantwortung gegenüber der eigenen Würde?*

Seit kurzem gibt es im Deutschen das Wort: „fremdschämen". Wenn wir uns „fremdschämen", schämen wir uns anstelle einer Person, die sich schämen sollte, es aber offenbar nicht tut.

Sich zum Affen machen: Beispiel Casting-Shows

Der 16-jährige Marco schaut wieder einmal eine Casting-Show im Fernsehen. Einer der Kandidaten wird nach seinem Auftritt gerade von den Juroren niedergemacht. Das Publikum johlt. Marcos Mutter kommt ins Wohnzimmer:

„Ist das so eine grässliche Casting-Show? Ich finde, du solltest so was nicht ansehen."

„Aber warum nicht? Ist doch witzig, wie sich die Kandidaten da zum Affen machen."

„Merkst du denn gar nicht, wie sehr dort die Würde dieser Menschen verletzt wird?"

„Was bitte soll denn daran schlimm sein?"

„Viele Kandidaten werden von der Jury, dem Publikum im Studio und vorm Fernseher beleidigt und verspottet – alles nur, damit der Sender Geld verdient. Diese Shows missachten die Menschenwürde, das darf man nicht durch Zusehen unterstützen."

„Aber die machen da doch freiwillig mit! Die haben ein Recht auf Selbstbestimmung!"

„Das ist unerheblich. Die Würde des Menschen ist unantastbar – auch die eigene."

A
1. Wie argumentiert Marcos Mutter gegen Casting-Shows? Was hält Marco dem entgegen? Welche Ansicht überzeugt Sie? Begründen Sie Ihre Meinung. Lesen Sie zu Casting-Shows auch auf S. 59 nach.
2. Man kann gegen eine strittige Behauptung argumentieren, indem man zeigt, was für inakzeptable Folgen es hätte, wäre die Behauptung richtig. Probieren Sie diese Taktik aus, indem Sie entweder: überlegen, was ebenfalls im Fernsehen vertretbar sein müsste, wenn es nur auf die Freiwilligkeit der beteiligten Personen ankäme; oder aber was ebenfalls im Fernsehen verboten sein müsste, wenn das Selbstbestimmungsrecht nicht beachtet würde!

Eine Pflicht zur Achtung auch der eigenen Würde?

Q
Der andere ist also wie ich im Anspruch der Würde – was nichts anderes bedeutet, als dass ich den Anspruch auf Achtung meiner Würde zugleich als einen allgemeinen Anspruch auf Würde formuliere. Mit anderen Worten, es besteht eine allgemeine Pflicht auf Achtung der Würde des Menschen […] Die Pflicht, die Würde des Menschen zu achten, kann in Bezug auf mich selbst nicht mit dem Hinweis auf meine individuelle Freiheit außer Kraft gesetzt werden. Mit anderen Worten, jeder Mensch hat die Pflicht auf Achtung der Würde des Menschen auch gegen sich selbst.

(Matthias Rath: Die Pflicht zur Würde. In: Medienheft. Dossier 15, 20.03.2001)

A
3. Erläutern Sie, wie für die Pflicht argumentiert wird, auch die eigene Würde zu achten! Ein weiteres Argument lautet: Nur wer die eigene Würde achtet, kann die Würde anderer achten. Was halten Sie von den Argumenten? Diskutieren Sie!

Methode

Begriffsanalyse

Wie lässt sich klären, was ethische Begriffe (z. B. Glück oder Freiheit) bedeuten? Wir können im Lexikon nachsehen. Dort finden wir Definitionen. Doch die sind kurz und erfassen nicht alle Aspekte der Bedeutung. Zudem verändern sich Begriffe mit der Zeit durch ihren alltäglichen Gebrauch. Daher können wir einiges über ethische Begriffe erfahren, wenn wir ihren Gebrauch im Alltag analysieren und ermitteln, mit welchen Wörtern sie zusammenhängen. Diese philosophische Methode heißt Begriffsanalyse.

Freiheit

a) Die Herkunft erforschen

Wörter haben eine Geschichte. Diese Geschichte steht in sogenannten etymologischen Wörterbüchern. Dort lassen sich oft Aspekte der Wortbedeutung entdecken, die uns einen neuen Blick auf den fraglichen Begriff eröffnen. Das Wort „Glück" z. B. stammt vom Wort „gelingen" ab und bezeichnete einst den Fall, dass irgendetwas gut ausgeht.

1. *Erforschen Sie die Herkunft des Wortes „Freiheit". Suchen Sie dabei nach älteren Bedeutungen, die hilfreich sind bei der Klärung, was man unter Freiheit verstehen kann.*

b) Die Wortfamilie erkunden

Wörter leben in Familien. Zur Familie gehören u. a. Zusammensetzungen/Ableitungen/typische Wortverbindungen. Zur Familie von „Glück" gehören z. B. „Glückwunsch/„beglücken"/„sein Glück finden". Erkundet man die Verwandtschaft eines Wortes, kann man sich eine Fülle von Bedeutungsaspekten erschließen.

2. *Erkunden Sie die Familie des Wortes „Freiheit" und markieren Sie all jene Fundstücke, die Ihnen aufschlussreich für den Begriff der Freiheit erscheinen.*

c) Übersetzungen prüfen

Jede Sprache hat ihren eigenen Blick auf die Welt. So gibt es z. B. für das deutsche Wort „Glück" im Englischen zwei Ausdrücke: „luck" und „happiness", die Unterschiedliches bedeuten. Das sollte uns anregen, einen entsprechenden Bedeutungsunterschied auch im Deutschen zu berücksichtigen.

3. *Prüfen Sie einige ausgewählte Fremdsprachen daraufhin, ob das Wort „Freiheit" dort mehrere Entsprechungen hat, die auf wichtige Bedeutungsunterschiede hinweisen.*

d) Einen Begriffskreis bilden

Eine weitere Form der Begriffsanalyse ist die Suche nach Ausdrücken mit ähnlicher Bedeutung. So scheint „Freude" oder „Geschenke bekommen" Ähnliches zu bedeuten wie „Glück". Also fragen wir uns: Gibt es Glück ohne „Freude" oder ohne „Geschenke bekommen"? Gar nicht? In der Regel nicht? In der Regel schon? Wenn wir nun um den Begriff „Glück" als Mittelpunkt mehrere Kreise ziehen, entstehen Zwischenräume mit immer größerer Entfernung vom Kern. In diese Zwischenräume können wir nun unsere gefundenen Ausdrücke eintragen, je nach ihrer Nähe zum Kern des Begriffs Glück.

4. *Suchen Sie nach Ausdrücken, die zu „Freiheit" bedeutungsähnlich sind. Entscheiden Sie, wie nah sie jeweils am Kern des Begriffs der Freiheit liegen.*

4 Verantwortung im Handeln

Verantwortung ist die moralische und/oder rechtliche Pflicht, für die Folgen eigener Handlungen (auch im Rahmen von Gemeinschaften) vor einer wertenden bzw. urteilenden Instanz Rechenschaft ablegen zu müssen. Sie setzt das Vermögen voraus, auf der Grundlage von Werten und Normen bewusste Entscheidungen treffen und selbstständig handeln zu können (Zurechenbarkeit).

Übersicht: Dimensionen der Verantwortung

Sprechblasen:
- "Ich werde ab sofort nicht mehr verantwortlich sein, wenn ich etwas Schlimmes tue, denn ich bin jung und beeinflußbar." — ???
- "Ich habe keine Wahl. Die Umstände und Erwartungen der Anderen zwingen mich förmlich. Mein Tun ist alternativlos." — "Dann stärke deine Wahrnehmungsfähigkeit."

Fragen der Verantwortung	Bezug auf ...	Konkretisierung
Wer?	Verantwortungsträger	Individuum/Gruppe (Unternehmen, Verband)
Wofür?	Handeln bzw. Handlungsfolgen	beabsichtigte/unbeabsichtigte Handlungsfolgen (aktives Handeln/Unterlassungen)
Wem gegenüber?	Adressat: derjenige, auf den sich das Handeln bzw. die Handlungsfolgen beziehen	Ich, Mitmensch, Tiere, Umwelt usw.
Vor wem?	Rechtfertigungs- bzw. Urteilsinstanz	moralische Instanz (Gewissen, soziale Gruppe, Gott usw.)/ rechtliche Instanz (Gericht)
Weshalb?	Werte: liefern Kriterien zur Bewertung des Handelns	moralische Werte (Gut/Böse, Respekt, Gerechtigkeit, Menschenrechte, usw.)/juristische Normen (gesetzliche Regelungen)
Wie weit?	Verantwortungsbereich	Zuständigkeit aufgrund der eigenen Stellung oder Funktion (ggf. auch Verantwortung für das Handeln untergeordneter Handlungsträger)

A
1. Setzen Sie sich mit der Position auseinander, dass ein Handeln, das sich nur auf die eigene Person richtet – und keine anderen Menschen berührt – keine soziale Dimension hat. Gehen Sie bei Ihrer Argumentation auf alle in der Übersicht stehenden Fragen der Verantwortung ein.

4.1 Was in der Welt geschieht, hängt auch von uns ab

Globalisierung ist mit der Erfahrung verbunden, dass Menschen und Staaten nicht isoliert voneinander leben. Sie leben vielmehr in „one world" oder in einem globalen Dorf („global village").

Jeder ist ein „Global Player"

Globalisierung ist seit Jahren eines der am häufigsten gebrauchten Schlagworte gesellschaftlicher Debatten. Im Kern und von seinem Ursprung her ist Globalisierung nichts anderes als ein Begriff für die weltweite Verflechtung der Kapital- und Finanzmärkte, die Auflösung nationalstaatlicher Volkswirtschaften und die weltweite Öffnung, Deregulierung* und Liberalisierung* der Waren- und Arbeitsmärkte. In der Folge ergeben sich aber daraus vielfältige, weit über das rein Wirtschaftliche hinausgehende Folgen für das Leben der Menschen, und zwar überall. Das bedeutet auch, dass individuelle und gesellschaftliche Entscheidungen zu Lebensart, Konsumverhalten oder Politik häufig zugleich eine Dimension globalisierter Verantwortung einschließen – und damit wird jeder Einzelne zum „Global Player".

Textilproduktion in Sri Lanka.

Globalisierung hat viele Seiten

Aspekte der Globalisierung	Statements
wirtschaftlich	Ich genieße es, übers Internet alle Dinge kaufen zu können, die es irgendwo auf der Welt gibt, außerdem entfällt das nervige Einkaufen in der Stadt. (Thomas, Arzt)
sozial	Natürlich ist mir klar, dass günstige Produkte meist in Billiglohnländern hergestellt werden, aber schließlich habe ich auch kein Geld zu verschenken. (Sandra, Verkäuferin)
politisch	Zum Glück kann es in der globalen Informationswelt kaum noch geheim bleiben, wenn Staaten ihre Bürger unterdrücken und Menschenrechte mit Füßen treten. (Johannes, Auszubildender)
kulturell	Ich weiß noch nicht, wie ich das finden soll, dass die Kids in Amerika, Europa oder sonst wo dieselben Marken tragen, dieselbe Musik hören und zu McDonalds gehen. (Georg, Außenhandelskaufmann)
ökologisch	Es ist doch die pure Katastrophe! Die Chemiegiganten flüchten vor europäischen Umweltstandards und vergiften jetzt einfach die Dritte Welt! (Sara, Schülerin)

1. Schreiben Sie zu den einzelnen Aspekten der Globalisierung und ausgehend von den beispielhaften – positiven oder negativen – Statements jeweils in präzisen Stichworten auf, was diese mit Blick auf eine Verantwortungsdimension zu tun haben. Berücksichtigen Sie dabei insbesondere die Träger (Individuum/Gemeinschaft) und Adressaten (wer ist wo und warum betroffen) der Verantwortung. [A]

Fairer Handel – verantwortlich konsumieren

Fairer Handel

Das Fairtrade-Siegel: Seit den 1960er-Jahren werden in Deutschland handwerkliche Produkte aus *fairem Handel* verkauft. Inzwischen gibt es über 800 *Weltläden*, die ausschließlich fair gehandelte Waren vertreiben, aber auch kommerzielle Supermärkte bieten sie zunehmend an. [...] Handelspartner sind Kooperativen und Betriebe in den Ländern Afrikas, Südamerikas und Südostasiens. Sie verpflichten sich dazu, *Mindestlöhne* nach geltendem Recht zu zahlen, *Gesundheits- und Sicherheitsstandards* einzuhalten, *Gewerkschaftsbildung* zuzulassen und *weder Kinder noch Zwangsarbeiter* zu beschäftigen. Im Gegenzug bekommen sie, unabhängig vom Weltmarktpreis, einen festen Preis garantiert, der die Produktionskosten deckt und darüber hinaus eine Sozialprämie zu Entwicklungszwecken enthält.

(Katrin Schüppel: Kann ich die Welt retten? Verlag an der Ruhr, Mülheim 2009, S. 31)

Saidan aus Pakistan

Die 50-jährige Saidan ist Mitbegründerin des Nähzentrums von Talon. Hier fertigt sie jeden Tag Fußbälle an. Als erfahrene Näherin braucht sie für einen Ball 1,5 Stunden und bekommt dafür umgerechnet 37 Cent. Das ist weniger als der Preis für ein Kilo Reis. Ihre neun Kinder könnte sie mit diesem Lohn kaum durchbringen. Glücklicherweise sind häufig Fußbälle mit dem Faitrade-Logo dabei. Diese näht Saidan am liebsten, denn dafür bekommt sie fast das Doppelte. Wegen der Zusammenarbeit mit dem fairen Handel können die Kinder der Näherinnen hier eine Vorschule besuchen, und alle haben freien Zugang zur Gesundheitsversorgung. Durch die fairen Fußbälle konnte es sich Saidan auch leisten, ihre Kinder länger zur Schule gehen zu lassen. Eine ihrer Töchter, Mukades, hat die Schule bald abgeschlossen. Auch sie möchte für den Fabrikanten Talon arbeiten, allerdings nicht als Fußballnäherin, sondern als Lehrerin in der Vorschule.

(Nach www.transfair.org)

1. Informieren Sie sich im Internet über den fairen Handel. Unter www.tranfair.org können Sie Informationen über die Transfair-Gesellschaft abrufen.
2. Diskutieren Sie darüber, welche Entwicklungschancen sich für alle am fairen Handel Beteiligten ergeben könnten.
3. Obwohl ein Drittel der Deutschen fairen Handel gut finden, kaufen nur 5,4% regelmäßig Fairtrade-Produkte. Worin sehen Sie die Ursachen für diese Zurückhaltung? Was könnte getan werden, um den fairen Handel anzukurbeln?

Tourismus: Die sonnige Seite der Globalisierung?

Bedingt durch den wirtschaftlichen und sozialen Fortschritt und Wohlstand der westlichen Länder, den Anstieg und die Verbilligung des Flugverkehrs, den Zuwachs an verfügbarer Freizeit usw. ist die touristische Reisetätigkeit in den letzten Jahrzehnten rasant gestiegen. Das Phänomen des Massentourismus ist entstanden. Reisen an die entferntesten Orte unserer Erde ist für vergleichsweise viele Menschen des Westens erschwinglich geworden. Was sind die Folgen?

Tourismusfolgen am Urlaubsort

Vorteile	Nachteile
› Schaffung von Arbeitsplätzen an Touristenzielen	› Zurückdrängung lokaler Kulturen und Traditionen
› Erhaltung von Attraktionen Schutz bedrohter Natur- und Kulturgüter	› Abhängigkeit der Wirtschaft vom Tourismus (touristische „Monokultur") – Schädigung der natürlichen Umwelt durch Baumaßnahmen für Touristen („Bettenburgen", Skipisten)
› Geldfluss in arme Länder und dortige Hebung des Wohlstands	› Luftverschmutzung durch Emissionen des Reiseverkehrs, v. a. Flugverkehr, Autos
› Ausbau der Infrastruktur	› hohe Müllmengen an Urlaubsorten
› gegenseitiges Kennenlernen von Menschen verschiedener Kulturen	› hoher Ressourcenverbrauch in ressourcenknappen Urlaubsländern (Wasser für Hotelpools, Energieverbrauch etc.)

Urlaubsorte als Touristenkulisse

Der Tourismus ist [...] Teil der ökonomischen Globalisierung, die in vielen Teilen der Welt zu einer „Verwestlichung" führt. Touristen reisen in als solche beworbene und wahrgenommene „exotische (Urlaubs-)Paradiese" und tragen gerade dadurch mit dazu bei, dass die kulturellen Eigenheiten dieser Länder zurückgedrängt werden. Das „Fremde" wird den Wünschen der Gäste und den Vorgaben der Reiseveranstalter angepasst und damit letztlich zur Kulisse. Letztlich entsteht so ein Teufelskreis. Denn die Touristen wiederum spüren, dass die traditionelle Gastfreundschaft der Einheimischen vielerorts pragmatischem Geschäftssinn gewichen ist, beklagen sich über „Touristenfallen", den Verlust der Ursprünglichkeit der Region und fühlen sich schlimmstenfalls „gemolken". Das wiederum führt zu einem weiteren Verlust des oftmals ohnehin schon gering ausgeprägten Respekts gegenüber den Einheimischen und ihren Belangen.

(www.wikipedia.de, Zugriff: 17.10.2006)

1. Beurteilen Sie angesichts der aufgeführten Vor- und Nachteile die Annahme, die Tourismuswirtschaft könne am ehesten Ökonomie und Ökologie vereinen, da der Tourismus wie kein anderer Zweig von einer intakten Natur profitiere.
2. Beschreiben Sie Ihre Erwartungshaltungen an einen guten Urlaub. Welche Reiseziele würden Sie warum bevorzugen?

Unrecht weltweit nicht dulden

Neben den Chancen, die allein schon das Konsumverhalten bietet, sich mittelbar verantwortlich zu zeigen in Bezug auf Lebens- und Arbeitsbedingungen von Menschen, die auf vielfältige Weise wirtschaftlich mit uns verbunden sind, existieren auch Möglichkeiten, aktiv und unmittelbar gegen die Unterdrückung und Misshandlung von Menschen und für deren Menschenrechte* tätig zu werden – für den Einzelnen wie für demokratische Staaten.

Amnesty International* – Die Macht der vielen Einzelnen

Q Simbabwe. Die Menschenrechtlerin Jestina Mukoko hat sich in einem Brief bei Amnesty International bedankt. Die Leiterin des „Zimbabwe Peace Project" (ZPP) war im Dezember 2008 festgenommen und von den simbabwischen Behörden illegal in Haft gehalten und gefoltert worden. Nach drei Monaten Haft ließ man sie im März 2009 auf Kaution und unter Auflagen frei. Amnesty International hatte sich intensiv um ihre Freilassung bemüht. Im Oktober 2009 schrieb sie an ai:

„Zu wissen, dass es Menschen gibt, die uns in unserem Kampf unterstützen, hat uns Trost und Kraft gegeben. Ich bin wieder frei. Vielen Dank, dass Sie uns beigestanden und an uns geglaubt haben. Wir werden unseren Kampf für die Achtung der Menschenrechte in Simbabwe weiterführen."

(http://www.amnesty-detmold.de/html/reaktionen_erfolge.html; Zugriff: 8.11.2010)

Aktivisten von Amnesty International fordern anlässlich des Internationalen Tages der Menschenrechte die Freilassung des chinesischen Friedensnobelpreisträgers Liu Xiaobos sowie von politischen Gefangenen und Verfolgten in anderen Ländern.

Q Können einzelne Menschen wirklich etwas bewirken? Und ob! Amnesty ist die Plattform für viele einzelne Menschen, die gemeinsam Druck aufbauen – weltweit. Denn öffentlicher Druck ist das wirksamste Mittel, um Menschenrechte zu schützen. Oft zählt jede Minute und jede Stimme.
Appelle und Briefe zeigen den Verantwortlichen von Menschenrechtsverletzungen, dass ihre Taten gesehen und nicht hingenommen werden. Oftmals können wir so erreichen, dass Gefangene freigelassen, Todesurteile umgewandelt, Drohungen eingestellt, Folter und Misshandlung gestoppt oder unfaire Gerichtsverfahren wieder aufgerollt werden. Rund 40 Prozent unserer Eilaktionen sind erfolgreich. Mit Lobbyarbeit* arbeiten wir unter anderem daran, dass Menschenrechte Eingang in internationale Abkommen finden.

(http://www.amnesty.de/was-wir-erreichen; Zugriff: 8.11.2010)

A 1. Stellen Sie in einem Kurzreferat die Ziele, die Motivation und die Art der Aktionen von Amnesty International dar. Recherchieren Sie auch Beispielfälle für verschiedene Aktionen, mit denen Amnesty erfolgreich war.

Verbrechen global verfolgen

Das Grauen war zum Greifen nah. Mit jedem Satz von Chefankläger Luis Moreno-Ocampo vor dem Internationalen Strafgerichtshof (IStGH) schien es zu wachsen. „Eben noch hat ein Mädchen eine Waffe gegen Unschuldige gerichtet, jetzt muss es seinen Kommandeuren als Sexsklavin zu Willen sein." Fast zwei Stunden dauert Moreno-Ocampos Begründung der Anklage gegen einen der gefürchtetsten Milizenchefs des Kongos: Thomas Lubanga soll die Verantwortung dafür tragen, dass im Ituri-Konflikt im Nordosten des Kongo Hunderte Jungen und Mädchen mit unvorstellbarer Brutalität als Soldaten missbraucht und immer wieder vergewaltigt wurden.

Regungslos, scheinbar völlig gefühllos hört der Angeklagte am Montag im ersten Prozess des „Weltstrafgerichts" überhaupt den Vorwürfen von Kriegsverbrechen gegen Kinder in mehreren Fällen zu. [...] Über Satellitenanlagen ist der erste Prozesstag vor dem IStGH eigens in die Demokratische Republik Kongo und zahlreiche andere Länder Afrikas sowie Südamerikas und Asiens übertragen worden. „Von größter Bedeutung ist das für die Menschen im Osten Kongos", sagt ein Sprecher der Organisation Human Rights Watch. „Sie müssen erleben, dass ihnen hier in Den Haag auch wirklich Gerechtigkeit widerfährt." [...]

„Jede Hema-Familie musste Lubanga mindestens ein Kind zur Verfügung stellen", sagt der Staatsanwalt. Wenn Kinder ihren Milizkommandeuren nicht widerspruchslos gehorchten, seien sie zu Tode geprügelt worden – „von anderen Kindern und vor den Augen aller Lagerinsassen". Unter ständigen Todesdrohungen seien Mädchen und Jungen unter 15 Jahren – viele seien nicht einmal zwölf gewesen – in die Dörfer des Lendu-Volkes getrieben worden, wo sie plündern, brandschatzen und morden mussten. Doch am schlimmsten hätten die Mädchen gelitten. Sie seien nicht nur gezwungen worden, andere Kinder sowie Frauen und Greise zu töten. Sie hätten nach dem Morden für die Kommandeure erst kochen müssen und dann seien sie vergewaltigt worden, oft von mehreren Männern zugleich.

(Wer sich weigerte, wurde zu Tode geprügelt: www.welt.de, 26.1.2009; Zugriff: 19.6.2009)

Der Internationale Strafgerichtshof (IStGH):
Fakten

Sitz:	Den Haag
Rechtsgrundlage:	internationaler Vertrag („Rom-Statut", 1998), dem Staaten freiwillig beitreten
Charakter:	ständiges internationales Strafgericht; eigenständiges, unabhängiges völkerrechtliches Organ
Zuständigkeit:	Völkermord, Verbrechen gegen die Menschlichkeit, Kriegsverbrechen
Anklagen:	nur gegen Personen (keine Staaten)
Prozesseröffnung:	wenn der zuständige Staat „nicht willens oder unfähig ist", Ermittlungen oder Strafverfolgung durchzuführen

---

1. *Informieren Sie sich im Römischen Statut, aus welchen Werten und Normen der IStGH seine Rechtsgrundlage und Verantwortung herleitet (inbes. Präambel, Teil 1 und 2; dt. Fassung z.B. bei: http://www.auswaertiges-amt.de/diplo/de/Aussenpolitik/InternatRecht/IStGH/Hintergrund.html).*
2. *Informieren Sie sich über abgeschlossene und aktuell laufende Verfahren vor dem Internationalen Gerichtshof und halten Sie zu je einem Verfahren ein kurzes Referat.*

4.2 Wie wir miteinander leben wollen

Jeder Mensch lebt – es sei denn, er wäre ganz allein auf einer Insel – in einer Gesellschaft und steht daher zwangsläufig mit anderen Menschen in Beziehungen. Er befindet sich innerhalb einer Ordnung, die für ein friedliches Miteinander, das jedem Einzelnen ein größtmögliches Maß an Freiheit zur eigenen Entfaltung bietet, einen Kernbestand an gemeinsamen Werten* benötigt. Aus diesen wiederum leiten sich die Regeln für den Umgang miteinander ab, und zwar in moralischer wie rechtlicher Hinsicht.

Gleiche Werte* für alle?

Die Tatsache, dass innerhalb von Gesellschaften und sozialen Gruppen verschiedene – sozial und kulturell bedingte – moralische Wertmaßstäbe existieren, wirft die Frage nach ihrer Geltung auf. Ist jedes Verhalten gleichermaßen berechtigt?

Das bisschen Krawall

Q *Pressekonferenz der Organisatoren der „revolutionären" 1. Mai-Demonstration 2002 in einer Kreuzberger Kneipe*

Als ein Journalist fragt, was die drei davon halten, dass ein Supermarkt am Oranienplatz geplündert wurde, herrscht für einen Moment Schweigen. Dann macht Schlosser klar, dass Gewalt nicht sein Mittel sei, er aber solche „Umverteilungsaktionen nicht verurteilen will". Lecorte ergänzt, dass er lange in Kreuzberg lebe und verstehen könne, dass die Leute hier „eine ziemliche Wut auf die Polizei" hätten. Die Gewalt würde ihnen „von dieser Gesellschaft aufgezwungen". Auch er sei „oft genug" von der Polizei verprügelt worden.

„Da war keine Polizei auf dem Oranienplatz", sagt ein Journalist, der in der Nacht dabei war. Wieder herrscht Schweigen. Dann spricht Schlosser: Angesichts des „rot-grünen Kriegseinsatzes", angesichts der „rot-roten Sparpolitik" und angesichts von „Erfurt" sei die Plünderung des Supermarkts „das kleinere Verbrechen". [...] Vielleicht sollte Schlosser noch den Zweiten Weltkrieg erwähnen, der war auch irgendwie schlimmer als die Plünderung des Supermarkts. Und den Holocaust, aber das wäre natürlich ein geschmackloser Vergleich. Obwohl dann endgültig klar wäre, wie harmlos das alles ist, was am 1. Mai so passiert in Berlin. Außer vielleicht für die 101 Polizisten, die verletzt wurden, und den Betreiber des Supermarkts und ein paar Leute, deren Autos in Flammen aufgegangen sind.

(Dirk Kurbjuweit: Sehr viel Spaß. In: Der Spiegel, 6.5.2002, S.148)

A 1. Was halten Sie von der Argumentation der Organisatoren? Diskutieren Sie über den Zusammenhang zwischen den Zielen der „Demonstration", den eingesetzten Mitteln und der Richtung der Gewalt.

Gelten für manche andere Regeln?
In dem Roman „Raskolnikow" (auch bekannt als „Schuld und Sühne") von F. M. Dostojewskij ermordet der arme Student Raskolnikow eine alte Pfandleiherin. Gegenüber dem Untersuchungsrichter, der ihn verdächtigt, lässt er sich zur Erläuterung seiner Theorie verleiten.

Meine Ansicht ist also folgende: Wenn die Entdeckungen Keplers und Newtons infolge irgendwelcher Umstände den Menschen schlechterdings nicht anders hätten bekannt werden können als dadurch, dass das Leben von einem, von zehn, von hundert usw. Menschen zum Opfer gebracht wurde, die der Veröffentlichung dieser Entdeckungen störend oder hindernd im Wege standen, so hätte Newton das Recht oder sogar die Pflicht gehabt, [...] diese zehn oder hundert Menschen zu beseitigen, um seine Entdeckungen der ganzen Menschheit bekannt zu machen. [...] Ferner entwickelte ich den [...] Gedanken, dass alle [...] nun sagen wir zum Beispiel alle Gesetzgeber und Führer der Menschheit, von den ältesten angefangen, und dann weiter Lykurg, Solon, Mohammed, Napoleon und so fort – dass diese alle, ohne Ausnahme, Verbrecher waren, schon allein deswegen, weil sie durch die neuen Gesetze, die sie gaben, die alten [...] von der Gesellschaft für heilig erachteten Gesetze verletzten und natürlich auch vor Blutvergießen nicht zurückschraken, wenn allein dieses Blutvergießen (und es handelte sich dabei oft um ganz unschuldiges Blut, das heldenmäßig bei der Verteidigung der alten Gesetze vergossen wurde) ihnen zur Durchführung ihrer Absichten helfen konnte. Es ist sogar bemerkenswert, dass die allermeisten dieser Wohltäter und Führer der Menschheit skrupellos Ströme von Menschenblut vergossen haben. Kurz, ich kam zu dem Ergebnis, dass nicht nur die eigentlich großen Männer, sondern auch diejenigen, die nur einigermaßen fähig sind, neue Bahnen einzuschlagen, das heißt, die nur einigermaßen imstande sind, etwas Neues zu sagen, dass diese alle zufolge ihrer Natur Verbrecher sein müssen – selbstverständlich mehr oder weniger. Sonst würde es ihnen schwer werden, aus den alten Bahnen herauszukommen; und andererseits, in alten Bahnen zu verharren, damit können sie sich nicht bescheiden, wiederum zufolge ihrer Natur, und meiner Ansicht nach dürfen sie sich sogar nicht einmal damit bescheiden. Kurz, Sie sehen, dass bis dahin in meinen Ausführungen nichts besonders Neues liegt. Das alles ist schon tausendmal gedruckt und gelesen worden. Was meine Einteilung der Menschheit in gewöhnliche und außergewöhnliche Menschen anlangt, so gebe ich zu, dass sie einigermaßen willkürlich ist; aber ich stelle ja auch keine bestimmten Zahlen auf. Wert lege ich nur auf meinen Hauptgedanken, und dessen Inhalt ist eben der, dass die Menschen nach einem Naturgesetze sich tatsächlich in zwei Klassen scheiden: in eine niedrige, die den gewöhnlichen Menschen, das heißt sozusagen das Material, das lediglich zur Fortpflanzung der Menschheit dient, und in eigentliche Menschen, das heißt solche, die die Gabe oder das Talent besitzen, in ihrem Wirkungskreise ein neues Wort auszusprechen. [...] Die einen ersten erhalten die Welt und vermehren sie numerisch; die anderen bewegen die Welt und führen sie zum Ziele.

(F.M. Dostojewskij: Raskolnikow. Aufbau, Berlin 1963, S. 364-366)

Raskolnikow (li.) und Marmeladow, Michail Petrowitsch Klodt, 1874.

1. Lässt es sich rechtfertigen, dass „außergewöhnliche" Menschen zur Verwirklichung „höherer" Ziele den Tod anderer Menschen in Kauf nehmen? Gehen sie zur Beantwortung der Frage im Gegensatz zu einer bloßen Meinung („aus dem Bauch heraus") nach dem Muster ethischer Urteilsfindung (siehe S. 201) vor. Schreiben Sie die einzelnen Schritte untereinander auf ein Blatt und beantworten Sie daneben die gestellten Fragen für die Theorie Raskolnikows.

Gemeinsame Werte

Die auf der ganzen Welt anerkannte und allseits bekannte goldene Regel* „Was du nicht willst, das man dir tut, das füg' auch keinem andern zu" bezieht sich auf die grundlegende Form, wie Menschen miteinander umgehen sollen. Darüber hinaus existieren jedoch auch Gemeinsamkeiten, was konkret als moralisch „richtig" und „gut" gilt.

Gut und Böse sind nicht relativ

Q Was spricht für die Annahme, dass die Worte „gut" und „böse", „gut" und „schlecht" nicht nur eine absolute, sondern auch eine allgemein-gültige Bedeutung haben? Diese Frage ist falsch gestellt. Es handelt sich nämlich gar nicht um eine Vermutung oder Annahme, es handelt sich um eine Gewissheit, die wir alle besitzen, solange wir nicht ausdrücklich darüber zu reflektieren beginnen. Wenn wir hören, dass Eltern ein kleines Kind, weil es versehentlich ins Bett gemacht hat, grausam misshandeln, dann urteilen wir nicht, diese Handlung sei eben für die Eltern befriedigend, also „gut", für das Kind dagegen „schlecht" gewesen, sondern wir missbilligen ganz einfach das Handeln der Eltern, weil wir es in einem absoluten Sinne schlecht finden, wenn Eltern etwas tun, was für ein Kind schlecht ist. Und wenn wir von einer Kultur hören, wo dies der Brauch ist, dann urteilen wir, diese Gesellschaft hat eben einen schlechten Brauch. Und wo ein Mensch sich verhält, wie der polnische Pater Maximilian Kolbe, der sich freiwillig für den Tod im Hungerbunker von Auschwitz meldete, um einen Familienvater im Austausch zu retten, da finden wir nicht, dass das eben für den Vater gut und für den Pater schlecht gewesen, absolut gesehen aber gleichgültig sei, sondern wir sehen einen Mann wie diesen als jemanden an, der die Ehre des Menschengeschlechts gerettet hat, die von seinen Mördern geschunden wurde. Und diese Bewunderung wird zwanglos überall Platz greifen, wo die Geschichte erzählt wird, bei australischen Pygmäen so gut wie bei uns.

(Robert Spaemann: Moralische Grundbegriffe. C.H.Beck, München 1994, S. 14–16)

A 1. Suchen Sie weitere Beispiele für (alltägliche) Tugenden, die überall als vorbildlich gelten. Nehmen Sie das Foto als Ausgangspunkt Ihrer Überlegungen.

Sokrates: Drei Regeln für Moralphilosophen

Q Der antike griechische Philosoph Sokrates* (469–399 v.Chr.) stellte drei Regeln auf, die für die Auseinandersetzung mit moralischen Problemen noch heute grundlegend sind.
1. Nicht Gefühle, sondern Argumente sollen uns bei der Frage nach „gut" und „böse" leiten.
2. Bei der Beantwortung moralischer Fragen kann und soll man sich nicht auf das berufen, was andere darüber denken – sie können sich irren.
3. Nur die Frage, was moralisch „richtig" oder „falsch" ist, soll einen Moralphilosophen interessieren, nicht aber, was mit uns passiert, wenn wir uns so oder anders verhalten.

(Nach Michael Wittschier: Abenteuer Philosophie. Ein Schnellkurs für Einsteiger. Piper, München 2002, S.121)

A 2. Fassen Sie mit eigenen Worten zusammen, was Sokrates mit diesen Regeln gemeint haben könnte. Stellen Sie dann die jeweils entgegengesetzte Regel auf – was würde dabei herauskommen?

Philosophische* Hilfestellungen

„Was soll ich tun" – das ist die Grundfrage nach dem richtigen und verantwortlichen Verhalten, vor der jeder Einzelne ständig steht. Nur ist es nicht so einfach, diese zu beantworten, insbesondere in Situationen, in denen sich dabei scheinbar gleichermaßen richtige Werte gegenüberstehen. In der Philosophie finden sich dafür verschiedene Lösungsansätze.

Nutzen oder Pflicht?

Zur Orientierung für moralische Entscheidungen konkurrieren in der Ethik zwei Grundansätze: Der Utilitarismus (engl.: utility = Nützlichkeit) besagt, dass man sich an den zu erwartenden Folgen einer Handlung orientieren solle (daher auch *teleologische*, d.h. zielgerichtete Ethik). Damit ist dasjenige gut, was im Ergebnis für das Gemeinwohl bzw. die meisten Menschen nützlich ist.

Demgegenüber gründet die *deontologische* Ethik auf dem Kategorischen Imperativ Immanuel Kants* (1724–1804), der besagt, dass eine Handlung unbedingt – unabhängig von ihren konkreten Folgen – um ihrer selbst willen als Pflicht (griech.: deon = Pflicht) geschehen soll. Maßstab dessen ist das Prinzip, dass die angewandte Regel gleichzeitig als ein allgemeines Gesetz gewünscht werden kann:

> **Kategorischer Imperativ: Handle nur nach derjenigen Maxime, durch die du zugleich wollen kannst, dass sie ein allgemeines Gesetz werde.**

Entscheidungsfindung nach Kant („deontologischer" Ansatz)

Struktur der Entscheidungsfindung	Beispiel
1. Einzelfall	Ein Schüler steht vor einer wichtigen schriftlichen Prüfung, deren Erfolg ohne den Einsatz eines Spickzettels (oder ähnlich unerlaubter Tricks) wahrscheinlich ernsthaft gefährdet wäre.
2. Persönlicher Grundsatz („Maxime")	Ich schummle ein bisschen, damit ich die Prüfung bestehe.
3. „Prüfstein" Kategorischer Imperativ, d.h. Verallgemeinerungsfähigkeit	Der Schüler müsste allen anderen Menschen das gleiche Recht zugestehen. Dann aber muss sein Handlungsgrundsatz auch für den Flugkapitän gelten, der durch Betrug sein Patent erwirbt oder den Supermarktbetreiber, der verdorbenes Fleisch umetikettiert und als frisches verkauft. Kann er das wirklich wollen?

1. Tragen Sie Beispielsituationen zusammen, in denen das bekannte Wort: „Wenn das nun alle so machen würden!?" geäußert wurde – oder zumindest hätte geäußert werden können. [A]
2. Diskutieren Sie über diesen Ausspruch sowie über die übliche Antwort dessen, der sich angegriffen fühlt: „Es machen aber nicht alle!"

Verantwortung oder Gesinnung?

Von dem deutschen Soziologen Max Weber (1864–1920) stammt die Gegenüberstellung von Verantwortungs- und Gesinnungsethik.

Arzt, Politiker, Pazifist

Verantwortungsethisch handelt ein Arzt, der dem Patienten die Unwahrheit über seinen Gesundheitszustand sagt, weil er fürchtet, er werde die Wahrheit nicht vertragen; und verantwortungsethisch handelt der Politiker, der das Kriegspotential, ja die Bereitschaft, notfalls Krieg zu führen, stärkt, um dadurch eine Abschreckungswirkung zu erzielen und die Kriegswahrscheinlichkeit zu verringern.

Gesinnungsethisch dagegen handelt der Pazifist*, der unter keinen Umständen bereit ist, zu töten, sogar dann nicht, wenn die Ausbreitung des Pazifismus auf einer Seite die Kriegsgefahr erhöht. Er argumentiert, dass es keinen Krieg gäbe, wenn alle Pazifisten wären, und dass schließlich einmal einige damit anfangen müssten. Auf das Argument, dass der Pazifismus gar nicht allgemein wird, sondern dass er gerade dazu ausreicht, die eigene Position zu schwächen, dass ein potentieller Gegner herausgefordert wird, antwortet er, dass das nicht seine Schuld sei; wenn schon getötet wird, dann wolle er wenigstens daran unbeteiligt sein."

(Robert Spaemann: Moralische Grundbegriffe. C.H. Beck, München, 1994, S. 63f.)

1. Verständigen Sie sich darüber, ob und aus welchem Grund ein auf die Folgen zielendes Handeln, wie es für den Arzt oder Politiker beschrieben wird, legitim wäre. Wäre es hier besser, entsprechend des Kategorischen Imperativs zu handeln – also die Verallgemeinerungsfähigkeit über den Nutzen zu stellen?
2. Diskutieren Sie gemeinsam aus gesinnungs- und verantwortungsethischer Perspektive den Protest der Atomkraftgegner und den Polizeieinsatz für den sicheren Transport.

Proteste beim Castor-Transport in das Zwischenlager Gorleben.

Lügen, um zu retten
Gloria: „Wie wäre es eigentlich, wenn jemand ein moralisches Verbot übertritt, aber nicht um sich selbst einen Vorteil zu verschaffen, sondern um einem anderen zu helfen?"
„Komische Frage", sagte Manuel.
„Gar nicht komisch, sondern wirklich passiert. [...] Ich erinnere mich noch, dass meine Mutter gerade vor dem Haus stand, als ein Jugendlicher in Panik die Straße heruntergelaufen kam. Sie erfasste gleich die Situation, und noch ehe der Verfolger um die Ecke bog, hatte sie den Jungen in unser Haus bugsiert. Als der Verfolger in der Höhe unseres Hauses war, ein jähzorniger Bursche mit einem Messer in der Hand, da zeigte sie in die Richtung der nächsten Einfahrt gegenüber, und als er weg war, konnte der verängstigte Junge herauskommen und in der entgegengesetzten Richtung verschwinden. Das war zwar Rettung in letzter Sekunde, aber eigentlich hat doch meine Mutter dabei gelogen, was sie normalerweise nie tun würde."
„Trotzdem glaube ich, dass deine Mutter das Richtige getan hat", fand Camilla. „Ich denke, in dieser Lage hatte sie die Pflicht, dem Jungen zu helfen."
„Das sehe ich genauso", sagte Manuel. „Ich finde, es ist immer ein guter Grund zu lügen, wenn man dadurch Leben retten kann."
„Ich meine es so", sagte Manuel. „Wenn zwei Gebote sich widersprechen wie hier das Gebot nicht zu lügen und das Gebot Hilfe zu leisten, hätten wir uns zu fragen: wie müsste die Super-Regel aussehen, die über diesen *beiden* Geboten in *diesem* Fall zu gelten hätte? Also: was möchte ich und was möchte jeder von uns, das in so einem Fall, wenn jemand verfolgt wird und man ihn durch eine Lüge retten kann, im Allgemeinen gelten soll? Soll man dann lügen und ihn retten, oder soll man die Wahrheit sagen und ihn seinen Verfolgern ausliefern? Ist es nicht klar, dass wir alle dafür wären (immer angenommen, dass wir nicht die Verfolger sind), dass die Super-Regel lauten muss: in Fällen dieser Art hat das Gebot zu helfen den Vorrang? Der Verfolger in diesem Fall natürlich nicht, aber auch der müsste sich fragen, was er dann wollen würde, wenn er der Verfolgte wäre oder wenn er unbeteiligt ist."
„Du bist ja genial, Manuel", sagte Camilla. „Wenn du Recht hast, so würde daraus folgen, dass wir, wenn sich auf diese Weise zwei Regeln widersprechen, denselben Trick anwenden wie sonst bei der goldenen Regel. Wir müssten uns nur fragen, was wir als allgemeine Regel wollen."
(Ernst Tugendhat/Celso López/Ana María Vicuna: Wie sollen wir handeln? Schülergespräche über Moral. Reclam, Stuttgart 2000, S. 110–112)

Ist Lügen hier erlaubt?

››› Jan ist HIV positiv. Endlich fand er ein Mädchen, mit dem er gern zusammenbleiben möchte. Muss er ihr von seiner Infektion erzählen?

››› Der Arzt hat bei seinem Patienten eine unheilbare Krankheit festgestellt. Der Patient fragt nach seinen Heilungschancen.

››› In einem Vorstellungsgespräch wird Nadine danach gefragt, ob sie beabsichtigt, sich einmal Kinder anzuschaffen.

1. Schreiben Sie so genau wie möglich eine Situation auf, in der eine Lüge Ihrer Meinung nach gerechtfertigt sein könnte und beurteilen Sie die Fälle daraufhin.
2. Diskutieren Sie anschließend gemeinsam über Ihre Beispiele und klären Sie, welcher Wert jeweils über dem der Wahrheit stünde und vor allem warum.

Das Gute erkennen, das Richtige tun?

Jeder, der sich nicht blind darauf verlässt, was Autoritäten oder Traditionen als verbindliche Handlungsnorm vorgeben, muss sich selbst über die Gründe seines Handelns bewusst werden – nicht zuletzt auch deshalb, um diese gegenüber anderen zu vertreten und zu rechtfertigen. Ständig befinden wir uns in Situationen, bei deren Beurteilung wir ein ziemlich deutliches Empfinden dessen haben, was richtig ist (unabhängig von möglichen rechtlichen Aspekten). Ob wir aber auch in diesem Sinne handeln, ist weder ein Automatismus noch selbstverständlich.

A 1. Tragen Sie gemeinsam Situationen zusammen, in denen das Verhalten bestimmter Menschen zum Vorbild für andere wurde. Haben Sie sich selbst schon einmal daran orientiert, wie andere auch mit Ihnen umgegangen sind?

Alltagssituationen

Sie möchten sich ein neues Fahrrad kaufen und vorher ihr altes, das noch weitgehend in Ordnung ist, in einem Second-Hand-Shop zu einem möglichst guten Preis verkaufen. Dem Ankäufer fällt dabei nicht auf, dass die Schaltung bereits nicht mehr richtig funktioniert. Machen Sie ihn darauf aufmerksam?

An der Kasse im Supermarkt erhalten Sie Ihr Wechselgeld. Als sie es, schon auf der Straße, in Ihr Portemonnaie legen wollen, bemerken Sie, dass Ihnen 10 € zu viel herausgegeben wurde. Wie verhalten Sie sich?

Sie benötigen ein bestimmtes Computerprogramm. Ein Freund hätte nichts dagegen, wenn Sie von seinem Programm eine Kopie anfertigen würden. Ihnen bliebe damit eine teure Ausgabe erspart. Würden Sie dieses Angebot annehmen?

Im Park fällt Ihnen ein sehr verwahrlost und verschmutzt aussehender Mann auf. Diesem ist es offensichtlich übel, doch er ist nicht in der Lage sich selbst zu helfen. Der Ort ist belebt, andere Passanten schauen nur kurz und gehen vorbei. Bleiben Sie stehen und fragen den Mann, ob und wie Sie ihm helfen können?

A 2. Was würden Sie in den einzelnen Fällen als moralisch „richtiges" Verhalten empfinden und warum?
   3. Hand aufs Herz: Würden Sie in den angeführten Situationen auch dementsprechend handeln? Gäbe es Gründe für Ihr gegebenenfalls abweichendes Verhalten?

4.3 Wissen, was man tut – verantwortlich sein

Vieles, was ein Mensch tut oder unterlässt kann Folgen für andere haben, ihnen helfen oder schaden, gut oder böse sein.
Die Frage der Verantwortung führt indirekt auch zur Frage der Schuld: Wofür ist der Einzelne verantwortlich – und auf welche Weise soll oder muss er sich dafür vor wem rechtfertigen?

Moralische und rechtliche Verantwortung

Es ist zwischen moralischer und rechtlicher Verantwortung zu unterscheiden. Rechtliche Verantwortlichkeit ist durch Gesetzgebung geregelt, d.h., jemand, der seiner Verantwortung nicht nachkommt, kann bestraft werden. Eine moralische Verantwortung als solche begründet ihre Verbindlichkeit dagegen allein aus moralischen Werten* und Normen, ihre Verletzung ist juristisch nicht zu erzwingen.

Der Mord an einem Beschützer
Der Familienvater Dominik Brunner wurde beim Versuch, Kinder zu schützen, brutal ermordet. Der Täter Sch. wurde wegen Mordes zu neun Jahren und zehn Monaten Jugendhaft verurteilt, L. kam dagegen mit einer Verurteilung wegen Körperverletzung mit Todesfolge zu sieben Jahren Jugendhaft davon.

Verängstigt wirken die beiden, als sie im Münchner Landgericht zur Anklagebank geführt werden. Markus Sch. und Sebastian L. heute 19 und 18 Jahre alt – sind aber keine Jungs mehr. [...] An diesem ersten Prozesstag wird über einen Mord verhandelt, der die Republik erschütterte.
Die beiden so unscheinbar wirkenden Heranwachsenden haben am 12. September 2009 an der S-Bahn-Station München-Solln den 50-jährigen Dominik Brunner mit kaum vorstellbarer Brutalität getötet. Sie haben ihn totgeschlagen und totgetrampelt, weil er sich in den Weg gestellt hat, als sie vier Kindern im Alter von 13 bis 15 Jahren 15 Euro rauben wollten.
Die trockene, leiernde Art, in der Staatsanwältin Verena Käbisch die Anklage verliest, steht im Gegensatz zu ihrem schockierenden Inhalt. Brunner war mit den Kindern gemeinsam aus der S-Bahn ausgestiegen, um sie zu beschützen.
Da nahm Sch. laut Anklage einen Schlüsselbund in die Hand und ließ einen Schlüssel zwischen den Fingern herausschauen. Er habe „seine Schlagkraft erhöhen" und Brunner schwere Verletzungen im Gesicht zufügen wollen. Als dieser schon auf dem Boden lag, „traten die beiden Angeklagten vielfach mit äußerster Wucht auf den Kopf und den Oberkörper" ein. Sie beschimpften ihn als „Dreckschwein", „Sau" und „Bastard".
Die Attacke dauerte nur eine Minute. Zwei Stunden später erlag Brunner [...] im Krankenhaus seinen Verletzungen.

(Roland Losch: Blackout am Bahnsteig. http://www.ftd.de/politik/deutschland/:sollner-s-bahn-mord-blackout-am-bahnsteig/50143720.html; Zugriff: 13.7.2010)

1. Diskutieren Sie diesen Fall mithilfe der Kategorien rechtlicher und moralischer Verantwortung.
2. Was könnten die Motive Brunners gewesen sein, hier zu handeln?
3. Informieren Sie sich, was unter dem Rechtstatbestand „unterlassene Hilfeleistung" zu verstehen ist.

Zivilcourage zeigen

Der Ruf nach Zivilcourage ist eine Rückbesinnung auf eine Tugend, die für das zwischenmenschliche Zusammenleben unverzichtbar ist. Als „fortitudo" (Mut) ist sie von der Antike an eine der vier „Kardinaltugenden", ein Pfeiler im Vierergespann, das außerdem „Klugheit" (Situationserfassung und -beurteilung), „Gerechtigkeit" und „Maß" umfasst.

Das verstehen Jugendliche unter Zivilcourage

Q

1. sich für andere einsetzen, auch wenn es einfacher wäre wegzusehen und wegzulaufen

2. bereit sein, auch Nachteile in Kauf zu nehmen

3. sich nicht einschüchtern lassen

4. jemandem, der oder die in Not ist, helfen

5. eine Meinung sagen, auch wenn fast alle in der Gruppe anders denken

6. dem anderen zeigen, dass man stärker ist

7. Hilfe holen, Anzeige erstatten, Täter beschreiben

8. nur auf die eigene Körperkraft vertrauen

9. handeln statt nachdenken

Plakat links: Gestern morgen wurde in der Innenstadt ein Mädchen von sieben Männern misshandelt. Sechs davon haben dabei einfach weitergelesen. WER NICHTS TUT, MACHT MIT.

Plakat rechts: Hinter dieser Plakatwand wurde letzte Woche ein älterer Herr von sechs Leuten überfallen. Fünf davon standen auf dieser Seite. WER NICHTS TUT, MACHT MIT.

(Wolfgang Redwanz: Schritte gegen Gewalt. In: BpB (Hg.): Informationen zur politischen Bildung 269, Bonn 2000, S. 7)

A
1. Drei der Aussagen von 1 bis 9 kann man als falsch bezeichnen. Welche sind das? Welche drei Aussagen halten Sie für besonders wichtig?
2. Begründen Sie, warum Mut, als eine Kardinaltugend, nur im Verbund mit den anderen Kardinaltugenden zur Anwendung kommen kann.
3. Erarbeiten Sie eine möglichst knappe Begriffsbestimmung von Zivilcourage. Nutzen Sie hierfür die Hinweise zur Begriffsanalyse auf S. 99. Vergleichen Sie Ihre Begriffsbestimmung mit bereits vorliegenden zur Zivilcourage.
4. Informieren Sie sich unter www.aktion-tu-was.de oder über anderes Info-Material, welche wichtigen Regeln die Polizei zur Zivilcourage aufgestellt hat.

Ü
5. Stellen Sie in Ihrer Klasse eine Situation nach, in der ein Mitschüler von zwei anderen angegriffen und misshandelt wird. Leisten Sie Hilfe, indem Sie die Regeln der Zivilcourage berücksichtigen. Diskutieren Sie über die Anwendungsmöglichkeiten dieser Regeln.

Zweifellos handelt man als Individuum verantwortlich, wenn man sich einmischt, wenn Schwächere attackiert werden (siehe auch S. 113 und 114). Doch steht auch der nachfolgende Fall für verantwortliches Handeln? Darf man, um illegale Handlungen anderer aufzudecken selbst illegal handeln?

Robin Hood mit Sonnenbrille

Der Anrufer agierte so konspirativ wie ein Profi aus dem Geheimdienstmilieu. Den Spezialisten des Finanzamtes für Steuerfahndung und Steuerstrafsachen zu Münster hatte der Anonymus vor etlichen Monaten am Telefon eine CD mit den Kontodaten deutscher Kunden der Schweizer Privatbank Julius Bär offeriert. Treffen mit Ermittlern lehnte er strikt ab. Auch lieferte seine E-Mail-Adresse keinen Hinweis auf seine Identität. Nach einigen erfolgreichen Probelieferungen bewilligte das Land NRW etwa 1,4 Millionen Euro für den Erwerb von 200 Dateien mutmaßlicher Steuerhinterzieher. Im Juli leitete die Staatsanwaltschaft Münster ein Ermittlungsverfahren ein.

Zwölf Münsteraner Steuerfahnder arbeiten derzeit an der Aufarbeitung des Bär-Komplexes. Die Entstehungsgeschichte des Falles ist so ungewöhnlich wie der Verbleib des Geldes: Der geheimnisvolle Unbekannte wollte keinen Cent für sich. Die Behörden, so seine Vorgabe, sollten die Summe an eine amerikanische Hilfsorganisation überweisen, die sich um die Opfer des Erdbebens in Haiti kümmert. Die US-Organisation aber transferierte das Geld ohne Angabe von Gründen zurück. Die 1,4 Millionen Euro wurden dann an eine andere Haiti-Organisation überwiesen; diesmal mit Sitz in Europa und die behielt es auch. Diese gute Nachricht war die letzte Mitteilung der Behörden an den Informanten. [...]

In der Debatte über die Moral von Politikern und Ministerialen, die Geld für solch heiße Ware zahlen, und über die Gier der Steuerhinterzieher und ihrer Helfer fällt der Münsteraner Fall doch aus dem Rahmen. Niemand kann ernsthaft behaupten, dieser Lieferant habe nur ein Geschäft machen wollen und werde am Ende für illegale Handlungen vom Staat belohnt.

(Hans Leyendecker: Robin Hood mit Sonnenbrille. http://sueddeutsche.de/geld/steuer-cd-datenklau-robin-hood-mit-sonnenbrille-1.1014637; Zugriff: 23.10.2010)

1. Diskutieren Sie die aufgeworfene letzte Frage im Klassenforum und versuchen Sie dazu eine einheitliche Position zu formulieren. Lesen Sie danach „Robin Hood mit Sonnenbrille".
2. Analysieren Sie umfassend die rechtlichen und moralischen Aspekte dieses Falles und notieren Sie sich diese in zwei Spalten auf einem Blatt. Bilden Sie sich eine möglichst klare Meinung zum Handeln des Anonymus!
3. Diskutieren Sie in der Klasse diesen Fall zwischen den beiden Polen Recht und Moral.
4. Inwiefern ist dieser Fall von Zivilcourage mit den Fällen und Hinweisen von S. 113 und 114 vergleichbar?

Einstehen für Geschehenes und Kommendes

Menschen tragen für die Folgen ihrer Handlungen und gegebenenfalls auch für ihr Nicht-Handeln (Unterlassung) Verantwortung. Diese bezieht sich auf die Vergangenheit oder ist in die Zukunft gerichtet: Man spricht dabei von retrospektiver (vergangenheitsbezogener) und prospektiver (zukunftsbezogener) Verantwortung.

	retrospektive Verantwortung	prospektive Verantwortung
Gegenstand	Verantwortlichkeit einer Person für vergangene Handlungen bzw. deren Folgen	Verpflichtungen einer Person für ein bestimmtes Tätigkeitsgebiet (z. B. innerhalb einer bestimmten Funktion)
Voraussetzung	Tun oder Unterlassen einer Person war ursächlich für die Folgen (Zurechenbarkeit)	Pflicht und Zuständigkeit einer Person für die Wahrnehmung bestimmter Aufgaben
Form der Übernahme der Verantwortung	Schuld für etwas Vergangenes	Sorge um die Herstellung bestimmter Zustände bzw. um die Verhinderung von Missständen

Verurteilung wegen Skiunfalls

Q Zwei Monate nach seinem Skiunfall in Österreich ist Thüringens Ministerpräsident Dieter Althaus [...] wegen fahrlässiger Tötung zu einer Geldstrafe von 33.000 Euro verurteilt worden. Althaus [...] muss außerdem 5.000 Euro Schmerzensgeld an den Ehemann der 41-jährigen Beata Christandl zahlen, die bei dem Unfall am Neujahrstag getötet worden war.
Althaus reagierte am Abend auf das Urteil: „Ich stehe zu meiner Verantwortung, die sich aus der Rekonstruktion des Unfallhergangs ergibt, auch wenn ich mich an den Skiunfall am Neujahrstag nicht erinnern kann."[...]
Laut Gutachten ist Althaus an einer Kreuzung zweier Pisten ein Stück bergauf gefahren und so mit der ihm entgegenkommenden Beata Christandl zusammengestoßen. Die Staatsanwaltschaft ging deshalb von einem Bruch der für die Pisten geltenden Verhaltensregeln des internationalen Skiverbandes FIS aus. Diese schreiben [...] vor, sich „beim beabsichtigten Einfahren in eine Skiabfahrt und Hangaufwärtsfahren nach oben und unten zu vergewissern, dass dies ohne Gefahr für sich und andere möglich ist". Althaus habe [...] nicht sorgfältig genug auf mögliche Gefahren geachtet.

(Trotz Verurteilung: CDU Thüringen stützt Althaus. (http://www.stern.de/politik/deutschland/trotz-verurteilung-cdu-thueringen-stuetzt-althaus-656598.html; Zugriff: 15.11.2010)

A 1. Beantworten Sie die Frage, in welchem Zusammenhang prospektive und retrospektive Verantwortung stehen.
2. Beschreiben Sie den Fall Althaus mithilfe der Begriffe retrospektiver und prospektiver Verantwortung sowie unbeabsichtigter Folgen.
3. Legen Sie aus Ihrer Sicht das „Anforderungsprofil" für die prospektive Verantwortung einer bestimmten sozialen Rolle an, z. B. Gastwirt, Börsenmanager, Arzt, Eltern usw.

Wer ist schuldig?

Träger der Verantwortung sind grundsätzlich Einzelne oder Gemeinschaften, z.B. Unternehmen, Verbände, Kirchen oder Staaten. Konflikte entstehen insbesondere dann, wenn sich die Frage der konkreten Übernahme der Verantwortung stellt. Kann ein Einzelner, der im Einklang mit den Normen seiner Gruppe – und nur auf „Anweisung", also „unfrei" handelt, schuldig werden – und vor wem? Wo liegen die Grenzen der Verantwortung für den Einzelnen? Ist kollektive Verantwortung nur abgeschobene Verantwortungslosigkeit?

Fernsehspiel mit dem Tod

Der französische Filmemacher Christophe Nick [...] warb für seinen Versuch Freiwillige mit einem Casting an. Den Leuten wurde mitgeteilt, sie sollten an der Pilotsendung für eine neue Fernsehshow namens La Zone Extrême mitwirken. Dabei müsse sich ein Kandidat Begriffe merken und wiedergeben. Bei Fehlern werde er mit Stromschlägen von 20 bis zu 460 Volt bestraft. Nick und sein Wissenschaftlerteam hatten keine Probleme, 80 Freiwillige zu finden und in die vermeintliche Show zu schicken.

Eine schrille Studiobühne, eine hübsche Moderatorin, ein johlendes Publikum – das Übliche scheinbar. Die Testpersonen mussten sich an ein Pult mit Stromhebeln setzen. Neben ihnen wurde der Kandidat auf einem elektrischen Stuhl festgeschnallt und unter einer Metallglocke verborgen. Die Probanden konnten ihn nicht sehen, aber hören. Sobald er eine Frage falsch beantwortete, befahl die Moderatorin, ihm einen Stromschlag zu versetzen. Anfangs stöhnte der Kandidat noch und rief: „Das tut wirklich weh." Später schrie er vor Schmerzen und flehte, das Ganze abzubrechen. Doch die Moderatorin feuerte, unterstützt vom Publikum, die Testperson an: „Lassen Sie sich nicht beeindrucken! Sie müssen bis zum Ende gehen!" Bei 380 Volt war von dem Kandidaten nichts mehr zu hören. Dennoch schickten ihm vier Fünftel der Testpersonen einen Schlag von 460 Volt hinterher. [...] Dabei wussten sie nicht, dass der Stromschlag fingiert und der vermeintliche Kandidat ein Schauspieler war.

Der staatliche Sender France 2 wollte das schauerliche Experiment am Mittwochabend als Dokumentarfilm mit dem Titel Spiel des Todes ausstrahlen. Ein Sprecher erklärte dazu: „Dies (die Testpersonen) sind weder Sadisten noch Feiglinge, sondern ganz normale Leute. 80 Prozent von ihnen haben sich wie mögliche Folterknechte verhalten. Das zeigt die furchterregende Macht, die das Fernsehen erlangt hat."

(S. Ulrich: Fernsehspiel mit dem Tod. http://sueddeutsche.de/medien/quiz-mit-stromschlaegen-fernsehspiel-mit-dem-tod-1.23053; Zugriff: 15.11.2010)

1. Setzen Sie sich mit der Frage auseinander, warum die Kandidaten so gehandelt haben. Sind Menschen in Ausnahmesituationen (siehe auch S. 184) zu allem fähig?
2. Wären Sie selbst gehorsam/ungehorsam gewesen – und warum? Wovon hätte es abgehangen, dass Sie das „Experiment" bis zum Ende zu führen?

Verantwortung im Handeln

Fallbeispiele
› In einem Chemiebetrieb erhalten Sie nach einem Betriebsunfall die Weisung, eine erhebliche Menge einer giftigen Chemikalie stillschweigend im Abwasser zu „entsorgen".
› Nach langer Arbeitslosigkeit erhalten Sie endlich die Chance auf einen Job in einem Unternehmen – allerdings werden hier Waffen produziert und auch in Krisenregionen exportiert.
› Sie sind Innenminister und veranlassen die Festnahme eines Terroristen, bei der dieser wegen Fehlern beim Polizeieinsatz zu Tode kommt. Die Opposition drängt Sie zum Rücktritt.

A 1. Wie würden Sie sich verhalten - und was wären die sozialen und individuellen Folgen? Diskutieren Sie die Fälle.

Killerspiele
Insbesondere nach Amokläufen von Schülern wird in der Öffentlichkeit regelmäßig diskutiert, welche Rolle dabei als Auslöser oder Modell Killerspiele („Ego-Shooter") spielen. Es geht bei alledem auch um die Verantwortung der Spielhersteller, ihre moralische Schuld und eventuell ein gesetzliches Verbot solcher Spiele.

Q Die differenzierte Alterseinstufung der USK in Deutschland sorgt dafür, dass Inhalte wie Bilder von verstümmelten Kriegs- und Bombenopfern, die in den Mittagsnachrichten an der Tagesordnung sind, Kindern und Jugendlichen in Spielen nicht zugänglich gemacht werden. Die Tatsache, dass entsprechend eingestufte Spiele mit Gewaltszenen dennoch in Kinderhände geraten, liegt nicht an einer mangelhaften Arbeit der USK, sondern vielmehr an der ungenügenden Kontrolle durch die Erziehungsberechtigten. [...]
Ein weiteres Problem [...] besteht darin, dass das undefinierte Schlagwort „Killerspiele" medial propagiert wird, ohne darüber nachzudenken. Dabei hat die interaktive Unterhaltung ihre Wurzeln durchaus in Spieleklassikern: „Räuber und Gendarm"- oder „Cowboy und Indianer"-Spiele enthalten die Grundideen eines Rollenspiels, und Schach ist der Urvater aller Strategiespiele. Die Entwicklung von Computerspielen gleicht der Inszenierung eines Theaterstücks oder dem Dreh eines Films und ist eine interaktive Visualisierung von z. B. Grimms Märchen oder Tolkiens Büchern. [...]
Die Durchsetzung eines Verbots von Spielen mit kriegerischem oder kämpferischem Inhalt ist illusorisch und kontraproduktiv. Es würde zum Abdriften in eine unkontrollierbare Kriminalität und damit zu einer gesteigerten Straffälligkeit bei Kindern und Jugendlichen führen.
(ZUXXEZ Entertainment AG: Offener Brief an die Innenministerkonferenz. Statement der ZUXXEZ Entertainment AG zum Thema „Verbot von Killerspielen", Karlsruhe, 10.03.2006)

A 2. Analysieren Sie die Argumentation des Spieleherstellers mit Blick auf die zukunftsgerichtete, die rechtliche und moralische Verantwortung, die Träger von Verantwortung sowie die Frage nach der Verantwortung eines Unternehmens für seine Produkte.
Beziehen Sie auch die Aussagen zu Computerspielen auf den Seiten 30f., 77 und 206 mit ein.

Lebensstandard ... und seine Folgen

Wir Menschen verbrauchen zurzeit mehr natürliche Ressourcen, als die Natur regenerieren kann. Zwischen Nutzen und Verbrauchen verläuft eine unsichtbare Linie. Das Ausmaß der Erfüllung unserer materiellen Wünsche entscheidet darüber, ob die Lebensgrundlagen für uns und unsere Kinder künftig noch vorhanden sein werden.

Virtuelles Wasser

Unser Wasserverbrauch setzt sich nicht nur zusammen aus Händewaschen, Duschen oder Toilettenbenutzung, sondern auch uns unsichtbaren Wassermengen, die zur Herstellung von Produkten benötigt werden. Um diesen zu erfassen, gibt es den Begriff „virtuelles Wasser".

1. Halten Sie zu drei ausgewählten Produkten ein Kurzreferat zum Thema indirekter Wasserverbrauch und globale Folgen. Benutzen Sie dabei die Seite http://www.virtuelles-wasser.de/produktgalerie.html. Gehen Sie besonders auf Ihre Möglichkeiten ein, Verantwortung als Konsument wahrzunehmen und den versteckten Wasserverbrauch zu reduzieren.

Spaß statt Verzicht – der neue grüne Lifestyle

Christoph Bagusche ist kein Öko-Freak. Er besitzt zwei Autos, Biogemüse kauft er nie. Doch Bagusche fährt und fliegt klimaneutral. Steht ein Kurztrip nach Portugal an, surft der Diplomingenieur auf die Seiten des Web-Emissionshändlers* Greenmiles, berechnet die CO_2-Bilanz seiner Reise und zahlt: 25 Euro pro Tonne CO_2. Greenmiles steckt das Geld in Klimaschutzprojekte und gleicht so Bagusches Schadstoffkonto wieder aus. Der freut sich, dass er reinen Gewissens Auto fahren und fliegen darf.
Der Klimawandel ist in den Köpfen angekommen: Energiesparlampen, Bio-Steaks, Elektroautos und T-Shirts aus „Organic Cotton" zeugen davon. Die meisten Lohas, wie Trendforscher die grünen Konsumenten in Anlehnung an ihren „Lifestyle of Health and Sustainability" nennen, sind älter als 30 Jahre, gebildet und vermögend. Im Gegensatz zu den Alt-Ökos der 80er-Jahre wollen sie nicht zurück zur Natur. Ihr Credo lautet: „Lebe klimaneutral, konsumiere, und habe Spaß!" [...]
Volker Gaßner von der Umweltorganisation Greenpeace* glaubt nur bedingt an die Formel vom Klimawandel durch Konsum. „Natürlich kann ich durch gezielte Produktauswahl das Klima schonen", gesteht er zu. „Wer aber ein 15-Liter-Auto kauft, sein Gewissen durch den Kauf von Verschmutzungsrechten reinwäscht und ansonsten weiterlebt wie bisher, trägt nichts zum Umweltschutz bei", denn Treibhausgase dürften erst gar nicht entstehen.

(Nach Monika Holthoff-Stenger: Grün ist lecker. www.focus.de; Zugriff: 31.03.2008)

1. Das Werbemotto eines „grünen" Konsumportals lautet „Kauf dir eine bessere Welt". Erläutern Sie, worin Sie die Vor-, Nachteile, Chancen und Grenzen dieses Ansatzes sehen.
2. Diskutieren Sie darüber, wie wirklichkeitsnah diese Ansätze für Sie bzw. ihre Familie sind. Von welchen Voraussetzungen hängt das jeweils ab?

4.4. Das Gewissen: meine innere Stimme

Unser Leben verlangt täglich Entscheidungen. Welche aber sind moralisch richtig? Zum Glück müssen wir dafür nicht jedes Mal ein Buch über Gut und Böse lesen. Wir müssen nur in uns hineinhorchen. Auf die Stimme des Gewissens hören. Sie sagt uns zumeist, was wir tun und lassen sollen. Handeln wir ihr gemäß, fühlen wir uns gut. Handeln wir ihr zuwider, fühlen wir uns oft schlecht – haben wir Gewissensbisse. Aber woher stammt diese Stimme? Und ist ihr Urteil immer richtig? Oder lässt sich unser Gewissen vielleicht sogar trainieren?

Vom Gewissen geleitet

Unser Gewissen ähnelt einem elektronischen Navigationssystem im Auto. Es gibt unserem Handeln in schwierigen Situation die Richtung vor und meldet sich, wenn wir „vom rechten Weg" abgekommen sind. Aber wie das Navigationssystem im Auto nützt auch das Gewissen wenig, wenn man es nicht beachtet oder seine Anweisungen nicht versteht. Und wie das Navigationssystem im Auto muss man auch das Gewissen ständig „updaten" – also mit neuen Erkenntnissen über sich selbst und über die Welt versorgen.

Wenn sich das Gewissen meldet
Beispiele

A 1. Welche Rolle könnte in den dargestellten Situationen das Gewissen spielen? Stellen Sie Vermutungen an und nennen Sie weitere – auch persönliche – Situationen, in denen sich das Gewissen meldet.

Drei Momente der Gewissensprüfung

Zeitpunkt:	Frage:	Gewissensaufgabe:
vor der Handlung	Wie soll ich handeln?	auffordern oder warnen
während der Handlung	Handle ich wirklich richtig?	bestätigen oder verunsichern
nach der Handlung	Habe ich richtig gehandelt?	beruhigen oder quälen

A 2. Erläutern Sie das Schema. Beschreiben Sie damit erneut die obigen Beispiele. Wann und wie könnte sich die Stimme des Gewissens hier jeweils gemeldet haben?

Schlechtes Gewissen – gutes Gewissen
Gewissen

Ich bin immer hinter dir, jeden Tag von früh bis spät
Ich bin in deiner Nähe, ganz egal, wohin du gehst
Ich bin das schlechte Gefühl, das du hin und wieder kriegst
Und das du ohne Schwierigkeit einfach zur Seite schiebst.
An deinem letzten Tag hol' ich dich ein – nehm' dich fest in meinen Griff
Dann kommst du nicht mehr an mir vorbei – ich zeig' dir dein wahres Ich
Den tausend Lügen von dir wirst du dich stell'n – All den Tricks und Spielerein
Ich bin dein Gewissen, ich lass' dich nicht mehr allein.

(Die Toten Hosen: Kauf Mich. Jkp (East West Records) 2001)

1. Wie ist das schlechte Gewissen hier beschrieben? Fassen Sie die wichtigsten Aussagen zusammen.
2. Von was für einem Menschen ist die Rede? Schreiben Sie eine Charakterisierung und überlegen Sie, inwieweit Sie sich selbst darin wiedererkennen.

Baron vergisst ein Vermögen

Das gute Gewissen meldet sich nicht so oft wie das schlechte Gewissen. Vielleicht liegt das daran, dass wir in der Regel moralisch richtig handeln. Ein gutes, reines Gewissen haben wir, wenn wir uns nichts vorzuwerfen haben – egal, ob wir es merken oder nicht. Aber auch das gute Gewissen kann sich melden. Wie im folgenden Fall: Da findet ein Mann ein herrenloses Portemonnaie mit Geld im Wert von mehreren tausend Euro.

Der [Mann] riskierte einen Blick hinein. „Und für einen ganz kurzen Moment habe ich an die neue Computeranlage gedacht, die ich mir schon länger kaufen will", gibt der Finder im Nachhinein zu. Ein Anruf bei der Ehefrau half, der Versuchung zu widerstehen: „Wie erwartet, forderte sie mich auf, das Portemonnaie abzugeben."
Der 48-Jährige telefonierte […] mit der Polizeistation […], und von da an wurde alles gut. Der Beamte in der Wache erklärte hoch erfreut am Telefon, dass er gerade eine Diebstahlsanzeige tippe. Vermisst werde ein Portemonnaie, Anzeigeerstatter sei ein Baron aus dem Belgischen, der auf Besuch in Hannover weile. […] Der Finder und der Belgier trafen sich auf der Wache, das Portemonnaie wurde übergeben […] und alle fühlen sich jetzt prächtig: die Polizei, die die Diebstahlsanzeige vom Tisch hat, der Baron, der sein Eigentum wieder hat, und der Finder, der nach eigener Aussage ein richtig gutes Gewissen hat: „Das war meine gute Tat für dieses Jahr."

(Hannoversche Allgemeine Zeitung, 22.11.2000)

3. Warum hat sich das gute Gewissen in diesem Fall gemeldet, während es sonst oft still bleibt? Diskutieren Sie. Nennen Sie weitere Beispiele, in denen sich das gute Gewissen meldet.
4. Diskutieren Sie über die zwei folgenden Sprichwörter. Stimmen Sie ihren Aussagen völlig zu? Oder würden Sie gewisse Einschränkungen machen?

„Man entgeht wohl der Strafe, aber nicht dem schlechten Gewissen."

„Ein gutes Gewissen ist ein sanftes Ruhekissen."

Wenn das Gewissen versagt

Wenn alle Menschen ein Gewissen haben, bleibt die Frage: Warum handeln Menschen oft so, dass wir denken: „Das kann ihnen ihr Gewissen doch unmöglich geraten haben?".
Haben Sie vielleicht nicht richtig hingehört? Oder kann sich das Gewissen vielleicht auch irren? Und wie ließe sich dann solchen Irrtümern vorbeugen?

„Gewissenlose" Diebe

Gewissenlose Diebe haben für Obdachlose gespendete Winterjacken und Lebensmittel aus einem Lager der Hamburger Tafel gestohlen. Fast alle Wintersachen, die für die mittellosen Menschen gedacht waren, sind entwendet worden. [...] Dass jemand eine Einrichtung plündert, die sich um bedürftige Menschen kümmert, macht die Gründerin der Hamburger Tafel wütend. „Wir arbeiten hier alle ehrenamtlich", sagt [sie]. „So eine Tat macht einen dann nicht nur traurig. Ich bin auch entsetzt."

(Die Welt, 22.12.2009)

> *Gewissenlosigkeit ...*
> ... ist nicht Mangel des Gewissens, sondern Hang, sich an dessen Urteil nicht zu kehren.
> *(Immanuel Kant: Metaphysik der Sitten)*

1. In dem Zeitungsartikel wird den Dieben Gewissenlosigkeit vorgeworfen. Erläutern Sie, was damit gemeint ist. Berücksichtigen Sie dabei Kants Auffassung von Gewissenlosigkeit! Teilen Sie seine Auffassung? Begründen Sie Ihre Ansicht.

Menschen ohne jedes Gewissen?

Osteuropäische Juden werden durch das NS-Regime in Konzentrationslager abtransportiert

2. Das Foto zeigt den Abtransport jüdischer Männer und Frauen in ein Konzentrationslager, in welchem die meisten von ihnen ermordet werden. Vorn im Bild sehen Sie Wehrmachtsangehörige, die das Geschehen verfolgen und überwachen. Richten Sie ein fiktives Schreiben an einen der Männer in Uniform, in dem Sie ihn nach seinem Gewissen fragen – nach allem, was Ihnen unbegreiflich ist.

Das fehlbare Gewissen

Das Gewissen hat nicht immer recht. So wenig wie unsere fünf Sinne uns immer richtig führen und so wenig uns unsere Vernunft vor jedem Irrtum bewahrt, so wenig das Gewissen. Das Gewissen ist das Organ des Guten und des Bösen im Menschen, aber es ist kein Orakel. Es zeigt uns die Richtung, es veranlasst uns, die Perspektive unseres Egoismus zu überschreiten und auf das Allgemeine, das an sich Richtige zu sehen. Aber um dieses in den Blick zu bekommen, dazu bedarf es der Überlegung, der Sachkenntnis, auch der, wenn ich sagen darf, der moralischen Sachkenntnis. Das heißt: einer richtigen Auffassung der Wertrangordnung*, die nicht durch Ideologien* verzerrt ist.

(Robert Spaemann: Moralische Grundbegriffe. C. H. Beck, München 1991, S.81/82.)

1. Teilen Sie die Ansicht des Philosophen Robert Spaemann, dass sich das Gewissen manchmal irrt? Begründen Sie Ihre Meinung.
2. Beurteilen Sie folgenden Satz: „Der Stimme des Gewissens zu folgen, ist immer richtig. Selbst wenn man dadurch nicht immer das Richtige tut.". Angenommen, dieser Satz stimmt: Weshalb ergibt sich daraus eine besondere Verpflichtung, sein Gewissen zu schärfen? Diskutieren Sie.
3. Im Grundgesetz der Bundesrepublik Deutschland ist die Gewissensfreiheit als Grundrecht verbürgt. Bedeutet das, dass der Einzelne bei einem Fehlverhalten, wenn er sich auf sein Gewissen beruft, nichts befürchten muss?

Die Schärfung des Gewissens: Ein Trainingsplan

Wenn Menschen trotz vorhandenem Gewissen etwas Unrechtes tun, kann das zweierlei Ursachen haben: Entweder schenken sie dem Gewissen keine Beachtung. Oder das Gewissen rät ihnen Falsches. Dagegen sollte man etwas tun. Denn wer dem Gewissen keine Beachtung schenkt, wird irgendwann von ihm gequält. Und wem es oft Falsches rät, der quält womöglich andere. Also sollte man versuchen, das Gewissen zu „trainieren".

Finde heraus:	Was will ich wirklich?	Wie sind die Dinge wirklich?
	= Selbstkenntnis	= Sachkenntnis
Dazu braucht es:	Aufmerksamkeit (Tipp: vor dem Einschlafen)	Anstrengung (Tipp: regelmäßige Lektüre einer guten Zeitung)
Verzichte auf:	das Erstbeste, faule Ausreden	Ist-mir-doch-egal-Haltung

(Nach Fernando Savater: Tu, was du willst. Beltz, Weinheim und Basel 2001, S.80ff.)

4. Erläutern Sie den Sinn der einzelnen Trainingsaspekte anhand von Beispielen. Berücksichtigen Sie dabei die zwei unterschiedlichen Ziele (Gewissensurteile stärker beachten, Gewissensurteile verbessern).
5. Glauben Sie, dass ein solches Training funktionieren kann? Begründen Sie Ihre Ansicht und machen Sie gegebenenfalls Vorschläge zur Änderung oder Ergänzung des Trainingsplans.

Das Gewissen näher beleuchtet

Menschen haben ein Gewissen und sollten darauf hören – darüber herrscht weitgehend Einigkeit. Aber was ist das Gewissen eigentlich? Wessen Stimme hören wir da? Woher weiß das Gewissen, was es sagt? Auf diese Fragen gibt es sehr verschiedene Antworten.

Modelle des Gewissens

Stimme Gottes

In vielen Religionen wird die Stimme des Gewissens als Stimme Gottes verstanden – oder als Äußerung seiner Gebote. Diese Vorstellung gibt es auch im Christentum.

> Im Innern seines Gewissens entdeckt der Mensch ein Gesetz, das er nicht selbst gibt, sondern dem er gehorchen muss und dessen Stimme ihn immer zur Liebe und zum Tun des Guten und zur Unterlassung des Bösen anruft und, wo nötig, in den Ohren des Herzens tönt: Tu dies, meide jenes. Denn der Mensch hat ein Gesetz, das von Gott seinem Herzen eingeschrieben ist. […] Das Gewissen ist die verborgenste Mitte und das Heiligtum im Menschen, wo er allein ist mit Gott, dessen Stimme in diesem seinem Innersten zu hören ist.
>
> (Zweites Vatikanisches Ökumenisches Konzil, Pastoralkonstitution über die Kirche in der Welt von heute. Rex, Luzern/München 1966, Textziffern 16–17.)

1. Geben Sie das christliche Verständnis vom Gewissen in eigenen Worten wieder.
2. Könnte es dieses Verständnis gläubigen Menschen leichter machen, auf ihr Gewissen zu hören? Diskutieren Sie.

Die Stimme der Vernunft

Der Philosoph Immanuel Kant* (1742–1804) hält die Stimme des Gewissen nicht für eine göttliche, sondern für die Stimme der menschlichen Vernunft.

> Auf mein Gewissen zu hören bedeutet zu prüfen, ob mein Handeln gut oder schlecht ist. Ich prüfe, ob ich mit meinem Handeln gegen Regeln verstoße, die vernünftigerweise für alle gelten. Diese Prüfung ähnelt dem Verfahren vor Gericht – mit vier Beteiligten: dem Angeklagten, dem Ankläger, dem Verteidiger und dem Richter. Mein Gewissen arbeitet wie ein innerer Gerichtshof, wo ich zugleich jede dieser Personen bin: der Angeklagte, dessen Handlung beurteilt wird, wie auch der Richter, der das Urteil fällt. Ich versuche zudem, Gründe für oder gegen meine Handlung zu finden – übernehme also auch die Rollen des Anklägers und Verteidigers. Die Stimme des Richters aber, der die Gründe meines Handelns prüft und ein vernünftiges Urteil fällt, ist die Stimme des Gewissens.
>
> (Nach Immanuel Kant: Metaphysik der Sitten. In: Werke. Bd. 6, Akademie, Berlin 1969, S. 400ff.)

3. Geben Sie Kants Verständnis vom Gewissen in eigenen Worten wieder und finden Sie erläuternde Beispiele.
4. Was bedeutet dieses Modell für Menschen mit unterentwickelter Vernunft, z. B. für Kleinkinder? Diskutieren Sie.
5. Verdeutlichen Sie die Idee vom inneren Gerichtshof durch ein szenisches Spiel: Konstruieren Sie zunächst einen Gewissenskonflikt mit Pro- und Kontra-Argumenten; verteilen Sie dann die Rollen des Angeklagten, Anklägers, Verteidigers und Richters und führen Sie dann die Verhandlung durch. Am Ende fällt der Richter ein begründetes Urteil.

Stimme der Eltern und Lehrer

Der Philosoph Friedrich Nietzsche* (1844–1900) betrachtet das Gewissen nicht als Stimme Gottes, aber auch nicht als inneren Gerichtshof, in welchem ein Richter nach Prüfung ein Urteil fällt. Für Nietzsche ist das Gewissen lediglich ein Andenken an bestimmte frühe Erfahrungen.

> Der Inhalt unseres Gewissens ist alles, was in den Jahren der Kindheit von uns ohne Grund gefordert wurde, durch Personen, die wir verehrten oder fürchteten. [...] Der Glaube an Autoritäten ist die Quelle des Gewissens: es ist also nicht die Stimme Gottes in der Brust des Menschen, sondern die Stimme einiger Menschen im Menschen.
>
> (Friedrich Nietzsche: Menschliches, Allzumenschliches. In: Werke. Bd.1. Ullstein, München 1969)

1. Geben Sie Nietzsches Erklärung des Gewissens mit eigenen Worten wieder und finden Sie Beispiele. Erscheint sie Ihnen plausibel? Begründen Sie Ihre Ansicht.
2. Wäre es schlimm, wenn Nietzsche recht hätte? Diskutieren Sie.

Vom autoritären zum autonomen Gewissen

Der amerikanische Psychologe Lawrence Kohlberg nimmt an, dass sich das moralische Urteil im Laufe eines Lebens entwickelt und dabei idealtypisch sechs Stufen durchläuft – von einer autoritären Moral zu einer autonomen, d.h. selbständig begründeten Moral. Denkbar wäre, dass auch das Gewissen eine entsprechende Entwicklung vollzieht:

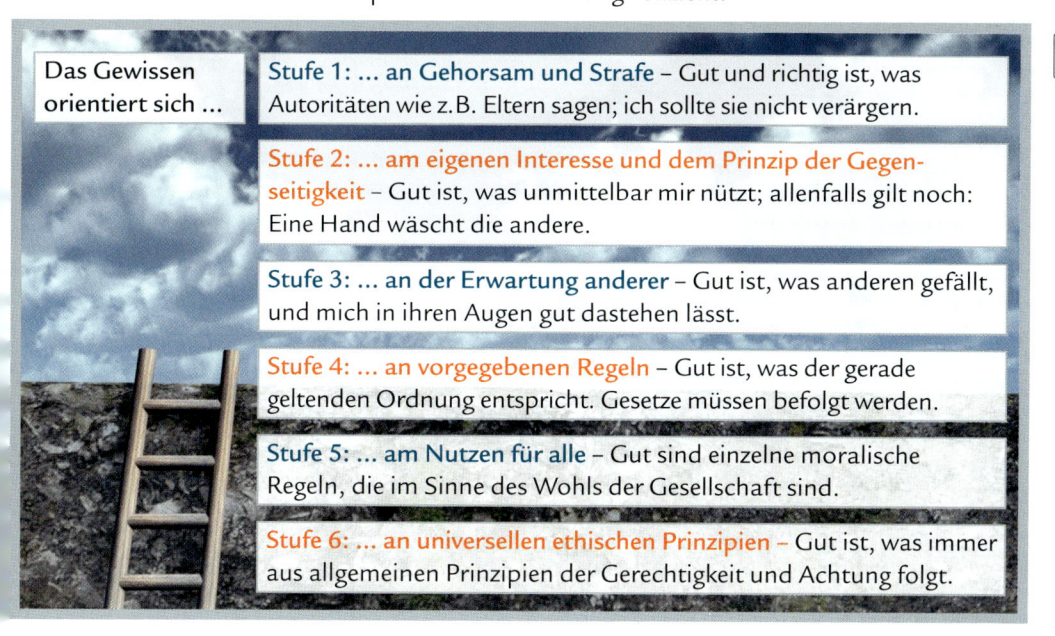

Das Gewissen orientiert sich ...	
Stufe 1: ... an Gehorsam und Strafe – Gut und richtig ist, was Autoritäten wie z.B. Eltern sagen; ich sollte sie nicht verärgern.	
Stufe 2: ... am eigenen Interesse und dem Prinzip der Gegenseitigkeit – Gut ist, was unmittelbar mir nützt; allenfalls gilt noch: Eine Hand wäscht die andere.	
Stufe 3: ... an der Erwartung anderer – Gut ist, was anderen gefällt, und mich in ihren Augen gut dastehen lässt.	
Stufe 4: ... an vorgegebenen Regeln – Gut ist, was der gerade geltenden Ordnung entspricht. Gesetze müssen befolgt werden.	
Stufe 5: ... am Nutzen für alle – Gut sind einzelne moralische Regeln, die im Sinne des Wohls der Gesellschaft sind.	
Stufe 6: ... an universellen ethischen Prinzipien – Gut ist, was immer aus allgemeinen Prinzipien der Gerechtigkeit und Achtung folgt.	

(Nach Lawrence Kohlberg: Das moralische Urteil: Der kognitionszentrierte entwicklungspsychologische Ansatz. In: Steiner, G. (Hg.): Die Psychologie des 20. Jahrhunderts. Band VII, Kindler, Zürich 1978.)

3. Erläutern Sie das Stufenmodell am Beispiel illegalen Downloadens von Musik. Inwiefern lässt es sich als Verbindung der Ideen von Kant und Nietzsche betrachten?
4. Welches aller vorgestellten Modelle des Gewissens erscheint Ihnen am plausibelsten? Berücksichtigen Sie bei Ihrer Diskussion auch die Frage: Mit welchem Modell lässt sich die Idee eines fehlbaren und trainierbaren Gewissens am besten vereinbaren?

Gewissenskonflikte

Auch ein gut trainiertes Gewissen hilft einem nicht immer weiter. Manchmal scheint das Gewissen zwei Handlungen zu empfehlen, von denen wir aber nur eine wählen können. Oder wir sollen zwei Handlungen ablehnen, von denen wir aber eine wählen müssen. Dann steckt man in einem Gewissenskonflikt.

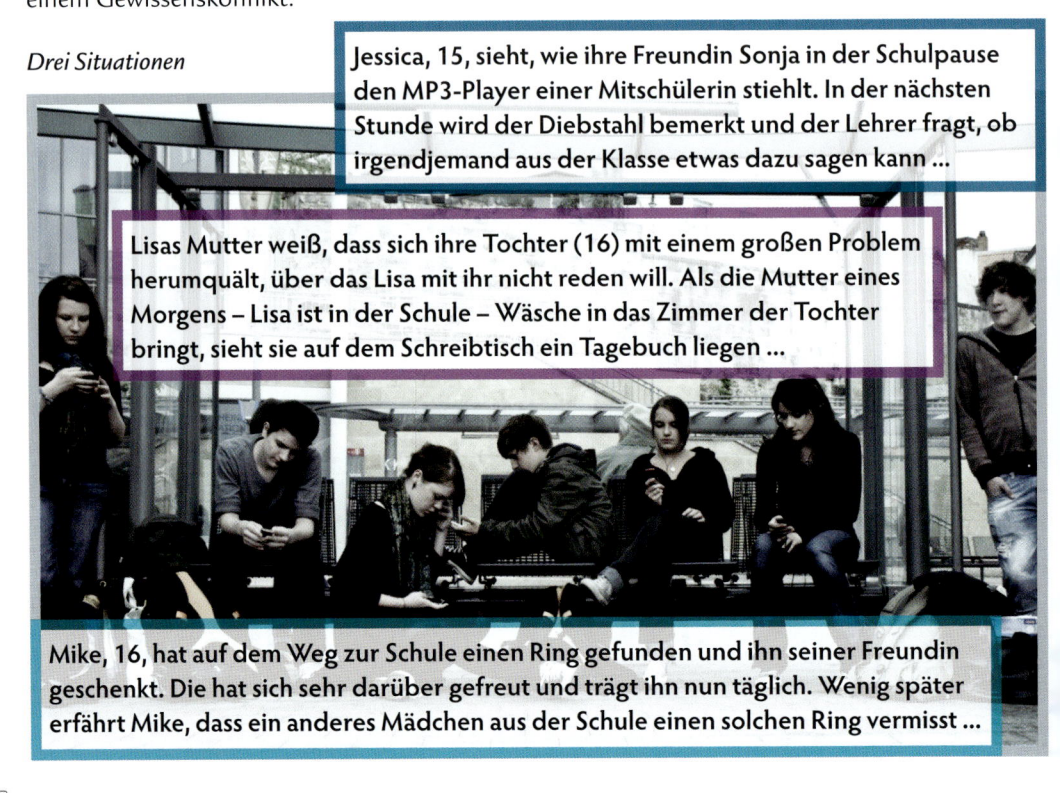

Drei Situationen

> Jessica, 15, sieht, wie ihre Freundin Sonja in der Schulpause den MP3-Player einer Mitschülerin stiehlt. In der nächsten Stunde wird der Diebstahl bemerkt und der Lehrer fragt, ob irgendjemand aus der Klasse etwas dazu sagen kann …

> Lisas Mutter weiß, dass sich ihre Tochter (16) mit einem großen Problem herumquält, über das Lisa mit ihr nicht reden will. Als die Mutter eines Morgens – Lisa ist in der Schule – Wäsche in das Zimmer der Tochter bringt, sieht sie auf dem Schreibtisch ein Tagebuch liegen …

> Mike, 16, hat auf dem Weg zur Schule einen Ring gefunden und ihn seiner Freundin geschenkt. Die hat sich sehr darüber gefreut und trägt ihn nun täglich. Wenig später erfährt Mike, dass ein anderes Mädchen aus der Schule einen solchen Ring vermisst …

A
1. Was sollte Jessica tun, was Lisas Mutter und was Mike? Erzählen Sie die Geschichten zu Ende und diskutieren Sie Ihre Entscheidungen.
2. Das Wort „Konflikt" stammt vom lateinischen „conflictus" = „Zusammenstoß, Kampf". Erläutern Sie, was in den drei Situationen jeweils zusammenstößt oder miteinander kämpft.

Ü *Spielen Sie das Gewissensspiel:*
1. Denken Sie sich Gewissenskonflikte aus und schreiben Sie diese jeweils auf ein Kärtchen. Sie brauchen mindestens so viele Kärtchen, wie Schüler in der Klasse sind.
2. Setzen Sie sich in eine Spielrunde und legen Sie die Kärtchen verdeckt in die Mitte.
3. Eine(r) von Ihnen deckt eine Karte auf, liest sich den Text durch und konfrontiert dann eine(n) Mitschüler(in) mit der Konfliktsituation.
4. Die ausgewählte Person teilt allen nach kurzer Überlegung mit, wie sie in der Situation handeln würde und warum.
5. Alle anderen beurteilen die Entscheidung und ihre Begründung, indem sie z. B. bei Unklarheiten nachfragen zur Unterstützung vergleichbare Fälle schildern, auf übersehene Konsequenzen oder Widersprüche hinweisen (Achten Sie darauf, dass es keine persönlichen Angriffe wie „Dir glaube ich sowieso kein Wort!" gibt.)
6. Wenn die Mehrheit der Gruppe die Entscheidung und ihre Begründung für gut hält, darf die befragte Person ein neues Kärtchen aufdecken. Sonst ist an der Reihe, wer Entscheidung und Begründung am besten kritisiert hat. (Alle sollten mal drankommen.)

Gewissensfreiheit – ein Grundrecht

Am Gewissen hängt in besonderem Maße die personale Identität eines jeden Menschen, das Einssein mit sich selbst. Deshalb ist es immens wichtig, dass jeder Mensch so handeln kann wie sein Gewissen das von ihm fordert, auch dann, wenn er damit gegen den Zeitgeist steht oder einen Fehler begeht, für den er zur Rechenschaft gezogen wird.
Damit Menschen nicht zu Entscheidungen gegen ihr Gewissen gezwungen werden können, gibt es in allen modernen Verfassungen ein Recht auf Gewissensfreiheit.

Grundgesetzlich geschützt

> Art. 4, Abs. 1: Die Freiheit des Glaubens, des Gewissens und die Freiheit des religiösen und weltanschaulichen Bekenntnisses sind unverletzlich. [...]
> Abs. 3: Niemand darf gegen sein Gewissen zum Kriegsdienst mit der Waffe gezwungen werden.
> *(Grundgesetz für die Bundesrepublik Deutschland. Berlin 2007)*

> Als eine Gewissensentscheidung ist [...] jede ernste sittliche, d.h. an den Kategorien von „Gut" und „Böse" orientierte Entscheidung anzusehen, die der Einzelne in einer bestimmten Lage als für sich bindend und unbedingt verpflichtend innerlich erfährt, so dass er gegen sie nicht ohne ernste Gewissensnot handeln könnte.
> *(BVerfGE 12, 45, 55)*

1. Überlegen Sie, warum Glaubensfreiheit und Gewissensfreiheit in einem Satz genannt sind. Nennen Sie Beispiele für Entscheidungen, die durch GG Art 4, Absatz 1 geschützt sein könnten.
2. Erläutern Sie, was der Kriegsdienst mit dem Gewissen zu tun hat, und weshalb die Kriegsdienstverweigerung als Gewissensentscheidung gelten kann.
3. Früher mussten Kriegsdienstverweigerer vor einer Kommission glaubhaft machen, dass sie tatsächlich aus Gewissensgründen den Kriegsdienst verweigern und nicht aus Bequemlichkeit oder einer Laune heraus. Welche Fragen würden Sie stellen, um dies zu prüfen? Diskutieren Sie Ihre Vorschläge.

Gewissensfreiheit als Freifahrtschein?

Muss man dann auch das Gewissen der anderen immer respektieren? Das kommt darauf an, was man unter respektieren versteht. [...] Es kann [...] nicht heißen, jedermann müsse tun dürfen, was das Gewissen ihm gebietet. Gewiss, vor sich selbst hat er die Pflicht, seinem Gewissen zu folgen. Aber wenn er dabei Rechte anderer, das heißt eigene Pflichten gegen andere, verletzt, dann haben die anderen und hat auch der Staat das Recht, ihn daran zu hindern.

(Robert Spaemann: Moralische Grundbegriffe. C. H. Beck, München 1991, S.83.)

4. Warum ist die Gewissensfreiheit kein Freifahrtschein? Erläutern Sie die Aussage Robert Spaemanns an einem Beispiel.
5. Stellen Sie sich vor, Sie leben in einem Staat ohne Gewissensfreiheit. Die Menschen dort werden täglich zu Dingen gezwungen, die mit ihrem Gewissen nicht zu vereinbaren sind. Schreiben Sie in Ihr heimlich geführtes Tagebuch, was Sie heute tun mussten und wie es Ihnen dabei geht.

4.5 Wo liegt Utopia?

Solange Menschen leben, gelten ihre Gedanken und Wünsche nicht allein dem Heute. Sie wenden sich darüber hinaus auch dem Morgen zu. Ihre Hoffnungen, aber auch ihre Befürchtungen bringen sie in Bildern von dem Leben zum Ausdruck, welches sie sich für sich selbst und für ihre Kinder ausmalen.
Es gab und gibt eine Vielzahl von Vorstellungen von der Zukunft der Welt. Eine allgemeine, alle Menschen und Länder einende Gesamtvorstellung existiert nicht. Einige dieser Vorstellungen sind religiöser Natur, andere durch sozialistische oder bürgerliche Ideale gekennzeichnet, wieder andere von neuen technischen Möglichkeiten oder dem Glauben an den wissenschaftlichen Fortschritt geprägt. Die Antworten, welche die Menschen auf die Frage fanden, wie eine bessere Welt in der Zukunft aussehen soll, fallen daher unterschiedlich aus.

In die Zukunft schauen
Wer wünscht sich nicht, einmal in die Zukunft blicken zu können, zu sehen, was einen selbst und was die Menschheit erwartet? Leider ist der Wunsch bislang für niemanden in Erfüllung gegangen. Dennoch haben die Menschen zu allen Zeiten die Zukunft mit ihren Wünschen und Träumen gefüllt, hofften sie im Morgen das zu erlangen, was heute offen blieb.

A 1. Stellen Sie sich vor, Sie sind auf einem großen Volksfest und Sie bekommen die Chance, bei einem Hellseher in einer großen Zauberkugel Ihre persönliche Zukunft zu erblicken. Sie sehen sich selbst in einem Alter von 30 Jahren. Notieren Sie, was Sie für diesen Zeitpunkt in der Kugel für sich selbst und Ihr Lebensumfeld zu sehen hoffen.

Unsere Wünsche und Erwartungen betreffen jedoch nicht nur das persönliche Leben, sondern auch die Zukunft des Landes, die Zukunft der Welt und die der Menschen im Allgemeinen.

P 2. Sachsen-Anhalt im Jahre 2025
Bilden Sie vier Arbeitsgruppen, in denen jeweils nur Jungs bzw. nur Mädchen arbeiten und bearbeiten Sie mittels der Methode der Zukunftswerkstatt (siehe S. 137) folgenden Projektauftrag:
› Wie stellen Sie sich das Bundesland Sachsen-Anhalt und die typische Sachsen-Anhalterin bzw. den typischen Sachsen-Anhalter im Jahre 2025 vor? Wie leben sie? Wie sieht ihre Freizeit aus? In welchen Berufen arbeiten sie? Haben sie (wie viele) Kinder?
› Eine Arbeitsgruppe von Mädchen entwirft dann den Steckbrief: Frau Sachsen-Anhalt 2025. Eine Arbeitsgruppe von Jungen den Steckbrief: Herr Sachsen-Anhalt 2025.
› Jeweils eine Gruppe der Jungen und eine der Mädchen entwirft den Steckbrief: Land Sachsen-Anhalt 2025.
› Jede Gruppe präsentiert ihren Entwurf.
› Halten Sie die Gemeinsamkeiten und Unterschiede in den Entwürfen fest und versuchen Sie Erklärungen für die Unterschiede zu finden.
› Verständigen Sie sich in einer Gruppendiskussion darüber, was Sie selbst für Ihre Zukunft und für die Ihres Landes für besonders wichtig halten.

Wie die Zukunft gedacht werden kann

Träume von einer besseren Welt nennt man auch „Utopien". Umgangssprachlich steht das Wort „utopisch" häufig für etwas Unrealistisches, ein reines Hirngespinst, fernab aller Wirklichkeit. Das ist jedoch nicht ganz richtig.

> **Utopie** (griechisch „Nirgendort", „erdachtes Land")
> Nach dem 1516 verfassten Roman von Thomas Morus „Utopia" bezeichnet das Wort einen ersehnten besseren Gesellschaftszustand, in welchem die Menschen in Frieden, Wohlstand und Glück zusammenleben. Utopien liegen entweder in einer entfernten Gegend, in einer erdachten Vergangenheit oder in der Zukunft.

Positive und negative Utopien

Utopien lassen sich nach verschiedenen Kriterien unterscheiden. Grundsätzlich existieren Utopien in zwei Grundformen:

Positive Utopien beschreiben einen ersehnten Idealzustand der Gesellschaft, welcher durch ein friedliches Miteinander der Menschen, durch Gerechtigkeit, soziale Gleichheit und Wohlstand gekennzeichnet ist. Beispiele für solch positive Utopien sind: der Garten Eden, das Schlaraffenland oder der Kommunismus.

In *negativen Utopien* wird eine Schreckensvision der Gesellschaft entworfen. Es herrschen Krieg und Gewalt. Die Menschen leben in stetiger Angst und Unterdrückung. Das soziale Leben ist durch Hass, Unsicherheit, Bedrohung und Ungerechtigkeit geprägt. Beispiele für solche Negativutopien sind: Apokalypse oder Überwachungsstaat.

Arten von Utopien

Positive wie negative Utopien existieren nicht nur für einen Gesellschaftszustand als Ganzes, sondern auch für einzelne Bereiche wie Politik, Kunst, Wissenschaft.

Technische Utopien	
Informationsgesellschaft	Herrschaft der Roboter über die Menschen
Automatisierung	Technokratie
Künstlerische Utopien	
Bauhaus, Pop-Art	Bilderstürmerei, Entartete Kunst
Soziale und Politische Utopien	
Weltbürgergesellschaft, Kommunismus	Gewaltherrschaft, Terror
Religiöse Utopien	
Paradies, Gottesreich	Sintflut, Jüngstes Gericht
Wirtschaftliche Utopien	
Globalisierung	Zusammenbruch des Weltfinanzsystems,
Flexibilisierung	Überbevölkerung

1. Wählen Sie sich aus den aufgelisteten Arten von Utopien eine aus und informieren Sie sich anhand von Nachschlagewerken oder im Internet genauer über ihre Inhalte und Ziele. Tragen Sie die Ergebnisse Ihrer Recherche Ihren Mitschülern vor. [A]

Religiöse Zukunftsentwürfe

Zu den großen Erwartungen eines jeden Christen gehört die Hoffnung auf das Reich Gottes. Juden und Christen verbinden diese Hoffnung mit dem Erscheinen des Messias*, der die Menschen erlöst. Während jedoch die Christen meinen, in der Gestalt von Jesus Christus sei der Messias bereits erschienen, gehen die Juden davon aus, dass der Messias erst in einer fernen Zukunft die Welt verbessern werde.

Q *Bergpredigt von Jesus Christus*

Von da an begann Jesus zu verkünden: Kehrt um! Denn das Himmelreich ist nahe. Als Jesus die vielen Menschen sah, stieg er auf einen Berg. Er setzte sich, und seine Jünger traten zu ihm. Dann begann er zu reden und lehrte sie. Er sagte: Selig, die arm sind vor Gott; denn ihnen gehört das Himmelreich.

Carl Heinrich Bloch (1834–1890), dänischer Maler

Selig, die Trauernden; denn sie werden getröstet werden.
Selig, die keine Gewalt anwenden; denn sie werden das Land erben.
Selig, die hungern und dürsten nach der Gerechtigkeit; denn sie werden satt werden.
Selig die Barmherzigen; denn sie werden Erbarmen finden.
Selig, die ein reines Herz haben; denn sie werden Gott schauen.
Selig, die Frieden stiften; denn sie werden die Söhne Gottes genannt werden.
Selig, die um der Gerechtigkeit willen verfolgt werden; denn ihnen gehört das Himmelreich.
Selig seid ihr, wenn ihr um meinetwillen beschimpft und verfolgt und auf alle mögliche Weise verleumdet werdet. Freut euch und jubelt: Euer Lohn im Himmel wird groß sein.

(Bibel, NT, Matthäus 4, 12 u 17; 5, 1-11)

A
1. Wodurch ist das Reich Gottes, das Jesus verheißen hat, charakterisiert?
2. Sprechen Sie darüber, welche Gründe es dafür geben könnte, dass die Juden meinen, die Ankunft des Messias sei nicht heute und auch nicht gleich morgen zu erwarten.
3. Diskutieren Sie darüber, ob sich in Ihrer Lebenswelt Spuren/Ansätze für das von Jesus verheißene Gottesreich finden lassen und wie diese aussehen.
4. Informieren Sie sich, ob sich auch in anderen Religionen ähnliche Zukunftsverheißungen finden und was diese besagen.

Technische Zukunftsvorstellungen

Beginnend mit einer wahren Flut wissenschaftlicher und technischer Entdeckungen seit der Renaissance* brach sich ein Fortschrittsglaube Bahn, der bis heute weitgehend ungebrochen ist. Demnach ist die Technik ein Segen für den Menschen, eine wohl gesonnene Freundin, die sein Leben erleichtert und verbessert und die ihn selbst emporhebt. Mit Hilfe der Technik, so die Vision, wird er den Kosmos erobern, den Tod besiegen, sein soziales Leben optimieren und sich gänzlich unabhängig von der Natur machen.

Der Mensch erobert den Kosmos, Walter Womacka (1925–2010), 1967

Robert Musil fängt in seinem 1931 erschienenen Roman „Der Mann ohne Eigenschaften" diese Begeisterung treffend ein.

Ulrich war, als er die Lehrsäle der Mechanik betrat, vom ersten Augenblick an fieberhaft befangen. Wozu braucht man noch den Apollon von Belvedere[1], wenn man die neuen Formen eines Turbodynamos oder das Gliederspiel einer Dampfmaschinensteuerung vor Augen hat! Wen soll das tausendjährige Gerede darüber, was gut und böse sei, fesseln, wenn sich herausgestellt hat, dass das gar keine „Konstanten" sind, sondern „Funktionswerte", so dass die Güte der Werke von den geschichtlichen Umständen abhängt und die Güte der Menschen von dem psychotechnischen Geschick, mit dem man ihre Eigenschaften auswertet! Die Welt ist einfach komisch, wenn man sie vom technischen Standpunkt ansieht; unpraktisch in allen Beziehungen der Menschen zueinander, im höchsten Grade unökonomisch und unexakt in ihren Methoden; und wer gewohnt ist, seine Angelegenheiten mit dem Rechenschieber zu erledigen, kann einfach die gute Hälfte aller menschlichen Behauptungen nicht ernst nehmen. Der Rechenschieber [mit dessen] Hilfe man die verwickeltsten Aufgaben im Nu lösen kann, ohne einen Gedanken nutzlos zu verlieren [...], und jemand kommt mit großen Behauptungen oder großen Gefühlen, so sagt man: Bitte einen Augenblick, wir wollen vorerst die Fehlergrenzen und den wahrscheinlichsten Wert von alledem berechnen!

Das war zweifellos eine kraftvolle Vorstellung vom Ingenieurwesen. Sie bildete den Rahmen eines reizvollen zukünftigen Selbstbildnisses, das einen Mann mit entschlossenen Zügen zeigte [...]. Zwischendurch hat man immer noch Zeit, gelegentlich aus dem technischen Denken einen Ratschlag für die Einrichtung und Lenkung der Welt zu nehmen oder Sprüche zu formen wie den von Emerson, der über jeder Werkstätte hängen sollte: „Die Menschen wandeln auf Erden als Weissagungen der Zukunft, und alle ihre Taten sind Versuche und Proben, denn jede Tat kann durch die nächste übertroffen werden!"

1 gemeint ist eine Statue des Gottes Apollon

(Robert Musil: Der Mann ohne Eigenschaften. Rowohlt, Hamburg 1970, S. 37 f.)

1. Beschreiben Sie das Bild von Walter Womacka.

2. Recherchieren Sie in Arbeitsgruppen, welche technischen Entwicklungen bzw. Erfahrungen im Umgang mit Technik den Glauben an ihre Allmacht und Humanität nachhaltig erschütterten. Informieren Sie sich dazu im Internet über technische Katastrophen und deren Folgen für die Menschen (z.B.: Tschernobyl, Santoz, BP-Ölleck im Golf von Mexico). Präsentieren Sie Ihre Ergebnisse in ansprechender Form.

3. Leiten Sie aus den Ergebnissen Ihrer Recherche drei Grundsätze für einen verantwortungsvollen Umgang mit Technik ab und begründet Sie diese.

Gesellschaftsvisionen

Zu den ältesten weltlichen Utopien gehört die Beschreibung eines idealen Staatswesens, in dem jeder und Alles seinen guten Platz hat und in dem es gerecht und friedlich zugeht. In seinem Buch „Politeia" hat der Philosoph Platon* (427–347 v.Chr.) die Idee eines bestmöglichen Gemeinwesens entwickelt und begründet. Auslöser für Platons Überlegungen war die Unzufriedenheit mit den vorhandenen gesellschaftlichen Zuständen und der Wunsch, die Gegebenheiten so zu verändern, dass es den Menschen besser geht.

Im Jahre 1623 verfasste der Dominikanermönch Tomasso Campanella (1568–1639) seine Utopie „Der Sonnenstaat". Der Sonnenstaat ist technisch hoch entwickelt, wird durch weise Herrscher regiert und die Bürger ordnen sich freiwillig dem Gemeinwohl unter. Er vergleicht das Neapel seiner Zeit mit seinem Ideal, dem Sonnenstaat.

Pflicht zur Arbeit

Siebzigtausend Menschen leben in Neapel, und von ihnen arbeiten kaum zehn- oder fünfzehntausend. Diese kommen durch übermäßige, andauernde, tägliche Arbeit herunter und gehen zugrunde. Die restlichen Müßiggänger aber verderben gleichfalls, und zwar durch Faulheit, Geiz, körperliche Gebrechen, Ausschweifung, Wucher usw. Dabei verführen und verderben sie den größten Teil des Volkes, indem sie es in Armut und knechtischer Kriecherei halten und die eigenen Laster auf es übertragen. Somit fehlen die öffentliche Dienstleistung und der gemeinnützige Arbeitseinsatz. Feldarbeit, Kriegsdienst und Handwerk werden nur schlecht und mit größtem Widerwillen von einigen wenigen ausgeübt.

In der Sonnenstadt dagegen werden die öffentlichen Dienste und Arbeiten jedem einzelnen zugeteilt; deshalb genügt es auch, wenn jeder kaum vier Stunden arbeitet. Die übrige Zeit verbringt er auf angenehme Weise mit Lernen, Disputieren, Lesen, Erzählen, Schreiben, Spazierengehen, geistigen und körperlichen Übungen und Vergnügungen.

Weiterhin behaupten sie, dass die harte Armut die Menschen feil, hinterlistig, verschlagen, diebisch, hinterhältig, landflüchtig, lügnerisch, meineidig usw. mache, der Reichtum aber unmäßig, hochmütig, unwissend, verräterisch, grundlos eingebildet, prahlerisch, gefühllos, streitsüchtig usw. Die echte Gemeinschaft aber mache alle zugleich reich und arm: reich, weil sie alles haben, arm, weil sie nichts besitzen; und dabei dienen sie nicht den Dingen, sondern die Dinge dienen ihnen.

(Tomasso Campanella: Der Sonnenstaat. Zit. aus Burchard Brentjes: Atlantis. Geschichte einer Utopie. Köln: Dumont Buchverlag 1993, S. 87)

A
1. Worin sieht Campanella die Ursachen für den schlechten Gesellschaftszustand Neapels und wie kann dieser seiner Auffassung nach geändert werden?
2. Was bedeutet es, dass die Sonnenstaatler arm und reich zugleich sind?

Wo liegt Utopia? 133

Im Mittelpunkt nahezu aller Sozialutopien stehen Gedanken zur sozialen Gleichheit, zu einer anderen Verteilung von sozialen Rechten und Pflichten und zum Zusammenhang von Allgemeinwohl und Eigeninteressen. Thomas Morus* (1478–1535) beschreibt eine sinnvoll aufgebaute und gerechte Gesellschaft so:

Mein Wohl und das Allgemeinwohl

Ich habe euch so wahrheitsgemäß wie möglich die Form des Staates beschrieben, den ich für [...] den einzigen halte, der mit vollem Recht die Bezeichnung „Gemeinwesen" für sich beanspruchen darf. Wenn man nämlich anderswo von Gemeinwohl spricht, hat man überall nur sein persönliches Wohl im Auge; hier, in Utopien dagegen, wo es kein Privateigentum gibt, kümmert man sich ernstlich nur um das Interesse der Allgemeinheit, und beide Male geschieht es mit Fug und Recht. Denn wie wenige in anderen Ländern wissen nicht, dass sie trotz noch so großer Blüte ihres Staates Hungers sterben würden, wenn sie nicht auf einen Sondernutzen bedacht wären! Und deshalb zwingt sie die Not, eher an sich als an das Volk, das heißt an andere zu denken. Dagegen hier, in Utopien, wo alles allen gehört, ist jeder ohne Zweifel fest davon überzeugt, dass niemand etwas für seinen Privatbedarf vermissen wird, wofern nur dafür gesorgt wird, dass die staatlichen Speicher gefüllt sind. Denn hier werden die Güter reichlich verteilt, und es gibt keine Armen und keine Bettler, obgleich niemand etwas besitzt, sind alle reich. Könnte es nämlich einen größeren Reichtum geben, als völlig frei von jeder Sorge [...] zu leben, nicht um seinen eigenen Lebensunterhalt ängstlich besorgt.

(Thomas Morus: Utopia. Reclam, Leipzig 1976. S. 126)

Ernst Bloch
Karl Marx
Robert Owen
Francis Bacon
Edward Bellamy
Thomas Morus
Charles Fourier
Gracchus Babeuf
Mary Wollstonecraft
Claude-Henri de Saint-Simon

1. Geben Sie mit eigenen Worten wieder, warum allein Utopia nach Meinung von Thomas Morus als ein wahres Gemeinwesen gelten kann.
2. Teilen Sie Morus' Auffassung vom größten Reichtum? Begründen Sie Ihre Meinung durch entsprechende Argumente.
3. Bilden Sie Arbeitsgruppen und wählen Sie für Ihre Arbeitsgruppe eine Person aus der Reihe der Utopisten aus! Recherchieren Sie im Internet oder in anderen Medien
   › die Lebensdaten der jeweiligen Person,
   › wie die Grundzüge seiner Utopie aussahen.
4. Stellen Sie die Ergebnisse Ihrer Recherche in einem kurzen Vortrag Ihren Mitschülern vor.

Träume leben

Die Menschen haben sich nicht damit begnügt, ein besseres Leben für sich und ihre Kinder zu erdenken. Immer wieder haben sie versucht, ihre Träume zu leben. Auch in Sachsen-Anhalt gibt es solche Orte.

In Einklang mit der Natur leben: Sieben Linden/Altmark

Bei Poppau in der westlichen Altmark liegt Sieben Linden, ein Ort, den nur diejenigen finden, die gezielt danach suchen. Eine Busfahrt vom nächsten Regionalbahnhof bis ins Dorf dauert 45 Minuten, denn die Gegend zählt zu den am dünnsten besiedelten in Deutschland.

Q Dennoch ist hier, am Rande eines kleinen Wäldchens, etwas Neues entstanden: eine Gemeinschaft, die etwas beispielhaft vorleben will, nämlich den verantwortungsvollen Umgang mit der Natur und miteinander.
Auf einer Tafel am Orteingang informieren die *Raumpioniere*, wie Menschen bezeichnet werden, die ihren Wohn- und Lebensmittelpunkt in dünn besiedelte Regionen verlegen und dort mit neuen Nutzungskonzepten experimentieren, über ihre Ziele. Darunter steht, dass Handys in diesem Ort nicht erwünscht sind und Autos nicht auf das Gelände der Öko-Gemeinschaft fahren dürfen.
Eva Stützel gehört zu den Gründungsmitgliedern von Sieben Linden. In den frühen 1990er Jahren suchte sie nach ihrem Studium einen Ort, an dem sie ihr Leben in nicht allzu ausrechenbaren Bahnen führen konnte. Sie wollte aus dem vorgestanzten Lebenslauf ausbrechen, neue Formen von Gemeinschaft erleben und einen gemeinsamen politischen Anspruch artikulieren. 1997 übernahm die Gruppe, der sie sich angeschlossen hatte, das alte Bauerngut außerhalb von Poppau und begann, es ökologisch zu sanieren. Damals waren sie 30 Leute, inzwischen leben im Ort 130. Ihr Ziel ist es, den Ressourcenverbrauch zu minimieren und Arbeit vor Ort zu schaffen.
Es gibt neben der Arbeit in der Landwirtschaft und im Wald eine Tischlerei, einen Waldkindergarten und eben Wochenendseminare zu Themen wie Strohballenbau, aber auch Afrodance oder Familienaufstellung, einer Therapieform, zu denen Interessenten aus dem gesamten Bundesgebiet anreisen. Ein Teil der Sieben Lindener ist aber auch als Freiberufler bzw. künstlerisch tätig.
Zuzügler sind gern gesehen. Sie können sich für einen einmaligen Betrag von 12.000 Euro in die Genossenschaft einkaufen und in die Gemeinschaft aufgenommen werden. Mitbringen muss man den festen Willen, im Einklang mit der Natur und ohne Ressourcenverschwendung zu leben sowie den Vorsatz, sich vegan* und von dem ernähren zu wollen, was die Sieben Lindener anbauen.

(Frei nach Frederik Bombosch: Die neuen Siedler. Das Magazin H. 4/2010, S. 28–32)

A
1. Recherchieren Sie im Internet (z.B. unter Landkommune Tonndorf oder www.lebensgut.de), ob und wo es ähnliche Projekte eines alternativen Lebens gibt und wodurch diese sich auszeichnen.
2. Bilden Sie einen Gesprächskreis und sprechen Sie darüber, welche Vor- und welche Nachteile das Leben in Musterkolonien wie den Kibbuzim in Israel, Sieben Linden oder LebensGut für den Einzelnen birgt.

Ist Träumen noch modern?

Niemals zuvor in der Geschichte der Menschheit haben so viele Menschen in Wohlstand gelebt wie heute. Hat dieser Wohlstand dazu geführt, dass wir das Träumen verlernten? Ist die Welt unserer Tage so schön, so gerecht und friedvoll, dass Frau Utopia in ihr keinen Platz mehr braucht?

Im Bereich der Technik und der Naturwissenschaften sind große Visionen keineswegs ausgestorben. Im Gegenteil, der Glaube daran, dass Naturwissenschaften und Technik alles vermögen, dass sie angetreten sind, um die Menschen und die Gesellschaft zu heilen, wird stets auf Neue beschworen:

› Moderne Gentechnologien versprechen durch ihre Forschungen, den Hunger weltweit zu beseitigen.
› Biotechnologien streben eine Verlängerung des menschlichen Lebens an.
› Medizin und medizinische Forschungen erstreben die Ausrottung von Krankheiten und ihrer Ursachen.
› Chemische Forschungen sind bestrebt, die knappen Naturressourcen und Naturstoffe zu schützen, indem sie diese durch Kunststoffe und -materialien ersetzen.
› Die Weltraumforschung und Raumfahrt wollen den gesamten Kosmos erkunden und neue Lebensräume für die Menschen erschließen.
› Informationstechnologien wollen durch weltweite Vernetzung das Problem der Vereinzelung lösen und neue Lebensmuster kreieren …

Geradezu als Symbol für große Visionen steht Palm Jumeirah in Dubai.

Palm Jumeirah

1. In welche medizinische, technische oder naturwissenschaftliche Forschung setzen Sie große Hoffnungen? Was erwarten Sie davon? A
2. Inwiefern wird gerade diese Entwicklung zu einem besseren Leben des Einzelnen und zu einem besseren gesellschaftlichen Zusammenleben führen? Tragen Sie Thesen vor und begründe Sie diese.
3. Wenn sich Ihre Hoffnungen erfüllen, was würde dann vielleicht fehlen?

Soziale Verantwortung übernehmen

Während im naturwissenschaftlich- technischem Bereich Visionen nach wie vor üppig wuchern, scheinen sie im sozialen Bereich – zumindest in der westlichen Welt – mit dem Zusammenbruch der sozialistischen Staaten am Ausgang des 20. Jahrhunderts nahezu ausgestorben zu sein. Das war einmal anders, als die Idee von Freiheit – Gleichheit – Brüderlichkeit Europa und die Neue Welt ergriff. Und heute?

In was für einer Gesellschaft wollen wir leben?

Reichtum · Intimität · Bildung · Toleranz · Kriminalität · Demokratie · Gesundheit · Rasse · Überwachung · soziale Gleichheit · Freiheit · Energie · Fürsorge · Mitsprache · Wohlstand · Wohnung · Arbeit · Behinderung · Chancengleichheit · Freundlichkeit · Reisen · Weltsprache · Freier Markt · soziale Sicherheit · Rangunterschiede · Terror · Natur · Gerechtigkeit · weise Herrschaft · Herkunft · Polizei · Luxus · Leistung · Kinder · sexuelle Selbstbestimmung · Harte Währung · Frieden · Recht des Stärkeren · Patriotismus

A
1. Lesen Sie sich alle Worte durch und bedenken Sie kurz, was sich hinter jedem Wort verbirgt.
2. Wählen Sie sich aus der Gesamtheit der aufgelisteten Worte sieben aus und entwerfen Sie mit deren Hilfe schriftlich ein Ideal der Gesellschaft, in welcher Sie selbst gern leben möchten. Begründen Sie die Auswahl Ihrer Begriffe ausführlich.
3. Vergleichen Sie Ihre Wunschgesellschaft mit der Wirklichkeit von heute. Gibt es Unterschiede? Wo sehen Sie die größten Differenzen?
4. Besuchen Sie Internetseiten z. B. der „Aktion Mensch" oder z. B. regionale Zukunftsforen und sehen Sie nach, wie andere sich eine lebenswerte Gesellschaft vorstellen. Stellen Sie eine Meinung aus diesem Forum in der Klasse vor und begründen Sie, warum Sie diese spannend finden.

↗ *Sie können auch selbst eine Zukunftswerkstatt (siehe S. 137) zu dem Thema durchführen.*

A
5. Führen Sie eine Abschlussdiskussion zum Thema Utopien. Bilden Sie dazu zwei Gruppen.
   › Die erste Gruppe sammelt Argumente, die für Utopien sprechen. Hilfsfragen: Wozu nützen Utopien? Warum haben Menschen sie erfunden? Was haben sie bewirkt?
   › Die zweite Gruppe sammelt Argumente, die gegen Utopien sprechen. Hilfsfragen: Sind Träume nur Schäume? Sollte man wegen der Gefahr des Scheiterns nicht gänzlich auf Utopien verzichten? Lenken Utopien von der Gestaltung der Gegenwart ab?
   Führen Sie eine Pro-Contra-Diskussion zum Austausch der Argumente durch.

Methode 137

Zukunftswerkstatt

M

Die Zukunftswerkstatt als Methode verfolgt das Anliegen, kritikwürdige Zustände zu verbessern. Sie setzt bei realen Missständen an, fördert das Träumen und soll Energien freisetzen, das Erträumte im Handeln umzusetzen sowie Verantwortung übernehmen zu wollen.

Organisieren Sie fächerübergreifend (über mehrere Projekttage) eine Zukunftswerkstatt: *In was für einer Gesellschaft wollen wir leben?*

P

Ausgangspunkt
ist die Unzufriedenheit mit dem gegenwärtigen Zustand der Gesellschaft. In einem Brainstorming werden Kritikpunkte gesammelt und festgehalten.
Welche sozialen, politischen, kulturellen, ökologischen, wirtschaftlichen Gegebenheiten werden warum als unzureichend empfunden?

Arbeitsphasen:
1. Vorbereitung
Aus einer Reihe kritikwürdiger Zustände oder Verhaltensweisen wird *ein* Thema ausgewählt und bekannt gegeben, welches in der Zukunftswerkstatt bearbeitet werden soll, z.B. *Woraus wollen wir künftig unsere Energie gewinnen?*
Die Organisation der Werkstatt (Ort, Zeitumfang, Arbeitsmaterialien, Festlegung von Arbeitsgruppen, Verantwortlichkeiten, der Moderatoren usw.) erfolgt.
Diese Phase ist der eigentlichen Werkstatt vorgelagert.

2. Werkstatt: Kritikphase
Um etwas zu verändern, müssen die Missstände benannt werden. Dazu werden Gruppen gebildet, welche die Kritikpunkte im Detail sammeln und (durch einen Sprecher) vortragen.
› AG Atomenergie: z.B. Endlagerung atomarer Abfälle, Störfallrisiken usw.
› AG Kohleenergie: begrenzte Ressourcen, Eingriffe in die Landschaft, Schadstoffausstoß bei der Verkokung usw.
› AG Solarenergie: ungleiche Menge an erzeugter Energie je nach Jahreszeit, Speicherung der Solarenergie usw.
› AG Windkraft: ungleiche Erzeugungsmengen je nach Windstärke, Störung des Landschaftsbildes durch drehende Windräder, Lärm für Anwohner, Gefahr für Vögel usw.

3. Utopiephase
Damit aus der Kritik alternative und neuartige Ideen entstehen können, suchen die Gruppen nun zu ihrem speziellen Thema Lösungsansätze, die dann zur Diskussion gestellt werden (z.B.: Wie kann Windenergie auf Vorrat für windstille Zeiten gespeichert werden? Wo sollen Windräder stehen? Sind Windparks besser als einzelne Windräder? usw.)
Der Diskussionsleiter fasst am Ende zusammen, in welchen Punkten der Diskussion Einigkeit erzielt wurde und welche offen blieben.

4. Nachbereitung
In dieser Phase geht es darum, sich darüber zu verständigen, was gut an der Zukunftswerkstatt war und was künftig zu verbessern ist.

5 Eine Gesellschaft mit mehr Gerechtigkeit

Gerechtigkeit ist heute in „aller Munde". Wie oft haben wir selbst nicht schon mit erhobener Stimme den Satz ausgesprochen „Das ist aber ungerecht!", wenn wir uns über eigene Erlebnisse und Ereignisse aus unserer Umwelt ausgetauscht haben.

Ob wir uns beispielsweise über eine aus unserer Sicht ungerechte Zensurenvergabe in der Schule beschweren, über bestimmte Gerichtsurteile den Kopf schütteln, weil einige Menschen anscheinend doch gleicher behandelt werden als andere oder die Höhe mancher Manager- und Prominentengehälter in Frage stellen, immer sind Gerechtigkeitsaussagen im Spiel.

Dabei gehen die Meinungen manchmal weit auseinander. Der Streit scheint geradezu vorprogrammiert, wenn es um die Forderung nach mehr Gerechtigkeit in der Gesellschaft geht.

Dennoch: Die Bereitschaft zum Streit darüber zeigt, dass Gerechtigkeit für uns ein hoher Wert ist, ohne den wir uns ein friedliches gesellschaftliches Zusammenleben kaum vorstellen können.

Für Gerechtigkeit stehen folgende Symbole:

› Justitia

› Adler

› Krone

Was man unter Gerechtigkeit versteht

Jeder Einzelne wünscht sich, gerecht behandelt zu werden. Befragt man Menschen, was sie für gerecht halten, offenbaren sich eine Reihe von Differenzpunkten.

Schülermeinungen

> Gerechtigkeit gibt es nicht.

> Wenn jeder das Gleiche hat, wenn es keine Armen und Reichen mehr gibt.

> Wenn das Verhalten oder ein Fehler unparteiisch betrachtet und bewertet werden.

> Wenn Leistung sich lohnt und geachtet wird und nicht bloße Redensarten. Je mehr einer schwafeln und sich darstellen kann, umso mehr beeindruckt er heute. Die größten Nieten werden vergöttert, wenn sie nur honigsüße Floskeln in die Fernsehmikrofone sülzen.

> Wenn alle Menschen gleich behandelt werden.

> Gerechtigkeit gibt es erst nach dem Tode, im Paradies.

> Gerechtigkeit ist ein Gefühl, ob etwas richtig oder falsch war, was man gemacht oder erlebt hat.

> Meine Mutter urteilt meist gerecht.

> Gerechtigkeit ist etwas für Schwächlinge, der Starke kann gut darauf verzichten.

> Gerecht finde ich eine Gesellschaft dann, wenn ich meine Interessen ausleben kann und mich um niemanden scheren muss.

1. Welche Gesichtspunkte von Gerechtigkeit werden in den einzelnen Aussagen besonders betont?
2. Was würden Sie spontan antworten, wenn Sie von einem Reporter auf der Straße gefragt würden, was Sie unter Gerechtigkeit verstehen?
3. Beschreiben Sie die Justitia. Welche Eigenschaften werden ihr mittels welcher Dinge zugeschrieben?
4. Wie erklären Sie sich, dass außer der Justitia noch der Adler und die Krone als Symbole für Gerechtigkeit stehen? Wenn Sie selbst ein Symbol für Gerechtigkeit entwerfen müssten, wie sähe das aus?

5.1 Gerechtigkeit auf dem Prüfstand

Bei allem möglichem Streit darüber, was die in Gesellschaft lebenden Menschen wirklich zum glücklichen Leben brauchen, erscheint eines als unstrittig: Menschen benötigen für ihre Lebenssicherung eine bestimmte Menge an materiellen Existenzmitteln, die sie in der Regel durch eigene Arbeit – im Tausch gegen die Arbeit anderer – erwerben.
Ein Hauptproblem der gerechten Gestaltung der wirtschaftlichen Zusammenarbeit besteht folglich darin, wie die Arbeit selbst sowie deren Früchte, die Güter und Einkommen, möglichst gerecht auf die Mitglieder der Gesellschaft verteilt werden können.

Können große Einkommensunterschiede gerecht sein?

Erinnern wir uns an unsere Kindergeburtstage: Um Streit zu vermeiden, wurde von den Eltern sorgfältig darauf geachtet, dass alle Geburtstagsgäste möglichst den gleichen Teil von der Geburtstagstorte abbekamen. Häufig wird Gerechtigkeit also mit einem bestimmten Maß an Gleichheit in der Verteilung von begehrten Gütern in Verbindung gebracht.
Die marktwirtschaftliche Ordnung, in der wir leben, lässt jedoch große Unterschiede in den aus Arbeit erzielten Einkünften zu.

Einkommensdifferenzen in der Bundesrepublik Deutschland

Name	Tätigkeit bzw. Firma/Institution	Bruttomonatsgehalt
Michael Schumacher	Rennfahrer	4.8000.000 Euro
Josef Ackermann	Deutsche Bank	990.000 Euro
Michael Ballack	Profifußballer	665.000 Euro
Heidi Klum	Model, Fernsehmoderatorin	620.000 Euro
Henning Kagermann	SAP	500.000 Euro
Wulf Bernotat	Eon	480.000 Euro
Herbert Hainer	Adidas	345.000 Euro
Harald Schmidt	Entertainer	320.000 Euro
Harry Roels	RWE	315.000 Euro
Hubertus Erlen	Schering	295.000 Euro
Angela Merkel	Bundeskanzlerin	20.380 Euro
Edmund Stoiber	Ministerpräsident, Bayern	18.700 Euro
Horst Köhler	Bundespräsident	17.750 Euro
Hans-Jürgen Papier	Bundesverfassungsgericht	17.500 Euro
Jürgen Peters	IG Metall	16.900 Euro
Matthias Platzek	Ministerpräsident, Brandenburg	12.200 Euro
Kersten Borschers	Assistenzarzt	3.400 Euro
Volker Bromme	Straßenkehrer	1.600 Euro
Hartz-IV-Empfänger		335 Euro
Hartz-IV-Empfänger unter 25 Jahren		276 Euro

(DIE ZEIT. 9.3.2006)

Warum verdient ein Rennfahrer soviel Geld?

Maya hat sich eine Kanne Tee gekocht und es sich mit der Zeitung auf dem Sofa gemütlich gemacht. Heute ist Samstag, da ist der Stadtanzeiger randvoll mit Stellenanzeigen. Beim Blick auf die Titelseite [...] fällt Maya der Teelöffel aus der Hand. Das ist doch ... unfassbar! In großen Lettern steht da geschrieben: „Formel-1-Pilot Michael Schumacher verdient 50 Millionen Euro im Jahr." 38 Millionen zahlt Schumachers Rennstall, der Rest kommt über Werbung rein. 50 Millionen Euro! In einem Jahr! Maya schnauft. So viel Geld kann sie sich gar nicht auf einem Haufen vorstellen. Und überhaupt: Soviel Geld nur dafür, jedes zweite Wochenende im Kreis zu fahren? Pfff! Mayas beste Freundin arbeitet als Krankenschwester und verdient gerade mal 30.000 Euro brutto im Jahr. [...] Wie kommt es dann aber, dass Michael Schumacher soviel verdient wie Melanie und 1.866 andere Krankenschwestern zusammen? Ist das einfach nur unfair? Oder kann das auch gerecht sein? [...]
Es gibt eine Menge Erklärungen dafür, wie sich der Preis für Arbeit auf dem Markt bildet. Manche klingen logisch, andere etwas schräg: Wer vier Jahre lang studiert hat, verdient normalerweise mehr als jemand, der für seinen Job in vier Wochen angelernt wurde. Wer nachts oder am Wochenende schuften muss, wird zum Ausgleich besser bezahlt als sein Kollege, der nur tagsüber von Montag bis Freitag arbeitet. Wer eine besondere Begabung hat, kann für seine Arbeit mehr Geld verlangen als ein Kollege mit bescheideneren Talenten. Viele Frauen bekommen für den gleichen Job weniger Lohn als ihre männlichen Kollegen. Und es gibt sogar Wissenschaftler, die bewiesen haben wollen, dass schöne Menschen mehr verdienen als hässliche und große mehr als kleine.
Michael Schumachers Lohn dürfte zuerst einmal etwas mit Begabungen zu tun haben. Nur wenige Menschen könnten viele Male hintereinander den Weltmeistertitel in der Formel 1 gewinnen – viel, viel weniger Menschen, als es ausgebildete Krankenschwestern gibt.
Vor allem aber verdient Michael Schumacher besonders viel Geld, weil sein Beruf so gefährlich ist – viel, viel gefährlicher als der von Schwester Melanie.

(Cornelia Schmergal: Wirtschaftspolitik. Hanser/dtv, München 2005, S. 26ff.)

1. Recherchieren Sie, wie sich die Einkommensverhältnisse seit 2006 in der BRD verändert haben. Hat sich die Schere zwischen Großverdienern und Niedrigeinkommen eher geschlossen oder klafft sie weiter auseinander?
2. Überprüfen Sie die Argumente, die im Text ins Spiel gebracht wurden, um die hohe Bezahlung von M. Schumacher zu rechtfertigen: Wie weit ist das Argument des Ausgleichs für Gefahren stichhaltig? Suchen Sie nach Tätigkeiten, die ebenso gefährlich sind wie der Rennfahrerberuf, aber wesentlich schlechter bezahlt werden.
3. Es gibt Berufe, etwa den eines Sprengmeisters, der Blindgänger aus dem 2. Weltkrieg entschärft, die gefährlich und in hohem Maße gesellschaftlich „sinnvoll" sind. Steht die „Sinnhaftigkeit" einer beruflichen Tätigkeit in einem Zusammenhang zur Höhe ihrer Bezahlung und deren Gerechtigkeit? Führen Sie eine Pro-Contra-Diskussion.
4. Rekonstruieren Sie weitere für eine differenzierte Einkommensverteilung vorgebrachte Argumente hinsichtlich der zugrunde liegenden Gerechtigkeitsmaßstäbe.
5. Diskutieren Sie abschließend darüber, ob und warum die 50 Millionen Euro für einen Rennfahrer ethisch gerechtfertigt sind oder nicht.

Chancengleichheit auf dem Arbeitsmarkt?

In unserer Gesellschaft werden Unterschiede im Einkommen zumeist solange als gerecht angesehen, wie das Prinzip der Chancengleichheit nicht verletzt wird.
Man kann sich diese Idee der Chancengleichheit auf dem Arbeitsmarkt in Vergleich zu einem fairen Sportwettkampf vorstellen. Die Sieger in diesem Wettbewerb haben sich ihre guten Positionen (gut bezahlten Arbeitsplätze) durch die eigene Leistung verdient.
Der australische Philosoph Peter Singer erläutert diese Idee folgendermaßen:

Die Idee der Chancengleichheit

In den meisten westlichen Gesellschaften werden große Unterschiede im Einkommen und sozialen Status gewöhnlich solange akzeptiert, wie sie unter Bedingungen der Chancengleichheit entstanden sind. Man hält es nicht für eine Ungerechtigkeit, wenn Jill 200.000 Dollar und Jack 20.000 verdient, solange Jack die Chance hatte, dorthin zu gelangen, wo Jill heute steht. Angenommen, die Einkommensdifferenz hat damit zu tun, dass Jill Ärztin und Jack Farmarbeiter ist. Dies wäre akzeptabel, wenn Jack dieselbe Chance hat wie Jill, Arzt zu werden, und dies muss man so verstehen, dass Jack nicht wegen seiner Rasse, Religion oder Behinderung von der medizinischen Ausbildung abgehalten wurde, sondern dass er, wenn seine Schulzeugnisse ebenso gut gewesen wären wie die von Jill, tatsächlich die Möglichkeit gehabt hätte, Medizin zu studieren, Arzt zu werden und 200.000 Dollar im Jahr zu verdienen. Nach dieser Auffassung ist das Leben eine Art Wettlauf, in dem die Sieger angemessenerweise die Preise erhalten, sofern alle die gleiche Startposition haben. Die gleiche Startposition steht für die Gleichheit der Chancen, und manche sagen, genau so weit sollte die Gleichheit gehen.

(Peter Singer: Praktische Ethik. Reclam, Stuttgart 1994, S. 60ff)

1. Rekonstruieren Sie den Inhalt der Idee der Chancengleichheit. Nutzen Sie dafür die Metapher* vom fairen Wettkampf.
2. Suchen Sie nach Beispielen für die Verletzung des Prinzips der Chancengleichheit in wesentlichen sozialen Bereichen – etwa Bildung und Arbeit – die unsere berechtigte Empörung hervorrufen.
3. Welche Gleichheitsvorstellung liegt diesem Ideal der Chancengerechtigkeit zugrunde?

Grenzen der Idee der Chancengleichheit

Peter Singer* hält das Ideal der Chancengleichheit jedoch unter Gerechtigkeitsgesichtspunkten insgesamt für unzureichend.

Zu sagen, Jack und Jill hätten die gleichen Chancen, den Arztberuf zu ergreifen weil Jack eine medizinische Ausbildung hätte erlangen können, wenn seine Zeugnisse ebenso gut wie die von Jill gewesen wären, wäre eine oberflächliche Auffassung von Chancengleichheit, die näherer Prüfung nicht standhält. Wir müssen fragen, *warum* Jacks Zeugnisse nicht so gut waren wie die von Jill. Vielleicht hat er eine schlechtere Schulausbildung erhalten – größere Klassen, weniger qualifizierte Lehrer, unangemessene Mittel usw. In diesem Fall hat er im Grunde gar nicht unter gleichen Voraussetzungen mit Jill konkurriert. Echte Chancengleichheit heißt sicherstellen, dass die Schule allen die gleichen Vorteile verschafft.

Schulen gleich zu machen wäre schwierig genug, aber dies ist noch die leichtere Aufgabe, die einen konsequenten Anhänger der Chancengleichheit erwartet. Selbst wenn die Schulen dieselben sind, werden einige Kinder von zu Hause her begünstigt sein. Ein ruhiges Zimmer zum Lernen, eine Menge Bücher und Eltern, die ihre Kinder dazu anhalten, sich in der Schule anzustrengen – dies alles könnte erklären, weshalb Jill dort erfolgreich ist, wo Jack scheitert weil er gezwungen ist, sein Zimmer mit zwei jüngeren Brüdern zu teilen und mit der Klage seines Vaters aufzuwachsen, er verschwende seine Zeit mit Büchern, anstatt hinauszugehen und seinen Unterhalt zu verdienen. Aber wie macht man Elternhäuser gleich? Oder Eltern? Sofern wir nicht bereit sind, die traditionelle Form der Familie aufzugeben und unsere Kinder in gemeinschaftlichen Kindertagesstätten großzuziehen, vermögen wir das nicht.

Dies mag genügen, um die Unangemessenheit der Chancengleichheit als eines Ideals der Gleichheit zu zeigen, aber der entscheidende Einwand [...] kommt erst noch. Selbst wenn wir unsere Kinder wie in einem israelischen Kibbuz gemeinsam aufzögen, würden sie verschiedene Fähigkeiten und [...] IQ-Grade erben. Die Beseitigung von Unterschieden in der Umwelt des Kindes würde Unterschiede in der genetischen Veranlagung nicht berühren. Zwar würden sich dadurch die Unterschiede etwa zwischen IQ-Werten verringern, da es gegenwärtig so aussieht, dass die sozialen Unterschiede die genetischen Unterschiede verstärken; aber die genetischen Unterschiede würden bleiben, und sie machen nach überwiegender Einschätzung eine bedeutende Komponente der vorhandenen IQ-Unterschiede aus. [...]

Chancengleichheit ist somit kein attraktives Ideal. Sie belohnt die Glücklichen, die solche Fähigkeiten erben, die es ihnen erlauben, interessante und einträgliche Berufswege zu bestreiten. Sie bestraft die Unglücklichen, deren genetische Konstellation ihnen einen ähnlichen Erfolg sehr erschwert.

(Peter Singer: Ebenda. S. 60ff.)

1. Diskutieren Sie die Stichhaltigkeit der von Singer vorgebrachten Einwände gegen die Idee der Chancengleichheit. Interpretieren Sie in diesem Zusammenhang das Bild auf Seite 142.
2. Führen Sie ein Gedankenexperiment durch: Angenommen, die Idee vollkommener Chancengleichheit auf dem Arbeitsmarkt ließe sich vollständig umsetzen, welche Ungerechtigkeiten in der Gesellschaft würden auch dann fortbestehen?
3. Welche Alternativen zu dieser Idee der Chancengleichheit kämen aus ihrer Sicht in Betracht? Begründen Sie ihre Position.

Wie lässt sich echte Chancengleichheit herstellen?

Zweifellos sind gute Bildungsabschlüsse eine Voraussetzung, um auf dem Arbeitsmarkt eine Chance zu haben. PISA-Studien weisen aber darauf hin, dass in Deutschland der Erwerb solcher hochwertiger Qualifikationen immer noch stark von der sozialen Herkunft abhängig ist. Welche Maßnahmen sind am ehesten geeignet, eine echte Chancengleichheit im Bereich der Bildung und Ausbildung zu gewährleisten?

Chancengleichheit beim Gebrauch der Mittel*

Aristoteles hat unter der ausgleichenden Gerechtigkeit das „proportionale Vergelten" verstanden [...]. Er denkt dabei vor allem (a) an das Vergelten einer Untat durch eine dementsprechende Strafe und (b) an den Austausch von Gleichem gegen Gleiches auf den Märkten. [...] In der Gegenwart wird die ausgleichende Gerechtigkeit jedoch vor allem als Politik der Kompensation verstanden. Bestehende Ungleichheiten und Ungerechtigkeiten sollen durch gezielte Maßnahmen z.B. der Fürsorge und Sozialpolitik ausgeglichen werden. Dementsprechend werden staatliche Eingriffe zur Herstellung der *Chancengleichheit* gefordert und ausprobiert. [...] Um einige der praktischen Probleme zu kennzeichnen, die damit verbunden sind, schlägt Rae eine Unterscheidung
1. zwischen *Chancengleichheit der Lebensaussichten* [...] und
2. *Chancengleichheit des Mittelgebrauchs* [...] vor.

[...] Eine Chance besteht für jemanden, wenn ihr oder ihm *tatsächlich* die Gelegenheit geboten wird, das zu erhalten oder zu erreichen, was von ihr oder ihm gewünscht wird. Eine Chance besteht aber auch im Grad der *Wahrscheinlichkeit*, das Erstrebte erreichen zu können. In diesem zweiten Sinn verwendet Rae den Begriff. Die Chance eines Kindes aus einer Arbeiterfamilie auf die Universität zu kommen, ist in der Bundesrepublik immer noch geringer als die eines Kindes aus einem Oberschichten- oder Beamtenhaushalt. [...] Chancengleichheit des Mittelgebrauchs besteht, wenn die Personen A...n bei gleicher Zielsetzung Z über die gleichen Mittel M verfügen, zum Ziel zu gelangen.

(Jürgen Ritsert: Gerechtigkeit und Gleichheit. Westfälisches Dampfboot, Münster 1997, S. 81f.))

Was wäre, wenn ...
Um eine größere „Chancengleichheit des Mittelgebrauchs"*, speziell im Bereich des Zugangs zu Bildungsgütern, zu gewährleisten, wird über die Einführung eines Bildungsgutscheins für alle Jugendlichen nachgedacht.

Der Videorekorder-Effekt

Michael Maschke hatte mit 15 Jahren einen dicken Schulfreund. Dessen Eltern versprachen ihm einen Videorekorder, unter einer Bedingung: Er müsse einen Marathon laufen. Der dicke Freund fing an zu trainieren – er wollte den Videorekorder. Heute, zwanzig Jahre später, ist Michael Maschke studierter Volkswirt einer von drei Autoren, die sich die „Teilhabegesellschaft" ausgedacht haben [...]. [Sie schlagen vor], dass jeder Jugendliche zum 18. Geburtstag vom Staat 60.000 Euro zur eigenen Verwendung bekommt. Bedingung für den Zugriff auf das Geschenk: Abitur oder Ausbildung. Maschke und seine Kollegen wollen vor allem die erreichen, die keinen Abschluss und damit kaum Perspektiven haben, die sich von der Gesellschaft ausgeschlossen fühlen. Sie glauben an den Videorekorder-Effekt. [...] Sie wollen den Egoismus der Jugendlichen dafür nutzen, dass jeder die gleiche Chance auf einen Beruf und ein regelmäßiges Einkommen bekommt. Mit den 60.000 Euro soll sich im Idealfall sogar jeder ein Studium finanzieren, eine Firma gründen oder eine Wohnung kaufen können. [...]

Über das gesamte Geld kann nur sofort verfügen, wer mit 18 Jahren studiert, eine Ausbildung macht oder sie bereits abgeschlossen hat. Alle anderen erhalten so lange nur die Zinsen, bis sie ein Studium oder eine Ausbildung beginnen. Mit 21 Jahren hat dann jeder Zugang zu seinem Konto, der eine Ausbildung oder Abitur nachweisen kann. Wie soll der Staat das Geld aufbringen? In der Teilhabegesellschaft könnten einige staatliche Hilfen teilweise oder ganz eingespart werden: 1,1 Milliarden Euro Ausbildungsförderung, 1,1 Milliarden Euro Förderungen durch die Bundesanstalt für Arbeit, 3,4 Milliarden Euro Kindergeld, das jetzt für über 18-Jährige gezahlt wird, rund eine Milliarde Euro Förderungen wie die Eigenheimzulage, eine Milliarde Euro Wohngeld, 1,9 Milliarden Euro Sozialhilfe sowie 1,7 Milliarden Euro Arbeitslosengeld II. Auch 11,4 Milliarden Euro Hochschulfinanzierung würden wegfallen, denn zum Modell gehört die Einführung von Studiengebühren.

Theoretisch wäre die Idee realisier- und finanzierbar. Was aber, wenn man mit 18 Jahren eher an ein Auto oder an eine Weltreise denkt, statt das Geld in seine Ausbildung zu investieren? Das ist den Jugendlichen grundsätzlich erlaubt, auch wenn sich Maschke nachhaltigere Investitionen wünscht. Jeder müsste zwei Beratungsgespräche führen: eines zum 18. [...] und eines zum 21. Geburtstag, wenn die ganze Summe für ihn frei zugänglich ist.

(Susanne Klingner: Schöne Bescherung. In: fluter Nr. 21/Dezember 2006, S. 12-13)

1. Wiederholen Sie aus dem Ethikunterricht der Klassen 7/8, was Aristoteles unter ausgleichender und verteilender Gerechtigkeit versteht? Welche Verschiebung in der Bedeutung des Begriffs „austeilende Gerechtigkeit" hat sich heute vollzogen?
2. Erläutern Sie, was mit „Chancengerechtigkeit des Mittelgebrauchs" im Unterschied zur formellen „Chancengleichheit der Lebensaussichten" gemeint ist und warum letztere Auffassung unter Gerechtigkeitsgesichtspunkten unzureichend ist.
3. Umreißen Sie kurz den Inhalt des hier dargestellten Vorschlags über die Einführung eines Bildungsgutscheins. Welche Gerechtigkeitsvorstellung liegt ihm zu Grunde?
4. Warum/warum nicht halten Sie persönlich die Umsetzung des Konzeptes für gerecht?
5. Welche anderen Maßnahmen, um mehr echte Chancengleichheit durchzusetzen, würden Sie favorisieren? Führen Sie dazu ein Brainstorming durch.

Benachteiligungen abbauen

In vielen Ländern der Erde sind bestimmte Gruppen von Menschen bei der Befriedigung ihrer Lebensbedürfnisse *benachteiligt* (diskriminiert). Zum Beispiel sind ihnen bestimmte Bildungswege verschlossen, sie können bestimmte berufliche Positionen nicht ausüben, oder es wird ihnen die gleichberechtigte Teilnahme am politischen Leben verwehrt.
Wenn heute die Forderung nach mehr Gerechtigkeit im gesellschaftlichen Zusammenleben erhoben wird, ist nicht zuletzt der Abbau solcher Benachteiligungen gemeint.
Wodurch entstehen nun aber Benachteiligungen und wie lassen sie sich überwinden?

Diskriminierungsgründe können unter anderem sein:

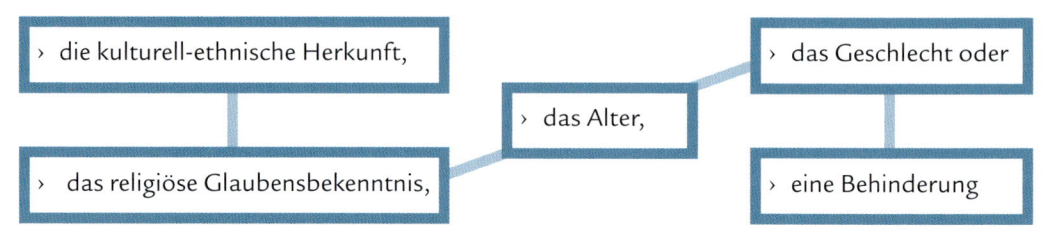

- die kulturell-ethnische Herkunft,
- das religiöse Glaubensbekenntnis,
- das Alter,
- das Geschlecht oder
- eine Behinderung

Mit der *rechtlichen Gleichstellung* und der *Bevorzugung Benachteiligter* werden zwei Wege zum Abbau von Benachteiligungen beschritten. Das soll am Beispiel von Menschen mit Behinderung gezeigt werden.

„Behindert sein ist auch normal"

Mit 17 wollte er mit dem Snowboard über eine Schanze springen, seitdem sitzt Marvin im Rollstuhl. Heute spielt er Rollstuhl-Rugby. „Mir macht es Spaß, wenn es richtig rumpelt", sagt der 19-Jährige. Außerdem macht der Sport fit für den Alltag. Marvin möchte unabhängig sein und ein normales Leben führen – auch beruflich: Er macht eine Ausbildung zum technischen Zeichner. [...]
Marvin ist einer von 6,9 Millionen Menschen mit Schwerbehinderung in Deutschland. Bei den meisten war ein Unfall oder eine Krankheit die Ursache – es kann also jeden treffen. Die Auswirkungen auf die Teilhabe am Leben in der Gesellschaft werden in Zehnerschritten abgestuft als Grad der Behinderung (GDB) bewertet. Wenn der GdB bei 50 und mehr liegt, spricht man von Schwerbehinderung. [...]

> **Behinderung**
> Von Behinderung spricht man, wenn jemand wegen eines körperlichen, geistigen oder seelischen Defizits am Alltagsleben nicht mehr teilhaben kann – ob angeboren oder als Folge eines Unfalls oder einer Krankheit. Eine ausführliche Definition findet man im SGB IX, im Sozialgesetzbuch Neuntes Buch.
>
> *(Aus AG Jugend und Bildung e.V (Hg.): Sozialpolitik. Ein Heft für die Schule. H. 2010/2011, S. 34)*

Der Weg der gesetzlichen Gleichstellung

In Deutschland ist das Verbot von Benachteiligungen aufgrund des Alters, des Geschlechts etc. im Allgemeinen Gleichbehandlungsgesetz (AGG) geregelt. Die UN-Konvention über die Rechte behinderter Menschen ist seit März 2009 für Deutschland verbindlich. In Artikel 24 wird zum Beispiel gefordert, dass Schülerinnen und Schüler mit Behinderungen wohnortnah eine allgemeine Schule besuchen können. Dieses Modell der „Schule für alle" heißt auch „inklusive Schule". Weiterführende Regelungen der EU zum Abbau von Diskriminierungen sind in Vorbereitung.

EU verschärft Antidiskriminierungsgesetz

Brüssel – Die Europäische Union (EU) will das Antidiskriminierungsgesetz verschärfen. Künftig soll jede Benachteiligung von Bürgern aufgrund von Alter, Religion, sexueller Orientierung oder Behinderung nicht nur wie bisher am Arbeitsplatz, sondern im alltäglichen Geschäftsverkehr verboten sein. [...]
Konkret führen die neuen Pläne zur Ausweitung des Antidiskriminierungsgesetzes dazu, dass es für Wohnungsbaugesellschaften schwieriger werden könnte, Ältere, Behinderte oder Homosexuelle abzulehnen. Private Vermietungen sollen von dem neuen Gesetz aber unberührt bleiben. Auch können Versicherungen weiterhin an unterschiedlichen Risikoklassen mit gestaffelten Beiträgen festhalten, sagte der EU-Sozialkommissar Vladimir Spidla. „Es wird nicht mehr möglich sein, bestimmte Personengruppen den Zutritt zu einem Versicherungsverhältnis zu verweigern", fügte der ehemalige tschechische Ministerpräsident hinzu.
Gleichzeitig will die EU-Kommission Behinderten einen barrierefreien Zugang zu allen Geschäften ermöglichen. Ob dies allerdings bedeutet, dass Einzelhändler ihre Geschäfte in jedem Fall bis spätestens zwei Jahre nach Inkrafttreten des Gesetzes umbauen müssen, ist offen. In den Brüsseler Gesetzesbehörden hieß es, „eine unverhältnismäßige Belastung" von Geschäftsinhabern sollte vermieden werden. In Deutschland sehen die meisten Landesbauordnungen bei Neubauten schon heute einen uneingeschränkten Zugang für Behinderte vor.

(Christoph Schlitz: EU verschärft Antidiskriminierungsgesetz. Auswirkungen auf deutsche Firmen noch unklar. Die Welt, 3.7.2008)

1. Suchen Sie nach Beispielen für die Diskriminierung bestimmter Gruppen von Menschen aus der jüngeren Vergangenheit. Lesen Sie hierzu auch im Lehrbuch auf Seite 94 nach. Sind Ihnen selbst Fälle von Benachteiligungen aus ihrem persönlichen Umfeld bekannt? Stellen Sie diese zur Diskussion.
2. Welche Möglichkeiten für den Abbau von Benachteiligungen bietet aus Ihrer Sicht der Weg der gesetzlichen Gleichstellung Behinderter?
3. Erörtern Sie die Frage, welche Vorteile die „inklusive Schule", also die Integration von Kindern und Jugendlichen mit Behinderung in die „normale Schule", für alle Beteiligten haben könnte.

Der Weg der Bevorzugung Benachteiligter

Auch der Philosoph Peter Singer wendet sich der Frage zu, wie eine schrittweise Gleichstellung von Benachteiligten, speziell Behinderten, in einer immer noch von Ungleichheiten geprägten Gesellschaft zu erreichen ist. Er plädiert dafür, über das Prinzip der rechtlichen Gleichstellung hinauszugehen und die Mitglieder der benachteiligten Gruppe zu bevorzugen. Wie lässt sich eine solche „umgekehrte Diskriminierung", von ihm *affirmatives Handeln** genannt, rechtfertigen?

Behinderung als Benachteiligung

[Die Notwendigkeit besonderer Hilfeleistungen] wird am deutlichsten, wenn man die Situation körperlich oder geistig Behinderter betrachtet. Wenn wir darüber nachdenken, wie solche Menschen behandelt werden sollen, dann steht nicht zur Diskussion, ob sie in gleicher Weise befähigt sind wie Nicht-Behinderte. Definitionsgemäß fehlt ihnen die eine oder andere Fähigkeit, die normale Menschen besitzen. Diese Behinderungen bedeuten gelegentlich, dass sie anders zu behandeln sind als die meisten anderen. Wenn wir einen Feuerwehrmann suchen, können wir mit Recht jemanden ausschließen, der an einen Rollstuhl gefesselt ist; und wenn wir einen Korrektor suchen, braucht sich ein Blinder nicht zu bewerben. Aber die Tatsache, dass eine spezifische Behinderung jemanden für eine bestimmte Position nicht in Frage kommen lässt, bedeutet nicht, dass die Interessen des Betreffenden weniger sorgfältig abzuwägen sind als die jedes andern. Sie rechtfertigt auch keinerlei Diskriminierung gegen Behinderte in Situationen, in denen eine spezifische Behinderung für die angebotene Beschäftigung oder Dienstleistung nicht relevant ist.

Jahrhundertelang haben Behinderte unter Vorurteilen zu leiden gehabt, die in einigen Fällen ebenso hart waren wie die, von denen ethnische Minderheiten betroffen waren. Geistig Behinderte wurden eingesperrt, dem Anblick der Allgemeinheit entzogen und in beschämender Weise behandelt. Andere waren praktisch Sklaven und wurden als billige Arbeitskräfte in Haushalten und Fabriken ausgebeutet.

(Peter Singer: Praktische Ethik. Reclam, Stuttgart 1994, S. 77ff.)

Ein körperbehinderter Schüler bedient die Tastatur des Computers mit dem Fuß
(Berufsbildungswerk Oberlinhaus)

1. Recherchieren Sie, wie noch im 19./20. Jahrhundert in Deutschland mit geistig Behinderten umgegangen wurde. Untersuchen Sie in Projektgruppen einzelne Zeitphasen genauer (etwa: die Phase nach der Reichsgründung 1871, die Zeit der Weimarer Republik, die Zeit des Nationalsozialismus, die 50er Jahre in der Bundesrepublik Deutschland und in der DDR).
2. Welche Grenzen ergeben sich nach Singer, wenn es um die gleichberechtigte Einbeziehung von Menschen mit Behinderung in das gesellschaftliche Leben geht?

Die Notwendigkeit affirmativen* Handelns

Es ist daher sicherzustellen, dass die Gesetzgebung, die Diskriminierung aufgrund von Rasse, ethnischer Zugehörigkeit oder Geschlecht verbietet, in gleicher Weise Diskriminierung aufgrund von Behinderung verbietet, falls nicht gezeigt werden kann, dass die Behinderung für die angebotene Beschäftigung oder Dienstleistung relevant ist.

Aber das ist nicht alles: Viele der Argumente, die im Falle der durch Rasse oder Geschlecht Benachteiligten für das affirmative Handeln vorgebracht werden, treffen in noch stärkerem Maße für Behinderte zu. Bloße Chancengleichheit reicht nicht aus in Situationen, in denen es eine Behinderung unmöglich macht, dass die betreffende Person ein gleichberechtigtes Mitglied der Gemeinschaft wird. Behinderten Chancengleichheit für den Universitätsbesuch zu gewähren ist nicht sehr sinnvoll, wenn etwa die Bibliothek nur über ein Treppenhaus zugänglich ist, das sie nicht benutzen können. Viele behinderte Kinder sind fähig, vom normalen Unterricht zu profitieren, können aber daran nicht teilnehmen, weil zusätzliche Hilfestellungen für ihre speziellen Bedürfnisse fehlen. Da die Erfüllung solcher Bedürfnisse für das Leben der Behinderten oft zentrale Bedeutung hat, wird ihnen nach dem Prinzip der gleichen Interessenabwägung ein viel größeres Gewicht zukommen als den geringeren Bedürfnissen anderer. Deshalb ist es im allgemeinen gerechtfertigt, für Behinderte mehr auszugeben als für die andern. Wieviel mehr genau, ist natürlich eine schwierige Frage. Wo die Mittel knapp sind, muss es eine Grenze geben. Bei gleicher Abwägung der Interessen der Behinderten und wenn wir uns eindringlich vorstellen, wir selbst könnten in derselben Situation sein, ist die richtige Antwort im Prinzip leicht zu geben; aber es dürfte schwierig sein zu bestimmen, wie diese Antwort in jedem Einzelfall genau lauten muss.

(Peter Singer: Ebenda. S. S. 77ff.)

1. Verdeutlichen Sie sich, was Peter Singer unter affirmativem Handeln versteht. Verändern Sie dafür das Wettkampf-Bild auf Seite 142 so, dass es dem Konzept affirmativen Handelns entspricht.
2. Welche Maßnahmen der besonderen Unterstützung von Behinderten werden in Deutschland im Bereich des Zugangs zu Arbeit und der Teilnahme am öffentlichen Leben bereits praktiziert, welche weiteren halten Sie für gerechtfertigt?
3. Wenden Sie Singers Konzept affirmativen Handelns auch auf andere Arten von Diskriminierung, etwa die nachgewiesene Benachteiligung sozial Schwacher beim Zugang zu Bildungsgütern, an.
4. Überprüfen Sie das von Singer selbst ins Spiel gebrachte Argument, dass es für affirmatives Handeln gegenüber Menschen mit Behinderung eine Grenze geben muss. Warum muss es eine solche Grenze geben, wer legt sie fest?

5.2 Rechtsansprüche gerecht abwägen

Die Gerechtigkeit einer Gesellschaft wird heute wesentlich mit der Achtung von *Menschenrechten**
in Verbindung gebracht. Dabei lassen sich drei Gruppen von Rechtsansprüchen unterscheiden.

Gruppen von Menschenrechten

A Persönliche Freiheitsrechte
Sie dienen dem Schutz des Einzelnen vor Übergriffen anderer Menschen wie auch des Staates und gewährleisten seine Selbstbestimmung.

B Existenzsichernde Basisrechte
Sie sichern die Handlungsfähigkeit des Einzelnen, indem sie dessen Zugang zu den materiellen Gütern und kulturellen Leistungen der Gesellschaft regeln.

C Politische Partizipationsrechte
Diese Rechte betreffen die Mitwirkungsmöglichkeiten des Einzelnen bei der Gestaltung des sozialen und politischen Gemeinwesens.

Da das Verhältnis der hier dargestellten Menschenrechte nicht konfliktfrei ist, sind immer *Abwägungen* notwendig. Spannungen können sich dabei nicht nur zwischen verschiedenen Gruppen von Menschenrechten, z. B. zwischen denen der Gruppe A und B, sondern auch innerhalb der jeweiligen Gruppe ergeben.

Konflikte zwischen persönlichen Freiheitsrechten?

Problemlage: Spätestens dann, wenn man im Internet ein wenig vorteilhaftes Bild von sich entdeckt, das von Anderen entgegen dem eigenen Willen ins Netz gestellt wurde, wird man empfänglich für die Frage sein, ob es nicht Grenzen der Medien- und Informationsfreiheit geben sollte. Das Internet-Beispiel zeigt nämlich, dass sich Ungerechtigkeiten auch dann ergeben, wenn bestimmte Freiheitsrechte von einzelnen so ausufernd in Anspruch genommen werden, dass die Freiheitsrechte anderer dadurch massiv beeinträchtigt werden.

Der Philosoph John Rawls* (1921–2002) bietet als Lösung für solche Spannungen zwischen verschiedenen Rechtsgütern eine allgemeine Regel an.

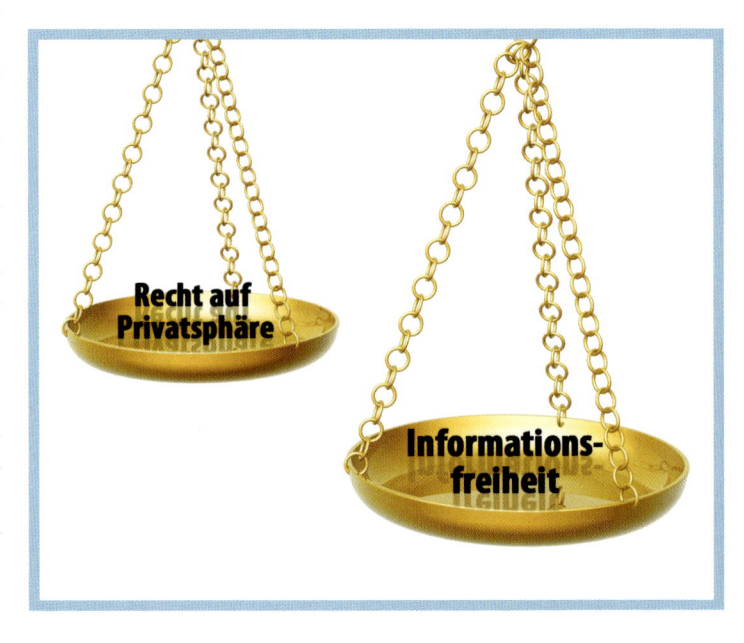

Grundfreiheiten müssen miteinander verträglich sein

Grundfreiheiten müssen nicht nur für alle in gleicher Weise gelten, sondern auch miteinander *verträglich* sein. Das heißt, die eine Grundfreiheit, etwa das Eigentumsrecht, darf von einzelnen nicht so maßlos in Anspruch genommen werden, dass damit andere Grundfreiheiten anderer Menschen, zum Beispiel deren Recht auf persönliche Freiheit, an den Rand gedrängt werden. Einschränkungen bestimmter Grundfreiheiten sind genau dann gerechtfertigt, wenn sie mit anderen Grundfreiheiten in Konflikt geraten.

(Nach John Rawls: Eine Theorie der Gerechtigkeit. Suhrkamp, Frankfurt am Main 1979, S. 82ff.)

Das Fallbeispiel Street view

Im Rahmen des Internet-Portals Google maps ist es neuerdings möglich, sich im 3D-Format in bestimmte Straßenzüge hineinzuzoomen. Die Nutzer dieser „street view" genannten Dienstleistung können einen virtuellen Spaziergang durch die Straße ihrer Wahl unternehmen.

Mit dem Einsatz dieser Technologie sind aber nicht nur Hoffnungen auf einen Zugewinn an persönlicher Freiheit, sondern auch starke Befürchtungen verbunden.

Der Konzern wirbt für diese Dienstleistung mit dem Argument, dass „street view" vielfältige Verwendungsmöglichkeiten für den Einzelnen eröffne. So könne man sich bereits vor Fahrtantritt über vorhandene Parkmöglichkeiten in dem noch unbekannten Zielort informieren. Es ließe sich auch Näheres über die Lage des in Erwägung gezogenen Urlaubsdomizils in Erfahrung bringen. Firmen könnten den virtuellen Spaziergang in ihre Marketingstrategie einbauen, Immobilienmakler den Interessenten bestimmte Immobilien in bester Lage anpreisen etc.

Hingegen befürchten Kritiker, dass vor allem das Recht auf informationelle Selbstbestimmung des Einzelnen verletzt werde. Entgegen allen gegenteiligen Beteuerungen sei es nämlich möglich, viele persönliche Daten, bis hin zum Passwort des W-LAN-Netzes, zu erfassen. Auch die unkontrollierte Weitergabe solcher persönlicher Daten an Werbeunternehmen und Immobilienfirmen wird befürchtet.

Dieser Streit zwischen Befürwortern und Gegnern des Projekts wurde zwischenzeitlich vor Gericht ausgefochten. Beide Streitparteien konnten sich bei der Verteidigung ihrer Position auf bestimmte Rechte berufen.

1. Erstellen Sie einen Katalog von Rechten, die im Fallbeispiel „street view" von den Beteiligten in Anspruch genommen bzw. verletzt werden. Auf welche Rechte kann sich der Internet-Anbieter bei der Verteidigung seiner Position berufen, welche Rechte sehen die Gegner des Internet-Programms in Gefahr?
2. Diskutieren Sie zusammenfassend die Frage, ob „street view" in Deutschland zugelassen oder beschränkt werden sollte. Begründen Sie Ihre jeweilige Position.
3. Suchen Sie nach weiteren Fallbeispielen, in denen bestimmte Grundrechte mit anderen Grundrechten in Konflikt geraten können.
4. Wenden Sie bei der Lösung der hier dargestellten Spannungen zwischen verschiedenen Freiheitsrechten die von Rawls eingeführte Regel an, dass die Grundfreiheiten miteinander verträglich gemacht werden müssen.

Freiheitsrechte im Widerstreit mit dem Recht auf Existenzsicherung?

Neue Armutsrisiken selbst in reichen Ländern wie Deutschland haben dazu geführt, dass die Frage, worauf jeder Mensch einen *gerechtfertigten* Anspruch hat, um ein Leben in Würde zu führen, in der Gerechtigkeitsdebatte wieder an Bedeutung gewinnt.

Der verbogene Paragraf

Der „verbogene Paragraf" ist ein Negativpreis, den die Evangelische Obdachlosenhilfe in Deutschland e.V. in der Vergangenheit mehrfach an Behörden verliehen hat, die besonders hartnäckig Rechtsverletzungen begangen und damit einkommensarme Menschen beeinträchtigt haben. In diesem Jahr hat der Preis des Vereins einen anderen und sehr prominenten Adressaten – die Bundesregierung! [...]
„Wohnungslosigkeit und Armut sind das Ergebnis eines langfristigen Verarmungs- und Ausgrenzungsprozesses benachteiligter Menschen, wobei Wohnungslosigkeit die extremste Form darstellt: Krisen auf dem Arbeitsmarkt und im Finanzsystem, Modernisierungsprozesse und Sozialabbau führen zu sozialen Ungerechtigkeiten und erhöhen die Armutsrisiken. Es ist ganz offensichtlich, dass armen Menschen nicht nur Anerkennung und Einkommen fehlen, sondern wir sehen auch die Verwirklichung ihrer grundlegenden sozialen Rechte in Gefahr. Bürgerrechte einlösen heißt auch politische Rechte aktiv wahrzunehmen. Dies kann nur jemand, dessen grundlegende soziale und materielle Absicherung gegeben ist," kommentierte Stefan Gillich, stellvertretender Vorsitzender der Evangelischen Obdachlosenhilfe in Deutschland, die Verleihung eines Sonderpreises an die Bundesregierung.

(http://www.evangelische-obdachlosenhilfe.de/pressemeldungen.htlm; Zugriff: 27.11.2010)

Vermögensabgabe für Reiche?

Dieter Lehmkuhl hat gemeinsam mit anderen wohlhabenden Männern und Frauen einen „Appell für eine Vermögensabgabe" gestartet:
Es ist eine schreiende Ungerechtigkeit, wenn die Folgen der Finanz- und Wirtschaftskrise auf die sozial Schwachen abgewälzt werden und die Wohlhabenden und auch diejenigen, die die Krise verursacht haben, ungeschoren davon kommen. Daher fordern wir, dass jeder Bundesbürger, dessen Nettovermögen 500.000 Euro übersteigt, in den kommenden zwei Jahren jeweils fünf Prozent seines Vermögens abgibt. Wer also eine Million Euro besitzt, müsste 50.000 Euro zahlen. [...] Nirgendwo wächst die Zahl der Millionäre so stark wie in Deutschland. [...] Zwischen 2000 und 2008 sind die Gewinne aus Unternehmertätigkeit um 50 Prozent gestiegen, während die Nettolöhne und -gehälter um fünf Prozent gesunken sind.

(Jutta vom Hofe: Keine Lösung nach Gutsherrenart. Interview mit Dieter Lehmkuhl. diegesellschafter.de 10/2010, S. 14)

1. Erläutern Sie den Zusammenhang zwischen der Wahrnehmung von Freiheits- und Bürgerrechten einerseits und der Gewährleistung der Existenzsicherung für alle andererseits.
2. Recherchieren Sie, welche rechtlich verbindlichen Unterstützungsmaßnahmen es in der Bundesrepublik Deutschland für sozial Schwache gibt, die gewährleisten sollen, dass alle Menschen unabhängig von ihrer Arbeitsfähigkeit ihre Existenz sichern können.

3. Teilen Sie die Klasse in Arbeitsgruppen auf und untersuchen Sie anhand konkreter Beispiele aus Ihrer Region, ob alle Menschen hier über so viel verfügen, dass sie ein Leben in Würde führen können.
   a) Informieren Sie sich dazu bei verschiedenen Sozialverbänden vor Ort.
   b) Dokumentieren Sie die Ergebnisse Ihrer Recherche.
   c) Stellen Sie eigene Vorschläge zur Verbesserung der Lage im Klassenforum zur Diskussion.

Die Idee des bedingungslose Grundeinkommens

Götz W. Werner, der Gründer einer bekannten Drogeriekette, plädiert in einem Interview für die Einführung eines bedingungslosen Grundeinkommens für alle in Deutschland.

Prisma: Eine ihrer zentralen Forderungen ist das bedingungslose Grundeinkommen für alle. Wie soll das funktionieren?

Werner: Jeder, vom Säugling bis zum Greis, muss ein steuerfinanziertes Grundeinkommen erhalten. Dadurch würde der Mensch frei, sein kreatives Potenzial für die Allgemeinheit zu aktivieren. Der Zwang, Geld verdienen zu müssen, um überhaupt am Leben teilzunehmen, führt in Unfreiheit. Und macht aus vielen von uns Zwangsarbeiter, die ihre Fähigkeiten bei weitem nicht ausschöpfen.

„Schlaraffenland" von Pieter Brueghel d. Ä.

Prisma: Da kämen ja paradiesische Zustände Brueghel'schen Ausmaßes auf uns zu. Die gebratenen Tauben flögen einem in den Mund. Stellt sich die Frage, ob die Menschen stark genug wären, mit dieser Freiheit umzugehen.

Werner: Schneller, weiter, höher – das sind doch die Maximen menschlichen Handelns. Die meisten werden über das allgemeine Grundeinkommen hinaus verdienen wollen, denn wir streben nach mehr. Diejenigen aber, die aus verschiedenen Gründen am Arbeitsleben nicht teilnehmen können oder wollen, verfügen trotzdem über ein menschenwürdiges Einkommen. Kindheit und Alter wären wieder finanzierbar und auch die Hausfrau würde endlich für ihre Arbeit entlohnt. Hartz IV, für mich nicht mehr als ein offener Strafvollzug, wäre Geschichte.

Prisma: Eine weitere Forderung ist die radikale Änderung des Steuersystems. Ertrags- und Einkommenssteuer würden abgeschafft. Nur noch der Konsum müsste besteuert werden. Eine 50-prozentige Mehrwertsteuer träfe aber vor allem Menschen mit wenig Geld. Wäre das gerecht?

Werner: Die Konsumbesteuerung ist die einzig gerechte. Wer einen großen Wagen kauft, zahlt viel mehr Steuern als der, der sich für ein kleines Modell entscheidet. Und denken Sie mal daran, wie sinnvoll wir die Legionen von Finanzbeamten einsetzen könnten. Zum Beispiel für die Arbeitsvermittlung. Fördern und Fordern wäre dann mehr als ein Schlagwort.

(Franz Hünnekens: Freiheit als Lebenselixier. Interview mit Götz W. Werner, Gründer der Drogeriemarktkette dm. In: Prisma Heft 10/2007, S. 12)

1. Erläutern Sie die Grundidee, die hinter dem Konzept des bedingungslosen Grundeinkommens steht. Warum hätte die Verwirklichung dieser Idee nach Werner nicht nur mehr Gleichheit, sondern auch mehr Freiheit zur Folge?

2. Teilen Sie die Klasse in zwei Gruppen ein: Sammeln Sie in der jeweiligen Gruppe mindestens fünf Pro- bzw. Contra-Argumente bezogen auf die Idee des bedingungslosen Grundeinkommens. Verteidigen Sie die Argumente vor der Klasse. Fassen Sie die Ergebnisse der Diskussion in einer Bilanz zusammen.

5.3 Warum demokratische Gesellschaften Gerechtigkeit brauchen

Das gesellschaftliche Zusammenleben wird niemals gänzlich frei von Konflikten sein. In politischen Ordnungen werden solche Konflikte reguliert. Die *Demokratie* sieht sich heute jedoch selbst diversen Gefährdungen ausgesetzt. Der amerikanische Philosoph John Rawls nimmt solche Gefährdungen zum Anlass, um darüber nachzudenken, auf welchen Gerechtigkeitsgrundsätzen eine stabile demokratische Gesellschaft beruhen sollte.

Warum hast du mich auf diese Insel geschleppt?

Damit wir in Ruhe über die Prinzipien für eine gerechte Gesellschaft nachdenken können.

Wie lassen sich allgemein akzeptierte Gerechtigkeitsgrundsätze finden?
Rawls geht davon aus, dass die Menschen sich auf die Grundsätze ihrer Zusammenarbeit vertraglich einigen sollten. Um solche allgemein akzeptierten Gerechtigkeitsgrundsätze zu finden, fordert er uns zu einem *Gedankenexperiment* auf:

Die Fiktion des Urzustandes*

Wir wollen uns also vorstellen, dass diejenigen, die sich zu gesellschaftlicher Zusammenarbeit vereinigen wollen, in einem gemeinsamen Akt die Grundsätze wählen, nach denen Grundrechte und -pflichten und die Verteilung der gesellschaftlichen Güter bestimmt werden. [...] Die Entscheidung, die vernünftige Menschen in dieser theoretischen Situation der Freiheit und Gleichheit treffen würden, bestimmt die Grundsätze der Gerechtigkeit. [...]
Dieser Urzustand wird natürlich nicht als wirklicher geschichtlicher Zustand vorgestellt, noch weniger als primitives Stadium der Kultur. Er wird als rein theoretische Situation aufgefasst, die so beschaffen ist, dass sie zu einer bestimmten Gerechtigkeitsvorstellung führt. Zu den wesentlichen Eigenschaften dieser Situation gehört, dass niemand seine Stellung in der Gesellschaft kennt, seine Klasse oder seinen Status, ebensowenig sein Los bei der Verteilung natürlicher Gaben wie Intelligenz oder Körperkraft. [...] Die Grundsätze der Gerechtigkeit werden hinter einem Schleier des Nichtwissens festgelegt. Dies gewährleistet, dass dabei niemand durch die Zufälligkeiten der Natur oder der gesellschaftlichen Umstände bevorzugt oder benachteiligt wird. Da sich alle in der gleichen Lage befinden und niemand Grundsätze ausdenken kann, die ihn aufgrund seiner besonderen Verhältnisse bevorzugen, sind die Grundsätze der Gerechtigkeit das Ergebnis einer fairen Übereinkunft oder Verhandlung.

(John Rawls: Eine Theorie der Gerechtigkeit. Suhrkamp, Frankfurt am Main 1994, S. 28ff.)

Die Hauptgedanken der Theorie der Gerechtigkeit

Nach Rawls Auffassung würden sich die Menschen im fiktiven Urzustand genau auf zwei Gerechtigkeitsgrundsätze vertraglich einigen, nämlich:

1. Jedermann soll gleiches Recht auf das umfangreichste System gleicher Grundfreiheiten haben, das mit dem gleichen System für alle anderen verträglich ist.

2. Soziale und wirtschaftliche Ungleichheiten sind so zu gestalten, dass a) vernünftigerweise zu erwarten ist, dass sie zu jedermanns Vorteil dienen, und b) sie mit Positionen und Ämtern verbunden sind, die jedem offen stehen.

Diese Grundsätze beziehen sich hauptsächlich auf die Grundstruktur der Gesellschaft und bestimmen die Zuweisung von Rechten und Pflichten und die Verteilung gesellschaftlicher und wirtschaftlicher Güter. Wir unterscheiden also zwischen den Seiten des Gesellschaftssystems, die die gleichen Grundfreiheiten festlegen und sichern, und denen, die gesellschaftliche und wirtschaftliche Ungleichheiten bestimmen und einführen.

(Nach John Rawls: Ebenda. S. 81f.)

1. Was besagt die Rede von den Gerechtigkeitsgrundsätzen als Ergebnis eines Vertrages? Wer wird hier als Vertragsabschließender unterstellt?
2. Welche Funktion hat das Gedankenexperiment eines Urzustands in Rawls' Gerechtigkeitstheorie? Informieren Sie sich in diesem Zusammenhang über die Methode des Gedankenexperiments (siehe S.161).
3. Was versteht Rawls unter dem „Schleier des Nichtwissens"? Welche Eigenschaften werden dem Urzustand zugesprochen, die gewährleisten sollen, dass die getroffene Vereinbarung fair ist?
4. Geben Sie mit eigenen Worten den Inhalt der beiden Gerechtigkeitsgrundsätze wieder. Worin bestehen die Besonderheiten des ersten und zweiten Gerechtigkeitsgrundsatzes, auf welche spezifischen Güter beziehen sie sich jeweils?

Der Grundsatz des Vorrangs der Freiheit

Für John Rawls, wie auch für andere Vertreter des Liberalismus, ist die Gewährleistung von Freiheitsrechten die unerlässliche Basis für eine gerechte Gesellschaft. Der von ihm formulierte *erste Gerechtigkeitsgrundsatz* regelt die Zuweisung der Grundfreiheiten auf die Mitglieder der Gesellschaft. Diese Rechte sollen, so lautet die Forderung, für alle Mitglieder der Gesellschaft in gleicher Weise gelten.

Welche Freiheitsrechte sollten in einer gerechten Gesellschaft unbedingt für alle gewährleistet werden?

Grundfreiheiten

Es ist nun von Bedeutung, dass die Grundfreiheiten durch eine Liste derartiger Freiheiten festgelegt sind. Wichtig unter ihnen sind die politische Freiheit (das Recht, zu wählen und öffentliche Ämter zu bekleiden) und die Rede- und Versammlungsfreiheit; die Gewissens- und Gedankenfreiheit; die persönliche Freiheit, zu der der Schutz vor psychologischer Unterdrückung und körperlicher Misshandlung und Verstümmelung gehört (Unverletzlichkeit der Person); das Recht auf Eigentum und der Schutz vor willkürlicher Festnahme und Haft, wie es durch den Begriff der Gesetzesherrschaft festgelegt ist. Diese Freiheiten sollen nach dem ersten Gerechtigkeitsgrundsatz für jeden gleich sein. [...]

Diese Grundsätze sollen in lexikalischer Ordnung stehen, derart, dass der erste dem zweiten vorausgeht. Diese Ordnung bedeutet, dass Verletzungen der vom ersten Grundsatz geschützten Grundfreiheiten nicht durch größere gesellschaftliche oder wirtschaftliche Vorteile gerechtfertigt oder ausgeglichen werden können. Diese Grundfreiheiten haben einen Kern-Anwendungsbereich, innerhalb dessen sie nur beschränkt werden können, wenn sie mit anderen Grundfreiheiten in Konflikt geraten.

(John Rawls: Ebenda. S. 82)

Der frühere Bundeskanzler Helmut Schmidt kritisierte das „überzogene" Freiheitsverständnis westlicher Länder wiederholt. Seiner Ansicht nach betone dieses die Freiheitsrechte zu einseitig. Er fordert, den Katalog der Grundrechte durch einen Katalog von Grundpflichten zu ergänzen, da ohne dem die Gesellschaft pervertiere.

1. *Diskutieren Sie Inhalt und Bedeutung der sechs Grundfreiheiten, die Rawls in seine Liste von Grundfreiheiten aufnimmt. Überprüfen Sie, inwiefern die von Rawls aufgeführten Grundfreiheiten im Grundgesetz der Bundesrepublik Deutschland ihren Niederschlag finden.*
2. *Sollten aus Ihrer Sicht weitere Grundfreiheiten in die von Rawls entwickelte Liste aufgenommen werden, wenn ja, welche? Begründen Sie ihre Position.*
3. *Was versteht Rawls unter „lexikalischen Ordnung", in der die beiden Grundfreiheiten zueinander stehen? Welcher Gerechtigkeitsgrundsatz hat für ihn aus welchen Gründen Vorrang?*
4. *Ein Freiheitsrecht betrifft das Recht auf Meinungsfreiheit. Argumentieren Sie – speziell mit Blick auf rechtsextremes Gedankengut – zu der Frage, ob es aus Ihrer Sicht Grenzen der Meinungsfreiheit geben sollte. Nutzen Sie dafür auch das Argumentationsschema von Rawls (siehe S. 155). Beziehen Sie in Ihre Überlegungen auch die Aussagen im Lehrbuch auf den Seiten 74 und 95 mit ein.*
5. *Nehmen Sie Stellung dazu, ob zu einer gerechten Gesellschaft neben Grundrechten auch Grundpflichten gehören Welche Grundpflichten sehen Sie? In welchem Verhältnis stehen diese zu den von Rawls benannten Grundfreiheiten? Listen Sie die zehn wichtigsten Grundpflichten auf und begründen Sie diese.*

Gefährdungen der Demokratie zum I.: Demokratien ohne Demokraten?

Die liberale Forderung nach gleichen Grundfreiheiten für alle ist heute in die Verfassung vieler Länder eingegangen. Was passiert aber, wenn die Grundfreiheiten zwar per Gesetz garantiert sind, die Menschen ihre politischen Rechte als Bürger aber überhaupt nicht in Anspruch nehmen, weil sie sich, aus welchen Gründen auch immer, ins Private zurückziehen? Der Soziologe Ralf Dahrendorf sieht angesichts einer solchen Situation den Bestand der Demokratie gefährdet.

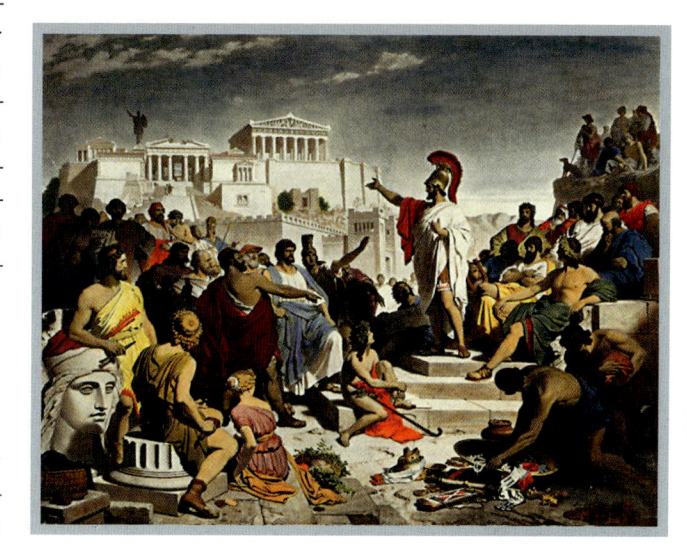

Perikles als Politiker, umgeben von Dichtern, Philosophen und Künstlern (Philipp v. Foltz, 1852).

Desinteresse an Politik
In vielen Ländern können wir sehen, wie die aktuelle Popularität eines politischen Führers sich mit dem kollektiven Desinteresse an Politik verbindet. Apathie heißt nicht unbedingt, dass die Leute nicht zur Wahl gehen. Es heißt, dass sie auf eine informierte, ständige und dauerhafte Kontrolle der Verwaltung der öffentlichen Dinge verzichten.
Diese Tendenz beunruhigt mich sehr, denn ich sehe darin ein langfristiges Phänomen, das letzten Endes zum Verstummen des demokratischen Diskurses führen kann. Wir leben in Gesellschaften, die man immer öfter als „Demokratien ohne Demokraten" bezeichnen könnte, das heißt als Gesellschaften, in denen die Bürger ihren Pflichten als Staatsbürger nicht nachkommen. Es ist aber eine staatsbürgerliche Pflicht, den Mund aufzumachen und sich zu äußern – nicht unbedingt als Mitglied einer Partei und nicht unbedingt als Berufspolitiker. Vielmehr im Bewusstsein des großen Privilegs, in einer liberalen Ordnung und in einer Demokratie zu leben – wachsam gegenüber jeder, auch der geringsten Beeinträchtigung der Freiheit. Eine Demokratie lebt nicht ohne eine demokratische Kultur der Wachsamkeit, die von allen getragen wird. Eine aus Demokraten bestehende Demokratie macht denen, die an der Macht sind, das Leben schwer, während eine autoritäre Ordnung ihnen das Leben leicht macht. [...] Die „Demokratie ohne Demokraten" ist ganz gewiss der Beginn einer neuen und unerfreulichen Entwicklung.

(Ralf Dahrendorf: Die Krisen der Demokratie. Ein Gespräch. Beck, München 2003, S. 91f.)

1. Informieren Sie sich, wie hoch die Wahlbeteiligung bei der letzten Landtagswahl oder Kommunalwahl in Sachsen-Anhalt war und bewerten Sie die Ergebnisse im Lichte der von Dahrendorf aufgezeigten Gefahren für die Demokratie.
2. Welche Bürgerpflichten hält Dahrendorf, korrespondierend mit den Bürgerrechten, für unerlässlich, um die Demokratie am Leben zu erhalten?
3. Begründen Sie, warum ein kollektives Desinteresse an Politik den Mächtigen zwar nützt, zugleich aber neuen Ungerechtigkeiten Tür und Tor öffnet.

Grundsatz verteilender Gerechtigkeit

Rawls* zweiter Gerechtigkeitsgrundsatz (siehe S. 155) lässt sich als *Grundsatz distributiver (verteilender) Gerechtigkeit* verstehen. Er regelt einerseits die Verteilung von Ämtern und Positionen, andererseits von Gütern und Leistungen auf die Mitglieder der Gesellschaft. Dementsprechend umfasst er zwei Teile, das Prinzip fairer Chancengleichheit gekoppelt mit dem Unterschiedsprinzip.

Zunächst zum *Prinzip fairer Chancengleichheit*. Zugrunde liegt die Gerechtigkeitsvorstellung, dass die „Ämter und Positionen in einer Gesellschaft allen offen stehen" sollten. Wie ist diese Forderung zu verstehen?

Q **Das Prinzip fairer Chancengleichheit**
[Die herkömmliche Gerechtigkeitsauffassung] setzt gleiche Freiheiten (gemäß dem ersten Grundsatz) und eine Wirtschaft des freien Marktes voraus. Sie fordert formale Chancengleichheit in dem Sinne, dass jeder wenigstens die gleichen gesetzlichen Rechte auf vorteilhafte soziale Positionen hat. Eine Gleichheit der sozialen Verhältnisse wird jedoch nur insoweit angestrebt, als es zur Erhaltung der nötigen allgemeinen Institutionen nötig ist; daher wird die Anfangsverteilung der Aktiva jederzeit stark von natürlichen und gesellschaftlichen Zufälligkeiten beeinflusst. [...]
Die liberale Auffassung, wie ich sie nenne, versucht das dadurch auszugleichen, dass sie zu der Forderung der Offenheit der Laufbahnen die der fairen Chancengleichheit hinzunimmt. Der Gedanke ist der, dass Positionen nicht nur in einem formalen Sinne offen sind, sondern dass jeder auch die faire Chance haben soll, sie zu erlangen. Was das bedeuten soll, ist nicht ohne weiteres klar, doch man kann es so verstehen: Menschen mit ähnlichen Fähigkeiten sollen ähnliche Lebenschancen haben. Genauer: Man geht von einer Verteilung der natürlichen Fähigkeiten aus und verlangt, dass Menschen mit gleichen Fähigkeiten und gleicher Bereitschaft, sie einzusetzen, gleiche Erfolgsaussichten haben sollen, unabhängig von ihrer anfänglichen gesellschaftlichen Stellung. [...] Die Aussichten von Menschen mit gleichen Fähigkeiten und Motiven dürfen nicht von ihrer sozialen Schicht abhängen.
Die liberale Auffassung der beiden Grundsätze versucht also den Einfluss gesellschaftlicher und natürlicher Zufälligkeiten auf die Verteilung zu mildern. Dazu müssen dem Gesellschaftssystem weitere grundlegende strukturelle Beschränkungen auferlegt werden. Die freien Märkte müssen in politische und juristische Institutionen eingebettet werden, die den wirtschaftlichen Gesamtablauf regeln [...].

(John Rawls: Ebenda. S. 92f.)

A 1. Erläutern Sie den Unterschied zwischen der Idee der formellen Chancengleichheit, die mit der Idee der Herrschaft des Gesetzes konform geht und Rawls' Prinzip der fairen Chancengleichheit.
2. Welche Maßnahmen halten Sie für erforderlich, um unterschiedliche Startvoraussetzungen von Menschen auszugleichen und eine tatsächliche Chancengleichheit durchzusetzen?
3. Auf welche Grenzen dürfte das Prinzip der fairen Chancengleichheit bei seiner Anwendung stoßen? Welche Gerechtigkeitsdefizite werden auch bei Durchsetzung des Prinzips fairer Chancengleichheit fortbestehen? Nutzen Sie für Ihre kritische Betrachtung auch Peter Singers Argumentation auf Seite 143.

Das Unterschiedsprinzip*

Rawls geht davon aus, dass die wirtschaftliche Zusammenarbeit in einer Gesellschaft „zu jedermanns Vorteil" sein sollte. Inwiefern lassen sich Unterschiede in der Verteilung von Einkommen und Vermögen dann überhaupt noch rechtfertigen? Eine Antwort gibt er mit dem *Unterschiedsprinzip*.

Geht man von den Institutionen aus, wie sie von der gleichen Freiheit für alle und der fairen Chancengleichheit gefordert werden, so sind die besseren Aussichten der Begünstigten genau dann gerecht, wenn sie zur Verbesserung der Aussichten der am wenigsten begünstigten Mitglieder der Gesellschaft beitragen. Der intuitive Gedanke ist der, dass die Gesellschaftsordnung nur dann günstigere Aussichten für Bevorzugte einrichten und sichern darf, wenn das den weniger Begünstigten zum Vorteil gereicht. [...]

Zur Veranschaulichung des Unterschiedsprinzips betrachte man die Einkommensverteilung zwischen gesellschaftlichen Klassen, denen repräsentative Personen entsprechen mögen, deren Aussichten eine Beurteilung der Verteilung ermöglichen. Nun hat jemand, der etwa in einer Demokratie mit Privateigentum als Mitglied der Unternehmerklasse anfängt, bessere Aussichten als jemand, der als ungelernter Arbeiter anfängt. Das dürfte auch dann noch gelten, wenn die heutigen sozialen Ungerechtigkeiten beseitigt wären. Wie ließe sich nun eine solche anfängliche Ungleichheit der Lebenschancen überhaupt rechtfertigen? Nach dem Unterschiedsprinzip ist sie nur gerechtfertigt, wenn der Unterschied in den Aussichten zum Vorteil der schlechter gestellten repräsentativen Person – hier des ungelernten Arbeiters – ausfällt. Die Ungleichheit der Aussichten ist nur dann zulässig, wenn ihre Verringerung die Arbeiterklasse noch schlechter stellen würde.

(John Rawls. Ebenda. S. 96ff.)

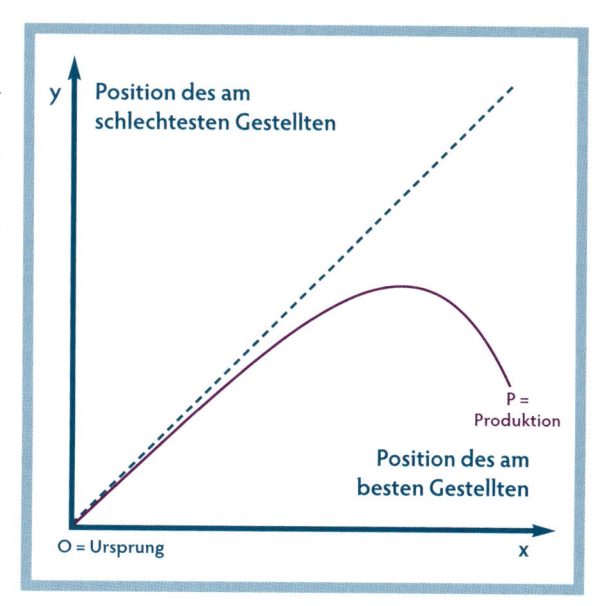

1. Unter welchen Voraussetzungen ist nach Rawls eine Ungleichverteilung wirtschaftlicher Güter gerechtfertig, wann liegt aus seiner Sicht Ungerechtigkeit vor?
2. Welche sozialen Positionen werden von Rawls zur Erläuterung des Unterschiedsprinzips herangezogen? Nennen sie Lagen in unserer Gesellschaft, die der Position des am schlechtesten Gestellten entsprechen.
3. Veranschaulichen Sie das Unterschiedsprinzip, indem Sie in das Vektordiagramm verschiedene mögliche Lagekombinationen von x (Lage des am Besten Gestellten) und y (Lage des am Schlechtesten Gestellten) eintragen. Markieren sie den Punkt auf der Kurve, ab dem die Zusammenarbeit ungerecht wird.
4. Diskutieren Sie den Zusammenhang zwischen den beiden Gerechtigkeitsprinzipien. Warum sind bei einer massiven Verletzung des zweiten Gerechtigkeitsgrundsatzes unter Umständen Freiheitsrechte einzelner in Gefahr?

Gefährdungen der Demokratie zum II.: Die Einkommensschere öffnet sich

Rawls Grundsatz distributiver Gerechtigkeit sieht eine Begrenzung der Ungleichverteilung von Einkommen und Vermögen vor. Die wirtschaftliche Entwicklung darf sich nicht auf Kosten bestimmter Gruppen, vor allem nicht der am schlechtesten Gestellten, vollziehen. Ansonsten sieht Rawls den Bestand der freiheitlichen Ordnung in Gefahr.

Wie aktuell solche Forderungen sind, wird mit Blick auf die Armutsentwicklung in der Bundesrepublik Deutschland deutlich. Wie in verschiedenen Untersuchungen nachgewiesen wurde, hat sich die Schere zwischen arm und reich in den beiden letzten Jahrzehnten immer weiter geöffnet. Die Frage lautet daher: Wie viel soziale Unterschiede verträgt die Demokratie?

Armuts- und Reichtumsbericht der Bundesregierung

Die Bundesregierung veröffentlicht seit 2001, jeweils zur Mitte der Regierungsperiode, den „Armuts- und Reichtumsbericht". Im aktuellen dritten Bericht, der 2008 erschienen ist, wird festgestellt: Rund 13 Prozent der Menschen in Deutschland leben unter der Armutsgrenze. Das heißt, diese Menschen haben ein Einkommen, das geringer ist als 60 Prozent des Durchschnittseinkommens. Ein besonders hohes Armutsrisiko haben Kinder und junge Erwachsene – Letzteres vor allem, wenn sie allein leben. Außerdem sind Alleinerziehende sowie Familien mit mehreren Kindern betroffen. [...] Der Schlüssel zur Armutsbekämpfung, so eine Kernaussage des Armuts- und Reichtumsberichts, ist mehr Bildung und Beschäftigung. Daher ist es vorrangiges Ziel der Bundesregierung, Arbeitslosigkeit abzubauen. Darüber hinaus investiert sie in mehr Chancengleichheit im Bildungs- und Ausbildungssystem. [...]
„In diesem Land leben 2,4 Millionen Kinder in einem Armutsrisiko. Diese Kinder leben in Armut, weil ihre Eltern keine Arbeit haben. Die große Mehrheit der Eltern will raus aus der Arbeitslosigkeit, aber sie können nicht, weil sie kein Arbeitsangebot haben, weil sie keinen Schul- und Berufsabschluss haben, weil sie keinen Kitaplatz oder keinen Ganztagsschulplatz haben. [...]" *Ursula von der Leyen, Bundesministerin für Arbeit und Soziales. www.mit-neuem-mut.de, 25. Februar 2010.*

(Sozialpolitik. Ein Heft für die Schule. H. 2010/2011, S. 12f.)

> Wenn in einer Demokratie einige wenige sehr viel mehr besitzen als der Durchschnittsbürger, dann geht der Staat entweder zugrunde oder er hört auf, eine Demokratie zu sein.
>
> *(Maximilian Robbespierre)*

1. Der hier zitierte Armutsbericht stammt aus dem Jahre 2008. Ziehen Sie aktuelle Statistiken zu Rate, um die Frage zu beantworten, wie sich die Armut in der Bundesrepublik Deutschland seit 2008 entwickelt hat.
2. Halten Sie die im Text aufgeführten Maßnahmen zur Bekämpfung der Armut für ausreichend? Welche anderen Maßnahmen schlagen Sie vor?
3. Diskutieren Sie zusammenfassend die Frage: Wieviel soziale Ungleichheit verträgt die Demokratie?

Gedankenexperiment

Bei einem *Gedankenexperiment* wird das Experiment ausschließlich im Bewusstsein durchgeführt. Daher bedarf es zur erfolgreichen Durchführung von Gedankenexperimenten einer Portion Fantasie und der Bereitschaft, sich auf die konstruierten Bedingungen gedanklich einzulassen. Dabei spielt es keine Rolle, ob die angenommenen Bedingungen an der Realität orientiert sind oder ob es sich um eher unwahrscheinliche Annahmen handelt. Wichtig ist allein, dass die Gedankenexperimente „fruchtbar" sind, das heißt, dass sie uns bei der Beantwortung von strittigen Fragen weiter bringen.

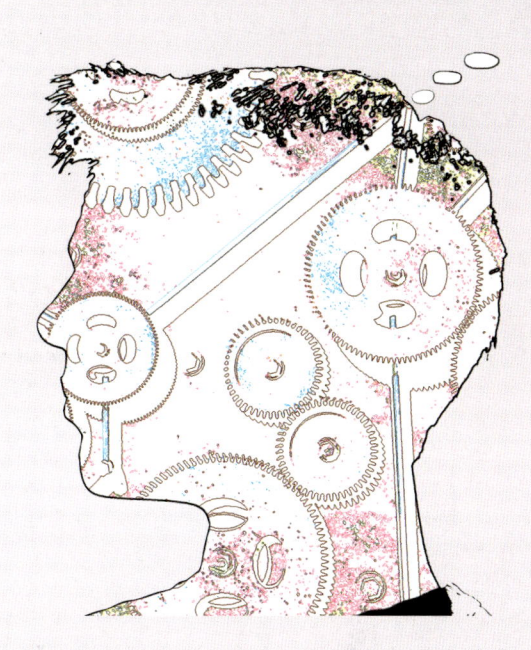

Gedankenexperimente beginnen häufig mit der Aufforderung:
› „Stell dir vor …",
› „Angenommen, dass …",
› „Was wäre, wenn …",
› „Gehen wir einmal davon aus, dass …",
› „Wenn y nun die Eigenschaften a, b und c hätte, …" o. ä.

Durch diese Aufforderung wird man angehalten, die gegebene Wirklichkeit mit ihren Routinen, ihren festen Abläufen und Strukturen zu verlassen. Wir versuchen einen Wechsel der Perspektive vorzunehmen, unseren sozialen Platz, unsere Zeit zu überschreiten. Gedankenexperimente können dazu beitragen, Gefahren und Risiken vorherzusehen, Wissen anzuwenden und zu erweitern, Lösungsansätze für praktische Probleme zu suchen.

In der Philosophie haben Gedankenexperimente eine lange Tradition. Bereits im Rahmen der antiken Philosophie wurde von Platon* mit seinem Höhlengleichnis (siehe S. 38) ein solches überliefert. In der Zeit der Renaissance lud Thomas Morus* die Leser zu einem gedanklichen Ausflug ins Land Utopia (siehe S. 135) ein.

Im Kapitel zur Gerechtigkeit finden Sie zwei Gedankenexperimente (siehe „Was wäre, wenn…" – Seite 145 sowie Rawls' Überlegungen zum „Urzustand"* – S. 154).
1. Vergegenwärtigen Sie sich, zur Bewältigung welcher Probleme diese Gedankenexperimente von den Autoren vorgeschlagen wurden. Argumentieren Sie zu der Frage, ob diese Gedankenexperimente dabei helfen, Denkbarrieren in Fragen der sozialen Gerechtigkeit zu überwinden.
2. Führen Sie selbst folgendes Gedankenexperiment durch: Angenommen, Sie hätten die Möglichkeit, unabhängig von allen Rücksichtnahmen auf bestimmte Interessen und Traditionen über Gerechtigkeitsgrundsätze unserer Gesellschaft zu entscheiden. Welche würden Sie wählen? Begründen Sie Ihre Position.

6 Orientierung durch Glauben

Was ist das Gute, das Anständige? Wie soll ich mich verhalten? Was tun, was lassen? Das sind die Fragen der Ethik. Einige der ältesten Antworten auf diese Fragen finden wir in den Religionen. Für nicht-religiöse Menschen stellt sich die Frage:

Was geht mich das an?

André (14): Ich glaube nicht an Gott, was soll ich mich da mit religiösen Moralvorstellungen auseinandersetzen.

Ben (15): Europa ist nun mal von der jüdisch-christlichen Kultur geprägt. Da sollten wir jüdisch-christliche Moralvorstellungen schon kennen. Auch, um uns selbst zu verstehen.

Jennifer (14): Mich interessieren vor allem die Werte des Islam. Er hat einen schlechten Ruf, aber es leben ja auch sehr viele freundliche und friedliche Muslime unter uns.

Carlotta (15): Ich bin zwar nicht religiös, aber meditiere manchmal. Ich glaube, vom Buddhismus mit seiner Friedfertigkeit können wir uns eine Scheibe abschneiden.

A
1. Beurteilen Sie die Ansichten der vier Jugendlichen und diskutieren Sie über die Frage „Was gehen mich religiöse Moralvorstellungen an?".
2. Führen Sie dann an Ihrer Schule eine anonyme Umfrage zu diesem Thema durch. Entwickeln Sie dazu einen Fragenkatalog. Berücksichtigen Sie bei Ihren Fragen u. a. folgende Aspekte:
   › Welche religiösen Moralvorstellungen sind nicht-religiösen Menschen bekannt?
   › Können Religionen auch nicht-religiösen Menschen gute Antworten auf drängende Fragen bieten?
   › Woher – wenn nicht aus einer Religion – stammen die Moralvorstellungen nicht-religiöser Menschen?
   › Wäre es gut oder schlecht für die Menschheit, wenn nicht-religiöse Menschen sich mit religiösen Moralvorstellungen stärker auseinandersetzen würden?
3. Werten Sie die Umfrage aus und veröffentlichen Sie die Ergebnisse in der Schülerzeitung.

6.1 In gutem Glauben: religiöse Ethik

Es gibt viele Religionen. Jede hat eigene Moralvorstellungen. Es finden sich aber auch Übereinstimmungen. Fest steht: Die Religionen hüten einen reichen Schatz an Antworten auf die Frage nach einem guten und moralisch richtigen Leben.

Was tun? Religionen geben Antwort

Aus den heiligen Schriften lesen Geistliche und Gläubige Unterschiedliches heraus. Manche halten am uralten Wortlaut fest, andere „übersetzen" die Texte in die Gegenwart. „Den" Christen, Muslim, Juden, Hindu oder Buddhisten gibt es nicht.

Woher die Vielfalt der Werte und Normen?

[E]s darf aufgrund unseres biologischen Wissens angenommen werden, dass die Grundbedürfnisse des Lebens für alle Menschen dieselben sind. Dazu gehören die Bedürfnisse nach Schutz, nach Nahrung, nach Überleben, nach Schmerzfreiheit, nach sozialem Austausch, nach Orientierung und nach Lebensdeutung u.a. Diese Bedürfnisse werden je nach Kulturstufe, nach wirtschaftlicher oder klimatischer Möglichkeit unterschiedlich befriedigt. […] Lebenswerte fallen nicht vom Himmel und sind keineswegs beliebig, sie entwickeln sich aus biologischen und emotionalen Wurzeln und speichern eine Vielfalt von empirischen Erfahrungen und Problemlösungsstrategien.

(Anton Grabner-Haider (Hg.): Ethos der Weltkulturen. Vandenhoeck & Ruprecht, Göttingen 2006, S.12f.)

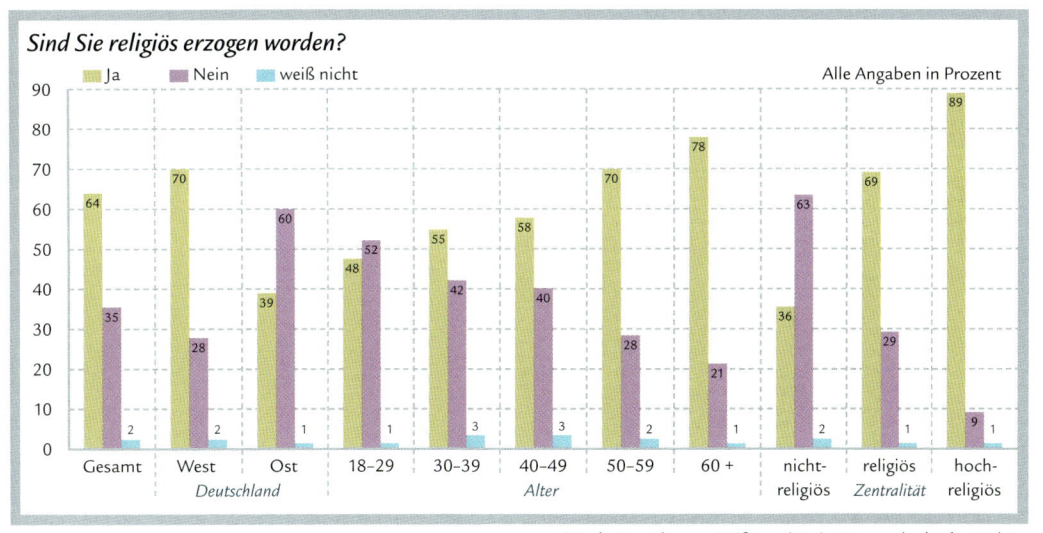

Sind Sie religiös erzogen worden? (Alle Angaben in Prozent)

Kategorie	Ja	Nein	weiß nicht
Gesamt	64	35	2
West Deutschland	70	28	2
Ost Deutschland	39	60	1
18–29	48	52	1
30–39	55	42	3
40–49	58	40	3
50–59	70	28	2
60+	78	21	1
nicht-religiös	36	63	2
religiös (Zentralität)	69	29	1
hoch-religiös	89	9	1

(Nach: Bertelsmann Stiftung (Hg.): Woran glaubt die Welt? Analysen und Kommentare zum Religionsmonitor 2008. Bertelsmann, Gütersloh 2009, S.165)

1. Erläutern Sie, wie Entstehung und Vielfalt von Werten und Normen erklärt werden. Verdeutlichen Sie die Rolle von Grundbedürfnissen für die Moral am Beispiel des Werts „Solidarität". Beziehen Sie sich auch auf die Bedürfnispyramide (siehe S. 203).
2. Macht diese Erklärung der Moral Hoffnung auf weltweiten Frieden? Diskutieren Sie.
3. Diskutieren Sie, welche Schlüsse und Forderungen sich aus dem Diagramm ableiten lassen?
4. Berichten Sie, wie Sie zu Ihrer Weltanschauung und damit auch zu Ihren Moralvorstellungen gekommen sind.

Zum Beispiel: Gerechtigkeit und Barmherzigkeit

Fast alle Religionen kennen das moralisches Gebot, dass uns das Schicksal anderer Menschen nicht gleichgültig sein darf.

Dem Gegenüber gerecht werden

Q Die meisten Leute denken wohl, Gerechtigkeit sei, alle Menschen gleich zu behandeln. Ich halte das jedoch für einen großen Irrtum. Ich bin überzeugt, dass wir dann gerecht handeln, wenn wir mit unserem Verhalten dem jeweilgen Gegenüber gerecht werden. (Wolfgang Mayer, katholischer Gefängnisseelsorger, Ulm)

(saarbruecken.katholikentag.de/100-worte-gerechtigkeit/index.php?page=65; Zugriff: 13.11.2010)

Fair ist ein Gütesiegel Gottes

Q Gott kann es nicht ausstehen, wenn Menschen betrogen werden, er fordert Gerechtigkeit, und Gerechtigkeit bedeutet manchmal nur ein paar Cent mehr, meint Jens Sannig, Superintendent des Evangelischen Kirchenkreises Jülich anlässlich der sogenannten Schokoladenaktion. Diese wirbt beharrlich in kirchlichen Kreisen und in der Öffentlichkeit für fair gehandelte Schokolade. In seiner Predigt erläutert Sannig: „Gott will, dass das Leben gelingt, dass wir alle ein Leben in Fülle haben." Unter den hiesigen Billigstpreisen für Schokolade litten die Ärmsten der Armen. Deshalb sei die Zeit reif für diese Schokoladenaktion, denn: „Fair ist ein Gütesiegel Gottes."

(Nach www.schokoladenaktion-aachen.de; 9.3.2010; Zugriff: 13.11.2010)

A
1. Informieren Sie sich zunächst auf S. 102 über den fairen Handel.
2. Erläutern Sie, inwiefern Gerechtigkeit für Christen mehr meint, als alle Menschen gleich zu behandeln. Vergleichen Sie die christliche Auffassung von Gerechtigkeit mit der auf S. 138 ff. dargestellten Sicht.
3. Interpretieren Sie das – christlich geprägte – „Kreuzwortbild". Entwerfen Sie dann ein eigenes „Kreuzwortbild", das Ihre Vorstellung von Gerechtigkeit spiegelt, und diskutieren Sie Ihre Ergebnisse.

Kreuzwortbild:
- G
- WELT
- MENSCHENRECHTE
- SCHOEPFUNG
- ICH
- REICHGOTTES
- EINEWELTLADEN
- BILDUNG
- GEBET
- KINDER
- VIELFALT
- ARBEIT
- T

Zum Beispiel: Der Umgang mit Tieren
Mitleid mit den Tieren

Eine besondere Betonung findet [im Buddhismus] die Solidarität mit dem nichtmenschlichen Leben. Vom ersten Buddha wird berichtet, dass er tiefes Mitleid mit den Tieren gezeigt habe. [...] Diejenigen Tiere, welche von Menschen zur Arbeit eingesetzt werden, dürfen nicht gequält und überfordert werden. Denn sie stellen ihre Kraft den Menschen freiwillig zur Verfügung. Der Gläubige muss für das Wohl seiner Haustiere sorgen, auch in ihnen kann die Buddhanatur versteckt sein.

(Anton Grabner-Haider (Hg.): Ethos der Weltkulturen. Vandenhoeck & Ruprecht, Göttingen 2006, S.91)

1. *Informieren Sie sich im Internet unter www.vegetarismus.ch./heft/2004-3/hinduismus.htm über den Umgang mit Tieren in Hinduismus. Was ist in diesem Zusammenhang mit einem schlechten Karma gemeint?*
2. *Welchen der Ansichten im Buddhismus und Hinduismus zum Umgang mit Tieren können Sie etwas abgewinnen? Begründen Sie Ihre Meinung.*
3. *Sammeln Sie nicht-religiöse Begründungen für einen respektvollen Umgang mit Tieren.*

Sind in unserem Glauben die Tiere vergessen?

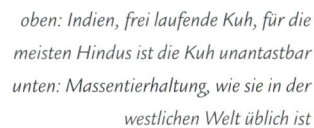

Die Bibel schreibt, der Mensch solle herrschen „über die Fische im Meer, die Vögel unter dem Himmel und alles Getier, das auf Erden kriecht". Das sei falsch verstanden worden, kritisieren fast 400 christliche Theologen im „Glauberger Schuldbekenntnis":

Wir bekennen vor Gott, dem Schöpfer der Tiere, und vor unseren Mitmenschen:
Wir haben als Christen versagt, weil wir in unserem Glauben die Tiere vergessen haben. [...] Wir haben den diakonischen Auftrag Jesu verraten und unseren geringsten Brüdern, den Tieren, nicht gedient. [...] Wir waren als Kirche taub für das Seufzen der misshandelten und ausgebeuteten Kreatur.
Glauberg im Frühjahr 1988

oben: Indien, frei laufende Kuh, für die meisten Hindus ist die Kuh unantastbar
unten: Massentierhaltung, wie sie in der westlichen Welt üblich ist

(www.aktion-kirche-und-tiere.de/cms/upload/Downloads/Glauberger_Schuldbekenntnis.Fertig.pdf; Zugriff: 13.12.2010)

4. *Erläutern Sie, auf der Grundlage Ihrer Kenntnis des Christentums, welche konkrete Schuld hier gemeint sein könnte. Gefällt Ihnen die Idee der Tiere als „Brüder"? Vergessen Sie in Ihrem „Glauben" die Tiere auch – manchmal? Tauschen Sie sich darüber aus.*

5. *Gestalten Sie eine Collage zum Thema Tierquälerei, auf der religiöse Argumente gegen Tierquälerei zu finden sind. Erkundigen Sie sich dazu genauer über die Ansichten der Weltreligionen zum Umgang mit Tieren. Informationen über Tierquälerei finden Sie z.B. unter: www.tierschutzbund.de.*

Zum Beispiel: Der Schutz der Umwelt

Wie halten es die Religionen mit dem Umweltschutz? Auch wenn die Verletzlichkeit unseres Planeten durch menschliches Handeln noch nicht lange ins Bewusstsein der Menschen gerückt ist, lassen sich aus vielen Religionen Umweltschutzgebote ableiten.

Warum Umweltschutz? Zwei religiöse Begründungen

Q „Seht euch vor, dass ihr meine Welt nicht verderbt und zerstört. Denn wenn ihr es tut, wird es niemanden geben, der sie nach euch wieder instand setzt." Klingt nach indianischer Weisheit [oder] einer Passage aus dem Grundsatzprogramm von Greenpeace. [...] Aber der Satz stammt aus dem Midrasch [= jüdischer Bibelkommentar]. Und er ist nur eine von vielen Aussagen der rabbinischen Literatur zum Thema Umweltschutz, ein zentrales Anliegen im Judentum. Die Tora mahnt, nichts zwecklos zu zerstören. [...] Eine der Grundideen des Schabbat ist, dass der Mensch an einem Tag der Woche nicht nur sich selbst, sondern auch seiner Umwelt Ruhe gönnt.

(www.juedische-allgemeine.de/article/view/id/3458; 1.2.2007; Zugriff: 12.11.2010)

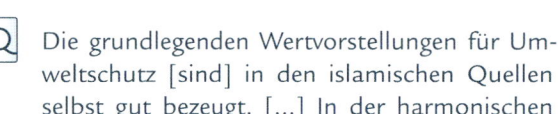

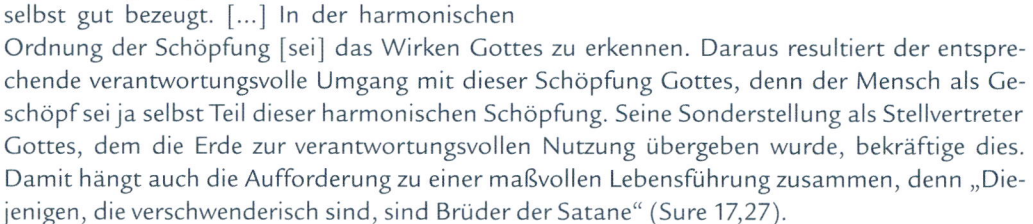

Die Mietsache ist schonend zu behandeln und in gutem Zustand zurückzugeben

Q Die grundlegenden Wertvorstellungen für Umweltschutz [sind] in den islamischen Quellen selbst gut bezeugt. [...] In der harmonischen Ordnung der Schöpfung [sei] das Wirken Gottes zu erkennen. Daraus resultiert der entsprechende verantwortungsvolle Umgang mit dieser Schöpfung Gottes, denn der Mensch als Geschöpf sei ja selbst Teil dieser harmonischen Schöpfung. Seine Sonderstellung als Stellvertreter Gottes, dem die Erde zur verantwortungsvollen Nutzung übergeben wurde, bekräftige dies. Damit hängt auch die Aufforderung zu einer maßvollen Lebensführung zusammen, denn „Diejenigen, die verschwenderisch sind, sind Brüder der Satane" (Sure 17,27).

(Anton Grabner-Haider (Hg.): Ethos der Weltkulturen. Vandenhoeck & Ruprecht, Göttingen 2006, S. 306)

A 1. Vergleichen Sie die religiösen Ansichten zum Umweltschutz. Überlegen Sie, welche konkreten Pflichten sich aus den Ansichten jeweils ergeben.
2. Welcher der Ansichten stehen Sie am nächsten? Welche scheinen Ihnen hilfreich, um unsere Umwelt tatsächlich zu schützen? Diskutieren Sie.

Ü 3. *Das elfte Gebot – ein Experiment*
Stellen Sie sich vor, dass Sie zu irgendeiner Freikirche gehören, die es sich erlauben kann, ein elftes Gebot zu den bestehenden zehn hinzuzufügen. Dieses elfte Gebot soll das Verhältnis des Menschen zur Erde regeln und mitteilen, was er darf oder nicht darf. Erarbeiten Sie in Gruppen ein elftes Gebot, das den Umgang des Menschen mit der Natur regelt. Entwickeln Sie aus den vermutlich unterschiedlichen Fassungen des elften Gebots eine gemeinsame Version.

Zum Beispiel: Frieden und Gewalt im Islam

Terroranschläge im Namen des Islam haben diese Religion in Verruf gebracht. Wie steht der Islam wirklich zu Frieden und Gewalt? An dieser Frage lässt sich beispielhaft die Schwierigkeit aufzeigen, aus religiösen Lehren eine eindeutige Moral abzuleiten.

Gewalttätig oder friedlich: Auslegungssache?

Als sei der Koran ein Lehrbuch für Widersprüche [...] pendelt das Buch zwischen Aufrufen zur Gewalt und Ermahnungen zur Toleranz. Da gibt es die Aufforderungen zur Tötung von Ungläubigen, etwa Sure 4,89: „Wenn sie sich abkehren, dann ergreift sie und tötet sie, wo immer ihr sie findet." [...] Aber es gibt auch Botschaften von universeller Barmherzigkeit. Gott selbst ist die Güte: „Rahman", der Barmherzige, und „Rahim", der Gnädige, sind die gebräuchlichsten Gottesnamen im Koran.

(Aus: DER SPIEGEL. 52/2007)

Muslime und Gewalt: eine Studie unter 14- bis 16-Jährigen

ZDF.de: Sie haben in Ihrer Studie herausgefunden, dass junge religiöse Muslime [in Deutschland] mehr zur Gewalt neigen. Was sind aus Ihrer Sicht die Gründe dafür?

Prof. Pfeiffer: Aus unseren Analysen zeigt sich, je religiöser junge Muslime sind, je häufiger sie in die Moschee gehen, [...] um so weniger deutsche Freunde haben sie, um so niedriger ist ihr Bildungsstand, um so weniger fühlen sie sich als Deutsche [...], das heißt, es gibt offenkundig einen Rückzug in die Ethnie und in die Religion. Je ausgeprägter ihr Glaube in den Fragebögen dokumentiert ist, um so deutlicher bejahen sie die sogenannten gewaltlegitimierenden Männlichkeitsnormen, auf Deutsch gesagt, die Machokultur, um so häufiger spielen sie sehr brutale Computerspiele. [...] Wir sagen nicht, der Islam macht gewalttätig, sondern die Art und Weise wie er von den Imamen zelebriert wird, die mit unserer Kultur nicht verbunden sind, [...] scheint sich [...] negativ auszuwirken.

(http://www.zdf.de/ZDFde/inhalt/29/0,6911,807865,00.html; 11.6.20100; Zugriff: 3.11.2010)

Wie die anderen Religionen hat auch der Islam seine Fanatiker, das heißt Leute, die es nicht ertragen, dass andere anders denken oder glauben als sie. Sie sind eine Minderheit. Leider sind sie sehr aktiv und richten viel Schaden an. Sie schaden den Muslimen und auch den Nichtmuslimen. Sie handeln im Namen des Islam, doch oft sind es Analphabeten, die die Schriften nicht studiert haben. Oder aber es sind intelligente Leute, die den Islam aus Eigeninteresse zur Verbreitung ihrer politischen Propaganda benutzen [...] sie denken, die Amerikaner seien schuld am Unglück mancher arabischen und islamischen Bevölkerungen.

(Tahar Ben Jelloun: Papa, was ist der Islam? Berlin Verlag, Berlin 2002, S. 104f.)

1. Erläutern Sie, wie Fanatismus und Gewaltbereitschaft junger Muslime erklärt werden. Wie könnte die friedliche Seite des Islam mehr Gewicht bekommen? Machen Sie Vorschläge.
2. Betrifft das Problem der Uneindeutigkeit religiöser Lehren nur den Islam? Durchstöbern Sie die Bibel nach Aussagen zu Frieden und Gewalt.

3. Ein besonders umstrittener Begriff im Islam ist „djihad". Er wird oft mit „Heiliger Krieg" übersetzt, kann aber auch „Bemühung" bedeuten. Laden Sie einen Vertreter des Islam ein (Kontakte z. B. über: www.islam.de). Fragen Sie ihn, wie er diesen Begriff versteht und die Frage nach Frieden und Gewalt im Islam für sich beantwortet.

Das Projekt Weltethos

Überzeugt davon, dass alle großen Religionen bestimmte ethische Prinzipien teilen, hat der katholische Theologe Hans Küng* das Projekt Weltethos* angestoßen. Dessen Ziel besteht darin, sich über Gemeinsamkeiten zu verständigen und einen Konsens (eine Übereinstimmung von Ansichten) zu finden. Bei einem Weltethos-Treffen 1993 konnten sich über 6.500 Menschen aus über 125 Religionen und religiösen Traditionen auf vier Gebote einigen.

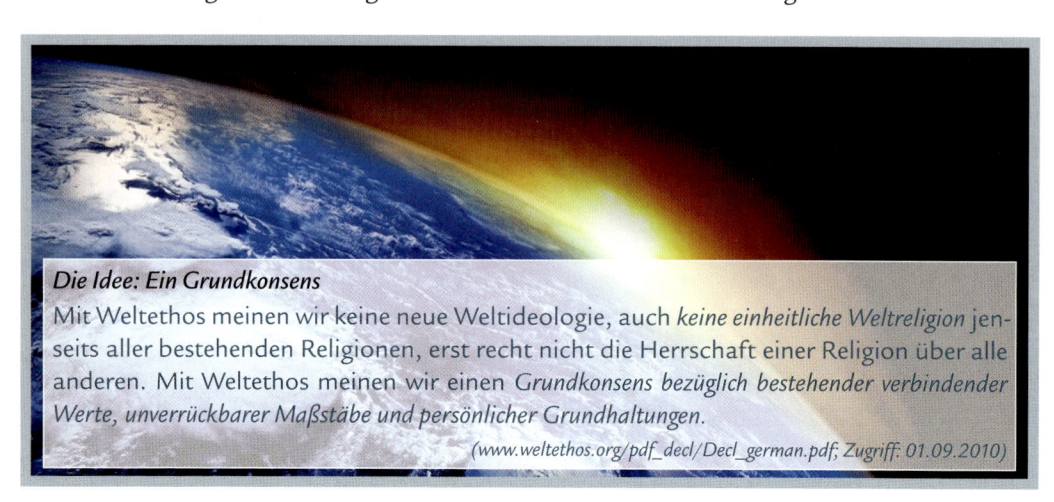

Q

Die Idee: Ein Grundkonsens
Mit Weltethos meinen wir keine neue Weltideologie, auch *keine einheitliche Weltreligion* jenseits aller bestehenden Religionen, erst recht nicht die Herrschaft einer Religion über alle anderen. Mit Weltethos meinen wir einen *Grundkonsens bezüglich bestehender verbindender Werte, unverrückbarer Maßstäbe und persönlicher Grundhaltungen.*

(www.weltethos.org/pdf_decl/Decl_german.pdf; Zugriff: 01.09.2010)

A
1. Welche Chancen sehen Sie allgemein im Projekt Weltethos? Und welche Schwierigkeiten? Beurteilen Sie diese Suche nach einem ethischen Grundkonsens.
2. Setzen Sie die Idee eines Weltethos grafisch um, ohne Worte, also in Form eines Schaubilds, einer Zeichnung oder Collage.

Ein erster Grundkonsens: vier Gebote

| 1 | „Du sollst nicht töten" | oder positiv | „Hab Ehrfurcht vor dem Leben" |

für eine Kultur der Gewaltlosigkeit und der Ehrfurcht vor allem Leben.

| 2 | „Du sollst nicht stehlen" | oder positiv | „Handle ehrlich und fair" |

für eine Kultur der Solidarität und der Gerechtigkeit.

| 3 | „Du sollst nicht lügen" | oder positiv | „Rede und handle wahrhaftig" |

für eine Kultur der Toleranz und ein Leben in Wahrhaftigkeit.

| 4 | „Du sollst nicht Unzucht treiben" | oder positiv | „Respektiert und liebt einander" |

für eine Kultur der Gleichberechtigung und Partnerschaft von Mann und Frau.

A
3. Können Sie allen Geboten zustimmen? Ist Ihnen etwas zu ungenau? Fehlt Ihnen etwas? Beurteilen Sie die Gebote unter Angabe von Beispielen. Überlegen Sie dann, ob und wie ihre Einhaltung einer besseren Welt dienen würde, z.B. der Armutsbekämpfung, dem Umweltschutz oder dem Weltfrieden.
4. Wie ließe sich erreichen, dass diese Gebote nicht nur auf dem Papier und von einigen Religionsführern akzeptiert werden, sondern tagtäglich von allen Menschen? Stellen Sie eine Liste von Maßnahmen zusammen.

Die Goldene Regel*

Vielleicht lässt sich ja der Grundkonsens noch knapper fassen, in eine Faustformel der Menschlichkeit. Denn fast alle Kulturen und Religionen teilen seit Jahrhunderten einen ethischen Grundsatz, die sogenannte Goldene Regel:

> **Judentum:** Tue nicht anderen, was Du nicht willst, dass sie Dir tun.

> **Buddhismus:** Ein Zustand, der nicht angenehm oder erfreulich für mich ist, soll es auch nicht für ihn sein; und ein Zustand, der nicht angenehm oder erfreulich für mich ist, wie kann ich ihn einem anderen zumuten?

> **Hinduismus:** Man sollte sich gegenüber anderen nicht in einer Weise benehmen, die für einen selbst unangenehm ist; das ist das Wesen der Moral.

> **Islam:** Keiner von euch ist ein Gläubiger, solange er nicht seinem Bruder wünscht, was er sich selber wünscht.

> **Christentum:** Alles, was Ihr wollt, das euch die Menschen tun, das tut auch Ihr ihnen ebenso.

(Nach: www.schule-weltethos.de/040901_goldene-regel.htm)

1. Versuchen Sie, das Gemeinsame der Versionen der Goldenen Regel zu bestimmen. Welche Version sagt Ihnen am meisten zu?

Nur ein Scheinkonsens? Eine Kritik

Die von Küng formulierten Maximen elementarer Menschlichkeit erzeugen lediglich den Schein einer Übereinstimmung, der sich auflöst, sobald man fragt, wie diese Maximen in den einzelnen Religionen und im ethischen Konfliktfall inhaltlich gefüllt werden. Was soll beispielsweise bedeuten, dass man keinen Unschuldigen töten darf? [...] Was wird sodann in den verschiedenen Religionen für Unzucht gehalten? Die Bewertungsmaßstäbe hierfür gehen nicht nur zwischen den Religionen, sondern auch innerhalb derselben recht erheblich auseinander. [... Notwendig ist,] die Frage nach gemeinsamen Werten und Normen zu ersetzen durch diejenige nach gemeinsamen Handlungszielen. Nicht was wir dürfen und sollen, sondern was wir unbeschadet unserer unterschiedlichen kulturellen Prägung und religiösen Orientierung gemeinsam wollen, ist die entscheidende Frage.

(http://www.religion.orf.at/projekt03/religionen/weitere/fachartikel/re_andere_fa_projektweltethos0-94.htm; Zugriff: 12.11.2010.)

2. Erläutern Sie, was hier gegen die Weltethos-Idee eingewendet wird. Suchen Sie weitere Beispiele. Halten Sie die Kritik für berechtigt? Begründen Sie Ihre Meinung.
3. Was halten Sie von dem Vorschlag, sich statt auf gemeinsame Werte auf gemeinsame Ziele zu einigen? Und welche Ziele könnten das sein? Diskutieren Sie.
4. Suchen Sie nach einem Ethos für die Welt im Kleinen – Ihre Schule. Führen Sie zunächst eine schulweite Umfrage durch. Entwerfen Sie dazu eine Liste von Geboten, deren Akzeptanz Sie erfragen. Formulieren Sie dann auf der Grundlage der Ergebnisse Ihre „Schulweltethos-Erklärung".

Religiöse Moral hinterfragt

Die Weltreligionen – so die Idee des Projekts Weltethos* – teilen moralische Grundsätze. Aber sie haben auch je eigene Ge- und Verbote. Manche davon sind problematisch.

Beispiel: Rolle der Frau
Religionen als Männersache

Q Viele Religionen sind männerzentriert und legitimieren die männliche Dominanz religiös. Religionen sind Kinder ihrer Zeit. Eine Religion, die sich um 1.000 vor Christus im vorderen Orient formiert, spiegelt zwangläufig in ihren Urkunden die gesellschaftlichen Verhältnisse jener Zeit. Selbst im Christentum […] setzten sich […] die patriarchalen Strukturen der Umwelt durch: Gemeindeleiter, Priester, Bischöfe, Päpste – alles männlich […], galten Frauen doch – nicht nur im Christentum – als unrein, verführerisch, triebhaft, minderwertig. […] In den anderen Religionen vergleichbare Befunde: Im Islam, zunächst […] eine Hochschätzung von Frauen, die aber schon im Koran im Namen Gottes zurückgedrängt und abgewertet wird. So auch im Buddhismus, wo Frauen zwar früh die Zulassung zur Mönchsgemeinde erstreiten, aber bis heute […] benachteiligt, ja untergeordnet sind. Ebenso auch im Hinduismus […] wo bis heute Vätern wegen des zu erwartenden hohen Brautgelds zur Geburt einer Tochter kondoliert wird.

(Stephan Schlensog: Die Weltreligionen für die Westentasche. Piper, München 2008, S.98f.)

A 1. Wie wird die männliche Dominanz in vielen Religionen hier erklärt? Wird sie durch diese Erklärung gerechtfertigt? Begründen Sie Ihre Meinung

Der Islam – eine frauenfeindliche Religion?

Der Zentralrat der Muslime in Deutschland gibt zu bedenken, dass frauenfeindliche Bräuche nicht aus dem Islam abgeleitet werden können. Vielmehr sind dafür entweder Bräuche aus vorislamischer Zeit oder die Vorherrschaft der Männer in der traditionellen orientalischen Gesellschaft verantwortlich.

Q Unsere Schwierigkeit als Muslime liegt nicht darin, dass wir gegen die islamische Lehre vorgehen müssen, um den Frauen zu mehr Rechten zu verhelfen, oder gegen eine hierarchische Institution, die sich dagegen stellt. Unsere Schwierigkeit liegt darin, dass wir gegen althergebrachte unislamische Sitten, Gebräuche und „Volkstraditionen" im eigenen Lager kämpfen müssen, die im Bewusstsein vieler Muslime unberechtigterweise den Status „religiöser Traditionen" erlangten.

(Nadeem Elyas: Vorsitzender des Zentralrates der Muslime in Deutschland. Zit. aus: Micheal Keene: Was Weltreligionen zu Alltagsthemen sagen. Verlag an der Ruhr, Mülheim 2005, S. 83)

A 2. Recherchieren Sie, welche problematischen „religiösen Traditionen" gemeint sind, die frauenfeindlich sind. Können Sie nachvollziehen, dass der Islam oft als frauenfeindliche Religion bezeichnet wird?

Beispiel: Sexualmoral

Viele Religionen haben Regeln für sexuelles Verhalten. Für die Katholische Kirche etwa ist Sex nur in der Ehe und nie getrennt vom Zweck der Fortpflanzung denkbar. Sie lehnt künstliche Empfängnisverhütung als „verwerflich" ab und predigt stattdessen Treue und Enthaltsamkeit.

Der Papst, Kondome und Aids

Mit einem Eklat hat Papst Benedikt XVI. seine Afrika-Reise begonnen. Bei seinem Flug zum Kontinent, auf dem geschätzte 22 Millionen Menschen mit der Immunschwächekrankheit HIV leben, erklärte der Pontifex, dass Kondome das Aids-Problem nicht lösen, sondern eher verschärfen würden. [...] Der Papst sollte besser die Verbreitung von Kondomen fördern und den Menschen ihre Verwendung beibringen, wenn er es ernst meine mit dem Kampf gegen Aids, empörte sich Rebecca Hodes von der südafrikanischen Organisation Treatment Action Campaign. Mit seiner Opposition gegen die Verhütung zeige Benedikt, „dass ihm das religiöse Dogma wichtiger ist als das Leben von Afrikanern".

(Nach:www.spiegel.de/panorama/gesellschaft/0,1518,613964,00.html; 18.3.2009; Zugriff: 8.11.2010)

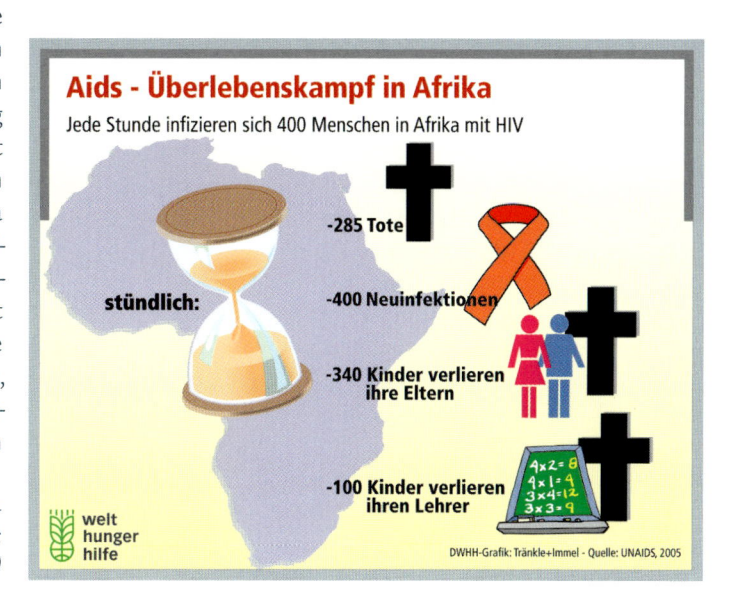

Aids - Überlebenskampf in Afrika
Jede Stunde infizieren sich 400 Menschen in Afrika mit HIV

stündlich:
-285 Tote
-400 Neuinfektionen
-340 Kinder verlieren ihre Eltern
-100 Kinder verlieren ihren Lehrer

welthungerhilfe

DWHH-Grafik: Tränkle+Immel - Quelle: UNAIDS, 2005

1. Auch in Afrika gibt es viele Christen, für die das Wort des Papstes Gewicht hat. Beurteilen Sie vor diesem Hintergrund seine Ächtung von Kondomen.
2. Wie erklären Sie sich, dass die Frage des sexuellen Verhaltens der Menschen in vielen Religionen so eine wichtige Rolle spielt?

Den Menschen nicht überfordern

Der Philosoph Bernulf Kanitscheider sieht die christliche Sexualmoral als Beispiel für Moralvorstellungen, die die Natur des Menschen missachten und ihn daher überfordern.

[E]ine normative Forderung an einen Menschen setzt das Können voraus. Es ist nicht sinnvoll, Menschen einen Forderungskatalog vorzulegen, der so rigide ist, dass der Mensch ihn auf Grund seiner evolutionären Ausstattung gar nicht erfüllen kann. [...] Die christliche Sexualmoral ist ein typischer Fall, in dem der Forderungskatalog viel zu hoch angesetzt worden ist gegenüber dem menschlichen Triebpotenzial. Auf Grund rationaler Reflexion kann man durchaus Korrekturen anbringen und sagen: Dieser Katalog muss gar nicht erfüllt werden; für ein gedeihliches Zusammenleben kann man durchaus etwas von dieser rigiden Sexualmoral herunterfahren.

(www.spektrum.de/artikel/957497; 19.6.2008; Zugriff: 11.11.2010)

3. Erläutern Sie, was mit „evolutionärer Ausstattung" gemeint sein könnte. Und welche Bedeutung Kanitscheider ihr zumisst.
4. Suchen Sie weitere Beispiele für moralische Normen, die mit der „evolutionären Ausstattung" des Menschen in Konflikt geraten können. Diskutieren Sie, ob Sie es für sinnvoll halten, diese „Ausstattung" beim Aufstellen moralischer Forderungen zu berücksichtigen. Und in welchem Maß?

Eine bessere Welt ohne Religion?

Manche Menschen kritisieren nicht nur einzelne religiöse Moralvorstellungen. Sie halten Religionen tendenziell oder grundsätzlich für schädlich – für die Menschen und die Welt.

Militanz und Bevormundung: Interview mit dem Biologen Richard Dawkins

Spiegel: Warum kämpfen Sie so erbittert gegen den Glauben? Haben Sie Angst?

Dawkins: Ja, vor der Militanz des Glaubens. Vor der Überzeugung der Leute, sie wüssten genau, was richtig ist. Davor, dass für sie Argumente nicht mehr gelten. [...] Das andere [Problem] ist, dass Religiosität den Intellekt unterminiert, die Suche nach Wahrheit untergräbt; man ist zufrieden mit etwas, das nichts erklärt – obwohl wir Erklärungen haben! [...]

Spiegel: Kann nicht jeder nach seiner Fasson glücklich werden?

Dawkins: Finden Sie es in Ordnung, wenn Prediger Pat Robertson öffentlich behauptet, New Orleans sei überschwemmt worden, weil Gott die Homosexuellen strafen wollte? [...] Besonders empört mich die Indoktrinierung der Kinder. Ich halte Religion für eine Form mentalen Kindesmissbrauchs. Es ist ungeheuerlich, dass unsere Gesellschaft schon Babys Etiketten anheftet: Du bist ein katholisches, du ein protestantisches Kind. [... E]s ist eine Bevormundung. Lange bevor das Kind alt genug ist, eine eigene Meinung zu haben über den Kosmos, die Moral, die Menschheit, wird es abgestempelt zu jemandem, der an die Dreieinigkeit* glaubt.

(Ein Gott der Angst. In: DER SPIEGEL. H. 37, 2007, S. 160)

1. Sammeln Sie die Kritikpunkte von Richard Dawkins und ordnen Sie diese in einer Tabelle, in der Sie unterscheiden, wogegen sie sich richten: gegen jede Religion, gegen bestimmte Religionen, gegen bestimmte religiöse Praktiken. Beurteilen Sie: Welche wiegen am schwersten, welche erscheinen Ihnen unberechtigt?

Die vielen Gesichter der Religion

2. Lassen Sie sich von den Bildern anregen, die Religionen gegen allzu heftige Kritik zu verteidigen. Denken Sie dabei an den Wert der Religionen sowohl für die einzelnen Gläubigen als auch für die Gesellschaft.
3. Wenn Sie sich eine Welt wünschen könnten, würde es dort Religionen geben? Und wie sähen sie aus? Begründen Sie Ihren Wunsch.

Keine Ethik ohne Religion?

Einige religiöse Menschen verteidigen ihren Glauben u.a. mit der Behauptung: Ohne Religion gebe es keine Grundlage für moralisch gutes Verhalten. Allein der Glaube an einen Gott oder eine göttliche Macht garantiere, dass Menschen anständig handelten.

Gott und das Gute: Drei Standpunkte

> [W]enn Gott weichen muss, und der Mensch an die erste Stelle tritt, sind Extremismus und Fanatismus die Folge. Der atheistische Fundamentalismus ist die größte Bedrohung unserer Gesellschaft. Unter dem Minuszeichen der Gottlosigkeit gerät alles auf die schiefe Bahn. Wo immer in der Welt einer nicht mehr weiß, dass er höchstens der Zweite ist, da ist bald der Teufel los. [...] Christus oder Chaos – so lautete die provozierende, aber messerscharfe These hellsichtiger Christen nach dem Zweiten Weltkrieg und der barbarischen Nazidiktatur. [...] Es gibt keine Ethik ohne Religion.
> *(Peter Hahne: Schluss mit lustig! Das Ende der Spaßgesellschaft. Johannis, Lahr 2009, S. 88/89)*

> Wenn Sie den Glauben verloren haben, werden Sie deshalb nicht plötzlich Ihre Freunde verraten, stehlen, vergewaltigen, morden oder quälen! „Wenn es keinen Gott gibt", schrieb [der russische Schriftsteller] Dostojewskij, „dann ist alles erlaubt." Wieso denn? [...] Wenn einer sich das Morden nur aus Furcht vor einer göttlichen Strafe versagt, ist sein Verhalten moralisch wertlos: Es wäre nur Vorsicht, Angst vor der Gottespolizei, Egoismus. Und wer nur zu seinem eigenen Heil Gutes tut, tut nichts Gutes (Weil er aus Eigeninteresse handelt statt aus Verpflichtung oder Liebe) und wird nicht gerettet werden. Das ist die höchste Erkenntnis Kants, der Aufklärung und der Menschlichkeit: Nicht weil Gott etwas befiehlt, ist es gut [...], sondern weil eine Handlung gut ist, ist es möglich zu glauben, dass sie von Gott befohlen wurde.
> *(André Comte-Sponville: Woran glaubt ein Atheist? Spiritualität ohne Gott. Diogenes, Zürich 2008, S. 60)*

> Traditionell bilde das Verbindungsglied zwischen Religion und Ethik die Auffassung, die Religion liefere einen guten Grund dafür, das Richtige zu tun, nämlich die Belohnung durch ewige Seligkeit für die Tugendhaften und Höllenpein für alle anderen. Nicht alle religiösen Denker haben das akzeptiert: Kant, ein gläubiger Christ verschmähte alles, was die Befolgung des moralischen Gesetzes in die Nähe selbstsüchtiger Motive rückte. Er sagte, wir müssten es um seiner selbst befolgen.
> *(Nach Peter Singer: Praktische Ethik. Reclam, Stuttgart 1994, S. 18)*

1. Fassen Sie die verschiedenen Ansichten zusammen. Welche überzeugt Sie mehr? Begründen Sie Ihre Meinung. Angenommen Peter Hahne hätte recht damit, dass es keine Ethik ohne Religion gebe: Wäre das ein Argument dafür, dass Gott existiert? Oder dass man an ihn glauben sollte? Diskutieren Sie.

2. Veranstalten Sie eine Talkshow zum Thema „Keine Religion ohne Ethik?". Überlegen Sie, welche Figuren außer Peter Hahne und André Comte-Sponville teilnehmen (z.B. ein Muslim, ein Naturwissenschaftler, ein Vertreter der Weltethos-Idee ... und ein Moderator). Sammeln Sie dann – bei Experten oder im Internet – möglichst viele gute Argumente für jeden der Teilnehmer. Verteilen Sie die Rollen und führen Sie die Talkshow als argumentativen Wettstreit durch. Die Zuschauer sollten darauf achten, ob sie einen Minimalkonsens entdecken können, d.h. irgendeine Meinung, auf die sich alle Beteiligten einigen könnten.

6.2 Fundamentale Verirrungen

Es ist nicht schlecht, wenn das Denken einer Person in einem geistigen Fundament ruht. Doch ein fest verankertes Denken wird zum Problem, zum Fundamentalismus, wenn es keine Bereitschaft zum Dazulernen, zum Dialog oder Kompromiss gibt.

Vorsicht Fundamentalismus*!

Q Fundamentalismus: Bezeichnung für das Beharren auf festen politischen und vor allem religiösen Grundsätzen, i.d.R. auf der Basis einer buchstäblichen Interpretation göttlicher Überlieferungen (z.B. Bibel, Koran) [...]. Fundamentalistische Bewegungen betrachten ihre Überzeugungen und Vorstellungen als umfassende, absolute Lösung für alle (politischen, wirtschaftlichen und sozialen) Lebensfragen.

(Klaus Schubert/Martina Klein: Das Politiklexikon. Dietz, Bonn 2006)

Grundsätzlich engstirnig: Um Gottes Willen, keine staatliche Schule!

Q Seit fünf Jahren gehen drei Kinder strenggläubiger Hamburger Christen nicht zur Schule [...] jetzt zieht die Schulbehörde das schärfste Schwert – sie will den Eltern das Sorgerecht entziehen. [... Früher] besuchten die beiden ältesten Töchter noch eine freie christliche Bekenntnisschule, doch die Eheleute R. meldeten sie ab. Sie berufen sich auf die Bibel und darauf, ihre Kinder von schädlichen Einflüssen fernhalten zu wollen. Die Mädchen hätten Gewalt auf dem Schulhof erleben müssen, klagte der Vater. Außerdem seien sie in der Schule der Gesellschaft von Scheidungskindern ausgesetzt – „das wollen wir ihnen nicht zumuten." [...]. Ihr Reihenhaus verlassen Eltern und Kinder stets gemeinsam und fast nur sonntags zum Gottesdienst. Die „heile Welt" des Elternhauses isoliere die Kinder, befand [...] das Oberverwaltungsgericht. Ihnen drohten schwerwiegende Nachteile, wenn sie nur in der „eng begrenzten Parallelgesellschaft" im Elternhaus lebten. Sie würden sich zu unmündigen Menschen entwickeln, die über die Gestaltung ihres weiteren Lebens nicht frei entscheiden könnten.

(www.spiegel.de/schulspiegel/0,1518,433678,00.html; 26.08.2006; Zugriff: 13.11.2010)

A
1. Haben Sie Verständnis für das Verhalten der Eltern? Begründen Sie Ihre Meinung. Welchen Kompromiss könnten die Eltern eingehen? Machen Sie Vorschläge.
2. Auch der Staat/das Gericht zeigt sich hier beharrlich. Ist das berechtigt? Diskutieren Sie.
3. Erläutern Sie, inwiefern die Eltern nach der Fundamentalismus-Definition fundamentalistisch sind.
4. Legen Sie in einer Schreibmeditation nieder, inwiefern Fundamentalismus den ethischen Grundgedanken und die ethische Verpflichtung einer jeden Religion in eklatanter Form in Frage stellt.

Ü
5. Ein Gedankenexperiment: Stellen Sie sich eine Gesellschaft vor, in der alle Menschen ihre unterschiedlichen Grundsätze fundamentalistisch vertreten. Beschreiben Sie diese Welt und ziehen Sie daraus Schlüsse in Form einer Rede an die strenggläubigen Eltern.

Fundamentalismus: Das Beispiel „Kreationismus"*

Unter „Kreationismus" (von lat. „creare" = schaffen) versteht man die Ansicht, dass die Welt genau so entstanden ist, wie im biblischen Schöpfungsbericht beschrieben.

Schöpfung oder Evolution* – Gott oder Wissenschaft?

Am Anfang schuf Gott Himmel und Erde, heißt es in der Bibel. Das nehmen Kreationisten wörtlich. [...] Evolution? Gibt es nicht. [...] Am Anfang stand Gott, und er schuf Himmel und Erde – sprich: unseren Planeten, der demzufolge nicht 4,6 Milliarden, sondern lediglich 6000 Jahre alt ist. Und er schuf Bakterien, Insekten, Dinosaurier, Mammuts und Menschen – innerhalb von sechs Tagen. Das glauben die Kreationisten und bestreiten die von Charles Darwin entwickelte wissenschaftliche Evolutionstheorie, nach der sich das Leben auf der Erde ohne höheres Eingreifen in Jahrmilliarden zu seiner heutigen Form entwickelt hat. Entstanden ist der Kreationismus aus dem protestantischen Fundamentalismus, wie er vor allem in den USA verbreitet ist.

(www.stern.de/wissen/natur/kreationismus-am-23104004-v-chr-schuf-gott-die-welt-592706.html; Zugriff: 14.12.2010)

Längst hat sich eine Gegenbewegung zorniger Naturwissenschaftler formiert, die dem Herumrütteln an allen zentralen Erkenntnissen der modernen Forschung Einhalt gebieten wollen. Und ohnedies nicht nachvollziehen können, warum Evolution und Religion sich ausschließen sollen [...]. Ob es Gott gibt oder nicht, bleibt [...] für die Evolution ohne Belang – die These von der Existenz Gottes lässt sich weder verifizieren noch falsifizieren. Sie ist eben eine Frage des Glaubens. Wissenschaft indes ist für die aufgebrachten Forscher mehr als nur Ansichtssache.

(www.spiegel.de/schulspiegel/0,1518,336691,00.html; 14.1.2005; Zugriff: 5.11.2010)

1. Erläutern Sie, inwiefern der Kreationismus eine Art Fundamentalismus ist. Was könnte an diesem Denken schädlich sein.
2. Welche Einwände erheben die Naturwissenschaftler? Finden Sie diese berechtigt und plausibel?

Die Lehre vom Nudelmonster

Einige Kritiker begegnen dem Kreationismus mit Humor. Sie haben sich eine „Religion" ausgedacht, deren „Gott" ein fliegendes Spaghetti-Monster ist. Ihre Forderung: Wenn mit der christlichen Schöpfungslehre eine religiöse Ansicht an Schulen verbreitet wird, soll auch die Lehre vom Nudelmonster als Schöpfer allen Lebens unterrichtet werden.

3. Beurteilen Sie die Idee der „Nudelmonster"-Anhänger. Welches Argument steckt hinter ihrem Spaß? Überzeugt es Sie? Begründen Sie Ihre Meinung.

4. Informieren Sie sich genauer über Evolutionslehre und Kreationismus, sammeln Sie Argumente und führen Sie in der Klasse eine Pro-Kontra-Diskussion.

TOUCHED BY HIS NOODLY APPENDAGE

Ideologische* Verblendung

Es gibt auch eine Art politischen Fundamentalismus. Auch dessen Kennzeichen ist das engstirnige Beharren auf bestimmten Grundsätzen. Nur handelt es sich nicht um religiöse Vorstellungen, sondern um politische Ideologien.

Ideologie: Eine Definition

[Q] [...] starre, einseitige, interessenverzerrte Weltkonzepte, die alle (gesellschaftlichen) Probleme auf sehr wenige oder gar eine einzige Ursache zurückführen und für deren Lösung den richtigen Weg zu wissen vorgeben.

(Microsoft Encarta 98 Enzyklopädie)

Kommunismus* oder Käsetorte

Der Liedermacher Wolf Biermann wanderte 1953 als Kommunist aus der BRD in die sozialistische DDR aus. Wegen Kritik an der politischen Situation wurde er 1976 in die BRD ausgewiesen, wo er sich bald auch geistig vom Kommunismus verabschiedete.

[Q] Mir dämmerte [...]: Auch den Kommunismus muss man über seine Praxis, seine Geschichte, seine Wirklichkeit definieren. Das ist nicht mehr das heilige Wort, für das dein Vater gegen die Nazis gekämpft hat, statt seinen Judenhintern zu retten, hier in Hamburg. Sondern das bedeutet, Gulag, totalitäre Herrschaft. [Danach] habe ich mir lange gesagt: Das Wort „Kommunismus" ist versaut, aber die Substanz, die damit menschlich, sozial gemeint ist, also die Hoffnung auf eine Gesellschaft ohne Ausbeutung, ohne Unterdrückung, ohne Heuchelei, ohne Kriege, wo alle Menschen Brüder sind [...]: die ist doch in Ordnung. Ich brauchte dann doch noch mal einen Anlauf, um zu begreifen, dass die Hoffnung auf dieses Paradies, egal ob man es Kommunismus nennt, oder Käsetorte, selbst schon in die Irre führt [...]. Dass ich nämlich ohne den Kinderglauben an den Kommunismus, wie immer er heißt, mich in den Streit der Welt einmischen muss, möglichst auf Seiten der besseren Menschen, der Unterdrückten, der Gequälten, die es immer wieder in neuer Version gibt. Aber ohne diesen Kinderglauben an die Endlösung des Problems.

(www.spiegel.de/kultur/literatur/0,1518,447661,00.html; Zugriff: 25.08.2010)

[A] 1. Beschreiben Sie die Entwicklung von Biermanns Denken. Berücksichtigen Sie dabei die Definition von „Ideologie".
2. Erläutern Sie, welche Gefahren der ideologische „Kinderglaube an die Endlösung" sozialer Probleme birgt.

[Ü] 3. Schreiben Sie eine „Bauanleitung" für einen Ideologie-Warnapparat. Informieren Sie sich zunächst genauer über politische Ideologien wie Konservatismus, Faschismus, Anarchismus, Kommunismus*, Liberalismus* oder Nationalismus. Stellen Sie dann eine Liste gemeinsamer Merkmale zusammen und legen Sie fest, bei welchen Auffälligkeiten im Denken von Menschen die „Alarmlampen" des Warnapparates aufleuchten sollten.

Missbrauchte Religionen

Oft verwischen die Grenzen zwischen religiösem Fundamentalismus* und politischer Ideologie*. Besonders stark im Islam, der seit jeher privates wie öffentliches Leben zu regeln beansprucht. Umso leichter ist er für politische Zwecke zu missbrauchen.

Islamismus*: Eine Religion wird zur Ideologie

Der Islamismus ist eine extremistische politische Ideologie. Anhänger islamistischer Ideologien berufen sich auf den islamischen Glauben, bedienen sich einer religiösen Sprache und erheben den Anspruch, den Islam in seiner „wahren" Form zu vertreten. In dieser Form soll die Religion zur Grundlage der politischen Ordnung gemacht werden.

(www.im.nrw.de/sch/559.htm; Zugriff: 12.11.2010)

Aus zwei Gründen ist der Islamismus kaum mit dem demokratischen Verfassungsstaat in Einklang zu bringen. Der alleinige Geltungsanspruch des „göttlichen" Rechts widerspricht dem Prinzip der Volkssouveränität. [...] Die Anwendung dieses Rechts wiederum impliziert eine Diskriminierung von Frauen und Nichtmuslimen, sowie, dass Muslimen bei Androhung der Todesstrafe die Abkehr vom Islam verboten ist.

[www.bpb.de/themen/SXR79M,0,Islamismus_und_Fundamentalismus.html; Zugriff: 5.10.2010.]

Über Ursachen des Islamismus

Der Islam als Religion ist eine Art Entführungsopfer. Bei vielen Sprechern dieses Islamismus ist es nicht sehr weit her mit ihrer Frömmigkeit. In Iran sind die führenden Theologen längst kaltgestellt worden [...]. Im Kopf [der Islamisten] schmort das Gefühl der Erniedrigung, der Kränkung durch den Westen [...]. Die Araber waren einst weltweit erfolgreich. Und was sind sie jetzt? Wer ist daran schuld? Die Antwort ist die Projektion. Nicht wir sind schuld, sondern [...] die Kolonialmächte, die Juden, die Amerikaner, irgendjemand, nur nicht wir.

(Hans Magnus Enzensberger: In: DIE ZEIT. 1.6.2006)

1 Worin sehen Sie den Unterschied zwischen Islam und Islamismus?
2. Erläutern Sie, wie die Attraktivität des Islamismus vor allem für arabische Muslime erklärt wird. Ist dieses Erklärungsmuster über den Islam hinaus anwendbar?
3. Was könnte helfen, den Islamismus für Muslime unattraktiver zu machen? Machen Sie Vorschläge.

Jetzt reicht's: Fanatismus

Ein Fundamentalist* wird zum Fanatiker, wenn er seine Ansichten um jeden Preis durchsetzen und anderen aufzwingen will, wenn nötig auch mit Gewalt.

Mit Feuer und Schwert
Gewalt und Terror im Namen einer höheren Idee

Islamisten wollten in deutschen Großstädten blutige Anschläge verüben
Vier junge Männer wollten in Deutschland im Namen Allahs Anschläge verüben. Fritz G. und Daniel S., beide als Jugendliche zum Islam konvertiert und beide Scheidungskinder, gelten als besonders fundamentalistisch. Sie wollten deutsche Städte brennen sehen, wie einst New York am 11. September 2001.
(Nach: ZEIT-Online. 25.07.2009)

Abtreibungsarzt ermordet
Scott P. Roeder (51 Jahre alt) hatte ein gutes Gewissen, als er schoss. Der Kreuzzügler war gekommen, um all die Ungeborenen zu rächen, die der Arzt in seiner Abtreibungsklinik getötet hatte. Er hatte den Mord bereits hundertfach erträumt und angekündigt, er wusste, dass das Auge des Herrn wohlgefällig auf ihm ruhte. Roeder betrieb amerikanischen Dschihad. Auge um Auge, Zahn um Zahn, ganz wie das Alte Testament es fordert. Er, auserwählt als Scharfrichter Gottes.
(Nach WELT-Online. 01.06. 2009)

Die Wahrheit gepachtet
Das Grundprinzip des Fanatismus ist ein Satz, den man schwerlich wird bestreiten wollen: Die Wahrheit verdient einen Sonderstatus gegenüber allen falschen Lehren. […] Verbindet sich ein solches Prinzip mit der Meinung *Ich habe die Wahrheit* […], so ist bereits die wichtigste Voraussetzung für einen Ausbruch von Fanatismus gegeben […]. Fanatismus ist das Gegenteil von Toleranz, aber nicht aus wie auch immer zu erklärenden üblen Charakterzügen des Fanatikers, sondern aus höheren Motiven, etwa um der Wahrheit willen, zur Ehre Gottes, der Partei, des Proletariats, der Nation, der Rasse und so fort. Fanatismus ist Inhumanität im Namen hoher Ideale.
(Hubert Schleichert: Wie man mit Fundamentalisten argumentiert. Beck, München 2001, S.66 u. S.89)

A
1. Was treibt Menschen zu solchen Taten? Suchen Sie nach Erklärungen. Die Täter scheinen sehr verschieden. Oder ähneln sie sich doch? Begründen Sie Ihre Ansicht.
2. Erläutern Sie, inwiefern die geschilderten Taten Ausdruck von Fanatismus sind. Nennen Sie weitere Beispiele von Fanatismus.
3. Was heißt, der Fanatiker handle „aus höheren Motiven"? Kann das seine Intoleranz oder Gewalt irgendwie rechtfertigen? Diskutieren Sie.

Fanatismus – Was tun?

Gewalttäter sind ein Fall für die Polizei. Das gilt auch für gewalttätige Fanatiker. Doch selbst gewaltlose Fanatiker sind meist so verblendet, dass sie mit Worten kaum in ihrer Haltung zu erschüttern sind.

Subversives Argumentieren

Eine Möglichkeit, dem Fanatismus zu begegnen, ist das indirekte – subversive – Argumentieren. Dabei versucht man erst gar nicht, die Grundsätze des Fanatikers als falsch zu beweisen. Das wäre vergebene Mühe. Stattdessen versucht man zu zeigen, woran genau er glaubt. Welche absurden oder lächerlichen Folgen sein Glauben hat.

(Nach Hubert Schleichert: Wie man mit Fundamentalisten argumentiert. Beck, München 2001, S.115ff.)

Ein Beispiel: Voltaire und der Ameisenhaufen

Im Folgenden zeigt der französische Philosoph Voltaire (1694–1778), wie man subversiv gegenüber Menschen argumentieren kann, die zum religiösen Fanatismus neigen.

Gut, ich will ihnen [...] ungefähr folgendes sagen: Dieser kleine Erdball, der nur ein winziger Punkt ist, rollt durch den Weltraum wie so viele andere Himmelskörper. Wir sind in dieser Unermesslichkeit verloren. Der Mensch mit seiner Größe von etwa fünf Fuß ist für die Schöpfung bestimmt nur eine Kleinigkeit. Eines von diesen kaum bemerkbaren Wesen sagte zu irgendwelchen Nachbarn [...]: Hört mir zu, denn mich hat der Schöpfer aller dieser Welten erleuchtet. Es gibt neunhundert Millionen kleiner Ameisen wie wir auf der Erde; aber Gott liebt nur meinen Ameisenhaufen; alle anderen sind ihm von Ewigkeit her ein Gräuel. Meiner allein wird glücklich sein, alle anderen ewig unglücklich. – Hier wird man mich sofort unterbrechen und fragen, was für ein Narr derart unvernünftiges Zeug geredet hat. Ich muss dann antworten: Ihr selbst.

(Voltaire: Recht und Politik. Athenaeum, Frankfurt a.M. 1986)

1. Erläutern Sie, inwiefern dies ein Beispiel für subversives Argumentieren ist.

2. Üben Sie sich im subversiven Argumentieren: Stellen Sie sich vor, ein(e) Freund(in) neigt zum Fanatismus. Verfassen Sie ein kurzes Porträt der Person und ihrer Weltsicht. Schreiben Sie ihr dann einen Brief. Verwenden Sie dafür eine der folgenden Formen des subversiven Argumentierens:
    a) Verfremdung: Man beschreibt – wie Voltaire in seiner Geschichte – die Weltsicht des Fanatikers, indem man bestimmte Grundsätze so abwandelt, dass sie nun fragwürdig oder lächerlich wirken.
    b) Perspektivwechsel: Man beschreibt die Weltsicht des Fanatikers aus der Sicht eines verwunderten Außerirdischen und lässt sie so absurd oder kleingeistig erscheinen.
    c) Zuspitzung: Man nimmt bestimmte Grundsätze des Fanatikers wörtlich und macht deutlich, welche aberwitzigen, kaum hinnehmbaren Folgen das hätte.

Frei im Glauben – verantwortlich im Handeln

Wie können Menschen friedlich zusammenleben, die unterschiedliche Grundsätze haben und diese zum Teil unnachgiebig vertreten? Zum Glück gibt es eine Art Schiedsrichter: den Staat. Seine Aufgabe ist es, das friedliche Zusammenleben durch einen Rahmen von Regeln zu gewährleisten.

Grundwert Menschenwürde

Q Der Begriff Grundwert kann [...] in die Irre führen. Er kann die Vorstellung nähren, es gehe dabei um die für die Menschen in ihrer Grundüberzeugung letzten und höchsten Güter, also etwa um Glaubensüberzeugungen und um Antworten auf die letzten Fragen nach dem Sinn des Lebens. Aber gerade darin gibt es in der pluralistischen Gesellschaft keine Einigkeit mehr. Sie braucht deshalb einen weltanschaulich neutralen, freiheitlichen Verfassungsstaat, weil sie in Glaubens- und Gewissensfragen nicht mehr geeint ist. Sie muss also ihr Miteinander in einer politischen Ordnung gleichsam auf vorletzte gemeinsame Werte gründen, die geeignet sind, den Wertepluralismus auszuhalten [...]. Unbestritten gilt, dass Menschenwürde der [unumstößliche Grundwert] sein soll, vom Grundgesetz selbst als solcher und als Grundlage der Menschen- und Grundrechte deklariert. Auch die Strukturprinzipien der freiheitlichen Ordnung, Demokratie, Gewaltenteilung, Rechtsstaatlichkeit, Sozialstaatlichkeit [...] erfreuen sich ebenso allgemeiner Anerkennung wie die Zielwerte Friede, Freiheit, Gerechtigkeit.

(Bernhard Sutor: Kleine politische Ethik. BpB, Bonn 1997, S.81ff.)

A 1. Wie begründet der Autor die Notwendigkeit eines weltanschaulich neutralen Staates?
2. Erläutern Sie, inwieweit die drei Zielwerte nicht ohne den Grundwert sowie die Strukturprinzipien auskommen. Grundwert, Zielwerte und Strukturprinzipien selbst stehen nicht zur Debatte. Ist das nicht eine ungehörige Bevormundung durch den Staat? Oder doch notwendig? Diskutieren Sie.
3. Lesen Sie zur „Menschenwürde" auf den Seiten 84 ff. und zu den Zielwerten „Freiheit" auf den Seiten 72 ff. und „Gerechtigkeit" auf den Seiten 138 ff. nach.

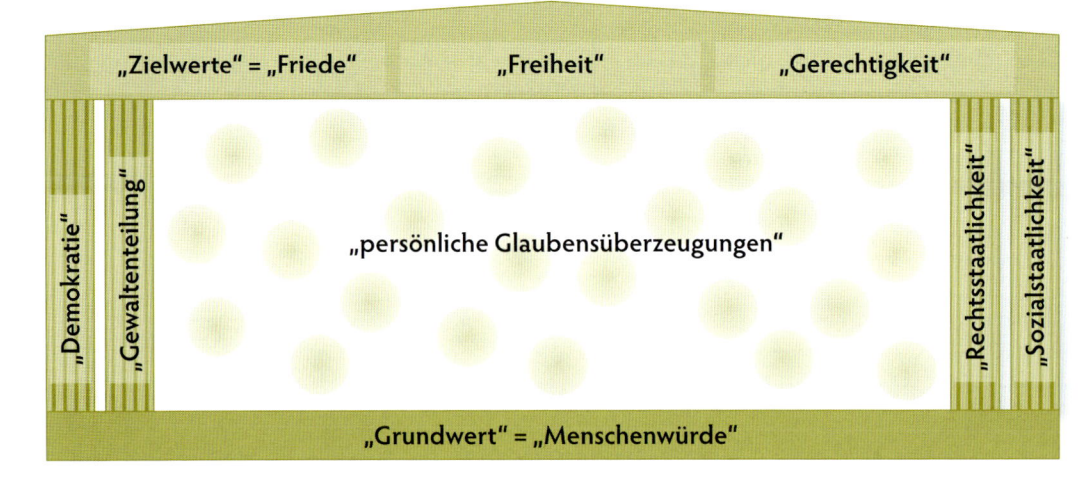

„Zielwerte" = „Friede" „Freiheit" „Gerechtigkeit"

„Demokratie" „Gewaltenteilung" „persönliche Glaubensüberzeugungen" „Rechtsstaatlichkeit" „Sozialstaatlichkeit"

„Grundwert" = „Menschenwürde"

Ü 4. Für viele Muslime steht das islamische Recht, die Scharia, über jedem weltlichem Recht. Also auch über dem Grundgesetz. Aber was, wenn Gesetze der Scharia Artikeln des Grundgesetzes zuwiderlaufen? Informieren Sie sich (z. B. bei: www.bpb.de) über Inhalt und Bedeutung der Scharia. Beschreiben und begründen Sie dann auf der Basis des dargestellten Modells, welche Grenzen der Scharia in Deutschland gesetzt sind.

6.3 Gehört das Böse zum Leben?

Nicht nur das Gute, auch das Böse scheint zwangsläufig zum Leben zu gehören. Kein Tag vergeht, an dem die Zeitungen nicht über Böses berichten. Und seien wir ehrlich: Wem von uns huscht nicht manchmal ein böser Gedanke durch den Kopf? Das Böse ist uns so vertraut, dass wir es für selbstverständlich halten.

Der Mensch: Von Natur aus böse?

Menschen tun Gutes. Sie helfen, beschützen, beschenken einander. Aber Menschen tun auch Böses. Sie morden, bestehlen, beleidigen einander. Warum aber tun sie Böses, wenn sie doch Gutes tun könnten? Können Sie nicht anders?

Christliche Vorstellungen vom Bösen

Unsere Vorstellung vom Bösen ist nicht zuletzt vom Christentum geprägt. Dort, wie auch im Judentum und Islam, gilt der Mensch als anfällig für das Böse, für ein Handeln gegen Gottes Willen. Aus christlicher Sicht ist jeder Mensch sogar von Geburt an sündig.

Die Idee der Erbsünde*

Mancher erbt etwas von dem Wesen der Eltern und, wer Glück hat, ein Häuschen. Aber was bitte ist das für eine Erbschaft – „Erbsünde"? Das ist eine alte Lehre, die besagt: Jeder Mensch bringt nicht nur seine Augenfarbe oder bestimmte Gaben

Der Sündenfall, Jacob Jordaens, 1650

mit. Wir sind von Gott getrennt und zwar von Anfang an. Sünde kommt sprachlich von dem Wort „Sund", also einem Graben. Wir sind getrennt von Gott wie durch einen Graben. Das ist uns quasi in die Wiege gelegt ... Und dieser Gedanke hat mit der Geschichte von Adam und Eva zu tun. Da wird erzählt, die leben friedlich im Paradies, durften von allen Früchten essen, nur nicht vom Baum der Erkenntnis. Da kommt die Schlange – na, Sie wissen schon – und verführt die beiden. Adam und Eva essen die verbotene Frucht und werden daraufhin aus dem Paradies vertrieben. So kam das Böse in die Welt, erzählt diese Geschichte wie im Gleichnis. [...] Darum ist die Sünde im Menschsein angelegt, ist sozusagen „vererbt". [...] Wie kann der Mensch vom ersten Schrei an ein Sünder sein? Er ist doch auch zum Guten fähig [...]. Für mich ist es wichtig, den Begriff „Erbsünde" nicht allein stehen zu lassen. Paulus hat einmal geschrieben: Durch Adam kam die Sünde in die Welt, durch Jesus kam Christus die Erlösung. Also hängen für Christen beide zusammen: Adam und Jesus, Sünde und Erlösung.

(Andreas Brauns, Jan von Lingen: Das etwas andere Kirchenlexikon.
http://www.ndr.de/kultur/kirche_im_ndr/kirchenlexikon100.html)

1. Wie gefällt Ihnen die Vorstellung, von Geburt an sündig zu sein? Leuchtet Ihnen die Verbindung von Erbsünde und Erlösung ein? Begründen Sie Ihre Ansicht.
2. Lässt sich die Idee der Erbsünde so interpretieren, dass sie auch für Nichtgläubige einen Sinn hat? Welche Folgen für das Denken könnte eine entsprechende Ansicht im Leben haben? Diskutieren Sie.

Die Sieben Todsünden

Unter den Sünden, derer sich der Mensch nach christlichem Verständnis schuldig machen kann, wiegen einige besonders schwer: nämlich solche, bei denen der Mensch bewusst gegen die zehn Gebote verstößt, also z. B. einen Mord oder Ehebruch begeht. Als Ursache für solche Sünden gelten im christlichen Denken traditionell sieben Laster, also Untugenden. Gemeinhin heißen diese Laster selbst „Die Sieben Todsünden".

1. **Hochmut** (Eitelkeit, Stolz)
2. **Geiz** (Habgier)
3. **Neid** (Missgunst, Eifersucht)
4. **Zorn** (Rachsucht)
5. **Wollust** (Gier und Besessenheit)
6. **Völlerei** (Gefräßigkeit, Maßlosigkeit)
7. **Trägheit** (Überdruss, Faulheit)

A
1. Ordnen Sie die Liste nach der Schwere der Sünde. Begründen Sie Ihre Vorschläge mit Beispielen.
2. Stellen Sie jeder „Todsünde" die entsprechende „Tugend" gegenüber und skizzieren Sie, wie sich das jeweilige tugendhafte Verhalten fördern ließe.

Die sieben Todsünden, Hieronymus Bosch (um 1500)

Guter Gott und böse Welt?

Menschen, die an einen guten Gott glauben, stehen vor dem Problem der Theodizee, nämlich der Frage: Wie kann ein gütiger und allmächtiger Gott das Böse zulassen – das von Menschen verursachte Böse wie auch das Böse in Form eines großen Unglücks?

Q „Wo warst du, lieber Gott, in Eschede?" So hatte ein Boulevardblatt [...] im Juni 1998 getitelt, nachdem der ICE Wilhelm Conrad Röntgen bei Eschede 101 Menschen in den Tod gerissen hatte [...]. Die Angehörigen derer, die in den Trümmern der Wagen zu Tode kamen, [...] fragten sich verzweifelt: „Warum hat Gott uns dies angetan? Warum hat er diese Katastrophe nicht verhindert?" [...] Alle christlichen Glaubensbekenntnisse formulieren, dass Gott allmächtig ist. [... Aber] Dreh- und Angelpunkt des christlichen Glaubens ist etwas anderes als die Omnipotenz: Dieser Gott ist in seinem Sohn verfolgt, verurteilt, gekreuzigt worden – aus Liebe zu Menschen. Die Nähe zum Menschen, nicht die Herrschaft über ihn: Das ist seine Dimension. Hans Jonas, jüdischer Philosoph und Autor, dessen Mutter im KZ getötet wurde, zog 1984 eine harte Konsequenz aus dem millionenfachen Judenmord im Holocaust. Er strich ein für alle Mal die Allmacht Gottes aus seinem Denken. Viele Christen halten gleichwohl an ihr fest. Anderen sind die Prinzipien der Liebe, des Vertrauens und der Geborgenheit für ihr Leben wichtiger.

(Eduard Kopp: Ist Gott allmächtig? In: Chrismon – H. 10/ 2001)

A
3. Welche Lösungen sehen Sie für das Theodizee-Problem? Stellt es sich – in abgewandelter Form – auch für Nicht-Gläubige? Diskutieren Sie.
4. Laden Sie einen Pfarrer ein, der Ihnen die christliche Vorstellung vom Bösen erläutert.

Das Böse aus philosophischer* Sicht

Die Frage nach dem Bösen macht nicht nur gottesgläubigen Menschen zu schaffen. Die Frage „Warum tun Menschen Böses?" hat auch die Philosophen beschäftigt.

Von Natur aus böse

Der Philosoph Thomas Hobbes* (1588–1679) begründete die Notwendigkeit von Staaten und einer staatlichen Ordnung mit dem schlechten Charakter des Menschen. Seine Triebe und Begierden führen zu einem Kampf aller gegen alle. Er prägte dafür den Ausspruch: Der Mensch ist des Menschen Wolf.

Von Natur aus gut

Der Philosoph und Pädagoge Jean-Jacques Rousseau* (1712–1776) vertrat die Idee des im Grunde guten Menschen, die er in seinem Erziehungsroman „Emile" seinem Schüler darlegt:

Er soll wissen, dass der Mensch von Natur aus gut ist, dass er aber sieht, wie die Gesellschaft den Menschen verdirbt und widernatürlich macht [...], dass fast alle Menschen die gleiche Maske tragen, dass er aber genauso gut weiß, dass es Gesichter gibt, die schöner sind als die Maske, die sie tragen.

(Jean-Jacques Rousseau: Emile oder Über die Erziehung, Schöningh, Paderborn 1998, S. 241)

1. Beschreiben Sie den Gegensatz der Ansichten von Hobbes und Rousseau mit eigenen Worten. Welche Ansicht teilen Sie (eher)? Begründen Sie Ihre Meinung.

Von Natur aus weder gut noch böse

Die Sichtweise der modernen Evolutionstheorie legt eine nüchterne Betrachtung der menschlichen Moralfähigkeit nahe und gibt zu bedenken, dass wir Menschen, wie alle anderen Arten von Lebewesen [a] *Egoisten* sind, [b] in erster Linie das Problem des *Überlebens* (= erfolgreiche Fortpflanzung) zu lösen haben, [c] im Dienste des Überlebens *Ressourcen* benötigen und [d] um diese im *Wettbewerb* miteinander stehen. Von Natur aus ist der Mensch also weder gut, noch böse, sondern macht nur, was ihm sein biologischer Imperativ gebietet. [...] Als soziales Lebewesen ist der Mensch allerdings auf ein Miteinander mit Artgenossen angewiesen. Seine geistigen Fähigkeiten ermöglichen ihm obendrein, sein Verhalten und Handeln kritisch zu reflektieren. So hat er „Gut" und „Böse" erfunden.

(Franz Wuketits: Wie viel Moral verträgt der Mensch? Gütersloher Verlagshaus, Gütersloh 2010, S.10f.)

2. Erläutern Sie die evolutionstheoretische Sicht des Bösen. Inwiefern weicht sie von den Ansichten Hobbes' und Rousseaus ab, worin ähnelt sie dieser oder jener? Verdeutlichen Sie alle drei Positionen durch entsprechende Interpretationen des Cartoons.
3. Wenn es stimmte, dass der Mensch „Gut" und „Böse" erfunden hat, wäre dann alles erlaubt? Oder gäbe es trotzdem Gründe für „gutes" Handeln? Beziehen Sie in Ihre Überlegungen auch den Text des Philosophen Robert Spaemann „Gut und böse sind nicht relativ" (siehe S. 108) mit ein.

Gibt es „das Böse"?

Menschen tun Böses. Keine Frage. Das heißt: Es gibt Menschen, die moralisch falsch handeln. Aber gibt es „das Böse"? Eine Art finsterer Macht?

Sind Menschen in Ausnahmesituationen zu allem fähig?

Um das menschliche Verhalten unter den Bedingungen von Gefangenschaft zu untersuchen, führte der Sozialpsychologe Philip Zimbardo bereits 1971 das Stanford Prison Experiment durch – und zeigte, wie einfach es ist, Menschen dazu zu bringen, Dinge zu tun, von denen sie behaupten, dass sie sie niemals tun würden. Im Keller der psychologischen Fakultät seiner Uni simulierte Zimbardos Team ein Gefängnis. 24 Testpersonen, alles Studenten der Palo Alto, darunter erklärte Bürgerrechtler und Pazifisten, wurden willkürlich in Häftlinge und Aufseher unterteilt. Die Wärter bekamen Schlagstöcke und Sonnenbrillen, die Gefangenen mussten Fußketten und Kittel ohne Unterwäsche tragen. Ihre Köpfe wurden kahl rasiert und anstelle ihres Namens bekamen sie eine Nummer verpasst. Ohne weitere Vorschriften wurden die beiden Gruppen sich selbst überlassen.

Nach 36 Stunden hatte der erste Häftling einen Nervenzusammenbruch, weil der Stress zu groß wurde. Nach zwei Tagen brach ein Aufstand aus. Nach sechs Tagen war das Experiment völlig außer Kontrolle geraten und musste abgebrochen werden.

Die Wärter hatten angefangen, die Häftlinge sexuell zu erniedrigen und zu quälen. Die Wärter nahmen die Gefangenen nicht mehr als Individuen, sondern als anonyme Objekte wahr. Sie waren nicht darauf trainiert, eine so schwierige Aufgabe zu bewältigen. Sie wurden kaum überwacht und mussten für ihr Verhalten keine Rechenschaft ablegen. Unter solchen Voraussetzungen sind Exzesse programmiert.

(Heiko Zwirner: Die Wahl der Qual. In: BpB (Hg.): fluter. Nr. 17/2005, S. 9)

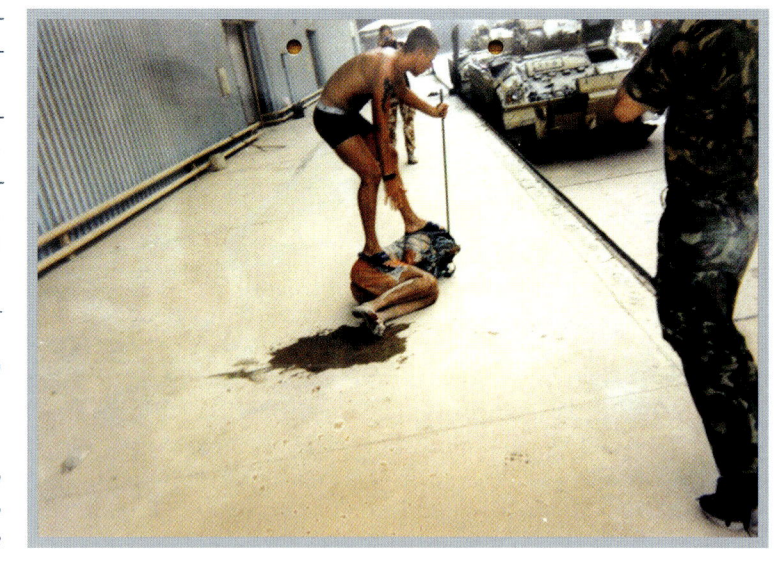

Britische Soldaten foltern einen irakischen Häftling in einem Camps bei Basra, Irak 2003

1. Recherchieren Sie im Internet über Misshandlungen im Gefängnis Abu Ghraib (Bagdad) durch US-Soldaten. Vergleichen Sie das o.g. Experiment mit den Demütigungen und Misshandlungen gefangener Iraker durch die US-Soldaten. Was stellen Sie fest?
2. Sind also Menschen in Ausnahmesituationen zu allem fähig? Was führt zu unmoralischen Handlungen? Wie sieht es in solchen Situationen mit der persönlichen Verantwortung des Einzelnen aus?

Böses als Weltbild

Eigentlich sollen Weltbilder den Individuen als Orientierung und zur Bewältigung ihres Lebens dienen. Es gibt aber Weltbilder, die eine Verkörperung des Bösen sind.

Mich interessiert nur unser Blut

Ehrlich, anständig, treu und kameradschaftlich haben wir zu den Angehörigen unseres eigenen Blutes zu sein und zu sonst niemandem. Wie es den Russen geht, wie es den Tschechen geht, ist mir total gleichgültig. Das, was in den Völkern an gutem Blut unserer Art vorhanden ist, werden wir uns holen, indem wir ihnen, wenn notwendig, die Kinder rauben und sie bei uns großziehen. Ob die anderen Völker im Wohlstand leben oder ob sie verrecken vor Hunger, das interessiert mich nur soweit, als wir sie als Sklaven für unsere Kultur brauchen, anders interessiert mich das nicht. Ob beim Bau eines Panzergrabens 10.000 russische Weiber an Entkräftung umfallen oder nicht, interessiert mich nur insoweit, als der Panzergraben für Deutschland fertig wird. Wir werden niemals roh und herzlos sein, wo es nicht sein muss; das ist klar. Wir Deutschen, die wir als einzige in der Welt eine anständige Einstellung zum Tier haben, werden ja auch zu diesen Menschentieren eine anständige Einstellung einnehmen, aber es ist ein Verbrechen gegen unser eigenes Blut, uns um sie Sorgen zu machen und ihnen Ideale zu bringen, damit unsere Söhne und Enkel es noch schwerer haben mit ihnen. Wenn mir einer kommt und sagt: „Ich kann mit den Kindern oder Frauen den Panzergraben nicht bauen, das ist unmenschlich, denn dann sterben sie daran" – dann muss ich sagen: „Du bist ein Mörder an deinem eigenen Blut, denn wenn der Panzergraben nicht gebaut wird, dann sterben deutsche Soldaten, und das sind Söhne deutscher Mütter. Das ist unser Blut."

(Heinrich Himmler*: Rede vor SS-Gruppenführern in Posen am 4.10.1944. Zit aus: Karl Hurschler/Albert Odermatt: Schritte ins Leben. Klett/Balmer und Co, Zug 1992. S. 24)

1. Analysieren Sie, wie in der Rede Himmlers das Böse zum Ausdruck kommt.
2. Setzen Sie sich – auf der Grundlage der im Kapitel 3 erworbenen Kenntnisse zur Menschenwürde (siehe S. 84ff.) – mit dem Menschenbild Himmlers auseinander.

3. Schreiben Sie einen Kurzbeitrag für eine Wandzeitung, mit dem Sie auf Parallelen zwischen Himmlers Auffassungen und dem Slogan auf dem Foto verweisen.

Das Böse entzaubern

Die Philosophin Hannah Arendt (1906–1975) nahm 1961 als Reporterin am Prozess gegen den SS-Mann Adolf Eichmann teil. In ihrer Reportage prägte sie den Begriff der „Banalität des Bösen". Er steht für die Idee, dass das Böse nicht von dämonischen Bestien herrührt. Arendt sah Eichmann als gedankenlosen Bürokraten des Grauens, der vom Schreibtisch aus an der Ermordung der Juden mitgewirkt hatte. Was, so fand Arendt, seine Schuld in keiner Weise mindere.

Gegen die Bewunderung des Bösen

Arendt [erklärte] in einem Fernsehinterview: „Eine meiner Hauptabsichten war, die Legende von der Größe des Bösen, von dessen dämonischer Macht zu zerstören, den Leuten die Bewunderung, die sie für die großen Bösewichter […] hegten, zu nehmen."

(Hannah Arendt: Ich will verstehen. Piper, München 2007, S.129f.)

1. Erläutern Sie, was Hannah Arendt mit der „Legende von der Größe des Bösen" bzw. der „Banalität des Bösen" gemeint haben könnte.
2. Informieren Sie sich darüber, welche Verehrung den abgebildeten Personen zuteil wurde oder wird. Was trägt dazu bei, dass verbrecherisch handelnde Menschen zu dämonischen „Heiligen" erhöht werden? Erörtern Sie, wie man dazu beitragen könnte, sie als die jämmerlichen Verbrecher bloßzustellen, die sie sind? Diskutieren Sie.

„Das Böse" – ein Liedtext

Seit jeher sind Menschen vom „Bösen" fasziniert. Seit einiger Zeit finden auch junge Menschen zunehmend Gefallen am Satanismus. Sie huldigen dem Teufel, feiern Schwarze Messen, hören düstere Musik mit finsteren Texten. Wie diesem:

Hab keine Angst, bin brutal, schreck vor nichts zurück
säh' Gewalt dort wo Frieden ist
hab' nur einen Feind im Visier, hasse Glück
bin das Böse welches Gutes frisst

Refrain: ich bin das Böse / dich von dem Guten erlöse / bin so böse / in deinem Kopf das Getöse / bin ich böse / ich bin das Böse

(E Nomine: Das Bös. Polydor (Universal) 2005)

3. Erläutern Sie, inwiefern dieser Liedtext die „Legende von der Größe des Bösen" fortschreibt, von der Hannah Arendt spricht.
4. Weshalb wirkt das „Böse", z. B. in Form des Satanismus, so anziehend auf manche junge Menschen?

5. Lesen Sie zunächst die Seite 196 und informieren Sie sich im Internet (z. B. unter: www.relinfo.ch/index/satanismus.html) über den Satanismus. Gestalten Sie eine Informations-Wandzeitung, mit der Sie über die Hintergründe und Gefahren satanistischer Ideen aufklären und Möglichkeiten der „Immunisierung" gegen derlei Denken aufzeigen.

Böse? Gut! Tun wir was dagegen!

Ein Grund dafür, das Böse für eine „dunkle Macht" zu halten und bestimmte Menschen als grundsätzlich „böse" einzuschätzen, ist: Es macht die Sache einfach. Viel anstrengender ist es, das Böse nur als Summe einzelner böser Taten zu verstehen. Einzelner Taten, die von den „bösen" Menschen unter anderen Umständen nicht begangen worden wären.

Böse durch Unglück

[U]ntersuchen wir das, was die so genannten „Bösen" tun, die, die andere Menschen wie Feinde behandeln. [...] Wenn sie sich gegenüber ihren Mitmenschen feindlich und unbarmherzig verhalten, tun sie es, weil sie Angst haben oder sich einsam fühlen oder weil ihnen notwendige Sachen fehlen, die viele andere besitzen. [...] Oder weil sie unter dem allergrößten Unglück leiden, sich von den meisten Menschen ohne Liebe und Achtung behandelt zu sehen. [...] Ich kenne niemanden, der vor lauter Glück böse ist oder aus Freude seinen Nächsten quält. Bestenfalls gibt es ziemlich viele Leute, die, um zufrieden zu sein, nichts von dem Leiden erfahren wollen, das es in ihrer Umgebung in Hülle und Fülle gibt und an dem sie zum Teil mitschuldig sind. Aber auch die Ignoranz, auch wenn sie mit sich selbst zufrieden ist, ist eine Form des Unglücks. [...] Je glücklicher und fröhlicher sich jemand fühlt, umso weniger Lust hat er, böse zu sein. Ist es dann nicht vernünftig, zu versuchen, das Glück der anderen mit allen Mitteln zu fördern, anstatt sie unglücklich und daher für das Böse anfällig zu machen?

(Fernando Savater*: Tu, was du willst. Campus, Frankfurt/M./New York 2007, S.101/102)

1. Beschreiben Sie das Menschenbild, das Savaters Text zugrunde liegt. Erläutern Sie, warum Savaters Strategie gegen das Böse anstrengend ist.

Die zwei Wölfe – eine Indianerweisheit

Ein alter Cherokee-Indianer erzählt seinem Enkel von einem Kampf, der sich in jedem Menschen abspielt.

Er sagt: „Es ist ein Kampf zwischen zwei Wölfen. Der eine Wolf ist böse, er ist voller Hass, Neid, Selbstsucht, Misstrauen, Zorn und Hochmut. Der andere Wolf ist gut: Er ist voller Freude, Freundlichkeit, Mitgefühl, Vertrauen, Gelassenheit und Demut."

Der Enkel des alten Indianers denkt eine Weile darüber nach. Schließlich fragt er den Großvater: „Und welcher Wolf gewinnt?"

Der alte Cherokee antwortet: „Der, den du fütterst."

2. Stegreifspiel „Zwei Seelen kämpfen ach in meiner Brust"
   Jeweils zwei Schüler spielen den inneren Widerstreit zwischen gut und böse. Überlegen Sie sich zunächst geeignete Themen für den inneren Widerstreit zwischen gut und böse, z.B. „Tiere quält man nicht", „Schwache sind zu schützen", „Stehlen ist verboten". Entwickeln Sie das Gute und das Böse in einem spontanen Dialog.
   Ein Schüler verkörpert das Gute und argumentiert, warum etwas verboten ist. Ein anderer Schüler bringt das Böse ins Spiel, indem er eine Situation herbeiführt, die eine Versuchung verkörpert, das Verbotene doch zu tun.

6.4 Heilsversprechen – Auf der Suche nach Sinn

Viele Jugendliche suchen nach Menschen, die ähnlich denken und handeln wie sie. Was liegt da näher, als moderne Kommunikationsmöglichkeiten wie das Internet zu nutzen und mit Menschen überall auf der Welt Kontakt aufzunehmen? Durch Massentourismus und große Wanderungsbewegungen der Menschen ist die Welt „kleiner" geworden. Wir begegnen fremden Kulturen und Religionen hautnah. Auch wenn sie uns exotisch erscheinen mögen, sind sie nicht mehr fern von uns, sondern wir können sie auch in unserem Land antreffen und kennen lernen.

Neue religiöse und weltanschauliche Gemeinschaften

In Deutschland gibt es heute die unterschiedlichsten Religionen und religiösen Richtungen. Sie sind für den Einzelnen fast unüberschaubar. Genaue Zahlen gibt es nicht. In der Alltagssprache werden solche Gruppen oft als Sekten bezeichnet.

„Sekten"*? – Versuch einer Definition

Viele Menschen sprechen von Sekten, wenn sie über neue religiöse oder weltanschauliche Bewegungen reden. Das ist aber nicht korrekt, denn Sekten im ursprünglichen Wortsinn gibt es in allen großen Religionen. Eigentlich stammt dieses Wort vom lateinischen „sequi" (folgen, nachfolgen) ab. Wenn sich eine Gruppe von Gläubigen von der großen Hauptrichtung einer Religion abwendet und eigene Lehren, Riten und Bräuche entwickelt, dann nennt man diese Gemeinschaft „Sekte".

Weil der Begriff „Sekte" oft falsch verstanden oder abwertend gebraucht wird, spricht man heute eher von neuen religiösen oder weltanschaulichen Gemeinschaften.

Man kann sie nach ihren Merkmalen einteilen, beispielsweise gibt es Gruppen mit christlichem, hinduistischem oder auch heidnischem Hintergrund, therapeutische oder Psychogruppen, religiös-politische Gruppen usw. Aber viele Gemeinschaften verbinden mehrere Elemente, so dass eine eindeutige Zuordnung oft kaum möglich ist.

A 1. Recherchieren Sie in Zeitungen, Zeitschriften und Online-Magazinen nach Artikeln und Berichten über neuere religiöse Gemeinschaften in Deutschland. Wie werden sie bezeichnet? Welches religiöse Anliegen und welche Ziele vertreten sie? Kommen sie selbst zu Wort? Ist die Darstellung neutral?

Sind „Sekten"* gefährlich?

Viele religiöse oder weltanschauliche Gemeinschaften geraten gar nicht in die öffentliche Diskussion. Ihre Mitglieder leben wie alle anderen Menschen auch, nur dass sie einen anderen Glauben haben und vielleicht bestimmte Regeln einhalten.

In den Blickpunkt der Medien geraten vor allem solche Gruppierungen, die ihre Mitglieder in ihrer Freiheit stark einschränken, als gefährlich bzw. kriminell eingestuft werden oder durch spektakuläre Katastrophen auffallen.

1995: Mitglieder der Aum-Shinrikyo-Sekte von Shoko Asahara verüben einen Giftgas-Anschlag auf die U-Bahn in Tokio

1997: 39 Mitglieder von „Heaven's Gate" nehmen sich bei San Diego das Leben. Sie wollten in einem Ufo hinter dem Kometen Hale-Bopp in eine bessere Welt reisen.

2008: Die Staatsanwaltschaft Gießen ermittelt nach dem Tod einer Zeugin Jehovas. Die schwerkranke 29-Jährige hatte eine rettende Bluttransfusion aus Glaubensgründen abgelehnt.

2009: Eine deutsche Familie aus Baden-Württemberg möchte ihre Kinder aus religiösen Gründen nicht zur Schule schicken. Um der Schulpflicht zu entgehen, beantragt sie in den USA politisches Asyl.

Gefährlich ist eine Gemeinschaft immer dann,
- wenn sie wichtige lebensnotwendige Bedürfnisse des Menschen unterdrückt und missachtet – wenn sie z.B. seine Entwicklung zu Mündigkeit und Autonomie behindert oder die eigene kritische Meinungsbildung blockiert;
- wenn sie unbedingten, blinden Gehorsam fordert und totalitär und dogmatisch auftritt, also verlangt „den Kopf abzugeben". [...] Dieses Phänomen finden wir keineswegs nur bei den „neuen" Religionen, auch in den alteingesessenen gibt es totalitäre Tendenzen, die genauso zu bewerten sind wie der Machtanspruch der so genannten Sekten.

(Barbara Büchner: Das Sekten-Fragebuch. Carl Ueberreuter, Wien 2000, S. 22 ff.)

1. Erarbeiten Sie eine Umfrage zu neueren religiösen bzw. weltanschaulichen Gemeinschaften, die Sie an Ihrer Schule durchführen. Welche Gemeinschaften sind bekannt, was wissen die Schüler darüber, woher stammt dieses Wissen, hatten die Schüler bereits Kontakt zu Mitgliedern der Gruppe, wie schätzen sie die Gruppe ein usw.? Werten Sie die Ergebnisse aus.
2. Tragen Sie gemeinsam Kriterien zusammen, die helfen können, eine religiöse oder weltanschauliche Gemeinschaft zu beurteilen. Überprüfen Sie Ihre Ergebnisse anhand der „Checkliste für Einsteiger" auf www.ebi-berlin.de.

Gemeinschaften christlicher Herkunft – Die Zeugen Jehovas

Klassische Sekten* sind Gruppen, deren Wurzeln zwar auf das Christentum zurückgehen, die aber im Unterschied zu den großen Kirchen beispielsweise das christliche Glaubensbekenntnis und die Kindertaufe nicht anerkennen. Damit haben sie sich von den Kirchen getrennt und werden als Sekten bezeichnet. Sie nehmen oftmals für sich in Anspruch, allein den wahren Glauben zu haben. Dazu gehören u. a. die Mormonen, die Neuapostolische Kirche und die Zeugen Jehovas.

Die Zeugen Jehovas wurden 1881 von Charles Taze Russel als Wachtturm Bibel- und Traktat- Gesellschaft in Pennsylvanien, USA, gegründet. Sie behaupten, die „Universalreligion Gottes" zu sein. Ihre Lehre unterscheidet sich stark von einigen kirchlichen Auffassungen, z. B. lehnen sie die Lehre von der göttlichen Dreieinigkeit* ab. Eine besondere Bedeutung hat die Bibel, denn sie gilt als von Gott diktiert und soll die Antworten auf alle Fragen enthalten.

Die Zeugen Jehovas erwarten das Ende der Welt, Harmagedon, die Schlacht zwischen Gut und Böse, in der Jesus Christus alle bösen Mächte vernichten wird. Weil aber nach dem biblischen Text der Offenbarung nur 144.000 Menschen mit Christus im Himmel regieren werden, wird für alle anderen Zeugen Jehovas auf der Erde ein Paradies eingerichtet. Damit möglichst viele Menschen gerettet werden, bieten die Zeugen Jehovas z. B. an Bahnhöfen oder in Fußgängerzonen ihre Schriften an und statten Hausbesuche ab. Das verstehen sie als größtmögliche Nächstenliebe.

Charles Taze Russel

Glauben die Zeugen Jehovas, dass sie allein den wahren Glauben haben?

Jeder, der seinen Glauben ernst nimmt, sollte ihn für den wahren halten. Warum sollte man sonst dafür eintreten? Christen werden ermahnt: „Vergewissert euch aller Dinge; haltet an dem fest, was vortrefflich ist" (1. Thessalonicher 5:21). Man sollte sich vergewissern, ob sich seine Glaubensansichten auf die Heilige Schrift stützen, denn es gibt nur einen wahren Glauben. Das wird in Epheser 4:5 bestätigt: „[Da ist] *ein* Herr, *ein* Glaube, *eine* Taufe." Jesus stimmte nicht mit der modernen, großzügigen Ansicht überein, es würde viele Wege, viele Religionen geben und alle führten zur Rettung. Stattdessen sagte er: „Eng ist das Tor und eingeengt der Weg, der zum Leben führt, und wenige sind es, die ihn finden." Jehovas Zeugen glauben, dass sie ihn gefunden haben. Sonst würden sie sich nach einer anderen Religion umsehen (Matthäus 7:14).

(http://www.watchtower.org/x/jt/index.htm?article=article_06.htm, Zugriff: 16.4.2009)

1. Die Zeugen Jehovas erheben nach eigener Darstellung einen Absolutheitsanspruch. Untersuchen Sie die Begründung, die im Text angeführt wird. Welche Konsequenzen ergeben sich daraus?

Das Leben der Zeugen Jehovas

Das Leben der Zeugen Jehovas ist genau geregelt. Laut eigener Darstellung sind wöchentlich fünf Zusammenkünfte vorgeschrieben, bei denen die Mitglieder etwa für den Haus-zu-Haus-Dienst geschult werden oder sich mit einem biblischen Thema befassen. Ebenso bedeutsam ist aber auch das ständige Studium der Bibel und der anderen Schriften.

Die Teilnahme an politischen oder kulturellen Veranstaltungen wird nicht gern gesehen, ebenso die Beteiligung an vielen Festen und Feiertagen. Außerdem lehnen die Zeugen Jehovas Bluttransfusionen ab, selbst wenn sie bei Unfällen lebensnotwendig sind.

Aus unterschiedlichen Gründen, u.a. wegen der Ablehnung des Wehrdienstes, waren sie sowohl während der Naziherrschaft als auch in den sozialistischen Ländern verboten.

Die Zeugen Jehovas haben eine eigene Zeitschrift, den „Wachtturm", und zusätzlich eine weitere mit dem Titel „Erwachet". Diese beiden Hefte sollen die Lehren der Zeugen Jehovas verkünden und werden bei Hausbesuchen oder an Passanten auf der Straße verschenkt.

Der Wachtturm verkündigt Jehovas Königreich

Der Zweck des Wachtturms besteht darin, Jehova Gott als Souveränen Herrn des Universums zu verherrlichen. Der Wachtturm beobachtet wachsam, wie sich durch Weltereignisse biblische Prophezeiungen erfüllen. Er bietet allen Völkern Trost durch die gute Botschaft, dass Gottes Königreich bald diejenigen vernichten wird, die ihre Mitmenschen bedrücken, und dass es die Erde zu einem Paradies machen wird. Er fördert den Glauben an Gottes jetzt herrschenden König Jesus Christus, dessen vergossenes Blut den Menschen ermöglicht, ewiges Leben zu erlangen. Der Wachtturm, der von Jehovas Zeugen herausgegeben wird und seit 1879 regelmäßig erscheint, ist unpolitisch und stützt sich auf die Bibel als Autorität.

(Der Wachtturm. Watch Tower Bible and Tract Society of Pennsylvania, 15.2.2002, S. 1)

---

1. Schreiben Sie aus dem Text heraus, mit welcher Absicht die Zeugen Jehovas den „Wachtturm" vertreiben. An wen richtet sich diese Zeitschrift und was wird den Lesern versprochen?
2. Haben Sie schon einmal ein solches Heft in der Hand gehabt? Wie war es gestaltet und worum ging es in den verschiedenen Artikeln? Wurde die Frage auf der Titelseite beantwortet?
3. Recherchieren Sie auf der Internetseite der Zeugen Jehovas, welche Regeln und Ratschläge Jugendlichen zu ihren alltäglichen Fragen und Problemen wie Handy, Kinofilme, Tattoos und Piercing, Sex vor der Ehe usw. gegeben werden. Diskutieren Sie darüber.
4. Im Jahr 2006 wurden die Zeugen Jehovas vom Oberlandesgericht Berlin als Körperschaft öffentlichen Rechts anerkannt. Informieren Sie sich, was darunter zu verstehen ist. Welche Religionsgemeinschaften sind als solche anerkannt? Welche Rechte und Pflichten sind damit verbunden?

Psychogruppen – Die Scientology Church

Als therapeutisch-religiöse oder Psychogruppen bezeichnet man solche Gemeinschaften, in deren Mittelpunkt eine bestimmte Therapie oder ein bestimmtes Training steht. Damit sollen alle Probleme eines Menschen beseitigt werden. Die geistige Heilung soll Gesundheit und Erfolg bringen. Dazu gehören u. a. ZEGG, die Osho-Bewegung (Bhagwan), aber auch die Scientology Church.

Lafayette Ronald Hubbard gründete die „Church of Scientology" 1954 in Kalifornien. Schon 1950 preist er in seinem Buch „Dianetik"* Rezepte für die „geistige Gesundheit" und das „Heil der unsterblichen Seele" an. Später entwickelte Hubbard als Ergänzung zur Dianetik die „Scientology". Schon bald entstanden Zweigstellen in anderen Ländern der Erde. Die Einnahmen der Gesellschaft werden über eine straffe Organisation verwaltet und in die Wirtschaft investiert. Scientologen sprechen besonders Manager an, die Betriebe nach Scientology-Regeln aufbauen und dann entsprechende Erlöse an die „Kirche" abführen sollen. In letzter Zeit engagiert sich Scientology auch im Bereich der Schülernachhilfe.

Zu höheren Ebenen des Daseins
Die Ziele der Scientology sind: Eine Zivilisation ohne Unvernunft, ohne Kriminalität, ohne Krieg und ohne Drogen; eine Zivilisation, in der sich der Mensch entsprechend seiner Fähigkeiten und seiner Rechtschaffenheit entwickeln kann; eine Zivilisation, in der der Mensch die Möglichkeit hat, sich zu höheren Ebenen zu entwickeln. Scientology verfolgt keine politischen Ziele. Jeder, gleichgültig welcher Nation, Rasse oder welchen Glaubens, ist in Scientology willkommen. Wir streben keine Revolution an, sondern eine Evolution zu höheren Ebenen des Daseins.
(Flugblatt der Scientology)

Religionsgemeinschaft oder Wirtschaftsunternehmen?

Eine Führungsanweisung von Scientology vom März 1972 über Finanzmanagement besagt: „Mach Geld, mach mehr Geld, bring andere Leute dazu, noch mehr Geld zu machen." Dass es sich bei Scientology letztlich um ein auf Verkauf von Kursen, Büchern und anderen Materialien orientiertes Unternehmen handelt, belegt eine Vielzahl von Führungsanweisungen, so genannten „Policy-Letters". So lautet eine noch immer gültige Führungsanweisung vom 31. Januar 1983:
„Der einzige Grund, aus dem es Orgs [Niederlassungen] gibt, ist die Aufgabe, Materialien und Dienstleistungen an die Öffentlichkeit zu verkaufen und zu liefern und Leute aus der Öffentlichkeit hereinzuholen, an die man verkaufen und liefern kann [...]."

(Erste Auskunft „Sekten". Okkultismus, Esoterik, Weltanschauungen. St. Benno, Leipzig 1999, S. 183)

A
1. Vergleichen Sie die beiden Texte. Welche Ziele verfolgt Scientology laut ihrem Flugblatt? Lassen sich diese Ziele mit wirtschaftlichen Interessen vereinbaren?
2. Scientology ist besonders in die Kritik geraten und wird sogar vom Verfassungsschutz beobachtet. Recherchieren Sie die Kritikpunkte an Scientology im Internet.

Ausführliche Informationen finden Sie z. B. auf http://www.ingo-heinemann.de, http://www.verfassungsschutz-bw.de und http://www.religio.de.

Erfahrungen mit Scientology
Einige Scientology-Aussteiger veröffentlichen ihre Erfahrungen im Internet und in Büchern. Dazu gehört viel Mut, denn Scientology bekämpft ihre Gegner oftmals mit brutalen Methoden. Das ist sicher auch ein Grund, dass bis vor kurzem kein Fernsehsender mutig genug war, sich mit diesem Thema in einem fiktiven Film auseinander zu setzen. Im März 2010 zeigte schließlich die ARD den Film „Bis nichts mehr bleibt". Die Dreharbeiten fanden als „Tatort" getarnt unter strengster Geheimhaltung und mit großen Sicherheitsvorkehrungen statt. Vorlage für diesen Film ist neben vielen anderen die Geschichte von Heiner von Rönn, der bis 1995 Mitglied von Scientology war. Regisseur und Drehbuchautor Niki Stein wurde u.a. beraten von Ursula Caberta, die von 1992 bis August 2010 in Hamburg die „Arbeitsgruppe Scientology" leitete, eine in Deutschland einmalige Beratungs- und Anlaufstelle für Aussteiger. Durch Sparmaßnahmen wurde die Arbeitsgruppe nun geschlossen. Frau Caberta bleibt zwar in der Hamburger Innenbehörde für Öffentlichkeitsarbeit für Scientology zuständig, die Beratungstätigkeit wird aber zukünftig vom Verfassungsschutz übernommen.

Der Film erzählt, mit welch raffinierten Methoden es der Organisation Scientology immer wieder gelingt, Menschen von sich abhängig zu machen.
Der junge Familienvater Frank schafft es, sich selbst wieder aus den Fängen des Systems zu lösen – aber in diesem Kampf verliert er seine Familie an Scientology.

(http://www.daserste.de/ostern2010/ Zugriff: 26.9.2010)

1. Schauen Sie sich den Film an. Diskutieren Sie im Anschluss. Dabei können Ihnen u.a. diese Fragen helfen: Welche Gründe bewegen Frank dazu, sich Scientology anzuschließen? Wie ändert sich das Verhalten der Scientology-Mitarbeiter Frank gegenüber im Lauf der Handlung? Wie beurteilen Sie den Umgang mit Kindern innerhalb der Organisation? Welche Ziele und Methoden von Scientology werden im Film genannt?

Ein Interview mit Heiner von Rönn finden Sie u.a. hier: http://www.badische-zeitung.de/deutschland-1/scientology-aussteiger-sie-haben-unsere-familie-zerstoert--29070106.html

Im Netz der Versprechungen

Es gibt religiöse oder weltanschauliche Gemeinschaften, die gefährlich sein können. Um sie erkennen und sich vor ihnen schützen zu können, reichen Informationen allein oft nicht aus. Genauso wichtig ist es, sich damit zu beschäftigen, wie diese Gruppen neue Mitglieder werben, wie sie mit ihren Mitgliedern umgehen und warum sich manche Menschen solchen Gruppen anschließen.

Mögliche Gründe, sich einer solchen Gruppe anzuschließen

- Einsamkeit
- Zukunftsangst
- Leistungsdruck
- Sehnsucht nach Zugehörigkeit
- Misserfolge
- fehlende Anerkennung
- Traurigkeit
- Sehnsucht nach Zuwendung
- Sehnsucht nach Geborgenheit
- Neugier
- Streit in der Familie
- schwierige Lebenssituationen

Wie werden neue Mitglieder geworben?

Jede neue religiöse oder ideologische Gruppierung hat eigene Methoden, um neue Mitglieder anzuwerben. Oft merkt der Angesprochene nicht einmal, dass er das Ziel einer solchen Anwerbung ist. Es gibt drei wesentliche Methoden: durch einen Freund oder Verwandten, der bereits Mitglied der Gruppe ist, durch einen Fremden auf der Straße oder durch Veranstaltungen, die von der Gruppe angeboten werden.

A

1. *Tragen Sie konkrete Situationen zusammen, die einen Menschen dazu bringen können, sich einer zweifelhaften Gemeinschaft anzuschließen.*
2. *Bestimmt haben Sie auch schon schwierige Zeiten erlebt und vor scheinbar unlösbaren Problemen gestanden. Wie haben Sie sich gefühlt? Wie sind Sie mit der Situation umgegangen? Welche Lösung haben Sie gefunden? Wollte bzw. konnte Ihnen jemand helfen?*
3. *Oft weiß man nicht viel von den Menschen, mit denen man häufig zusammen ist, und kümmert sich nicht darum, wie es ihnen geht. Machen Sie folgenden Test: Schreiben Sie Ihre Namen auf kleine Zettel und falten Sie diese. Danach zieht jeder einen Zettel mit einem Namen und schreibt auf, was er von demjenigen weiß. Lesen Sie Ihre Notizen vor. Werten Sie nun Ihre Ergebnisse aus. Wie gut kennen Sie sich? Würden Sie merken, wenn jemand aus Ihrer Klasse Probleme hat? Diskutieren Sie darüber, was Sie tun können, um mehr aufeinander zu achten.*
4. *Sind Sie selbst schon einmal von Mitgliedern solcher Gruppen angesprochen worden? Wie haben Sie darauf reagiert? Wo begegnet Ihnen Werbung von religiösen oder weltanschaulichen Gemeinschaften?*

Risiken und Gefahren

Oftmals merkt der Betreffende gar nicht, dass er in eine gefährliche Gruppe geraten ist. Vor allem dann, wenn er bereits von der Gruppe manipuliert wurde, kann er nicht mehr objektiv urteilen. Deshalb hat die *Eltern- und Betroffeneninitiative gegen psychische Abhängigkeit – für geistige Freiheit e.V.* einen Fragebogen entwickelt, mit dessen Hilfe man gefährliche Gemeinschaften erkennen kann. Er ist im Internet zugänglich.

Woran erkenne ich, ob eine Gemeinschaft gefährlich ist?

Wir zeigen Dir die Welt, wie sie wirklich ist!	Schalte Deinen Verstand aus, wir zeigen Dir die Erleuchtung!
Wir haben die Lösung für jedes Problem!	
Bei uns findest Du, was Du gesucht hast!	Du darfst nicht zweifeln!
Wir können die Welt retten!	Unsere Feinde wissen, dass wir die Wahrheit kennen!
Wir sind die Elite!	

Die Wissenschaft lügt, wir haben das wahre Wissen!	Befolge unsere Gesetze und Du wirst gerettet werden!	Wir sind immer bei Dir!	Wir sind die wahre Gemeinschaft!

(Nach Eltern- und Betroffeneninitiative gegen psychische Abhängigkeit – für geistige Freiheit Berlin e.V.)

Hilfe für Aussteiger

Es ist nicht einfach, Betroffenen zu helfen. Immer besteht die Gefahr, dass sich das Mitglied von seinen Helfern abwendet und den Kontakt abbricht.
› Informieren Sie sich genau über die entsprechende Gemeinschaft.
› Notieren Sie Hinweise wie Namen, Adressen, Telefonnummern usw., die später wichtig sein könnten.
› Halten Sie den Kontakt zu dem Betroffenen. Versuchen Sie möglichst viel Zeit mit ihm zu verbringen. Sprechen Sie mit ihm, vermeiden Sie aber alle Äußerungen, die ihn unter Druck setzen könnten. Geben Sie ihm das Gefühl, dass Sie für ihn da sind und ihm helfen möchten, aber vermeiden Sie „kluge Ratschläge".
› Setzen Sie sich mit einer Beratungsstelle in Verbindung und suchen Sie Hilfe bei Eltern oder Lehrern.

1. Lesen Sie die „Checkliste für Einsteiger" (www.ebi-berlin.de). Suchen Sie heraus, welche Ziele eine solche Gruppe verfolgt und welche Methoden sie dabei anwendet.
2. Der Test oben dient dazu, gefährliche Gruppen zu erkennen. Wo sehen Sie konkret die Gefahren? Welche Rechte werden verletzt oder eingeschränkt?

Faszination des Geheimen – Okkultismus und Esoterik

Es sind nicht nur religiöse oder weltanschauliche Gemeinschaften, von denen sich manche Menschen angezogen fühlen. Besonders unter Jugendlichen sind Okkultismus und Esoterik weit verbreitet. Aber auch diese Bewegungen können gefährlich sein.

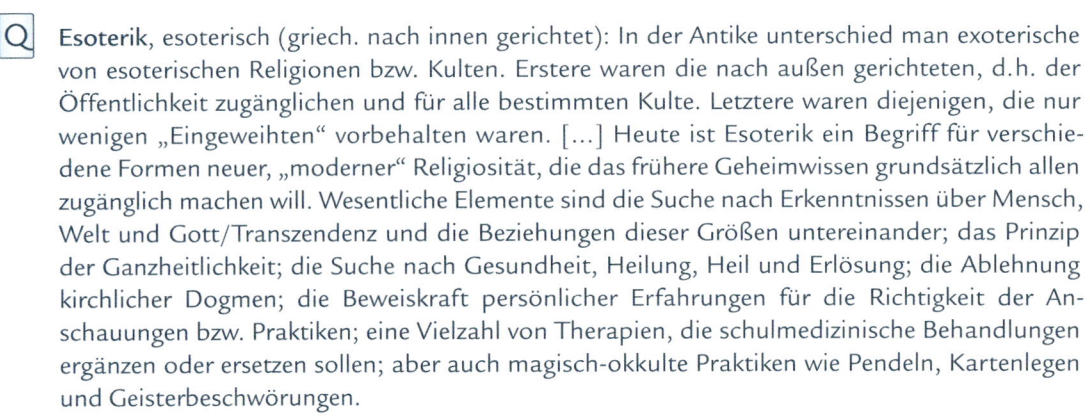

Q **Esoterik**, esoterisch (griech. nach innen gerichtet): In der Antike unterschied man exoterische von esoterischen Religionen bzw. Kulten. Erstere waren die nach außen gerichteten, d.h. der Öffentlichkeit zugänglichen und für alle bestimmten Kulte. Letztere waren diejenigen, die nur wenigen „Eingeweihten" vorbehalten waren. [...] Heute ist Esoterik ein Begriff für verschiedene Formen neuer, „moderner" Religiosität, die das frühere Geheimwissen grundsätzlich allen zugänglich machen will. Wesentliche Elemente sind die Suche nach Erkenntnissen über Mensch, Welt und Gott/Transzendenz und die Beziehungen dieser Größen untereinander; das Prinzip der Ganzheitlichkeit; die Suche nach Gesundheit, Heilung, Heil und Erlösung; die Ablehnung kirchlicher Dogmen; die Beweiskraft persönlicher Erfahrungen für die Richtigkeit der Anschauungen bzw. Praktiken; eine Vielzahl von Therapien, die schulmedizinische Behandlungen ergänzen oder ersetzen sollen; aber auch magisch-okkulte Praktiken wie Pendeln, Kartenlegen und Geisterbeschwörungen.

(Nach Roland Biewald: Kleines Lexikon des Okkultismus. Militzke, Leipzig 2005, S. 62 f.)

Q **Okkultismus** (lat. occultum – das Verborgene, Dunkle): Lehre vom Verborgenen oder Praxis mit Hilfe dunkler, verborgener Mächte. [...] Heute wird unter Okkultismus im engeren Sinne die Ausübung von Praktiken verstanden, durch die der Mensch mit rational [verstandesgemäß; d. Verf.] nicht erfassbaren Mächten in Verbindung tritt, z.B. um Informationen über Zukunftsfragen zu erhalten (z.B. Astrologie, Glasrücken, Pendeln, Wahrsagen), Vorteils- oder Schadenszauber auszuüben, Heilungen zu erlangen (Geistheilungen) oder andere Störungen im Leben und Wohlbefinden zu beseitigen (z.B. Strahlungen, Wasseradern, Erdstrahlen, Wünschelrute). Eine besondere Form des Okkultismus stellt der Satanismus dar, weil hier die verborgene Macht in Form Satans (Teufel u.a. Bezeichnungen) kultisch verehrt wird und das Dunkle, Böse personifiziert.

(Roland Biewald: Kleines Lexikon des Okkultismus. Militzke, Leipzig 2005, S. 129 f.)

A
1. *Esoterik und Okkultismus versprechen Gesundheit und Heil, Hilfe in schwierigen Lebenssituationen und Zukunftsvorhersagen, aber auch Macht über andere Menschen oder das Erlangen übersinnlichen Wissens. Sammeln Sie Anzeigen, Fotos und Texte und stellen Sie eine Collage zusammen.*
2. *Facebook, Studivz, Youtube – kaum jemand, der noch nicht „online" ist. Nicht verwunderlich also, dass dort auch esoterische bzw. okkulte Praktiken zu finden sind. Namensdeutung, Glücksnüsse, chinesisches Horoskop – recherchieren Sie, welche Angebote es gibt und wer sie nutzt. Beurteilen Sie, inwieweit sie gefährlich sein können.*

P
3. *Führen Sie an Ihrer Schule eine Umfrage durch. Erfragen Sie, welche Erfahrungen mit esoterischen bzw. okkulten Praktiken gemacht wurden und welche Motive dazu führten. Werten Sie die Ergebnisse aus und präsentieren Sie sie in Form einer Wandzeitung oder eines Flyers der Öffentlichkeit.*

Motive esoterischer und okkulter Praktiken

Wer sehnt sich nicht nach Glück? Wer möchte nicht glücklich sein? Was aber, wenn einem das eigene Leben glücklos erscheint? In der Schule hagelt es schlechte Noten. Schon nach einigen Wochen fällt man aus dem siebten Himmel, wenn man erkennt, dass die Traum-Frau/der

Traum-Mann doch Ecken und Kanten hat. Das Konto ist schon lange vor Monatsende leer. Die Pension an der Ostsee ist eben kein Traumhotel in der Karibik. Was tun? Das Warenhaus der Esoterik öffnet uns bereitwillig das Tor zum Glück: Zaubersprüche, Liebestränke, Glückssteine, Kräuter, Räucherstäbchen und Scherben sowieso – es gibt für alles und jeden das ultimative Rezept.

Warum beschäftigen sich Jugendliche mit Esoterik und Okkultismus?

(alle Angaben in %)	Gesamt	weiblich	männlich
Neugier	76,9	82,8	67,5
Interesse am Außergewöhnlichen	54,6	57,8	49,1
Praktizierende Freundinnen	26,1	25,6	27,2
Persönliche Probleme	13,6	16,1	9,6
Schwierige Entscheidungen	10,2	10,6	9,6
Sich selbst kennen lernen	9,8	8,3	12,3
Macht	5,8	4,4	7,9
Andere Gründe:	14,2	17,8	8,8

(Burghard Hansel: Okkultismus im Jugendalter. Ergebnisse einer empirischen Untersuchung. Universität Frankfurt, Frankfurt 1995)

Magische Zeiten

Wenn sich Heranwachsende dem Esoterischen, Spirituellen und Magischen zuwenden, drückt sich darin meist ihre Suche nach einem Lebenssinn aus – nach ethischen Werten und Zielen, welche „die Erwachsenen" in ihrer Hingabe an Fortschrittsglauben und Wohlstandsstreben verraten zu haben scheinen. Tatsächlich leiden nicht wenige Jugendliche aus der okkulten Szene unter Sinnkrisen und Hoffnungslosigkeit bis hin zu Zukunftsängsten. […] Manche Jugendliche kokettieren geradezu mit ihrer Teilnahme an okkultistischen Séancen [Sitzungen; d. Verf.] und umhüllen sich bewusst mit dem Schleier des Geheimnisvollen. Hinter diesem Verlangen nach persönlicher Aufwertung steht das Bedürfnis, Nichtigkeits- und Ohnmachtsgefühle zu kompensieren.
Oft aber suchen Jugendliche über das Okkulte vor allem Hilfe bei Lebensentscheidungen.

(Gunther Klosinksi: Magische Zeiten. In: Gehirn&Geist 3/2004, S. 32–33)

1 Tragen Sie mögliche Gründe zusammen, warum junge Menschen esoterische bzw. okkulte Praktiken ausprobieren. Warum sind so viele Menschen davon fasziniert?
2. Notieren Sie die Motive für eine Beschäftigung mit Esoterik und Okkultismus in einer Tabelle. Ordnen Sie den Motiven mögliche Ziele zu, die erreicht werden sollen. Diskutieren Sie darüber, ob esoterische und okkulte Praktiken wirklich helfen können, diese Ziele zu erreichen.

Pendeln, Wahrsagen, Horoskope – Schein oder Wirklichkeit?

Ein Experiment

Manche behaupten, man könne mit Hilfe eines Pendels feststellen, ob auf einem Foto eine männliche oder eine weibliche Person abgebildet ist. Bei den Männern/Jungen soll das Pendel gerade, bei den Frauen/Mädchen kreisförmig schwingen. Versuchen Sie es selbst. Dazu benötigen Sie mehrere Fotos in der gleichen Größe und ein Pendel. Das kann auch ein Ring an einem Faden oder eine Kette mit Anhänger sein. Legen Sie die Fotos zunächst offen auf den Tisch. Wählen Sie eines aus und halten Sie das Pendel ruhig darüber. Welche Bewegung macht das Pendel? Stimmt es überein? Versuchen Sie es dann bei weiteren Fotos. Notieren Sie sich die Ergebnisse. Legen Sie nun die Fotos neu gemischt und verkehrt herum auf den Tisch. Wiederholen Sie das Experiment und vergleichen Sie die Ergebnisse. Was stellen Sie fest?

Warum schwingt das Pendel?

Q Thomas: Aber wenn es nicht die Geister sind, warum bewegt sich das Pendel dann?

Dr. Claus: Es gibt Erkenntnisse aus Physik, Biologie und Psychologie, die die Bewegungen des Pendels erklären.

Thomas: Und welche sind das?

Dr. Claus: Beim Pendeln wird eine Schnur mit einem Anhänger zwischen den Fingern gehalten oder über einen Finger gelegt. Da es keinen absoluten Ruhestand der Muskeln gibt, einzelne Muskeln befinden sich in ständiger Anspannung, gerät das Pendel irgendwann in Bewegung. Ein Pendel, das an einem Stativ aufgehängt wird, bewegt sich nicht von allein.

Thomas: Und wenn ich meine Hand ganz ruhig halte?

Dr. Claus: Das Halten eines Pendels ist ein aktiver Vorgang. Nach einiger Zeit der Muskeltätigkeit kommt es zu Ermüdungen. Die Folge ist ein Muskelzittern. Der Bewegungsimpuls wird dann durch Resonanz verstärkt bis hin zur sichtbaren Pendelschwingung. Ebenfalls bewegungsverstärkend wirken Pulswellen in den Kapillaren und die Atmung. Und dann gibt es da noch den Carpenter-Effekt.

Thomas: Was ist denn das?

Dr. Claus: Na ja, man versteht darunter, dass allein die Vorstellung einer Bewegung einen Antrieb darstellt, die Bewegung tatsächlich auszuführen. Das heißt, dass ein intensiver Sinneseindruck ausreichen kann, um ohne Beteiligung des Bewusstseins eine Bewegung auszulösen.

Thomas: Gibt es dazu noch andere Beispiele?

Dr. Claus: Natürlich! Man hat diesen Effekt z.B. auch im Auto beim automatischen Mitbremsen des Beifahrers in kritischen Situationen. Im Übrigen wirken die gleichen Prinzipien auch beim Gläserrücken, nur dass hier noch ein gruppendynamischer Effekt dazukommt.

(Frei nach Wolfgang Hund: Warum bewegt sich ein Pendel? In: Psychologie Heute 8/1989)

A 1. Können Sie der Argumentation von Dr. Claus zustimmen? Begründen Sie Ihre Ansicht.

Können Hellseher wirklich heller sehen?

„Marko Omega, wie kann ich Ihnen helfen?"
„Ja, wo bin ich'n da jetzt?"
„Marko Omega. Ich bin ein Heilorakel, ich bin für Lebensberatung zuständig."
„Und Du machst Hellgucken oder so?"
„Also, ich helfe Menschen in schwierigen Lebenssituationen."
„Ja, und da wollte ich Deine Hilfe."
„Ja bitte, was ist Dein Problem?"
„Na, wann mir die Clara wieder gut ist und wann ich mit der Aurelie'n Küsschen kriege."
„Da werde ich auf jeden Fall meine Tarot-Karten befragen."
„Nils, ich sehe, dass Du mit Clara auf jeden Fall Probleme bekommen wirst. Clara wird lieber mit jemandem anders spielen wollen als mit Dir."
„Mit'm Daniel?"
„Ja, ich sehe es ganz genau. Es wird Daniel sein, und Daniel mag sie viel lieber, weil Daniel ihr immer vom Pausenbrot abgibt."
„Was für'n Pausenbrot?"
„Na, Du hast doch wohl Pausenbrot dabei oder nicht?"
„Nee, wir kriegen im Kindergarten Essen."
„Ach so. Und gibst Du ihr immer von der Nachspeise ab?"
„Na, was steht'n auf der Karte drauf? Steht da Pausenbrot oder steht da Quarkspeise?"
„Da steht weder Pausenbrot noch Quarkspeise."
„Hast Du vielleicht eine Bonbonkarte?"
„Eine Bonbonkarte hab ich leider nicht, nein. Wenn Du mal einen Bonbon dabei hast, dann biete ihn doch Clara an. Und vielleicht kannst Du dann verhindern, dass sie sich lieber mit Daniel abgibt als mit Dir."
„Das habe ich immer gewusst, das einzige, was Frauen interessiert: Bonbons, Bonbons, Bonbons!"
„Nils, Du hast es endlich verstanden, wie Frauen funktionieren. Du brauchst eigentlich keine Beratung mehr von einem Hellseher, wenn Du das schon erfahren hast."
„Doch wegen ... wegen dem Küsschen und der Aurelie wollte ich noch mal wissen."
„Die Aurelie ... Du wirst mit ihr sehr schöne Momente verleben."
„Das ist komisch, denn die Aurelie ist gerade weggezogen, die wohnt ganz, ganz weit weg!" [...]

(Frei nach: Der kleine Nils. Ich will doch nur spielen! Der Hellseher. Sony BMG Music Entertainment, 2006)

1. Verfolgen Sie im Fernsehen oder im Radio andere Beratungen. Beobachten Sie, wie sich die Berater auf ihren Klienten einstellen, welche Fragen sie stellen und welche Ratschläge sie geben. Werten Sie Ihre Beobachtungen aus. Was stellen Sie fest?
2. Echte Lebenshilfe oder Scharlatanerie? Bieten Esoterik und Okkultismus wirklich geeignete Wege oder lenken sie eher von den eigentlichen Problemen ab? Diskutieren Sie darüber. Wenn Sie die Möglichkeit haben, laden Sie sich dazu einen Experten (Psychologen, Sektenbeauftragte usw.) ein.

Schicksalhafte Sterne – Astrologie

Der Begriff Astrologie stammt von griechisch astrología (deutsch Sternkunde). Die Astrologie geht davon aus, dass es einen Zusammenhang zwischen der Stellung der Himmelskörper und dem Schicksal der Erde und der Menschen gibt. Den so genannten Tierkreiszeichen und den Planeten werden dabei Einflüsse auf den Menschen zugeschrieben. Bekannt sind vor allem Horoskope in Zeitungen und Zeitschriften, die das Schicksal der Menschen, je nachdem unter welchem Sternzeichen sie geboren wurden, vorhersagen sollen. Moderne Astrologen berechnen die Schicksalsvorhersagen heute mit Hilfe von Computern und Programmen.

Q

Widder (21.3.–20.4.)	Stier (21.4.–20.5.)	Zwilling (21.5.–21.6.)	Krebs (22.6.–22.7.)
Die Kraft, das Leben selbst zu gestalten	**Der eigenen Unvollkommenheit ins Gesicht sehen**	**Die Kraft, das Leben selbst zu gestalten**	**Mit voller Kraft voran**
Die Sonne steht heute an Ihrer Seite. Wie eine kleine Sonne aus der eigenen Mitte strahlen! lautet die Devise. Mit dieser Grundhaltung können Sie Ihr Leben besonders erfolgreich selbst gestalten.	Kein Mensch ist unfehlbar, auch Sie nicht. Heute zeigen sich vor allem Ihre Schwächen. Die eigenen wunden Punkte zu erkennen, ist unangenehm. Letztlich geht es aber darum, auch negative Eigenschaften Ihrer Persönlichkeit zu akzeptieren.	Die Sonne steht heute an Ihrer Seite. Wie eine kleine Sonne aus der eigenen Mitte strahlen! lautet die Devise. Mit dieser Grundhaltung können Sie Ihr Leben besonders erfolgreich selbst gestalten.	Nahezu alles, was Sie tun, gelingt. Sie haben ein glückliches Händchen und können auch hartnäckige Widerstände relativ leicht überwinden. Handeln Sie, wenn Sie etwas erreichen wollen!
Löwe (23.7.–23.8.)	**Jungfrau (24.8.–23.9.)**	**Waage (24.9.–23.10.)**	**Skorpion (24.10.–22.11.)**
Stehen Sie zu sich selbst?	**Verträumt?**	**Spontan reagieren**	**Tagesmotto Liebe**
Die Welt um Sie herum ist heute nicht ohne Weiteres gewillt, sich Ihren persönlichen Ansprüchen zu beugen. Trotzdem: Stehen Sie zu sich selbst! Die positive Seite daran ist eine klare, durchsetzungsfähige und willensstarke Persönlichkeit, die negative ein arroganter und selbstgefälliger Egoist. Mit etwas Mut zur Ehrlichkeit dürften Sie beide Seiten an sich erkennen.	Heute, vor allem in den Morgenstunden, könnten Sie die ganze Welt umarmen, sich aber nur schwer auf Ihre Arbeit konzentrieren. Ihre Fantasie nimmt Sie mit in eine innere Traumwelt. Gestatten Sie Ihrer romantischen Stimmung, Sie aus dem nüchternen Alltag zu entführen!	Handeln Sie so, dass Sie sich dabei wohlfühlen? Schlucken Sie Ärger nicht hinunter, sondern sagen Sie, was Ihnen auf dem Herzen liegt! Diesen Vormittag drücken Sie die Emotionen besonders und drängen zum Ausbruch.	Das Bedürfnis, einem anderen Menschen nahezustehen, erhält jetzt gewaltigen Aufwind. Es lässt Sie nach einem geeigneten Partner Ausschau halten oder eine bestehende Beziehung intensivieren. Der sexuelle Aspekt der Partnerschaft rückt ins Zentrum, denn Sie haben jetzt ein verstärktes Bedürfnis, Liebe über den Körper auszudrücken.
Schütze (23.11.–21.12.)	**Steinbock (22.12.–20.1.)**	**Wassermann (21.1.–19.2.)**	**Fische (20.2.–20.3.)**
Liebenswürdig und mit Gefühl	**Wer Sie liebt, hat Ihre Launen zu ertragen**	**Verstand und Gefühl sind zweierlei**	**Mit Herz auf andere zugehen**
Möchten Sie den Tag genießen? Dann erfüllen Sie sich einen Wunsch, den Sie schon lange mit sich herumgetragen, aber doch nie ganz ernst genommen haben. Oder gönnen Sie sich ein paar Stunden der Entspannung, eventuell mit einem lieben Menschen. Sie können sich heute wunderbar wohlfühlen und neue Kraft tanken.	Ihre Lieben können es Ihnen heute Vormittag nur schwer recht machen. Je näher Sie einem Menschen stehen, umso emotionaler reagieren Sie. Sie wollen sich zurücklehnen und umsorgt werden und brauchen ein paar Streicheleinheiten. Sorgen Sie für Ihr Wohlbefinden!	Ihr Verstand und Ihre Gefühle lassen sich heute nur schwer auf einen gemeinsamen Nenner bringen. Vermutlich passt Ihnen einiges nicht in den Kram, ohne dass Sie den Grund dafür kennen. Sie fühlen sich angespannt. Versuchen Sie, sich so zu verhalten, dass sowohl Ihre Vernunft als auch Ihre Emotionen Gehör finden.	Sie strahlen geradezu – und die Mitmenschen strahlen zurück. Dies zeigt sich gleichermaßen positiv in Begegnungen am Arbeitsplatz, einem Treffen mit Freunden oder einem romantischen Abend zu zweit. Heute dürfen Sie das Leben in vollen Zügen genießen.

(http://horoskope.tvmovie.de/tageshoroskop/index.php?zodiac1=1&type=short&submit=Anzeigen; Zugriff: 20.1.2010)

A

1. Sammeln Sie drei bis vier verschiedene Horoskope der kommenden Woche zu Ihrem Sternzeichen, aber ohne sie zu lesen. Achten Sie die Woche über möglichst genau darauf, was sich um Sie herum ereignet und was Ihnen so passiert. Sie können sich auch Notizen dazu machen. Vergleichen Sie am Ende der Woche die Horoskope miteinander und mit dem, was wirklich passiert ist.
2. Klären Sie in diesem Zusammenhang den Begriff der „sich selbst erfüllenden Prophezeiung". Haben Sie damit bereits Erfahrungen gesammelt?
3. Den einzelnen Sternzeichen werden bestimmte Charaktereigenschaften zugeordnet. Informieren Sie sich darüber, was die Astrologie über Ihr Sternzeichen sagt. Welche Angaben stimmen, welche nicht? Fragen Sie auch Ihre Mitschüler, welche Angaben ihrer Meinung nach für Sie zutreffend sind und welche nicht. Vergleichen Sie Ihre Einschätzung mit denen der anderen. Sind Sie Ihrem Sternzeichen schon auf den Leim gegangen?
4. Wenn es wirklich die Möglichkeit gäbe, die Zukunft vorherzusagen, würden Sie sie nutzen oder lieber unterlassen? Begründen Sie Ihre Entscheidung und diskutieren Sie darüber.

Schritte ethischer Urteilsfindung

Insbesondere bei umstrittenen und wichtigen moralischen Problemen lohnt sich genaueres Nachdenken, um letztlich zu einer gut begründeten moralischen Meinung zu gelangen. Wie das funktionieren kann, soll an folgender Fragestellung untersucht werden:
Sollte die Bundesregierung gefährliche religiöse oder weltanschauliche Gemeinschaften per Gesetz verbieten?

1. Situationsanalyse
Überlegung: Was ist die Ausgangssituation? Welche Tatsachen spielen eine Rolle?
In Deutschland gibt es mehrere Hundert religiöse oder weltanschauliche Gemeinschaften, einige davon verfolgen wirtschaftliche oder politische Interessen und vereinnahmen ihre Mitglieder; viele Menschen fühlen sich von solchen Gemeinschaften angezogen, weil sie sich von den christlichen Großkirchen verlassen fühlen, sie wollen ihre Persönlichkeit frei entfalten können usw.

2. Interessenanalyse
Überlegung: Welche gegensätzlichen Interessen gibt es? Was genau ist das Problem?
Religiöse oder weltanschauliche Gemeinschaften berufen sich auf die Freiheit des Glaubens, die im Grundgesetz verankert ist, sie beanspruchen die gleiche Stellung in der Gesellschaft wie die anerkannten Religionen und wollen ihre Ziele verwirklichen; viele Menschen fühlen sich selbst oder Angehörige von solchen Gemeinschaften bedroht usw.

3. Berücksichtigung von Handlungsalternativen
Überlegung: Welche anderen Handlungsmöglichkeiten gibt es? Was spricht für sie, was gegen sie?
Die Menschen werden vor gefährlichen religiösen oder weltanschaulichen Gemeinschaften gewarnt; solche Gemeinschaften werden ganz verboten; viele Gemeinschaften, die unbedenklich sind, werden dann aber ebenfalls verboten, weil es nicht möglich ist, eine genaue Unterscheidung zu treffen usw.

4. Normenanalyse
Überlegung: Welche moralischen Rechte und Pflichten gilt es zu beachten? Wie schwer wiegen sie im Vergleich miteinander?
Nicht jede religiöse oder weltanschauliche Gemeinschaft ist gefährlich; im Grundgesetz wird jedem Menschen die freie Ausübung seines Glaubens garantiert; die Menschen müssen ihre eigene Persönlichkeit frei entfalten können; usw. Der Staat muss seine Bürger vor geistigem, wirtschaftlichem und sozialem Missbrauch schützen; die Gesetze müssen klar ausdrücken, welche Gemeinschaften ungefährlich sind und welche nicht usw.

5. Abwägung und Entscheidung
Überlegung: Welches Handeln befindet sich – unter der Berücksichtigung der genauen Situation, der Interessen und der Handlungsalternativen – im Einklang mit den am schwersten wiegenden moralischen Rechten oder Pflichten?

1. Vervollständigen Sie gemeinsam mit Hilfe einer Diskussion die Argumente der Punkte 1 bis 4.
2. Tragen Sie die Argumente in einer Tabelle zusammen. Wägen Sie sie gegeneinander ab und treffen Sie eine Entscheidung nach Punkt 5.

7 Problemfelder menschlichen Lebens

Q

Wo geh ich hin?
Wo geh ich hin, folg ich den Wolken?
Wo ist der Weg, den ich nicht seh?
Wer weiß die Antwort auf meine Frage,
warum ich leb und vergeh?
Wo geh ich hin?
Folg ich den Kindern?
Sehn sie den Weg, den ich nicht seh?

Gibt mir ihr Lächeln eine Antwort,
warum ich leb und vergeh?
Folg ich dem Winde?
Folg ich dem Donner?
Folg ich dem Neon, das leuchtet
Im Blicke derer, die wir lieben?

Tief in der Gosse, hoch unter Sternen
Kann Wahrhaftigkeit sein!
Wo geh ich hin?
Folg ich dem Herzen?
Weiß meine Hand, wohin ich geh?
Warum erst leben
Und dann sterben?
Ob ich das je versteh?
Wo komm ich her?
Wo geh ich hin?
Sagt wozu?
Sagt woher?
Sagt wohin?
Sagt worin liegt der Sinn?

(Aus dem Musical „Hair"
von Gerome Ragni und James Rado)

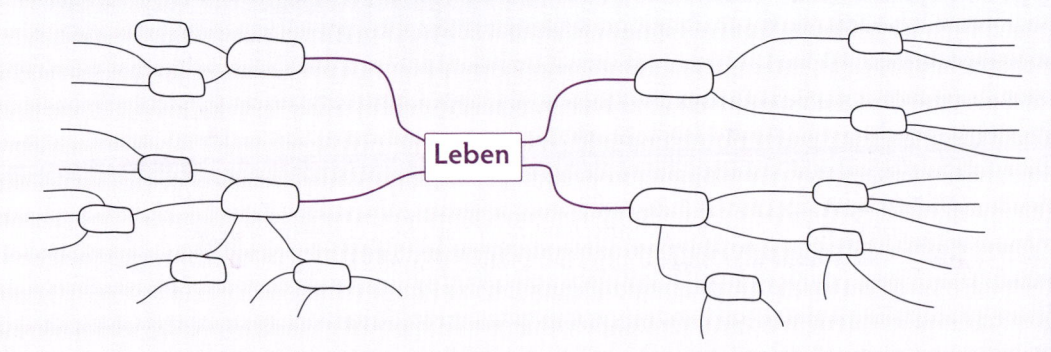

Ü 1. Lassen Sie sich durch den Textauszug inspirieren und erstellen Sie eine Mindmap (Gedächtnislandkarte). So geht es: Schreiben Sie auf einem großen Blatt in die Mitte den Begriff „Leben". Nun suchen Sie Begriffe, die Ihnen im Zusammenhang mit dem Wort „Leben" einfallen (Stoffsammlung). Sortieren Sie die Begriffe so, dass mehrere Überbegriffe hervorgehoben werden, die den Begriff „Leben" nach Hauptästen untergliedern. Von jedem Hauptast gehen Zweige ab, denen weitere Einzelbegriffe zuzuordnen sind. Die Zweige können sich wiederum in Nebenzweige verästeln und sind mit Unterbegriffen zu vervollständigen. Zum Schluss können Sie die Begriffe mit Linien verbinden, so dass die Beziehungen und Abhängigkeiten der Begriffe deutlich werden.

7.1 Selbstbestimmt leben

Kein Mensch gleicht dem anderen. Jeder führt sein Leben, sein eigenes Leben. Deshalb existieren verschiedene Lebensvorstellungen und, je nach Alter, unterschiedliche Lebensplanungen. Bei aller Unterschiedlichkeit individueller Lebensgestaltung lassen sich auch allgemeine Bausteine eines aktiven und selbstbestimmten Lebens benennen.

Über Bedürfnisse und Fähigkeiten

Der Begriff „Bedürfnispyramide" stammt von dem US-amerikanischen Psychologen Abraham Harold Maslow (1908–1970), der eine Rangfolge menschlicher Bedürfnisse aufstellte und sie in Form einer Pyramide anordnete. Dabei entwickeln sich die Bedürfnisse so, dass jede Stufe auf der vorigen aufbaut. Erst wenn die Bedürfnisse auf der vorigen Stufe erfüllt sind, entstehen die nächsten.

Maslowsche Bedürfnispyramide

Selbstverwirklichungsbedürfnisse
Verlangen nach Unabhängigkeit und
Entfaltung der individuellen Fähigkeiten:
Erfolg durch Übernahme von Verantwortung usw.

Kulturbedürfnisse
Aneignung von Wissen und Teilhabe am Leben
der Gesellschaft: Streben nach Wissen und Kunst,
Bedürfnis nach Gütern für ein besseres Leben usw.

Gemeinschaftsbedürfnisse
Zugehörigkeit und Kontakt zu anderen Menschen: Familie, Freunde,
Schule, Arbeit; Kommunikation, Zärtlichkeit, Liebe usw.

Grundbedürfnisse
Sicherung der Existenz- und Überlebensbedürfnisse: Essen, Kleidung, Wohnung,
Lebensunterhalt; Schutz im Alter, bei Krankheit und bei Arbeitslosigkeit usw.

1. *Zählen Sie die Dinge auf, die Sie für ein selbstbestimmtes Leben als wichtig erachten. Notieren Sie die Ergebnisse an der Tafel untereinander.* [A]
2. *Ordnen Sie gemeinsam die Aussagen den Ebenen der Bedürfnispyramide zu, indem Sie entsprechende Ziffern dahinter schreiben. Begründen Sie die Zuordnungen.*
3. *Erläutern Sie den Zusammenhang zwischen Ihrem Verständnis eines selbstbestimmten Lebens und den Stufen der Bedürfnispyramide.*
4. *Gestalten Sie mit Material aus Zeitungen und Zeitschriften (Fotos, Schlagzeilen, Abbildungen u. a.) eine Collage, mit der Sie Ihre eigene Bedürfnispyramide entwickeln.* [Ü]

Problemfelder menschlichen Lebens

Tu, was du willst

Der spanische Philosoph Fernando Savater* wendet sich mit seinem Buch „Tu, was du willst" an seinen 12-jährigen Sohn Amador, um ihn zum Nachdenken über ein selbstbestimmtes Leben anzuregen.

Was will ich dir sagen mit dem „Tu, was du willst" als grundlegendes Motto dieser Ethik, an die wir uns herantasten wollen? Ganz einfach – auch wenn es dir schwer fallen wird: Du musst dich befreien von Befehlen und Gebräuchen, von Belohnung und Strafe, kurz von allem, was dich von außen lenken will, und du musst diese ganze Angelegenheit aus dir selbst heraus, aus deinem Gewissen und freien Willen entwickeln. Frage niemanden, was du mit deinem Leben anfangen sollst: Frage dich selbst. Wenn du wissen willst, wozu du deine Freiheit am besten einsetzen kannst, dann verliere sie nicht, indem du dich von Anfang an anderen unterwirfst, mögen sie auch noch so gut, weise und angesehen sein: Befrage über den Gebrauch der Freiheit – die Freiheit selbst.

(Fernando Savater: Ethik für Erwachsene von morgen. BpB, Bonn 1996, S. 57)

Gelingendes Leben

Ich sehe Kinder, die gerne zur Schule gehen, ich sehe Lehrer die sie respektiern
Ich sehe Mütter & Väter, die gerne kochen und die nie die Nerven verliern
Ich sehe Eltern, die sich immer lieben, ich sehe Arbeit die sich lohnt
Ich sehe eine glückliche Großmutter, die bei ihrer Familie wohnt

Refrain:
Und all die zerbrochenen Träume
die kann es hier nicht geben
denn das hier ist ein schönes Lied
und es heißt: Gelingendes Leben

Ich sehe Leute, die nie entlassen werden und Betriebe die florirn
Ich sehe Jugendliche mit Ausbildungsplätzen, die Drogen ignoriern
Ich sehe ehemalige Junkies im Fitness-Studio
Ich sehe schmucke Häuschen im Grünen mit Carport & Gästeklo

Und all die zerbrochenen ...

Ich sehe junge Leute im Freibad auf Ferrari-Handtüchern liegen
Ich sehe verliebte Pärchen, die werden sich nie betrügen
Ich sehe lustige Immigranten, die sich auf Deutsch unterhalten
Ich sehe nochmal die jungen Leute, wie sie einen Gang höher schalten

Und all die zerbrochenen ...

Und kommst du mir mit Problemen, dann sag
Ich nur nee nee nee! Ich hab heute keine Zeit ich hab noch TANZ AG! TANZ AG

la la la ...

(Funny von Dannen: Nebelmaschine. http://www.funny-van-dannen.de/tabs/nebelmaschine/04_leben.pdf; Zugriff: 8.11.2010)

1. Erläutern Sie, welcher Zusammenhang zwischen dem Text von Savater und folgenden Begriffen besteht: Selbstbestimmung, Verantwortung, Freiheit, Sinn, Selbstverwirklichung.
2. Auf welcher(n) Ebene(n) der Bedürfnisse nach der Maslowschen Bedürfnispyramide würden Sie die hier angeführten Kriterien für ein selbstbestimmtes Leben anordnen?
3. Welches Bild wird in dem Lied vermittelt? Interpretieren Sie diese Aussage.

Fähigkeiten des Menschen für ein gelingendes Leben

Martha Nussbaum* gehört zu jenen Philosophen, die darüber nachdenken, wie Menschen ein gelingendes Leben führen und ihren eigenen Lebensstil finden können. Damit dies gelingt, müssen nach Nussbaum Menschen in erster Linie bestimmte Fähigkeiten erwerben, die sich in dem folgenden Schema zusammenfassen lassen.

Fähigkeit ...

- familiäre und freundschaftliche Bindungen einzugehen
- ein Leben bis zu Ende zu führen
- freudvolle Erlebnisse zu haben
- mit der Natur verbunden zu sein
- in Gemeinschaft mit anderen zu sein
- Kritik zu üben
- gesund zu leben und sich entsprechend zu ernähren
- Leid zu vermeiden
- Sinnlichkeit, praktische Vernunft und Urteilsvermögen zu entwickeln
- zu spielen und sich zu erholen
- sein Leben selbst zu gestalten

Die genannten Fähigkeiten sind für ein menschliches Leben von grundlegender Bedeutung. Bei einem Leben, dem eine dieser Fähigkeiten fehlt, muss ernsthaft bezweifelt werden, ob es sich um ein wirklich menschliches handelt, unabhängig davon, was es sonst noch aufweist.

(Nach Martha Nussbaum: Gerechtigkeit oder Das gute Leben. Suhrkamp, Frankfurt a.M. 1999, S. 57f.)

Verhinderungsmächte für ein gelingendes Leben

Selbstzweifel/Mutlosigkeit	Neid und Missgunst	Überbetonung des Negativen
Pessimismus	Inaktivität/Faulheit	soziale Isolierung
überzogene Ansprüche/Illusionen		Verantwortung für sein eigenes Leben
„Hamster Rennen" um Statussymbole		Überbetonung Individualismus

1. Bearbeiten Sie in Kleingruppen Nussbaums Liste der Grundfähigkeiten des Menschen. Welche Grundfähigkeiten würden Sie ergänzen oder streichen?
2. Ordnen Sie die Grundfähigkeiten nach Nussbaum den Stufen der Bedürfnispyramide nach Maslow zu. Welchen Zusammenhang erkennen Sie zwischen Bedürfnissen und Grundfähigkeiten?
3. Wählen Sie sich eine Grundfähigkeit aus und beschreiben Sie, welche konkreten Anforderungen damit verbunden sind.
4. Schreiben Sie zu jedem Begriff der „Verhinderungsmächte für ein gelingendes Leben" eine Formulierung auf, die das Gegenteil ausdrückt. Wählen Sie sich ein Begriffspaar aus und erläutern Sie, welche Folgen sich aus den positiv bzw. negativ besetzten Begriffen für die Gestaltung des Lebens ergeben.

Der Sucht widerstehen

Sucht wird oft beschrieben als Verlangen nach einem bestimmten Erlebniszustand, dem der Verstand untergeordnet wird. Dieses Verlangen muss nicht unbedingt an einen Stoff (z.B. Nikotin) gebunden sein, sondern es kann auch von bestimmten Handlungen (z.B. Computerspiel) ausgehen. Die Sucht äußert sich in der Abhängigkeit von einem Stoff oder einer Handlung. Der/die Süchtige muss die „Dosis" immer mehr erhöhen, um den erwünschten Erlebniszustand noch erreichen zu können.

Gebrauch	Genuss	Missbrauch	Gewöhnung	Abhängigkeit/Sucht
sinnvolle Verwendung	genussvolle Verwendung	schädliche Verwendung (qualitativ/quantitativ)	physische oder psychische Bindung an Suchtmittel oder Handlung	Chronische Bindung/Suchterscheinungen (Kontrollverlust, Unfähigkeit zur Selbststeuerung)

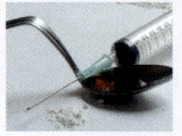

Computer-Spielsucht

16 % der 15-jährigen Jungen spielen viereinhalb Stunden pro Tag. 3 % der Jungen und 0,3 % der Mädchen sind abhängig.

Ein 15-Jähriger: „Ich machte nichts anderes als spielen, essen", notierte er, „ich duschte vielleicht aller zwei Wochen", und in den Ferien „war ich höchstens ein- bis zweimal draußen, weil ich neue Klamotten brauchte". Und manchmal „wollte ich noch nicht mal den Weg zur Toilette gehen und habe einfach in die Flaschen gepinkelt."

(Jürgen Dahlkamp: Stoned vor dem Schirm. In: Spiegel 12/2009, S. 48 f.)

Droge Alkohol

Die Zahl von 10- bis 20-Jährigen mit akuter Alkoholvergiftung im Krankenhaus hat sich zwischen 2000 und 2006 von 9500 auf 19500 mehr als verdoppelt.

(Nach Drogen- und Suchtbericht der Bundesregierung. Berlin, 2008, S. 58)

Eine 16-Jährige: Zuerst haben wir uns im Park zum Vorglühen getroffen und uns einen Pegel angesoffen. Dann gings ab in die Disco. Irgendwann muss ich reglos auf dem Bürgersteig gelegen haben – volltrunken. Jemand hat wohl einen Rettungswagen gerufen. Aufgewacht bin ich am nächsten Tag in der Intensivstation. Mir ging es hundeelend.

---

1. Stellen Sie sich vor, als Mitglied einer Expertenkommission sollen Sie Programme entwickeln, die das Abgleiten Jugendlicher in die Sucht verhindern helfen. Setzen Sie sich in Kleingruppen zusammen und erarbeiten Sie entsprechende Maßnahmen. Nutzen Sie das Internet zur Informationsbeschaffung, z.B. http://www.drogen-wissen.de
2. Diskutieren Sie die Vorschläge aus den Kleingruppen in der Klasse.

Drogenkarrieren Gleichaltriger

15-jährige Schüler diskutieren den Film „Die Einbahnstraße", den Schüler für Gleichaltrige gedreht haben. Der Film handelt von Drogenkarrieren Jugendlicher, ihren Ursachen und Hintergründen. Einige Gesprächsauszüge geben wieder, was die Jugendlichen bewegt, was sie fühlen und denken:

Hannah: Ich glaube, da kann man kaum helfen. Wenn man am nächsten dran ist, merkt man es am wenigsten. Ich kenne welche, die haben Riesenprobleme, wieder davon loszukommen.

Sophie: Wenn einer stark ist und wird geliebt, hat Freunde, ist das eine Mal vielleicht nicht schlimm … Es könnte aber sein, dass die Droge wie eine Plombe am defekten Zahn ist. Wenn sie rausfällt, braucht man wieder eine neue.

Anna: Mich hat beeindruckt, dass die Eltern im Film gesagt haben: „Wir haben was falsch gemacht."

Paul: Verbote sind besser als nichts. An irgend etwas muss man sich doch festhalten.

Lisa: Ich hätte generell Bedenken, mir künstlich Gefühle reinzuziehen. Wenn du reinrutschst, sind keine Freunde mehr da.

Fynn: Das ist doch nichts anderes, als wenn man sich betrinkt. Man ist gut drauf, da ist nichts dabei.

Alina: Manchmal bin ich seelisch am Ende, und die Eltern hauen noch drauf: „das schaffst du nicht, du bist nicht schlau genug."

Lara: Wenn alle besser sind, wird man ganz mutlos und gibt auf. Nach einem Tag Lernen ist das Gehirn einfach überlastet und man sucht einen Ausweg.

Lucca: Wenn mein Kumpel sich auf so was einlässt, dann lasse ich ihn. Mir ist das egal. Ich lasse mich nicht mit reinreiten.

1. Setzen Sie sich mit den Meinungen der Schüler auseinander. Welchen Ansichten stimmen Sie völlig zu, welchen teilweise und welchen gar nicht? Begründen Sie Ihre Äußerungen. **A**
2. Zwischen Drogensucht und Süchten, in denen nicht Drogen (z.B. Alkohol, Nikotin), sondern bestimmte (Verhaltensweisen) Gewohnheiten (z.B. Spielsucht, Esssucht) vorherrschen, besteht grundsätzlich kein Unterschied. Stellen Sie in einem Kurzvortrag Formen der Sucht und ihre Gefährlichkeit vor.

Im Internet können Sie sich unter (www.sucht.de) die entsprechenden Informationen besorgen.

7.2 Die Endlichkeit des Lebens

Vergänglichkeit und Tod als Grundphänomene des Lebens haben die Menschen aller Epochen immer wieder beschäftigt. Während die Menschen früherer Zeiten in der bewussten Erwartung des Todes lebten, wird der Tod in der modernen Gesellschaft weitgehend verdrängt. Er wird oft nicht wahrgenommen. Das Reden über den Tod erscheint vielen Menschen als unausgesprochene Annäherung an ihn.

Begegnungen mit dem Tod

Jeder möchte wissen, was beim Sterben vor sich geht. Nur wenige sprechen das offen aus. Für die meisten Menschen bleibt der Tod geheimnisumwittert; er ängstigt und erregt sie zugleich. Gerade was uns Angst macht, zieht uns unwiderstehlich an.

Q *Ausstellung „Körperwelten"*

[...] Präparierte Leichen zeigt der Heidelberger Professor Gunther von Hagens. Raucherlungen, Schrumpfnieren, Infarkt-Herzen, glatte und verkalkte Arterien. Einen Muskelmann, der seine Haut dem Publikum entgegenhält. Die Leiche ist echt; das Gewebe wurde farb- und strukturecht durch Silikonkautschuk ersetzt. Im rechten Knie sitzt noch die echte Stahlprothese. Ein Jung-Mediziner zeigt seiner Freundin den Meniskus. Hinter der Frauenleiche mit dem präparierten Fötus steht ein RTL-Kameramann auf der Trittleiter und schwenkt über die schweigenden Betrachter. Reporter halten ihre Mikros vor die Nasen: „Was zieht sie nachts in diesen Anatomie-Lehrsaal?" Es ist die Mundpropaganda, die Neugier und die Garantie auf Aha-Erlebnisse. Der Rückennerv ist tatsächlich so dick wie ein kleiner Finger. Das interessiert die Leute. [...]

(Aus Frankfurter Rundschau, 27.2.1998)

Q *Umfrage zur Ausstellung*

Von 1.500 befragten Personen zu den Exponaten waren

›	fasziniert:	87 %
›	tief berührt	33 %
›	angeekelt	4 %
›	verletzt	1 %
›	bedrückt	13 %
›	empört	3 %

Eine kleine Minderheit sah in der Ausstellung eine moralische Provokation.

(Nach SZ 28.7.1998, S. V2/9)

A
1. Schreiben Sie mögliche Gründe auf, warum sich die Befragten in den einzelnen Gruppen (fasziniert, tief berührt ...) so entschieden haben.
2. Würden Sie sich nach Ihrem Tod als Exponat für die Ausstellung zur Verfügung stellen?

Beginnen wir mit dem Tod

Alle Bestrebungen unseres Lebens sind Formen des Widerstandes gegen den Tod, von dessen Unausweichlichkeit wir wissen. Es ist das Bewusstsein des Todes, durch das sich das Leben für jeden von uns in eine sehr bedeutsame Angelegenheit verwandelt, in etwas, über das wir nachdenken müssen: etwas Geheimnisvolles und Unerhörtes, ein kostbares Wunder, für das wir kämpfen und unseren Geist anstrengen müssen.

Was wissen wir noch über den Tod? Zweifellos recht wenig. Was wir wissen ist, dass er absolut persönlich und nicht übertragbar ist: Niemand kann für einen anderen sterben. Das heißt, dass niemand mit dem eigenen Tod das früher oder später eintretende Sterben eines anderen vermeiden kann. Daher ist der Tod nicht nur das individualisierendste Faktum, sondern er macht uns auch in höchstem Maße einander gleich.

Noch etwas wissen wir über den Tod: dass er nicht nur gewiss ist, sondern ständig drohend bevorsteht. Sterben ist nicht nur eine Sache von Alten und Kranken: Vom ersten Moment, in dem wir zu leben beginnen, sind wir Todeskandidaten. Eigentlich befinden wir uns immer im selben Abstand zum Tod. Er besteht darin, ob wir lebendig oder tot sind, das heißt zwischen Sein und Nichtsein. Es gibt kein Dazwischen. Nur der Tod ist unwiderruflich. Auch wenn wir einiges über den Tod wissen, letztlich bleibt er für uns das Unbekannteste: Wir wissen, wann jemand tot ist, aber wir wissen nicht, wie das Sterben „von innen" aussieht.

Der Gedanke an den eigenen Tod ruft Angst hervor. Einige fürchten, dass nach dem Tod etwas Schreckliches auf sie zukommt. Andere glauben, dass es danach nichts gibt und dieses Nichts schreckt sie am meisten. Wenn der Tod gleichbedeutend mit dem Nichtsein ist, dann haben wir ihn bereits besiegt: an dem Tag, als wir geboren wurden. So sind wir dem Tod bereits entkommen. Wir haben ihm jene Tage, Monate und Jahre voraus, die wir gelebt haben. Und diese Zeit wird, geschehe, was wolle, immer unsere sein. Ich habe gelebt und weiß, was es heißt zu leben und kann voraussehen, was ich mit dem Tod verlieren werde. So bringt der Tod uns zum Nachdenken über das eigene Leben.

(Nach Fernando Savater: Die Fragen des Lebens. Campus, Frankfurt/New York 2000, S. 29 ff.)

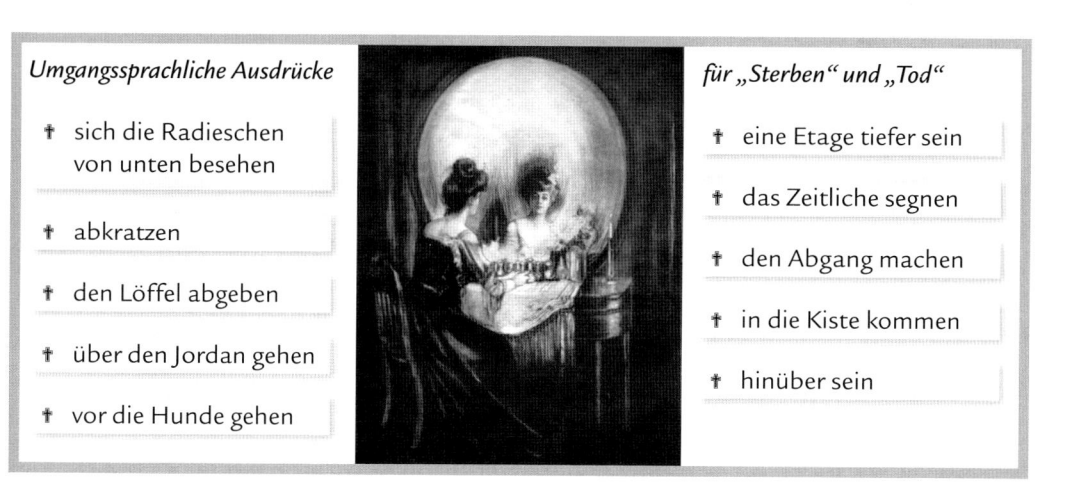

Umgangssprachliche Ausdrücke *für „Sterben" und „Tod"*

- sich die Radieschen von unten besehen
- abkratzen
- den Löffel abgeben
- über den Jordan gehen
- vor die Hunde gehen

- eine Etage tiefer sein
- das Zeitliche segnen
- den Abgang machen
- in die Kiste kommen
- hinüber sein

1. Formulieren Sie mit eigenen Worten, was Savater in den einzelnen Abschnitten zum Tod aussagt.
2. Entwickeln Sie zu den Abschnitten eigene Gedanken, werfen Sie Fragen auf oder formulieren Sie gegensätzliche Positionen.
3. Wählen Sie sich einen umgangssprachlichen Ausdruck aus, den Sie illustrieren.

Was ich mir manchmal über den Tod denke

Am liebsten würde ich gar nicht sterben. Wie das wohl ist, wenn ich sterbe? Man liegt in einem Bett oder ist sonst irgendwo und man macht die Augen zu und lebt nicht mehr. Man weiß nicht, wie es nach dem Tod aussieht. Wenn ich dann im Sarg liege, wo dann wohl meine Seele ist? Ob man nach dem Tod auf irgendeine Weise doch noch weiterlebt? Wenn der Körper verwest ist und wir vielleicht mit einem anderen Körper weiterleben.
(Maria, 14 Jahre)

Ich habe meinen Vater gesehen, als er mit dem Tod kämpfte. Es war grauenhaft. Ich werde es nie in meinem ganzen Leben vergessen. Manchmal stelle ich mir auch vor, wie das ist, wenn man tot ist und im Grabe liegt. Es muss doch schrecklich sein, nicht mehr leben zu können. Ich habe eine unsagbare Angst vor dem Sterben. Manchmal sitze ich eine halbe Stunde da, döse vor mich hin und denke nur an den Tod.
(Clara, 15 Jahre)

Wenn es den Tod nicht geben würde, gäbe es auf der Welt bald keinen Platz mehr für Lebewesen. Der Tod ist das Ende für den Körper und das Gehirn. Manche Menschen meinen, die Seele würde noch erhalten bleiben. Der Mensch versucht sich durch diese Gedanken zu trösten. Das ganze ist für mich ein biologischer Vorgang. Der Körper wird zu Erde und gibt anderen Lebewesen Nahrung. Alles ganz natürlich ohne irgendwelche Geheimnisse.
(Leon, 14 Jahre)

[A] 1. Welche Gedanken gehen Ihnen durch den Kopf, wenn Sie an den Tod denken? Haben Sie schon einmal an Ihr eigenes Sterben gedacht? Schreiben Sie Ihre Gedanken auf, und stellen Sie diese zur Diskussion.

[Ü] 2. Dokumentation/Medienanalyse
Untersuchen Sie, wie der Tod und das Sterben in der Öffentlichkeit beschrieben werden. Berücksichtigen Sie folgende Schwerpunkte:
Wie werden der Tod und das Sterben in der Alltagssprache beschrieben (z. B. Umschreibungen des Todes, Formulierung von Todesanzeigen)?
Wie werden der Tod und das Sterben im Fernsehen präsentiert (Nachrichtensendungen, Filme)?
Fertigen Sie zu Ihren Untersuchungen eine Dokumentation an.

Die Endlichkeit des Lebens   211

Der Tod als Grenze allen Lebens

Ein Mensch ist tot, wenn das Gehirn seine Tätigkeit irreversibel eingestellt hat. Man spricht dann vom *Hirntod*. Das Gehirn wird nicht mehr durchblutet. Da das Gehirn als eine Art Impulsgeber für alle Organe fungiert, bedeutet sein Ausfall, dass nur wenige Minuten später das Herz zu schlagen aufhört und nach und nach auch alle anderen Organfunktionen ausfallen.

Ein trüber Schleier

Dem Tod geht häufig eine so genannte Agonalphase voraus; Agon kommt aus dem Griechischen und bedeutet Kampf. „Die Begleiterscheinungen der Agonie sind wie ein letztes Aufbäumen des Körpers. Selbst nach monatelanger Krankheit zeigt er gleichsam seinen Unwillen, sich vom Leben zu trennen", schreibt der amerikanische Arzt Sherwin B. Nuland, Professor für Chirurgie an der Yale-Universität. Bei manchen Sterbenden beginnen die Muskeln durch die Übersäuerung des Blutes unkontrolliert zu zucken. Einige Menschen stoßen einen bellenden oder röchelnden Laut aus, der durch das krampfartige Anspannen der Kehlkopfmuskeln verursacht wird. Manchmal zuckt der ganze Körper noch einmal, Brustkorb und Schultern heben sich – das Leben entweicht dem Körper mit einem letzten Atemzug. Bald überzieht ein dünner, trüber Schleier die Augen, der den Blick in die Tiefe versperrt. Zuerst sterben die Gehirnzellen ab, zuletzt die Zellen des Binde- und Sehnengewebes. Auf dem Gesicht erscheint die grauweiße Totenblässe. Haare und Fingernägel jedoch wachsen, entgegen landläufiger Meinung, nicht weiter. [...]

(Sabine Korte: Mysterium Tod. In: PM 11/1999, S. 42 ff.)

Der Moment des Sterbens

Manche Menschen, die dem Tod sehr nahe waren und die wiederbelebt wurden, berichten von tief gehenden Erlebnissen, die sie hatten.

Ich hatte meinen Leib verlassen. Nun wusste ich, ohne dass ich darüber nachdenken musste: Dieser Zustand ist das, was die Menschen tot nennen. Ich bewegte mich sehr schnell auf ein strahlendes Netz zu. Es war wie ein Sperrgitter, das ich nicht durchbrechen wollte. [...] Als ich mit ihm in Berührung kam, entstand ein Lichtgeflimmer von großer Intensität. Ich empfand keinen Schmerz, und was ich fühlte, war angenehm und beruhigend, und es füllte mich ganz aus.

(Uta Brumann u. a.: Projekt Tod. Verlag an der Ruhr, Mühlheim. 1998, S. 79)

1. Obwohl die Wissenschaft im Laufe der Jahrhunderte ihr Wissen über das Sterben und den Tod vervollkommnen konnte, bleiben Fragen noch offen. Welche Fragen könnten das sein?
2. Der Bericht „Der Moment des Sterbens" gibt Auskunft darüber, was auf der Schwelle zwischen Leben und Tod im Kopf geschehen kann. Setzen Sie sich in Kleingruppen zusammen und diskutieren Sie über die geschilderten Erlebnisse.

Umgang mit Trauer

In jedem Kulturkreis finden wir Trauerrituale. Während früher die Gesellschaft Anteil an der Trauer der Hinterbliebenen nahm, sind Tod und Trauer heute oft zur Privatangelegenheit geworden, mit der die Gesellschaft möglichst wenig beansprucht werden will.

Trauerphasen

Die Trauerzeit stellt für viele Menschen eine sehr belastende Phase dar. [...] Dieser Prozess umfasst – individuell unterschiedlich – sehr verschiedene Phasen:
1. Die Phase des Nicht-wahrhaben-Wollens (das Gefühl, alles sei ein Irrtum und nicht Wirklichkeit),
2. Die Phase der aufbrechenden Gefühle (die von tiefster Verzweiflung bis zu Protest und ohnmächtiger Wut gehen können),
3. Die Phase des Suchens und Sich-Trennens (man sucht z. B. Ähnlichkeiten zum Verstorbenen in anderen Menschen [...], bis man die Notwendigkeit des Loslassens und der inneren Trennung begreift) und schließlich
4. Die Phase des neuen Selbst- und Weltbezugs (neue Lebensmuster und Lebenschancen sind möglich, ohne dass der Verstorbene einfach vergessen wäre, das Leben gewinnt einen neuen Sinn). Und das Gewinnen neuen Lebens ist der Zweck des Abschieds.

(Nach Verena Kast: Trauern. Kreuz, Stuttgart 1983, S. 57 ff.)

Die 16-jährige Carolin wurde in einem Wald ermordet. Ihre Freundin hat am Tatort einen Brief für Carolin hinterlassen.

```
Vier Jahre warst Du eine wundervolle
Freundin für mich.
Du warst immer für mich da, wenn ich
Dich brauchte.
Ich vermisse Dein Lächeln;
wie Du singst, wenn gute Musik
im Radio läuft;
wie wir zusammen Schokopudding essen;
wie Du braun gebrannt aus dem
Urlaub kamst und ich neben Dir
käseweiß und blass aussah und
wie Du mich Mausi oder Mausl nanntest.
Du wirst immer in meinem Herzen
bleiben, als meine kleine Caromaus,
die durch ihre liebe und fröhliche Art
jeden in ihren Bann zog.

Ich habe Dich unendlich doll
lieb - meine Buchtel.
```

1. Stellen Sie sich vor, die Mutter Ihres Freundes/Ihrer Freundin ist ums Leben gekommen. Schreiben Sie einen Brief, in welchem Sie ihr/ihm Trost spenden und helfen, den Verlust zu verarbeiten.

Erkundungsauftrag:
2. Finden Sie heraus, welche Riten der Trauer und der Bestattung in Ihrer Region üblich sind und deuten Sie deren Symbolgehalt.
Präsentieren Sie die Ergebnisse der Recherche in einem Kurzreferat.

Veränderung der Begräbniskultur

Unsere Begräbniskultur wandelt sich: Die Individualisierung des Lebens, der Rückgang des Glaubens und der Einfluss anderer Kulturen verändert unsere Bestattung. Immer weniger Tote werden in individuellen Grabstätten beerdigt. Gemeinschaftsgräber, anonyme Bestattungen, Baumgräber und Friedwälder oder oberirdische Urnen-Beisetzungen sind Kennzeichen einer Veränderung der Begräbniskultur.

Und am Ende ein Fest

Luftballons steigen vom offenen Grab auf und schweben in den Himmel. „Über sieben Brücken musst du gehen, sieben Jahre überstehen", singt die Trauergemeinde, die vom Kassettenrekorder begleitet wird. „Sieben Mal wirst du die Asche sein, aber einmal auch der helle Schein." Wunderkerzen werden entzündet. Funken sprühen. Ein Bild mit Symbolkraft, das der Grabredner in feierliche Worte übersetzt.

Und dann wird der weiße Sarg, der am Tag zuvor von Angehörigen bemalt worden ist, in die Gruft gesenkt. Keine Erde, sondern Blütenblätter werfen die Umstehenden hinterher. Tränen fließen. Doch Freunde erzählen Anekdoten aus dem Leben des Versicherungsangestellten, der seine Beerdigung lange vor dem Tod selbst arrangiert hatte. So dokumentiert ein kurzer Videofilm schöne Urlaubstage, eine „Trauerzeitung" mit Schmunzelgeschichten wird verteilt.

Zum Schmunzeln ist auch die Dekoration des aufgebahrten Sarges. Überkreuzte Skier standen davor, eine Skibrille lag darauf. An Stafetten hingen Bilder, die die Enkelkinder dem Hobby-Skifahrer zu Ehren gemalt hatten. Keine schwermütigen Orgeltöne, keine religiösen Mahnungen trübten die Feier. Ein Nichte spielte per CD „Time do say Goodbye" ein, und der Trauerredner zitierte ein Hesse – Gedicht: „Wohlan denn Herz, nimm Abschied und gesunde."

Dies ist eine Trauerfeier, die so nicht stattgefunden hat, aber durchaus möglich wäre. Sie speist sich aus Anregungen einer Broschüre, die „Mut zu einer neuen Trauerkultur" machen will.

(http://www.kbwn.de/htlm/kultur_des_todes.htlm; Zugriff: 6.8.2010)

(Leipziger Volkszeitung 14./15.8.2010, S. 14)

Hallo Familie, hallo Freunde, hallo Kollegen, eigentlich hatte ich noch eine ganze Menge mit Euch vor. Das hat nicht mehr geklappt.

Euer

Marc

geb. 21. September 1987
gest. 09. August 2010

Die Beerdigung findet am 19. August 2010 um 13.30 Uhr auf dem Friedhof in Gohlis statt.

Zu meiner zusätzlichen Abschiedsparty am 21. August 2010, um 19.00 Uhr in der Sportgaststätte Südkampfbahn, Raschwitzer Str. 17 in Leipzig, kommt doch noch mal vorbei, um Tschüss zu sagen.

---

1. Stellen Sie in einem Kurzreferat neue Formen der Begräbniskultur vor. Informieren Sie sich dazu im Internet, und befragen Sie Angestellte städtischer Friedhöfe.

2. Erarbeiten Sie sich in Gruppenarbeit Vorstellungen, wie Sie sich eine angemessene Trauerkultur vorstellen. Stellen Sie die Ergebnisse Ihrer Gruppe in der Klasse zur Diskussion.

Deutungen des Todes in Religion und Philosophie*

Seit Urzeiten haben Vorstellungen über den Tod die Menschen bewegt und zum Nachdenken angeregt. Durch alle Zeiten und Religionen zieht sich der Glaube, dass das Leben mit dem Tod nicht vorbei ist. So steht die Frage nach dem Tod am Ursprung aller Religionen. Auch die Philosophie bemüht sich um Antworten auf diese Frage.

Christentum: Der Glaube an das ewige Leben

Christen glauben an ein Leben nach dem Tod, an die Auferstehung der Toten bzw. die Unsterblichkeit der Seele. Der Tod ist für sie nicht das Ende, sondern das Tor zu einer anderen, für uns unsichtbaren Welt Gottes, genannt „Jenseits", „Himmel" oder „ewige Seligkeit". Sie bringen die christliche Glaubensgewissheit zum Ausdruck, dass Gott durch Jesus die Macht des Todes überwunden hat und alle an seinem ewigen Leben teilhaben lässt, die an ihn glauben. Erst durch diesen Glauben finden Christen einen Sinn in der Ungerechtigkeit des Lebens auf der Erde. Auch gibt er denen, die einen nahe stehenden Menschen verloren haben, die Hoffnung ihn „wiederzusehen". Was nach dem Tod passieren wird, ist jedoch eine Streitfrage, die das Christentum in zwei Lager spaltet.

Die protestantische Sichtweise

Nach dem Tod wird über jeden Menschen gerichtet: Gute Menschen kommen in den Himmel, zu Gott, böse Menschen kommen in die Hölle. Wie die Katholiken glauben die Protestanten an die „Unsterblichkeit der Seele". Im Neuen Testament wird an mehreren Stellen vom „Tag des Jüngsten Gerichts" erzählt. An diesem Tag, der gleichzeitig das Ende der Welt ist, wird die Seele wieder mit ihrem früheren Leib vereinigt.

Die katholische Sichtweise

Die katholische Kirche kennt nicht nur Himmel und Hölle, sondern noch einen dritten Ort: das Fegefeuer. Dorthin kommen Menschen, die keine Todsünden, sondern nur leichte Sünden begangen haben. Im Fegefeuer büßt die Seele für diese Sünden und bereitet sich auf das ewige Leben im Himmel vor. Dabei können die noch auf der Erde lebenden Angehörigen des Toten beeinflussen, wie lange die Seele im Fegefeuer bleibt, indem sie für die Seele des Verstorbenen beten oder eine Messe für ihn lesen lassen.

(Nach Michael Keene: Was Weltreligionen zu Alltagsthemen sagen. Verlag an der Ruhr, Mülheim 2005, S. 26 f.)

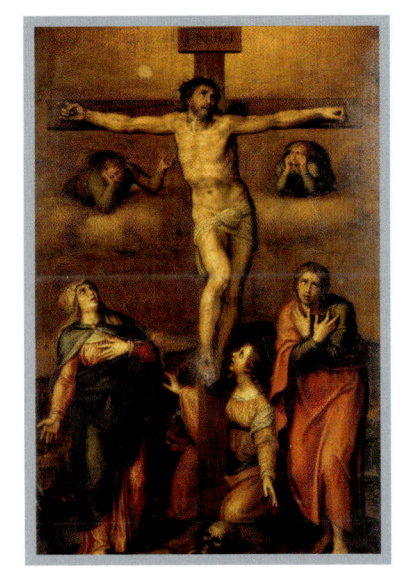

Christen glauben, dass Jesus gekreuzigt und drei Tage später von Gott ins Leben zurückgerufen wurde.
Michelangelo, Kreuzigung, 1540

A
1. Informieren Sie sich im Internet über den Tod Jesu und seine Auferstehung.
2. Lesen und vergleichen Sie die Aussagen der Evangelien zur Auferstehung Jesu (Mt 28, 1-10; Mk 16, 1-8: Lk 24, 1-12; Joh 20, 1-18).
Glauben Sie an ein Leben nach dem Tod? Was stellen Sie sich unter „Auferstehung von den Toten" vor?

Islam: Eintritt ins Paradies

Im muslimischen Glauben bringt der *Engel des Todes* die Seele des Verstorbenen ins Grab. Dort warten sie auf den Tag des jüngsten Gerichts. Gute Menschen blicken während dieser Zeit nach dem Paradies, böse müssen Qualen erleiden. Eine Sonderstellung nehmen Propheten, Märtyrer und Glaubenskämpfer ein: Sie gehen nach dem Tod sofort in die himmlischen Gärten des Paradieses ein.

Alle anderen warten auf das Ende der Welt, das sich dadurch ankündigt, dass Berge versetzt und Meere über die Ufer treten werden. Darauf folgt das Jüngste Gericht: Jeder Mensch muss vor Allah treten und erhält ein Buch, in dem seine guten und bösen Taten aufgezeichnet wurden. Wer im irdischen Leben Allahs Regeln befolgte, wird mit dem ewigen Leben im Himmel belohnt. Wer das von Mohammed gebrachte „Licht Gottes" nicht annehmen wollte, kommt in die Hölle.

Paradies und Hölle werden im Koran sehr plastisch beschrieben:
››› Im Paradies fließen Bäche aus Milch, Wein und Honig und auf die Männer warten Jungfrauen von unvergänglicher Schönheit. Zu diesen „Sinnesfreuden" erfahren die Menschen im Paradies noch die Nähe Gottes.
››› Die Hölle ist ein Furcht einflößender sehr heißer Ort voller Qualen. Die Menschen müssen dort der Wahrheit über ihre schlechten Taten auf der Erde ins Auge sehen. Sie haben nun die ganze Ewigkeit lang Zeit zu bereuen, dass sie nicht auf Mohammed, den Propheten Gottes, gehört hatten.

(Nach Michael Keene: Was Weltreligionen zu Alltagsthemen sagen. Verlag an der Ruhr, Mühlheim 2005, S. 29)

Muslimische Bestattung

Der Leichnam wird gewaschen, in Leichentücher gehüllt und zum Friedhof transportiert. Eile ist geboten, denn binnen vierundzwanzig Stunden soll der Tote beerdigt sein. Man sagt, dass er möglichst bald das Paradies sehen soll. Im Islam ist ausschließlich Erdbestattung üblich. Der Tote wird nur in die Leichentücher gehüllt, auf der rechten Seite liegend und mit dem Gesicht nach Mekka begraben. Mit dem linken Ohr soll er den Ruf zur Auferstehung und zum Jüngsten Gericht vernehmen.

(Nach Kati Deutrich: Begegnungen mit Religionen und Kulturen. In: Helge Eisenschmidt (Hg.) Miteinander leben. Militzke, Leipzig 2000, S. 147)

1. Vorstellungen über ein Leben nach dem Tod haben auch andere Religionen entwickelt. Recherchieren Sie im Internet, welche Vorstellungen dazu im Judentum, dem Hinduismus und Buddhismus bestehen.
2. Finden Sie Gemeinsamkeiten und Unterschiede in den Sichtweisen vom Leben nach dem Tod.
3. Welche Vorstellungen könnten islamische Selbstmordattentäter von der Zeit nach dem Tod haben, wenn sie annehmen, dass die Beschreibung des Paradieses zutrifft?

Philosophische* Deutungen

Im Laufe der Philosophiegeschichte hat es unterschiedliche Vorstellungen vom Tod und einem möglichen Leben danach gegeben. Grundsätzlich geht es in philosophischen Überlegungen zum Todesproblem insbesondere um die Frage, welche Bedeutung der Tod im Leben des Menschen besitzt und welche Konsequenzen sich daraus für die individuelle Auseinandersetzung mit dem Tod ergeben.

Stoa: Der Tod geht mich nichts an

Als Stoa wird eine der wirkungsvollsten philosophischen Lehren in der abendländischen Geschichte bezeichnet. Ihr Name geht auf einen Säulengang („stoa" heißt auf Griechisch „Säule") zurück, in dem ihre Anhänger, die als „Stoiker" bezeichnet werden, umher wandelten und philosophierten. Noch heute sprechen wir von „stoischer Ruhe", wenn sich ein Mensch nicht von seinen Gefühlen mitreißen lässt. Der ideale Stoiker tritt seinem Schicksal mit größter Gelassenheit entgegen. Er begreift den Tod als ein notwendiges Geschehen im Rahmen der geordneten Gesamtschöpfung und nimmt ihn darum furchtlos an.

Seneca (4 v. Chr.–65)

Einer der bedeutendsten Vertreter der Stoa ist *Seneca*. Als im Jahre 65 eine gegen Nero* gerichtete Verschwörung aufgedeckt wurde, ließ dieser dem gar nicht beteiligten Seneca eine Aufforderung zur Selbsttötung zustellen. In der Gelassenheit des stoischen Weisen vollzog Seneca diesen Schritt, auf den er gedanklich längst vorbereitet war:

> Der letzte Lebenstag, vor dem dir so graut, ist der Geburtstag der Ewigkeit. Wirf alle Last von dir! Wozu das Zögern? Hast du nicht eins auch den Leib verlassen, der dich der Welt verbarg, und das Licht des Tages erblickt? Du zögerst und willst nicht? Auch damals hat dich die Mutter unter schweren Leiden ans Licht gebracht. Du seufzest und weinst? Das tun auch die Neugeborenen.
>
> *(Zit. aus: http://de.wikipedia.org/wiki/Stoa; Zugriff: 27.08.2010)*

M. C. Escher, Tod im Auge, Mezzotinto, 1946

A
1. Woraus schöpft Seneca die Kraft, seinem Tod gelassen entgegen zu sehen?
2. Vergleichen Sie die Haltung Senecas zum Tod mit der anderer Philosophen (siehe S. 209 und 217) und mit religiösen Todesdeutungen. Welche Unterschiede und welche Gemeinsamkeiten stellen Sie fest?
2. Sprechen Sie über die Empfindungen und Gedanken, die das Bild von Escher in Ihnen hervorruft.
3. Erläutern Sie die Beziehungen, die das Bild zwischen Leben und Tod sowie zwischen Körper und Geist ausdrückt. Welche Bezüge gibt es zwischen dem Bild und den philosophischen Deutungen des Todes?

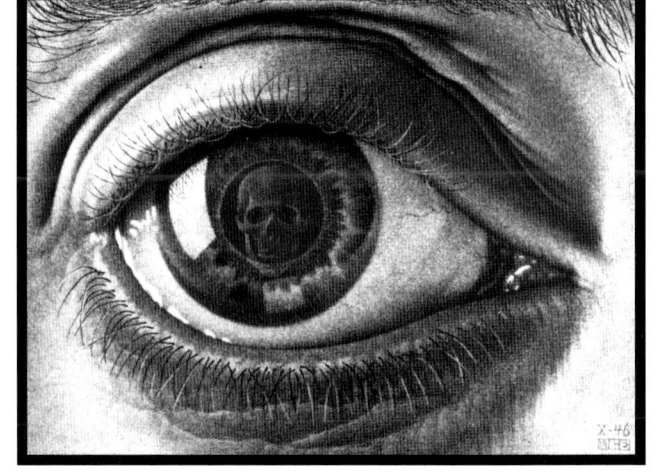

Ihre Vorstellungen über den Tod und das Leben danach formulierten auch die Philosophen Epikur* (341–270 v. Chr.) und Platon* (428–347 v. Chr.).

Epikur
Epikur bricht radikal mit der Tradition der Todesphilosophie (mit der unsterblichen Seele im Zentrum). Er will den Menschen frei machen von seiner Todesfurcht und erklärt den Tod erstaunlich einfach: „So ist der Tod, das schauervollste Übel, für uns ein Nichts; wenn wir da sind, ist der Tod nicht da, aber wenn der Tod da ist, sind wir nicht mehr. Er geht also weder die Lebenden noch die Gestorbenen an; für die einen ist er ja nicht vorhanden, die anderen aber sind für ihn nicht mehr vorhanden. […] Der Weise jedoch fürchtet weder das Leben, noch das Nichtleben. […] Wie er bei einer Speise nicht die größere Menge, sondern das Wohlschmeckendste vorzieht, so will er sich nicht eines möglichst langen, sondern eines möglichst angenehmen Lebens erfreuen."

(Epikur: zit. nach Uta Brumann u. a.: Projekt Tod. Verlag an der Ruhr, Mühlheim a. d. Ruhr 1998, S. 123)

Platon
Zwei Grundsätze, die diesen Philosophen sein ganzes Leben lang begleitet haben, sind: „Erkenne dich selbst!" und „Bedenke, dass du sterblich bist!". Die Selbsterkenntnis wird zur Todeserkenntnis, d. h. jeder muss sich irgendwann einmal zugestehen, dass er sterblich ist. Doch für Platon beinhaltet der Tod eine große Befreiung. Der Sterbende löst sich aus seiner körperlichen und geistigen Begrenztheit und gelangt in die Unterwelt, in der reine Wahrheit herrscht. Diese Einstellung wird bei Platon besonders deutlich, als er Sokrates' Tod und das Gespräch mit Simmias ausführlich beschreibt: „Wer aber wahrhaft nach Erkenntnis trachtet und leidenschaftlich erfasst hat, dass er sie nie sonst in nennenswertem Maße erreichen werde als in der Unterwelt, der sollte sich wegen des Sterbens grämen, und er sollte nicht freudig dorthin gehen? Das ist doch unglaublich, Freund, sofern er wirklich ein Philosoph ist. Denn es wird seine feste Überzeugung sein, dass er nirgends anders die Wahrheit rein antreffen werde, als nur dort. Wenn es sich aber so verhält, wie ich eben sagte, wäre es nicht große Unvernunft, wenn ein solcher den Tod fürchtete?"

(Platon: zit. nach Dies.: Ebd., S. 123)

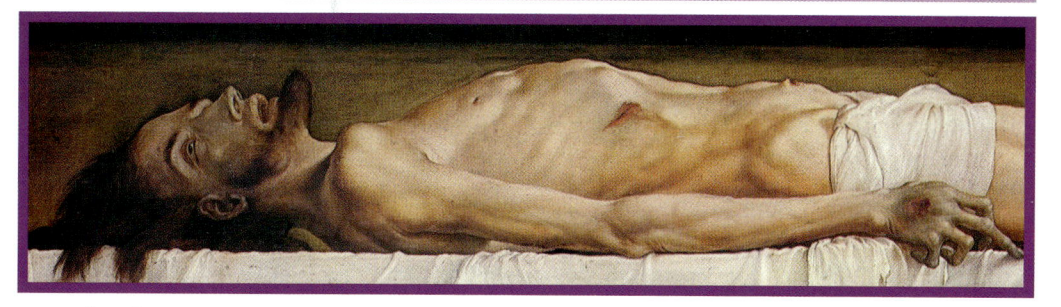

Hans Holbein der Jüngere, Jesus im Grab (1521–1522)

1. Vergleichen Sie die Vorstellungen Platons und Epikurs miteinander. Welche unterschiedlichen Einstellungen zum Leben stecken hinter ihren Deutungen des Todes?
2. Worin liegt der Unterschied zwischen einem Leben mit dem Platon'schen oder dem Epikur'schen Weltbild?

7.3 Zum Leben gehört das Sterben

Noch Anfang des vorigen Jahrhunderts vollzog sich das Sterben im Rahmen eines öffentlichen Zeremoniells. Wenn möglich starb man zu Hause im Bett. Der Sterbende nahm Abschied von seinen Angehörigen. Schon Kinder gewöhnten sich an den Anblick und lernten, dass der Tod zum Leben gehört. Heute sieht es ganz anders aus: 90% der städtischen und 60% der ländlichen Bevölkerung sterben im Krankenhaus. Nur 25% befragter Hinterbliebener waren beim Tod ihrer nächsten Angehörigen dabei.

Sterbehilfe – Lebenshilfe oder Tötung?

Zur Würde des Menschen gehört es, in Würde sterben zu dürfen. Viele verbinden damit die Forderung, das Selbstbestimmungsrecht des Menschen gesetzlich auch auf sein Sterben auszudehnen.

Begriffsklärungen zur Sterbehilfe

Passive Sterbehilfe	Indirekte Sterbehilfe	Aktive Sterbehilfe
Man spricht von passiver Sterbehilfe, wenn ein Arzt lebensverlängernde Maßnahmen abbricht oder nicht einleitet. Beispiele: ››› das Abschalten von Geräten, die einen Patienten künstlich am Leben erhalten, ››› das Nichtbehandeln von Komplikationen (z.B. Lungenentzündung) bei einem bereits sehr schlechten Zustand eines Patienten, ››› der Abbruch künstlicher Ernährung bei einem Patienten, der im Koma liegt. Der Wunsch nach passiver Sterbehilfe, d.h. die Bitte, in solch einer Situation nicht behandelt zu werden, kann vom Patienten vorab in einer *Patientenverfügung* oder mündlich geäußert werden.	Man spricht von indirekter Sterbehilfe, wenn *das Leben eines Patienten unbeabsichtigt verkürzt* wurde. Gemeint ist die konsequente Schmerzbekämpfung unter Inkaufnahme möglicher Lebensverkürzung durch die gegebenen Mittel. Die Hospizbewegung und die Palliativmedizin vertreten die Auffassung, dass heutzutage niemand mehr unter großen Schmerzen sterben muss. Ethisch ist es vor allem deshalb zu rechtfertigen, weil (so erfahrene Ärzte und Sterbebegleiter) bei Schmerzfreiheit der Wunsch nach aktiver Sterbehilfe oder nach Hilfe zur Selbsttötung nicht aufkommt.	Man spricht von aktiver Sterbehilfe, wenn ein Arzt oder Angehöriger auf Wunsch des Patienten dessen Leben beendet. Diese *Tötung auf Verlangen* unterscheidet sich von der *Beihilfe zum Selbstmord* (z.B. einem Lebensmüden die tödliche Dosis bereitzustellen), bei dem der Patient selbst in der Lage ist, sich das Leben zu nehmen. Aktive Sterbehilfe ist in Deutschland strafbar, Suizid und Beihilfe zum Suizid* dagegen nicht. Manche Ethiker suchen sie für einzelne Fälle zu rechtfertigen: Der Behandlungsabbruch (passive Sterbehilfe) könne manchmal zu einem weit schmerzvolleren, d.h. inhumaneren Tod führen.

(Nach Michael Keene: Was Weltreligionen zu Alltagsthemen sagen. Verlag an der Ruhr, Mühlheim 2005, S. 40f.)

Was ist so schlimm am Sterben?

In einem Interview mit dem Spiegel fordert der Rettungsmediziner Michael Ridder eine neue Sterbekultur in Zeiten der Hochleistungsmedizin.

Spiegel: Müssen sich Ärzte nicht als Anwälte des Lebens verstehen?

De Ridder: Natürlich ist der Heilungsauftrag das Primäre. Doch der Auftrag für ein gutes Sterben zu sorgen, ist ethisch gleichrangig. Tatsächlich aber wird die Reanimations- und Behandlungskette oft zum Selbstläufer. Der Mensch, dem sie eigentlich dienen soll, mit seinen individuellen Vorstellungen vom Leben und Sterben, spielt gar keine Rolle mehr. [...]

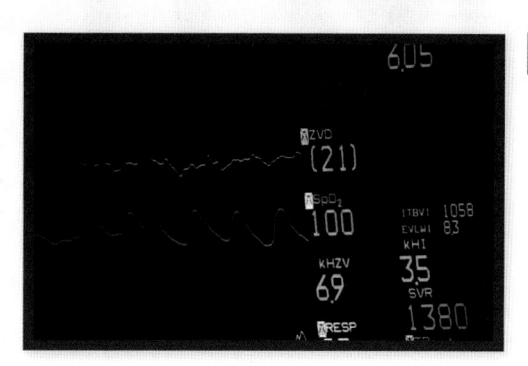

Spiegel: Heute stellt der Fortschritt Mediziner vor ethische Entscheidungszwänge. Sind sie darauf vorbereitet?

De Ridder: Schlecht. [...] Eigentlich haben wir mit der Palliativmedizin heute alle Möglichkeiten, das Sterben so zu gestalten, wie Menschen es sich wünschen, nämlich friedlich. Stattdessen arbeiten wir allzu oft dagegen und bereiten unzähligen Menschen ein schreckliches Ende.

Spiegel: Um das abzuwenden, legen immer mehr Menschen in einer Patientenverfügung fest, was sie nicht wollen.

De Ridder: Und wer keine Verfügung hat, wird automatisch mit allem traktiert, was technisch machbar ist? Das ist doch eine verkehrte Welt, in der Leute mit Zetteln im Portemonnaie herumlaufen: „Bitte keine Schläuche!" [...]

Spiegel: Was schlagen Sie vor?

De Ridder: Wir brauchen ein Konzept der aussichtslosen Therapien. Wir können etwa mit Dialyse, Beatmung und Sondenernährung den Todeszeitpunkt beinahe beliebig hinausschieben. Aber ab wann dient das nicht mehr dem Wohl des Kranken? [...]

Spiegel: Was meinen Sie konkret?

De Ridder: Zum Beispiel die vielen Reanimierten, die im Wachkoma zurückbleiben. Mittlerweile bringt die Medizin jedes Jahr 3.000 bis 5.000 Menschen in diese schreckliche Lage, in der sie dann hängenbleiben, wenn sie nicht zufälligerweise eine entsprechende Patientenverfügung haben. [...] Mittlerweile hat man den Einsatz medizinischer Technik uferlos ausgeweitet, auch auf chronisch kranke Menschen und solche, die bereits an den Grenzen ihres Lebens angekommen sind. Im Extremfall schockt man jemanden mit einem Tumor im Endstadium ins Leben zurück. [...]

Spiegel: Manche Kranke wünschen sich, dass ihnen der Arzt als Anwalt eines guten Sterbens hilft, ihr Leben zu beenden, weil sie ihr Leid nicht ertragen.

De Ridder: Ich bin überzeugt, dass es Situationen gibt, in denen das nicht nur ethisch gerechtfertigt ist, sondern in denen ich als Arzt sogar dazu verpflichtet bin, das Leid eines körperlich Schwerstkranken in einer aussichtslosen Lage zu lindern, und zwar so, wie er selbst es sich wünscht. Insofern betrachte ich die Suizidhilfe als palliative Maßnahme, wenn auch eine sehr extreme.

(Beate Lakotta Interview mit Michael de Ridder: Was ist so schlimm am Sterben? Spiegel 12/2010, S. 168ff.)

1. Was meint de Ridder, wenn er sagt: „Was ist so schlimm am Sterben?"
2. Welchen Vorwurf erhebt de Ridder im Zusammenhang mit dem Sterben an die Hochleistungsmedizin?

Töten oder Sterbenlassen

In einem Grundsatzurteil hat der Bundesgerichtshof* den Ärzten die Angst genommen, mit einem Fuß im Gefängnis zu stehen, wenn sie dem folgen, was ein Patient für sich selbst bestimmt hat. Das wurde anhand folgenden Falles entschieden:

Q Die Mutter der mitangeklagten Frau lag nach einer Hirnblutung seit fünf Jahren im Wachkoma und wurde künstlich ernährt. Sie war längst bewegungsunfähig geworden, ja steif wie ein Brett. Tagaus, tagein starrte sie in der Totenstille ihres Zimmers in einem Hersfelder Pflegeheim ins Leere. Alle Zähne mussten ihr entfernt werden, die Knochen wurden immer poröser. Erst als ein Arm schwarz wurde und stank und Knochensplitter Gewebe entzündete, merkte das Personal, dass etwas gebrochen sein musste. 2006 wurde der Arm amputiert. Bei ihren Besuchen sah die Tochter den bis zur Unkenntlichkeit verfallenen Körper eines Menschen, der einmal ihre Mutter gewesen war.

Als sie sich noch hatte äußern können, hatte die Mutter ihrer Tochter erklärt, dass sie nicht in ein Pflegeheim und auch nicht künstlich am Leben erhalten werden wolle, falls dereinst eine unheilbare Krankheit sie ihrer Sinne berauben sollte. Die Tochter erklärte sich bereit, das Sterben der Mutter zu begleiten, gleich wie lange es dauern würde. Sie übernahm die Verantwortung für das langsame Absetzen der Nahrung. Sie saß bei ihr, streichelte sie und befeuchtete ihren Mund. Nur die übrige Pflege oblag dem Personal.

Am 21. Dezember dann ein rabiater Sinneswandel, ausgelöst durch einen Anruf der Unternehmenszentrale: „In unserem Haus gibt es keine Sterbehilfe!" Man stellte den Kindern ein Ultimatum: Entweder sie lassen die künstliche Ernährung wieder zu, oder sie verlassen binnen zehn Minuten das Heim. Man drohte mit Hausverbot.

Da schnitt die Tochter, die sich anders nicht zu helfen wusste, auf Rat von Anwalt Putz den Ernährungsschlauch durch. Diese Handlung brachten ihr und Anwalt Putz eine Anklage wegen versuchten Totschlags ein. Zwar wurde die Tochter freigesprochen. „Sie ging irrig davon aus", heißt es in der Fuldaer Urteilsbegründung, „dass eine Weiterernährung ihrer Mutter durch aktive Sterbehilfe verhindert werden durfte." Doch für Anwalt Putz wurde eine Freiheitsstrafe von zweieinhalb Jahren beantragt. Gegen dieses Urteil legte die Verteidigung von Putz Widerspruch beim Bundesgerichtshof in Karlsruhe ein.

Nach Ansicht der Karlsruher Richter (BGH) sei weder das Durchtrennen des Ernährungsschlauches noch Rechtsanwalt Putz' Mitwirkung an der aktiven Verhinderung der Wiederaufnahme der Ernährung rechtswidrig gewesen. Ein Behandlungsabbruch sei nicht nur bei einem irreversiblen Grundleiden, das unmittelbar zu Tode führe, zulässig, sondern der Wille des Patienten sei ausschlaggebend, „unabhängig von Art und Stadium" der Krankheit. Wenn der Kranke sich nicht mehr selbst äußern könne, dann hätten die Betreuer diesen Wunsch zu ermitteln und durchzusetzen.

(Nach Gisela Friedrichsen: Töten oder Sterbenlassen? Spiegel 26/ 2010, S. 60f.)

Patientenverfügung

PATIENTENVERFÜGUNG

Für den Fall, dass ich, ... (vollständiger Name)

geboren am: .... (Geburtsdatum)

wohnhaft in: .... (vollständige Anschrift)

meinen Willen nicht mehr bilden oder verständlich äußern kann, bestimme ich folgendes:

1. Situationen, für die diese Verfügung gilt: (Zutreffendes habe ich hier angekreuzt)

- Wenn zwei Ärzte unabhängig voneinander festgestellt haben, dass ich mich aller Wahrscheinlichkeit nach unabwendbar im unmittelbaren Sterbeprozess befinde. ☐
- Wenn ich ohne Aussicht auf Wiedererlangung des Bewusstseins im Koma liege. ☐
- Wenn mit hoher Wahrscheinlichkeit eine Dauerschädigung des Gehirns eintritt. ☐
- Wenn es zu einem nicht behandelbaren, dauernden Ausfall lebenswichtiger Funktionen meines Körpers kommt ☐

Meinungen zum Urteil

Bundesjustizministerin Leutheusser-Schnarrenberger: „Der freiverantwortlich gefasste Wille des Menschen muss in allen Lebenslagen beachtet werden. Es gibt keine Zwangsbehandlung gegen den Willen des Menschen."

Die Patientenschutzorganisation Deutsche Hospiz Stiftung: Sie sieht das Urteil kritischer, weil keine schriftliche Patientenverfügung der Mutter vorlag. „Wenn zur Ermittlung des Patientenwillen aber wie in diesem Fall ein beiläufiges Vier-Augen-Gespräch ohne Zeugen ausreicht, ist dem Missbrauch Tür und Tor geöffnet", sagte der Vorstand der Organisation Eugen Brysch.

Der Marburger Bund (Ärzteverband) warnte ebenfalls: „Der Freispruch für den Rechtsanwalt ist kein Freibrief für eigenmächtiges Vorgehen bei der Entscheidung über die Fortsetzung von lebenserhaltenen Maßnahmen", sagte der Vorsitzende Rudolf Henke. Aus dem Zustand des Wachkomas dürfe nicht abgeleitet werden, dass solche Menschen per se nicht mehr leben wollten.

(Maja Zehrt: Gericht schafft mehr Sicherheit bei Sterbehilfe. Leipziger Volkszeitung 26./27.06.2010, S. 3)

1. Was hätte es geändert, wenn die Mutter eine Patientenverfügung gehabt hätte? Informieren Sie sich z.B. im Internet ausführlicher über Patientenverfügungen.
2. Führen Sie eine Pro-und-Kontra-Diskussion zum Grundsatzurteil über die Sterbehilfe des Bundesgerichtshofes (BGH) durch. Beziehen Sie in Ihre Überlegungen auch die Argumente des Rettungsmediziners de Ridder (siehe S. 219) mit ein.

Letzte Hilfe

Vor einigen Jahren wurde in den Niederlanden und in Belgien die aktive Sterbehilfe unter strengen Auflagen legalisiert. Bei der aktiven Sterbehilfe wird das Leben eines Menschen aktiv beendet und zwar nicht von ihm selbst, sondern von einem Arzt oder Angehörigen.

Niederlande: Ich will sterben

Als die Chirurgen bei der Operation entdeckten, dass die 77-jährige unter Krebs litt, zögerte sie keinen Augenblick: Sie entschloss sich, an ihrem nächsten Geburtstag zu sterben. Für den Hausarzt und die Krankenschwester, die die Tötung auf Verlangen durchführen sollten, lag traditioneller holländischer „Bon-Voyage-Kuchen" bereit. Als der Mediziner die tödliche Injektion setzte, war die Familie vollständig um das Bett der Sterbenden versammelt. Dem Todesengel in Weiß fiel die Hilfe nicht leicht: „Es ist niemals einfach, jemandem beim Sterben zu helfen", sagte Henk Laane. „Man trägt das Erlebte mit nach Hause. Man schläft nicht besonders gut danach."

(Günther Stockinger: Letzte Hilfe. Der Spiegel 49/2000, S. 248 ff.)

Großbritannien: Das Sterben vor Gericht durchsetzen

2002 ging die 43-jährige Britin Diane Pretty vor Gericht. Sie litt unter einer tödlichen, immer schlimmer werdenden Nervenkrankheit und konnte sich nicht mehr bewegen. Ihr drohte ein entsetzlicher und entwürdigender Tod durch Ersticken. Sie wollte, dass ihrem Mann erlaubt wird, ihr beim Sterben zu helfen. Ihr Anwalt argumentierte, Pretty sei auch ein Opfer von Diskriminierung: „Gesunde können ihrem Leben ein Ende setzen, sie nicht". Nachdem das britische Rechtssystem ihre Klage abgewiesen hatte, brachte Diane Pretty den Fall vor den Europäischen Gerichtshof für Menschenrechte. Wiederum entschieden die Richter, dass Diane nicht dabei unterstützt werden dürfe, sich das Leben zu nehmen. Drei Tage nachdem sie ihren Prozess verloren hatte, bekam Diane Atemnot. Zehn Tage später starb sie.

(Nach Michael Keene: Was Weltreligionen zu Alltagsthemen sagen. Verlag an der Ruhr, Mühlheim 2005, S. 41)

1. Können Sie nachvollziehen, dass die Betroffenen in beiden Fällen freiwillig aus dem Leben scheiden wollen?
2. In welchem Dilemma befinden sich Menschen, die sterben wollen, aber nicht die physischen Voraussetzungen dafür besitzen, sich selbst zu töten.
3. Was halten Sie von Vereinen, wie dem Schweizer Verein „Dignitas", der Sterbewilligen gegen eine Gebühr in der Schweiz Räumlichkeiten zur Verfügung stellt, so dass sie selbstbestimmt sterben können?

Die aktive Sterbehilfe unter der moralischen Lupe

1. Sach- und Interessenanalyse
Oft werden sterbenskranke Menschen wie beispielsweise Koma-Patienten über Jahre durch die Apparatemedizin am Leben gehalten. Die Rechtslage verbietet aktive Sterbehilfe. Die gleiche Auffassung vertreten die Bundesärztekammer und die Kirchen. Auf der anderen Seite wünschen manche sterbenskranke Patienten die gezielte Herbeiführung ihres Todes. Manche Menschen, die sterben wollen, befinden sich in einem Dilemma, weil sie sterben wollen, aber nicht die physischen Voraussetzungen besitzen, sich selbst zu töten. Einzelne Ärzte und manche Angehörige unterstützen den Wunsch, das Leben dieser Menschen zu beenden. Problem: Könnten nicht auch Angehörige, die es auf das Erbe des Schwerkranken abgesehen haben, ihn zum Tode überreden wollen? usw.

2. Berücksichtigung von Handlungsalternativen
Bei deutlicher Todesnähe ist eine passive und indirekte Sterbehilfe rechtlich erlaubt. Hinzu kommt im Fall eines ausdrücklichen Todeswunsches: Selbsttötung und Beihilfe zur Selbsttötung sind zwar straffrei, ihre moralische Rechtfertigung bleibt aber umstritten. Es bleibt ein kleiner Teil sterbenskranker Patienten, die ausdrücklich die gezielte Herbeiführung ihres Todes wünschen, bzw. deren Angehörige den „mutmaßlichen Wille" des Sterbenden nach aktiver Sterbehilfe zum Ausdruck bringen. usw.

3. Normenanalyse
Hat der Mensch ein Recht auf seinen – selbst bestimmten – Tod? Gilt das im Grundgesetz verbürgte Selbstbestimmungsrecht jedes Menschen auch für sein Sterben?
Wer soll die aktive Sterbehilfe genehmigen oder ausführen?
Wird durch die aktive Sterbehilfe nicht das allgemeine Tötungsverbot enttabuisiert?
Moralisch geboten ist die passive und indirekte Sterbehilfe, weil die Verzögerung des Sterbeprozesses der Menschenwürde widerspricht. usw.

4. Abwägung und Entscheidung
In der Urteilsphase wird noch einmal kritisch überprüft, ob die Situation selbst und ob die für die Situation geltenden Normen richtig und vollständig erfasst wurden. Ebenfalls geprüft wird noch einmal, ob tatsächlich alle Handlungsalternativen erwogen wurden. Nach sorgfältigem Abwägen aller Fakten und Argumente ist schließlich ein Votum abzugeben, ob man selbst die aktive Sterbehilfe befürwortet oder ablehnt.

1. Lesen Sie zunächst im Lehrbuch auf der Methodenseite „Schritte ethischer Urteilsfindung" (S. 201) nach, welche Leitfragen Ihnen das Nachdenken erleichtern können.
2. Recherchieren Sie im Internet, um sich weitere Informationen zum Thema Sterbehilfe zu beschaffen, z.B. unter: www.zeit.de/themen/wissen/gesundheit/sterbehilfe/index.
3. Diskutieren Sie das Problem der aktiven Sterbehilfe in kleineren Gruppen und auf der Grundlage des dargestellten Schemas. Halten Sie Ihre Überlegungen schriftlich fest. Die Abwägung muss dann jede(r) allein vornehmen.
4. Präsentieren Sie Ihre Gruppenarbeiten in der Klasse und diskutieren Sie darüber.

Das Sterben begleiten

Sterben ist keine Krankheit, sondern ein natürlicher Vorgang, der jeden Menschen betrifft. Jedoch haben Sterbende besondere Bedürfnissen. Aufgabe fürsorglicher Sterbebegleitung ist es, mit angemessener medizinischer Versorgung und Pflege sowie sozialer und psychologischer Betreuung die letzte Zeit eines Sterbenden für ihn und die Angehörigen lebenswert zu gestalten.

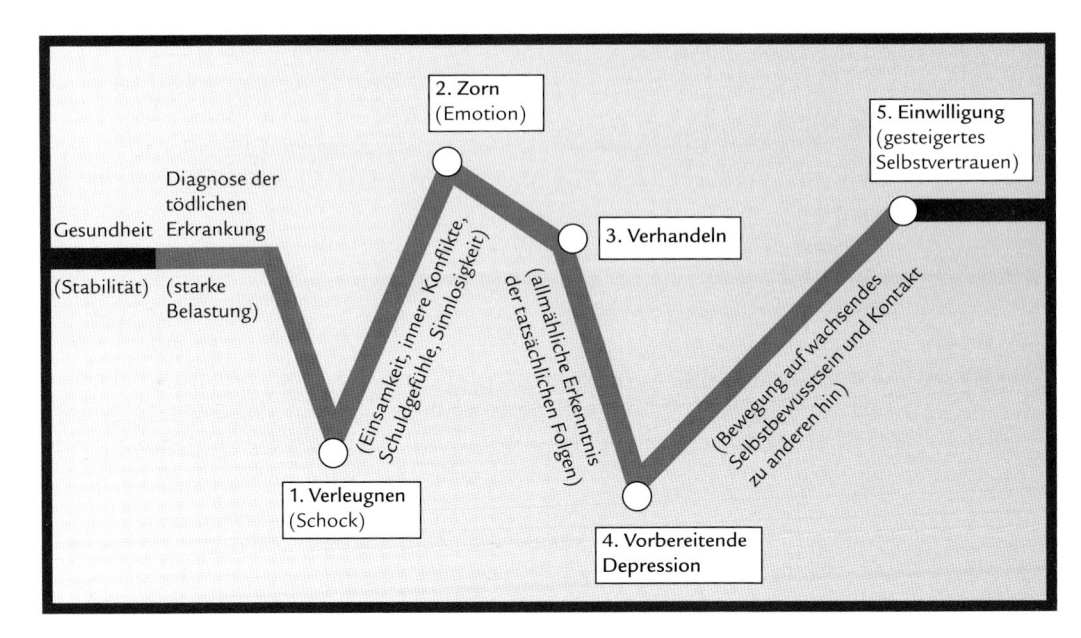

[Grafik: Phasenmodell des Sterbens nach Kübler-Ross mit den Stationen Gesundheit (Stabilität) – Diagnose der tödlichen Erkrankung (starke Belastung) – 1. Verleugnen (Schock) (Einsamkeit, innere Konflikte, Schuldgefühle, Sinnlosigkeit) – 2. Zorn (Emotion) – (allmähliche Erkenntnis der tatsächlichen Folgen) – 3. Verhandeln – 4. Vorbereitende Depression – 5. Einwilligung (gesteigertes Selbstvertrauen) (Bewegung auf wachsendes Selbstbewusstsein und Kontakt zu anderen hin)]

Nicht jeder, der tödlich erkrankt ist oder kurz vor dem Tod steht, vollzieht die Phasen des Sterbens so, wie es die Grafik veranschaulicht. Einige bleiben auf einer Stufe stehen, andere – und das ist durchaus häufig der Fall – durchschreiten alle fünf Stufen.

> - *Erste Phase:* Verleugnen. Die meisten Patienten reagieren auf die Diagnose einer tödlichen Krankheit mit Schock und Ungläubigkeit. Das Nichtwahrhabenwollen kann Sekunden, aber auch Monate dauern.
> - *Zweite Phase:* Zorn. Auf das Nichtwahrhaben folgt meist Zorn, Groll, Wut, Neid. Dahinter steht die Frage: „Warum gerade ich?" Der Zorn des Kranken ergießt sich ohne sichtbaren Anlass in alle Richtungen: Auf Ärzte und das Pflegepersonal, aber auch z. B. auf Angehörige.
> - *Dritte Phase:* Verhandeln. Der Patient versucht das Unvermeidliche durch eine Art Handel hinauszuschieben. Er verspricht Wohlverhalten und hofft, dafür belohnt zu werden. Innerlich setzt er sich selbst eine Frist, nach der er – wie er verspricht – nichts mehr erbitten will.
> - *Vierte Phase:* Depression. Zorn und Wut weichen bald dem Gefühl der Verzweiflung. Der Kranke ist im Begriff, alle und alles zu verlieren, was er geliebt hat. Wer seinen Schmerz ausdrücken darf und kann, dem fällt es zumeist leichter, sich mit seinem Schicksal abzufinden.
> - *Fünfte Phase:* Zustimmung. Der Kranke erreicht die Phase der Ergebung und Loslösung. Er hat den drohenden Verlust geliebter Menschen betrauert, und nun sieht er seinem Ende mit mehr oder weniger ruhiger Erwartung entgegen. Der Schmerz scheint vergangen, der Kampf ist vorbei.

(Nach Elisabeth Kübler-Ross: Interviews mit Sterbenden. Gütersloher Verlagshaus, Gütersloh 1987, S. 16–79 ff.)

Was wäre Ihnen beim Sterben wichtig?

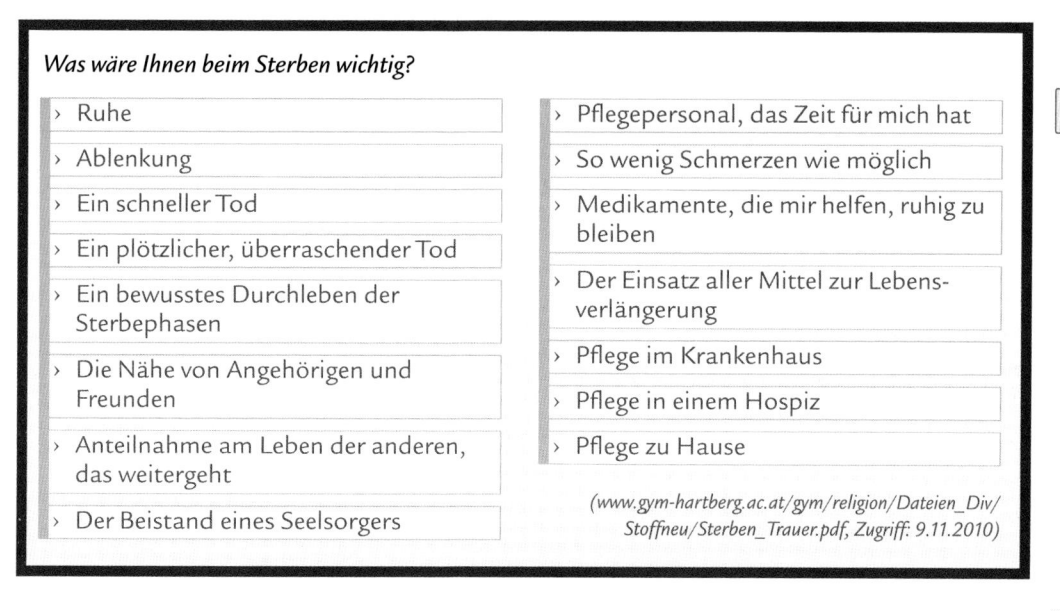

- Ruhe
- Ablenkung
- Ein schneller Tod
- Ein plötzlicher, überraschender Tod
- Ein bewusstes Durchleben der Sterbephasen
- Die Nähe von Angehörigen und Freunden
- Anteilnahme am Leben der anderen, das weitergeht
- Der Beistand eines Seelsorgers

- Pflegepersonal, das Zeit für mich hat
- So wenig Schmerzen wie möglich
- Medikamente, die mir helfen, ruhig zu bleiben
- Der Einsatz aller Mittel zur Lebensverlängerung
- Pflege im Krankenhaus
- Pflege in einem Hospiz
- Pflege zu Hause

(www.gym-hartberg.ac.at/gym/religion/Dateien_Div/Stoffneu/Sterben_Trauer.pdf, Zugriff: 9.11.2010)

1. Versetzen Sie sich in die Lage eines Sterbenden. Wählen Sie aus, was Ihnen beim Sterben wichtig wäre. Vergleichen Sie die Ergebnisse in der Klasse.

Hospiz

Die englische Ärztin Cicerly Saunders gründete 1967 in London das Hospiz St. Christopher's. Nach diesem Vorbild entstanden auch in Deutschland Hospize. In einem Hospiz werden Sterbende und ihre Angehörigen betreut. Bei intensiver Pflege und im Beisein der Angehörigen erwarten die Patienten den Tod.

Es gibt zwar Lebensgefährten, aber kaum Sterbensgefährten
Die Hospizbewegung ist auch eine Protestbewegung: Sie lehnt sich auf gegen das „Wir können nichts mehr für sie tun" der Krankenhäuser. [...] Da Sterbende für Ärzte und Krankenhäuser Misserfolge dokumentieren, weil an ihnen die fortschrittliche Medizin versagt hat, sind sie dort nicht gern gesehen. Abgeschoben und völlig isoliert sterben manche Menschen einen unwürdigen Tod.
Leben bis zuletzt – das erfordert in vielen Fällen eine auf den jeweiligen Patienten zugeschnittene Palliativmedizin, um starke Schmerzen zu lindern. [...] Wichtig sind jedoch nicht nur Schmerzmittel. Das Wichtigste gegen die Angst vor dem Tod ist, dass es jemanden gibt, der die Hand hält, einfach nur da ist und zuhört.

(Uta Brumann u.a.: Projekt Tod. Verlag an der Ruhr, Mühlheim 1998, S. 83)

2. Fragen Sie Personal von Pflegestationen nach ihren Erfahrungen mit Sterbenden, deren Wünschen und den Wünschen und dem Verhalten von Angehörigen.
3. Nach welchen Grundgedanken wird in zahlreichen Vereinen und Gruppen, die sich für eine menschenwürdige Sterbebegleitung engagieren (z. B. Hospizvereine, Omega-Gruppen, Palliativstationen) gearbeitet?
4. Welche Minimalstandards und Forderungen für eine humane Sterbebegleitung würden Sie als Mitglied einer Ethik-Kommission formulieren?

7.4 Medizinethik: Verantwortung vor dem Leben

Neben den bereits im Abschnitt 7.2 und 7.3 erörterten Problemen der medizinischen Ethik befasst sich die Medizinethik mit weiteren Themen. Im Zeitalter der modernen Medizin haben diese Fragen oft weitreichende Konsequenzen für das Leben der Menschen. Die entscheidende Frage lautet: Darf der Mensch alles, was er kann? Eine erste Antwort lautet: Nein, denn nicht alles, was technisch möglich ist, ist auch moralisch vertretbar.

Bereiche der Medizinethik

Q Als die wesentlichsten Probleme einer medizinischen Ethik werden heute vor allem folgende Themen diskutiert:
- *Schwangerschaftsabbruch:* Ist bzw. unter welchen Voraussetzungen ist ein Schwangerschaftsabbruch mit der Pflicht des Arztes, Leben zu erhalten, vereinbar?
- *Euthanasie*:* Ist bzw. unter welchen Voraussetzungen ist Tötung auf Verlangen, aktive oder passive Sterbehilfe, Vernichtung von sogenanntem „lebensunwerten" Leben mit der Pflicht des Arztes, Leben zu erhalten, vereinbar?
- *Apparatemedizin:* In welchem Ausmaß sollen lebenserhaltende und verlängernde Maßnahmen bei Schwerstkranken auf der Intensivstation durchgeführt werden? Dürfen Todkranke gegen ihren eigenen Wunsch künstlich am Leben erhalten werden?
- *Manipulation am Erbmaterial:* Darf der Arzt beim Menschen Genmanipulationen betreiben, d. h. Eingriffe in die Keimbahn vornehmen, z. B. um Erbkrankheiten auszumerzen oder mögliche körperliche Defekte zu verhindern?
- *Humanexperimente:* Ist bzw. unter welchen Voraussetzungen ist der Arzt berechtigt, mittels Medikamenten oder Operationen Experimente an Menschen durchzuführen? Darf mit Embryonen experimentiert werden?
- *Künstliche Erzeugung von Menschenleben:* Ist bzw. unter welchen Voraussetzungen ist der Arzt befugt, menschliches Leben auf nicht natürliche Weise – durch homologe* oder heterologe Insemination*, durch In-vitro-Fertilisation*, intratubaren Gametentransfer* etc. – zu ermöglichen?
- *Gehirnchirurgie:* Ist es dem Arzt erlaubt, z. B. Querulanten und Triebverbrecher durch eine Gehirnoperation „ruhig zu stellen" bzw. an das gesellschaftliche Normengefüge „anzupassen"?
- *Organverpflanzung:* Wann ist der Arzt befugt, einem „Spender" ein Organ zu entnehmen, um es einem anderen Menschen zur Erhaltung oder Wiederherstellung seiner Gesundheit einzupflanzen?
- *Informationspflicht:* Ist der Arzt verpflichtet, seine Patienten über Art und Schwere ihrer Krankheit sowie über das Risiko der zur Herstellung ihrer Gesundheit erforderlichen Eingriffe und Mittel vollständig aufzuklären?
- *Paternalismus*:* In welchem Maß darf die Patientenautonomie durch ärztliche Anordnungen eingeschränkt oder sogar aufgehoben werden?

(Nach Annemarie Pieper: Einführung in die Ethik. Francke, Tübingen 1994, S. 84f.)

A
1. Welches der angesprochenen Probleme interessiert Sie besonders? Suchen Sie sich Mitschüler, die sich ebenfalls dafür interessieren und arbeiten Sie in Gruppen. Präsentieren Sie dann in der Klasse Ihren Standpunkt zu diesem Bereich der Medizinethik.
2. Analysieren Sie das Internet und erfassen Sie Materialien aus Zeitungen und Zeitschriften: Welche medizinethischen Probleme werden gegenwärtig in der Öffentlichkeit diskutiert? Stellen Sie die Ergebnisse Ihrer Untersuchungen in einem Bericht zusammen.

Schwangerschaftsabbruch

Ist ein Embryo ein Mensch und ab wann ist er es? So unterschiedlich diese Frage beantwortet wird, so weit liegen auch die Auffassungen für einen möglichen Schwangerschaftsabbruch auseinander.

Mensch von Anfang an

Mit der sogenannten Keimzellenverschmelzung, also mit der Befruchtung, ist individuelles Leben, im Normalfall ein individuelles Leben, im Falle einer eineiigen Zwillings- oder Mehrlingsentwicklung eben in der Mehrzahl, grundgelegt und unwiderruflich festgelegt, festgelegt in dem Sinn, dass sich daraus individuelles menschliches Leben in einem kontinuierlichen Prozess weiterentwickelt, sofern dieser Prozess nicht auf natürlichem Weg oder auf künstlichem Weg beendet wird, also der Embryo nicht abstirbt oder vernichtet wird. Der Embryo entwickelt sich also nicht zum Menschen, sondern als Mensch. Alle konstitutiven Merkmale des Menschseins sind im Embryo grundgelegt, und normalerweise gelangen sie in einem kontinuierlichen Prozess auch zu ihrer Entfaltung. Der Mensch ist also mit sich selbst identisch von der Befruchtung bis zum Tod. [...] Das heißt: Für eine humane Ethik mit dem Bekenntnis zur Menschenwürde, aus der als wesentliches Element ein strenges Tötungsverbot resultiert, besitzt die Leibesfrucht vom Augenblick der Keimzellenvermehrung an eine hohe Würde.

(Valentin Zsifkovits: Medizinethik mit Herz und Vernunft, Lit, Münster 2004, S. 28f.)

Der Wert eines Fötus

Ich schlage daher vor, dem Leben eines Fötus keinen größeren Wert zuzubilligen als dem Leben eines nichtmenschlichen Lebewesens auf einer ähnlichen Stufe der Rationalität, des Selbstbewusstseins, der Wahrnehmungsfähigkeit, der Sensibilität etc. Da kein Fötus eine Person ist, hat kein Fötus denselben Anspruch auf Leben wie eine Person. Ferner ist es sehr unwahrscheinlich, dass Föten von weniger als achtzehn Wochen überhaupt fähig sind, etwas zu empfinden, weil ihr Nervensystem allem Anschein nach noch nicht genug entwickelt ist. Wenn das so ist, dann beendet eine Abtreibung bis zu diesem Datum eine Existenz, die überhaupt keinen Wert an sich hat. In der Zeit zwischen achtzehn Wochen und der Geburt, wenn der Fötus vielleicht bewusst, aber nicht selbstbewusst ist, beendet eine Abtreibung ein Leben, das einen gewissen Wert an sich hat, und somit sollte sie nicht leichtgenommen werden. Aber die schwerwiegenden Interessen einer Frau haben normalerweise den Vorzug gegenüber den rudimentären Interessen des Fötus.

(Nach Peter Singer: Praktische Ethik. Reclam, Stuttgart 1994, S. 197ff.)

1. Erarbeiten Sie die unterschiedlichen Standpunkte, die in den Texten zum Beginn des menschlichen Lebens zum Ausdruck kommen. Setzen Sie sich mit diesen Auffassungen auseinander.
2. Lesen Sie den Text „Abtreibung" auf Seite 70. Welche Gedanken könnten dem Mädchen Nora durch den Kopf gehen, wenn sie sich mit beiden Texten auseinandersetzt?
3. Schreiben Sie einen philosophischen Essay*, der sich mit der Frage auseinandersetzt, was Sie unter „menschlichem Leben" verstehen.

Präimplantationsdiagnostik (PID)

Das Verfahren wird genutzt, um im Reagenzglas erzeugte Embryonen außerhalb des Mutterleibs auf Erbkrankheiten zu untersuchen und auszuwählen. Fehl- und Totgeburten, der Tod eines Neugeborenen oder die Geburt eines schwer kranken Kindes sollen verhindert werden. Der Krankheits-Check bei künstlicher Befruchtung ist ethisch umstritten: Angst vor Designerbabys oder Anwendung moderner Diagnostik zur Vermeidung von Erbkrankheiten – wie weit darf die Medizin in menschliches Leben eingreifen?

Geprüftes Erbgut
Der Leidensdruck ist groß

Q Das erste genetisch ausgewählte Baby Großbritanniens ohne Brustkrebsgen ist am 9. Januar 2010 in London zur Welt gekommen. Die Eltern hatten sich für eine künstliche Befruchtung und die anschließende Auswahl eines Kindes mit Hilfe der Präimplantationsdiagnostik (PID) entschieden, nachdem in der Familie des Vaters in den vorigen Generationen Brustkrebs aufgetreten war. Eine solche Embryonen-Auswahl ist in Deutschland verboten. Die Ärzte hatten elf Embryonen im Reagenzglas erzeugt. Drei Tage nach der Befruchtung untersuchten sie diese auf das Risiko-Gen BRCA1. Sechs der Embryonen trugen das Brustkrebsgen und wurden aussortiert, zwei ohne das gefährliche Gen wurden in die Gebärmutter verpflanzt. Ohne die Untersuchung läge die Möglichkeit, dass eine Tochter des Paares ebenfalls Brustkrebs bekommt, bei 50 bis 85 Prozent.

Geprüftes Erbgut

Präimplantationsdiagnostik (PID):
Ein Embryo wird nach einer künstlichen Befruchtung auf Erbkrankheiten untersucht und erst dann in die Gebärmutter eingepflanzt.

1. Hormonbehandlung: Mehrere Eier reifen im Mutterleib heran.
2. Befruchtung im Reagenzglas
   Eizelle
3. Dem Embryo wird eine Zelle entnommen. Im Achtzell-Stadium kann noch jede Zelle zu einem Menschen heranreifen.
   Embryo im Achtzell-Stadium
4. Erbgut (DNA) wird isoliert.
5. DNA wird auf das Risiko für Erbkrankheiten untersucht.
   DNA

„gesund" ? „krank"
Embryo wird in die Gebärmutter eingepflanzt. Embryo wird nicht eingepflanzt.

dpa•12995

„Unter dem Begriff Präimplantationsdiagnostik werden gentechnische Methoden zusammengefasst, die dazu dienen, im Vorfeld einer künstlichen Befruchtung bestimmte Erbkrankheiten und Chromosomenbesonderheiten zu erkennen, um dadurch zu entscheiden, ob die Zygote* in die Gebärmutter eingepflanzt werden soll oder nicht", erklärt Diana Mitter, Humangenetikerin an der Universität Leipzig. Sie selbst ist Mutter eines gesunden Kindes. Ob sie selbst einer PID zustimmen würde, wenn in ihrer Familie Erbkrankheiten wie die Hirnstörung Chorea Huntington, Muskelschwund oder das Marfan-Syndrom aufgetreten wären? „Ja sicher. Ich erlebe es in Beratungsgesprächen immer wieder, dass Eltern, die bereits ein Kind verloren oder ein krankes Kind bekommen haben, Angst vor einer neuen Schwangerschaft haben. Sie fragen sich natürlich, wie hoch das Wiederholungsrisiko ist. Ihr Leidensdruck ist sehr hoch."

(Nach Simone Liss: Der Leidensdruck ist groß. Leipziger Volkszeitung, 19.10.2010, S. 3)

Gen-Tests für künstlich befruchtete Eizellen?

Pro

Es sei unethisch, den Menschen diese Möglichkeit der Medizin zu nehmen. Schließlich sei auch die Untersuchung des Embryos auf Erbgutschäden während der Schwangerschaft erlaubt – ein Abbruch sei für die Frauen dann deutlich belastender als die Aussonderung eines Embryos in der Petrischale*.

Renaldo Faber vom Zentrum für Pränatale Medizin hält die Ängste für überzogen: „Die Diskussion um die Präimplantationsdiagnostik ist hierzulande ideologisch vermint. Worum es wirklich geht? Es geht um Mütter, die ohne PID abwarten müssen, bis der Zellhaufen in ihrem Bauch zu einem Kind mit Händen und Füßen herangewachsen ist – das sie, wenn das genetische Risiko zur bitteren Realität geworden ist, ganz legal abtreiben dürfen."

Ulrike Flach – gesundheitspolitische Sprecherin der FDP – betont: „Wir wollen keine Designerbabys mit Wahl der Haar- und Augenfarbe. Die Abtötung eines Embryos ist nur zu rechtfertigen bei schweren Krankheiten, die das Leben des Kindes und/oder der Mutter gefährden oder zu einer untragbaren Belastung machen."

Contra

Aussortierte Embryonen sterben ab. Das Grundgesetz verbiete die Tötung menschlichen Lebens. PID lasse sich zudem nicht eingrenzen. Die Türe wäre aufgestoßen, um Menschen nach Maß zu bekommen – sogenannte Designerbabys.

Julia Klöckner – Parlamentarische Staatssekretärin im Bundesverbraucherschutzministerium – unterstützt diese Position: „Jemand der beeinträchtigt ist – weil er mit einer Behinderung geboren wurde oder sie im Laufe des Lebens erwirbt – ist genauso viel Wert wie ein Mensch ohne Beeinträchtigungen. [...] Ich lehne es ab, dass Embryonen selektiert werden. Selbst wenn man PID ganz eng begrenzt, kommt es zu einer Entscheidung zwischen „lebenswertem" und „nicht lebenswertem" Leben. Die Grenze zu ziehen, halte ich für unmöglich. Meine große Sorge ist, dass die Erlaubnis der PID zu einer Tüv-Gesellschaft führt, die ungeborenen Kindern nur dann die Einpflanzung in die Gebärmutter gestattet, wenn sie einen Test bestehen. [...] Ich will keine Gesellschaft, in der Kinder nicht erwünscht sind, weil sie Schwächen oder Beeinträchtigungen haben."

1. Die Präimplantationsdiagnostik (PID) ist in der Bundesrepublik Deutschland nicht erlaubt. Informieren Sie sich, welche Regelungen bezüglich der PID in anderen europäischen Ländern gelten. Diskutieren Sie auch unter Beachtung Ihrer Rechercheergebnisse die Sinnhaftigkeit des deutschen Verbots.
2. Wie weit darf die Medizin in menschliches Leben eingreifen? Erörtern Sie in Kleingruppen das Verfahren zur Präimplantationsdiagnostik.
3. Die Grenze zwischen Erbkrankheiten und Leiden, die in Kauf genommen werden müssten, ist schwer zu ziehen. In den USA wird selbst die Nutzung der PID etwa bei der Wahl des Geschlechts weitgehend als legitim anerkannt. Wo sehen Sie die Grenzen?
4. Stellen Sie zwei etwa gleichgroße Gruppen zusammen, die als Befürworter bzw. Gegner der PID in einem Streitgespräch ihre PRO- bzw. CONTRA- Argumente austauschen.

Chancen der Transplantationsmedizin

Die Erfolge der Transplantationsmedizin sind beeindruckend und oft die letzte Hoffnung zum Weiterleben für Patienten. Während die Wartelisten der auf ein Organ hoffenden Menschen immer länger werden, stagniert die Zahl der Spender. Zwar finden 86 Prozent der Deutschen die Organspende prinzipiell gut, doch lediglich 13 Prozent der Befragten haben einen Organspenderausweis. Am Sterbebett entscheiden sich 40 Prozent der Angehörigen gegen die Freigabe von Organen der Verstorbenen für eine Spende. Das hängt offenbar mit dem tief verwurzelten Misstrauen zusammen, die Ärzte würden im Zweifelsfall nicht alles Nötige zur Rettung tun, wenn sie die Organe gebrauchen könnten.

Diese Organe und Gewebe verpflanzen Ärzte: Gehörknöchelchen, Hornhaut des Auges, Lunge, Herz, Bauchspeicheldrüse, Niere, Leber, Darm (weltweit wenige hundert Operationen), Knochenmark, kleine Knochenstücke, Blut, Haut, Teile des Knies (Kreuzband, Miniskus), Teile des Gesichts.

Organspende: Hilfe zum Überleben

Durch eine Organspende wird in einer Operation ein gesundes Organ von einem Spender einem Empfänger transplantiert, d.h. übertragen. Meistens stammen die Organe von Toten, die z.B. bei einem Unfall gestorben sind. Es gibt aber auch die Möglichkeit der Lebendspende, bei der ein gesunder Spender z.B. eine seiner Nieren einem Kranken überlässt.

Q *Gesetz über Spende, Entnahme und Übertragung von Organen*

§ (1) Die Entnahme von Organen ist, soweit in Paragraph 4 nicht Abweichendes bestimmt ist, nur zulässig, wenn
1. der Organspender in die Entnahme eingewilligt hatte,
2. der Tod des Organspenders nach Regeln, die dem Stand der Erkenntnisse der medizinischen Wissenschaft entsprechen, festgestellt ist und
3. der Eingriff durch einen Arzt vorgenommen wird.

§ (2) Die Entnahme von Organen ist unzulässig, wenn
1. die Person, deren Tod festgestellt ist, der Organentnahme widersprochen hatte,
2. nicht vor der Entnahme bei dem Organspender der endgültige, nicht behebbare Ausfall der Gesamtfunktion des Großhirns, des Kleinhirns und des Hirnstamms nach Verfahrensregeln, die dem Stand der Erkenntnisse der medizinischen Wissenschaft entsprechen, festgestellt ist.

(Transplantationsgesetz – TPG. In: Bundesgesetzblatt I vom 5. November 1997, Bonn 1997, S. 2631–2637)

A
1. Erörtern Sie, welche positiven und negativen Aspekte sich für Menschen ergeben könnten, die einen toten Angehörigen für die Organspende freigegeben haben.
2. Diskutieren Sie, ob die Grenzen der Transplantationsmedizin überschritten werden, wenn Teile des Gesichts verpflanzt werden. Warum? Warum nicht? Ab wann ist für Sie die Grenze überschritten?

Einverständnis zur Organentnahme

Die *Widerspruchslösung*, wie sie in den meisten Ländern praktiziert wird, erlaubt die Organentnahme nach dem Todeseintritt, wenn nicht ausdrücklich widersprochen wird. Bei der *Zustimmungslösung* ist die Organentnahme nur bei ausdrücklicher Zustimmung des Spenders oder seiner Angehörigen erlaubt. Mit der *Informationslösung* werden die Angehörigen informiert und über den mutmaßlichen Willen des Toten befragt.

Durch einen *Organspenderausweis* kann jeder Mensch zu Lebzeiten seinen Willen bekunden, ob er nach seinem Tod zu einer Organspende bereit ist oder auch nicht. Damit befreit er seine nächsten Angehörigen von der Bürde, im Falle eines Todes für ihn entscheiden zu müssen (erweiterte Zustimmungslösung).

Elfjähriger Organspender hilft nach seinem Tod vierzig Menschen
Mit seiner frühzeitigen Einverständniserklärung zur Organspende hat ein elfjähriger Junge in Großbritannien dafür gesorgt, dass nach seinem Tod 40 Menschen geholfen und einigen sogar das Leben gerettet werden konnte.
Matthew Howard trug immer seinen Spenderausweis in der Tasche. Auch, als er auf dem Fahrrad nahe der elterlichen Wohnung in der südenglischen Grafschaft Essex von einem Auto überrollt und getötet wurde. „Er hat uns immer erzählt, dass er anderen Menschen helfen will, wenn er stirbt", sagte Matthews Vater Philip Howard. Ärzte und Krankenschwestern seien zu Tränen gerührt gewesen, als sie den Spenderausweis in den Kleidern des Jungen gefunden hätten. Zwei Mädchen erhielten die Nieren des Elfjährigen, eine dreifache Mutter, die im Sterben lag, seine Leber. Haut, Knochen, Sehnen, Blutgefäße und andere Körperteile des so jung Verstorbenen wurden für Organtransplantationen entnommen. Insgesamt werden nach Angaben des Vaters die Organe etwa 40 Menschen eingepflanzt.

(Nach Uta Brumann u. a.: Projekt Tod. Verlag an der Ruhr, Mühlheim 1998, S. 84)

1. Diskutieren Sie darüber, ob Sie Ihre Organe spenden würden, falls Sie verunglückten. Würden Ihre Angehörigen die Zustimmung geben?
2. In anderen Ländern gibt es bei der Organentnahme keine „Zustimmungslösung" wie in Deutschland, sondern eine „Widerspruchslösung". Das bedeutet, dass jedem Toten die Organe entfernt werden dürfen, es sei denn, sie widersprechen schriftlich ihrer Entnahme. Diskutieren Sie, was Sie von so einer Regelung halten.

Ablauf einer Transplantation

Damit Interessenkonflikte vermieden werden, liegen Hirntod-Diagnose, Organentnahme und die Wahl des Empfängers in verschiedenen Händen.

Hirntod-Diagnose

Als Organspender kommen prinzipiell alle Menschen in Betracht, deren Herz dank künstlicher Beatmung weiter schlägt, deren Gehirn seine Arbeit aber unwiderruflich eingestellt hat: Hirntote, wie die Medizin sie nennt. Um jeglichen Zweifel zu vermeiden, müssen zwei einschlägig erfahrene Ärzte diese Diagnose unabhängig voneinander stellen. Sie dürfen weder an der Organentnahme noch an der Übertragung beteiligt sein.

Organentnahme

Steht die Diagnose „Hirntod" fest, werden die Angehörigen um die Erlaubnis zu einer Organentnahme gebeten – sofern der Verstorbene keine eigene Willensbekundung, etwa einen Organspenderausweis, hinterlassen hat. Die Klinik meldet den potentiellen Organspender an das Transplantationszentrum. Von dort aus wird das Vermittlungszentrum Eurotransplant im niederländischen Leiden verständigt, dessen Computer die Wartelisten aller Transplantationszentren in Deutschland, Österreich und den Beneluxländern gespeichert hat.

Wahl des Empfängers

Q Eignet sich der Tote als Organspender, ermittelt der Eurotransplant-Computer anhand gesetzlich festgelegter Kriterien den Organempfänger. Es ist ein von der Ärzteschaft entwickeltes medizinisches Punktesystem, mit dem der geeignetste Spender festgestellt wird.

(Transplantation. In: Gesundheit. 3/2000, S. 13)

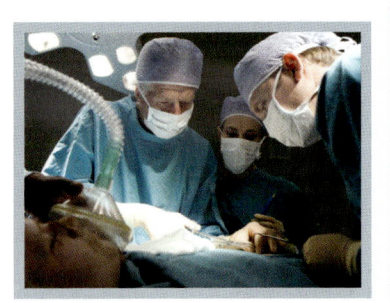

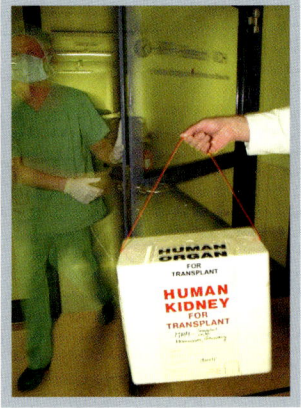

Organtransplantation (links), Kühlbox mit Spenderniere (rechts)

A 1. Die knappen Organe werden z.Z. nach einem Punktesystem verteilt, das auf objektiven medizinischen Faktoren beruht. Könnten Sie sich vorstellen, dass bei der Organverteilung auch andere Kriterien mit herangezogen werden, wie z.B.:
   › Hat eine allein erziehende Mutter das Organ nötiger als ein kinderloser Single?
   › Sollte jemand bevorzugt werden, der bereits selbst ein Organ gespendet hat?
   › Sollten die Menschen eher mit einer Spende bedacht werden, die auch selbst einen Spenderausweis haben?
   › Ab welchem Alter des Empfängers sollte eine Organspende nicht mehr vorgenommen werden?
   › Müsste nicht bei gesundheitsgefährdendem Verhalten wie starkes Übergewicht oder Alkoholmissbrauch eine Organspende ausgeschlossen werden?
   Diskutieren Sie die möglichen Einwände zur Veränderung der Verteilung von Organen.

Informationen zur Organspende erhalten Sie im Internet bei der Bundeszentrale für gesundheitliche Aufklärung (www.bzgA.de) oder unter (www.organspende-info.de).

Lebendspende

Täglich sterben in Deutschland drei Patienten, weil sie vergeblich auf ein Organ warten. Als Alternative zur Organspende nach dem Tod kommt auch eine Lebendspende in Betracht. Um Organhandel zu vermeiden, ist im Transplantationsgesetz festgeschrieben, dass bei einer Lebendspende nur Verwandte ersten oder zweiten Grades, Ehepartner, eingetragene Lebenspartner, Verlobte oder Personen, die einander in einer besonderen persönlichen Verbundenheit nahestehen, in Frage kommen. Eine Kommission, der Ärzte, ein Psychologe und ein Jurist angehören, überprüft, ob alle Anforderungen für eine Transplantation eingehalten worden sind.

Organ für den Bruder
Drama. „Schattenkind", dieser Fall des TV-Psychologen Bloch packt erneut ein heißes Eisen an. Wie kompliziert für alle Beteiligten eine solche Situation werden kann, zeigt der Film, in dem der Jugendliche *Lasse* seinem Bruder *Lukas* ein Stück seiner Leber spenden will, dafür jedoch seine Karriere als Turmspringer aufs Spiel setzt.

Hamburg. Leistungssportler Lasse Hilversum und sein krebskranker Zwillingsbruder Lukas stehen an ihrem 18. Geburtstag vor der schwersten Entscheidung ihres Lebens. Ohne Spenderorgan hat Lukas nur noch wenige Monate zu leben. Familie und Ärzte erwarten, dass Lasse als Lebensspender zur Verfügung steht. Die Einwilligungen liegen bereits vor, auch das Gutachten des Psychologen scheint nur noch eine Formsache zu sein. Doch der Klinikpsychologe stellt sich quer. In seinem 14. Fall „Bloch: Schattenkind" ist Gutachter Maximilian Bloch (Dieter Pfaff) lange Zeit der Einzige, der sich für das Schicksal des jungen Spenders interessiert. Das Psychodrama handelt von einer Familie, in der sich alles um den kranken Lukas dreht. Sein Zwillingsbruder wird zum „Schattenkind" und muss früh selbstständig werden. Lasse habe die Familie unterstützt, wo er nur konnte, berichtet sein Vater. Als Lukas eine Transplantation brauchte, habe er sich sofort bereit erklärt, ein Stück von seiner Leber zu spenden. Bloch soll die seelische Stabilität des Spenders und die Freiwilligkeit der Entscheidung bescheinigen. Der Gutachter sieht, dass sein Schützling unter einem enormen psychischen Druck steht. Er entschließt sich, die Zustimmung zu verweigern.

(Nach Inga Piel: Wie soll ich mich entscheiden? Verlag an der Ruhr, Mühlheim 2009, S. 49)

Szenefoto aus „Schattenkind",
Lasse (links) und sein schwer kranker Zwillingsbruder Lukas (rechts)

1. Lasse und der Psychologe Bloch befinden sich in einem Dilemma. Beschreiben Sie dieses. Welche Gründe könnte es für Lasse bzw. für den Psychologen geben, der Spende nicht zuzustimmen?
2. Im Laufe des Films stellt sich heraus, dass Lukas keine Zeit mehr hat, auf ein anderes Spenderorgan zu warten. Können Lasse und Bloch in dieser Situation immer noch die Spende verweigern? Diskutieren Sie mithilfe der Dilemmamethode (siehe S. 235) darüber.

Organhandel – ein lohnendes Geschäft?

Organhandel ist in fast allen Ländern der Welt verboten. Doch es gibt einen Schwarzmarkt für Organe: Da es viel zu wenige Spender gibt, kaufen „Organvermittler" z.B. Nieren noch lebender Menschen, die das Geld zum Überleben dringend benötigen. Diese Organe werden dann an Wartende verkauft und in Kliniken im Ausland, in denen nicht so streng wie in Europa kontrolliert wird, transplantiert.

[A] 1. *Organhändler rechtfertigen ihre Aktivität damit, dass sie sowohl den Spendern mit dem Geld helfen, als auch den Empfängern das Leben retten, da sie auf legalem Weg vermutlich nicht schnell genug ein Organ erhalten würden. Setzen Sie sich mit dieser Argumentation auseinander.*

Tausche Niere gegen...

[Q] Der 26-jährige Angestellte Jhon G. aus Indonesien weiß um die Risiken, trotzdem bietet er seine Niere, seine Leber und seine Augenhornhaut zum Kauf an. Er betont, dass er sowohl die Risiken als auch die Gesetze kenne, dass er aber dennoch keinen anderen Ausweg sehe. Binnen einer Frist von sechs Monaten müsse er die Schulden seiner Familie bezahlen, er habe keine andere Wahl, denn für seine Familie würde er alles geben: die Niere, die Leber und notfalls auch das eigne Leben.

(frei nach Arlina Ashad. AFP. http://www.sueddeutsche.de/panorama/113/50337/text; Zugriff: 16.2.2010)

Geregelter Organhandel – ein Ausweg?

[Q] Doch vielleicht sollte man nicht den Organhandel an sich verbieten, sondern nur bestimmte Auswüchse. Friedrich Breyer zum Beispiel, Gesundheitsökonom in Konstanz, denkt über dieses Modell nach: Deutsche Krankenkassen kaufen für ihre Versicherten Nieren von deutschen Lebendspendern; die Kassen zahlen, was sie an Dialysekosten einsparen: rund 100.000 Euro; der Organgeber bekäme ein Versicherungspaket gegen alle Eventualitäten sowie Garantie auf eine Ersatzniere, sollte seine verbliebene irgendwann versagen. Ein geregelter Handel also, und alle hätten etwas davon. Doch bislang gilt per Gesetz: Weder der Mensch als Ganzes, noch Teile von ihm können Kaufgegenstände sein. Der Körper ist kein Besitzanhängsel, sondern Bedingung unseres Seins. Seine Unversehrtheit ist also ein hohes Gut. Es ist nicht gewünscht, dass jemand eine Niere verliert. Nur bei der Lebendspende hat das Parlament im Transplantationsgesetz eine Ausnahme gemacht, weil man der Liebe keine Barriere in den Weg stellen wollte.

Die Befürworter des Organhandels aber sagen: Es gibt das Recht auf Selbstbestimmung. Das Grundgesetz sichert dem Einzelnen Handlungsfreiheit zu, sofern er damit nicht andere schädigt. Ein Organverkäufer würde nur sich selbst schädigen. Ihn vor sich selbst zu schützen, wäre Bevormundung. Der Einzelne ist auch keinesfalls verpflichtet, seine eigene Menschenwürde zu schützen. Und schließlich hat auch keiner ein moralisches Problem damit, dass Bergwerksarbeitern und Testpiloten ein höheres Risiko extra bezahlt wird.

(Nach http://www.chrismon.de/ctexte/2002/10/10-1-htlm)

[A] 2. *Diskutieren Sie die beiden Auffassungen zum Organhandel:*
   › *Gegner des Organhandels: Ihnen steht ein wildwüchsiger Organhandel voller Abscheulichkeiten vor Augen: Reiche Kranke kaufen sich in armen Ländern eine Niere, den Profit machen die Zwischenhändler, der Organgeber wird mit einem Trinkgeld abgespeist.*
   › *Befürworter des Organhandels: Die Organabgabe von Gesunden soll gefördert werden. Nur feste Organverkaufspreise könnten den Schwarzmarkt austrocknen.*

Dilemmamethode

M

Eine Dilemmasituation zeichnet sich dadurch aus, dass der Handelnde sich in einer „Zwickmühle" befindet. Ihm stehen bei einer Entscheidung zwei Handlungsmöglichkeiten zur Verfügung, die beide moralisch plausibel erscheinen, die sich jedoch gegenseitig ausschließen. Gleich welche Wahl man trifft, man verletzt einen moralischen Grundsatz.

Ein Dilemma enthält also einen Widerspruch, mit dem man sich in der Regel nicht abfinden will. Um überhaupt eine Entscheidung treffen zu können, muss man versuchen, eine Abwägung zugunsten der einen oder der anderen Seite zu treffen. Am Ende dieser Abwägung gelangt man zu einer Entscheidung, bei der eine der beiden Handlungsmöglichkeiten höher gewichtet wird als die andere. Für diese wird sich dann in der Regel auch entschieden.

Um in Dilemmasituationen sicherer entscheiden zu können, hat es sich bewährt, vier Schritte der Entscheidungsfindung zugrunde zu legen. Das soll hier am Beispiel der Präimplantationsdiagnostik (PID) auszugsweise untersucht werden.

1	Konfrontation mit einem Dilemma, bei dem zwei Handlungsmöglichkeiten miteinander konkurrieren: Es konkurriert die Akzeptanz gesundheitlicher Schäden eines Kindes mit der Befürchtung, den Menschen nach Maß (Designerbaby) zu bekommen.	**2**	Sammlung von Begründungen für beide Seiten, indem die Situation genau analysiert wird: Welche Argumente ziehen die Befürworter und welche die Gegner der PID heran?
3	Überprüfung der Gründe, indem gewohnte Muster der Argumentation verunsichert werden: Kann man Einschränkungen dafür angeben, in welchen Fällen oder zu welchem Zweck die PID angewendet werden darf und wann und wozu nicht? Sind zum Beispiel Fälle denkbar, dass gehörlose Eltern sich mit Hilfe der PID ein Kind aussuchen, das ebenfalls gehörlos ist? Welche Gründe könnte es für sie geben, vorsätzlich ein Kind mit einer Behinderung auszuwählen?	**4**	Einbau neuer Elemente in die bisherige Auffassung, was im Ergebnis zu einer neuen Position führt: Was wiegt schwerer? Die Möglichkeit des Missbrauchs der PID oder die Gefahr, dass Kinder mit schweren Behinderungen geboren werden? Lässt sich ein Missbrauch verhindern, wenn eine Ethikkommission einen Katalog von Erbkrankheiten festlegt, die eine Abtötung eines Embryos rechtfertigen?

A

1. Vervollständigen Sie in Gruppenarbeit die Schritte der Entscheidungsfindung für das Dilemma „PID". Sie können dazu auf den Seiten 228/229 nachlesen oder im Internet nach weiteren Argumenten recherchieren. Stellen Sie die Ergebnisse Ihrer Überlegungen der Klasse zur Diskussion.
2. Das Kapitel 7 enthält weitere Dilemmata: „Töten oder Sterbenlassen" (S. 220), „Letzte Hilfe" (S. 222), „Schwangerschaftsabbruch" (S. 227) und „Lebendspende" (S. 233). Analysieren Sie diese Dilemmata nach den vier Schritten einer Entscheidungsfindung.
3. Überlegen Sie sich Entscheidungssituationen, die Ihrer Meinung nach ein Dilemma darstellen. Stellen Sie Ihre „Dilemmata" in der Klasse zur Diskussion. Entscheiden Sie, ob es sich um ein Dilemma handelt oder nicht.

Anhang

Glossar

Affirmatives Handeln meint nach ››› *Peter Singer* eine „umgekehrte Diskriminierung", d.h. eine Bevorzugung Benachteiligter. Um in einer Gesellschaft vorhandene Diskriminierungen, etwa von Menschen mit Behinderung, abzubauen, sollen diese überdurchschnittlich mit Ressourcen versorgt werden.

Altruismus bezeichnet eine Haltung, bei der der Gedanke an den anderen im Vordergrund steht. Eigene Bedürfnisse werden zurückgestellt oder gar nicht wahrgenommen.

Amnesty International (gegründet 1961) ist eine Internationale Nicht-Regierungsorganisation, die sich weltweit für die Einhaltung der Menschenrechte einsetzt, insbesondere Aktionen und Kampagnen für die Freilassung von Gefangenen und den Schutz von Verfolgten und Inhaftierten organisiert und z.B. gegen Folter und Todesstrafe kämpft.

Aristoteles (384–322 v. Chr.) war einer der bedeutendsten griechischen Philosophen, der die gesamte philosophische Tradition bis zur Gegenwart beeinflusst hat. Im Bereich der Ethik verfasste er die erste systematische Schrift mit dem Titel „Nikomachische Ethik". In ihr widmet er sich vor allem Problemen der Freundschaft, der Glückseligkeit und den Kriterien für ein gutes Leben.

Astrologie (griech. „Sternkunde") geht von einem Zusammenhang zwischen der Stellung der Himmelskörper und dem Schicksal der Erde und der Menschen aus.

Autonomie (altgriechisch *autonomía* „Selbstgesetzlichkeit") meint im Gegensatz zur ››› *Heteronomie* die Fähigkeit, sich selbst mittels der eigenen Vernunft moralische Gesetze zu erlassen und danach zu handeln. Autonomie ist der Inbegriff von innerer Freiheit und für den Philosophen ››› *Immanuel Kant* die Grundlage der Ethik.

Avatar ist eine künstliche Person in einer virtuellen Welt. Der Begriff wurde aus einer altindischen Sprache übernommen, wo er das Herabsteigen eines Gottes aus dem Himmel auf die Erde bedeutet.

Bacon, Francis (1551–1626) war ein englischer Philosoph und integrierte naturwissenschaftliches Denken in die philosophische Gesellschaftstheorie. In seiner Utopie „Nova Atlantis" entwarf er das Modell einer Gesellschaft, deren Fortschritt auf technischen Erfindungen beruht.

Bundesgerichtshof (BGH) mit Sitz in Karlsruhe ist das oberste deutsche Gericht und damit die letzte Instanz in Zivil- und Strafverfahren.

Chancengleichheit beim Gebrauch der Mittel meint im Unterschied zur gesetzlich verbürgten *Chancengleichheit der Lebensaussichten* die *tatsächliche Chance*, durch Bereitstellung entsprechender Mittel ein begehrtes Gut (wie etwa einen qualitativ hochwertigen Berufsabschluss) auch zu erreichen. Es wird ein Ausgleich unterschiedlicher sozialer Startpositionen angestrebt.

Cicero (106–43 v. Chr.) war ein römischer Politiker, Philosoph und Schriftsteller. Er verfasste das Buch „Über die Gesetze", in dem er die rechtlichen Grundlagen des römischen Staates entwickelte.

Demut bedeutet ursprünglich als christlicher Begriff die unterwürfige Haltung des Menschen gegenüber Gott, die seine moralische Unvollkommenheit in Folge der ››› *Erbsünde* widerspiegelt. Sie steht aber auch für intellektuelle Bescheidenheit im Hinblick auf das stets unvollkommene Wissen des einzelnen Menschen und für eine Haltung des Sich-nicht-ganz-so-wichtig-Nehmens.

Deregulierung (wirtschaftlich) ist der Abbau oder die Vereinfachung von staatlichen Regeln (Gesetze, Verordnungen), die das Handeln von Unternehmen bzw. die Wirtschaft „einengen", ››› *Liberalisierung*.

Dianetik (griech. *dianetikos* „Studium des menschlichen Sinns"). Die Scientology Church versteht darunter die „Wissenschaft über den menschlichen Geist".

Dilemma bezeichnet eine Zwangslage, bei der zwischen alternativen Lösungen, die sich gegenseitig ausschließen, entschieden werden muss. Jede der beiden Entscheidungen ist jedoch mit – jeweils anderen – Nachteilen verbunden.

Dreieinigkeit in der christlichen Religion glaubt man an einen Gott, der zugleich als Vater, Sohn (Jesus Christus) und Heiliger Geist wirkt. Dies heißt D., Dreifaltigkeit oder Trinität.

Egoismus bezeichnet eine Haltung, bei der jeder in erster Linie an sich denkt. Sie kann auch damit verbunden sein, den anderen an die Wand zu drücken.

Emissionen (lat. *emittere* „ausschicken") sind störende, die Umwelt belastende Faktoren, die bei Produktionsprozessen entstehen und in die Umwelt geraten, z.B. CO_2, Staub oder Lärm.

Endorphinrausch ist ein umgangssprachlicher Begriff, mit dem ausgedrückt werden soll, dass sich z.B. bei Extremsportarten unter dem Einfluss von Endorphinen (= körpereigene, morphinartig wirkende Substanzen) eine euphorische Empfindung, ein Hochgefühl einstellen kann.

Epikur (341–270 v. Chr.) war der Begründer einer Richtung der antiken Philosophie. Für ihn ist die Lust das eigentliche Lebensziel des Menschen.

Erbsünde bezeichnet die christliche Vorstellung, dass durch den Sündenfall im Paradies jeder Mensch von Geburt an sündig, d.h. von Gott getrennt ist und der Erlösung bedarf.

Esoterik (griech. *esoteros* „Inneres") wird auch als religiöse Geheimlehre bezeichnet, die nur Eingeweihten bekannt ist.

Essay, philosophischer ist eine Abhandlung, mit der sich der Verfasser einem philosophischen Problem widmet, das auch ohne ein vertieftes philosophisches Quellenstudium dargelegt werden kann. Ein Essay hat eine starke Verbindung zu lebensweltlichen Problemen und praktischen Erfahrungen. Bei der Behandlung der erörterten Probleme steht die spezifische Weltsicht des Verfassers im Vordergrund.

Ethos (griech. *ethos*) bedeutet auf Deutsch soviel wie Gewohnheit, Sitte oder Regel.

Euthanasie (aus dem Griech. *eu* „gut" und *thanatos* „Tod") bezeichnet die Erleichterung des Sterbens, Sterbehilfe, bewusste Herbeiführung des Todes. Durch den Massenmord der Nationalsozialisten am so genannten lebensunwerten Leben Behinderter (in der Nazi-Ideologie als „Euthanasie-Programm" bezeichnet) ist der Begriff bis heute schwer belastet.

Evolutionstheorie ist eine wissenschaftliche Theorie über die Entwicklung der Arten von Lebewesen. Demnach sind die verschiedenen Arten (auch die Menschen) über Generationen hinweg durch Vererbung von genetischen Besonderheiten einzelner Individuen entstanden. Die Theorie geht zurück auf den britischen Naturforscher *Charles Darwin* und sein Buch „Die Entstehung der Arten" (1859). Sie ist heute unter Wissenschaftlern in aller Welt weithin akzeptiert, wird aber u.a. von den ››› *Kreationisten* abgelehnt.

Frisch, Max (1911–1991), schweizerischer Schriftsteller. In seinen Werken geht es um Schuld, Macht, Gerechtigkeit und um das Problem der Identität, die Freiheit, sich anders verhalten zu können, und um den Ausbruch aus den Klischees vorgezeichneter Abläufe (z.B. „Stiller", „Homo faber").

Fundamentalismus bedeutet das Beharren auf politischen und vor allem religiösen Grundsätzen, meist auf der Grundlage einer buchstäblichen Interpretation göttlicher Offenbarungen. Fundamentalisten betrachten ihre Überzeugungen und Vorstellungen als umfassende, absolute Lösung für alle Lebensfragen.

Gewissensfreiheit bezeichnet das in Art. 4 Abs.1 des Grundgesetzes garantierte ››› *Grundrecht*, nicht gegen sein Gewissen zu bestimmten Handlungen (z.B. Kriegsdienst) gezwungen zu werden.

Goldene Regel ist ein in fast allen Kulturen und Religionen geltendes moralisches Gebot, das umgangssprachlich lautet: „Was du nicht willst, das man dir tu', das füg' auch keinem andern zu". Die Goldene Regel nährt die Hoffnung auf ein ››› *Weltethos*.

Greenpeace (gegründet 1971) ist eine der größten weltweit agierenden Umweltschutzorganisationen. Sie versucht insbesondere durch Kampagnen und spektakuläre Aktionen zu „großen" Themen (u.a. Walfang, Atomtests, Klimaerwärmung) ihrem Anliegen in der öffentlichen Meinungsbildung Geltung zu verschaffen.

Grundrecht ist ein allgemeines ››› *Menschenrecht*, soweit es in eine staatliche Verfassung übersetzt wurde. Als Grundrecht ist ein Menschenrecht staatlich garantiert und einklagbar.

Heterologe Insemination erfolgt wie bei ››› *homologer Insemination* beschrieben. Nur ist bei dieser künstlichen Befruchtung der Samenspender nicht der Partner aus einer festen Partnerschaft, sondern ein (oft anonymer) Spender. Die heterologe Insemination ist ethisch und juristisch nicht unproblematisch.

Heteronomie (altgriech. *heteronomía* „Fremdgesetzlichkeit") bedeutet im Gegensatz zur ››› *Autonomie* die Fremdbestimmung, d.h. das Handeln nach moralischen Gesetzen, die der einzelne Mensch sich nicht selbst gegeben, sondern von außen vorgeschrieben bekommen hat, z.B. durch eine Religion.

Himmler, Heinrich (1900–1945) gehörte zu den mächtigsten und skrupellosesten Politikern in Hitler-Deutschland. Als Reichsführer SS und Chef der Deutschen Polizei war er einer der Hauptverantwortlichen für die systematische Verfolgung und massenhafte Ermordung all jener, die der nationalsozialistischen Selbstüberschätzung nach als „fremd" und „minderwertig" galten.

Hobbes, Thomas (1588–1679) war ein englischer Philosoph der Aufklärung. Bekannt geworden ist er mit seiner Staatsphilosophie, die er in seinem Werk „Leviathan" erklärte.

Homologe Insemination ist ein Verfahren zur künstlichen Befruchtung. Die Befruchtung erfolgt mit den Spermien des Partners oder einer festen Partnerschaft.

Human Rights Watch (gegründet 1978) ist eine weltweit tätige, unabhängige Nichtregierungs-Organisation (NGO), die sich für die Wahrung und die Durchsetzung der Menschenrechte auf der ganzen Welt einsetzt und Menschenrechtsverletzungen aufdeckt und anprangert.

Ideologie bezeichnet im weitesten Sinn ein umfassendes Ideen- und Gedankengebäude. Politische I. begründen eine bestimmte Gesellschaftsordnung, ihre Wert- und Zielvorstellungen. Beispiele sind Faschismus, ››› *Kommunismus*, *Neoliberalismus* oder ››› *Islamismus*.

Intratubarer Gametentransfer ist ein Verfahren, bei dem Eizellen abgesaugt und direkt mit den zuvor aufbereiteten Samenzellen in den/die Eileiter der Frau eingebracht werden. Die Befruchtung findet also im Körper der Frau statt.

In-vitro-Fertilisation (IVF) bezeichnet die künstliche Befruchtung außerhalb des Körpers.

Islamismus ist eine ››› *Ideologie*, in der die Lehre des Islam als Grundlage aller Lebensbereiche verstanden wird. Nicht nur im Privaten, auch im Staat soll demnach der Islam herrschen. Um diese Herrschaft zu etablieren, die sich gegen moderne westliche Weltanschauungen richtet, schrecken Islamisten auch vor Gewalttaten im Namen des Islam nicht zurück.

Kant, Immanuel (1724–1804) ist ein deutscher Philosoph. In seinem Werk „Kritik der praktischen Vernunft" formulierte er den Kategorischen Imperativ. Dieser macht es den Menschen der Vernunft gemäß zur Pflicht, bei allen ihren Handlungen zu prüfen, ob sie ein allgemeines Gesetz werden könnten.

Kommunismus umfasst eine ››› *Ideologie*, deren zentrale Idee eine klassenlose Gesellschaft ohne Privateigentum ist. Wissenschaftlich begründet wurde der Kommunismus im 19. Jh. von Karl Marx und Friedrich Engels; im 20. Jh. war er in Teilen der Welt die Staatsideologie, z.B. in der Sowjetunion und der DDR, wo seine Umsetzung in die Praxis jedoch scheiterte.

Küng, Hans (geb. 1928) lehrte katholische Theologie. 1980 entzog ihm die katholische Kirche die Lehrerlaubnis, weil er u.a. Reformen innerhalb der Kirche gefordert hatte. Er befasste sich mit dem Verhältnis der Weltreligionen und schrieb sein Buch „Das Projekt Weltethos".

Kreationismus ist eine eigenwillige Auffassung von der Entstehung des Lebens und des Universums. Danach hat sich diese Entstehung genau so vollzogen, wie im Schöpfungsbericht der Bibel beschrieben. Der K. widerspricht der ››› *Evolutionstheorie* und wird von den meisten Wissenschaftlern für unsinnig gehalten, aber von ››› *fundamentalistischen* Christen vertreten.

Lasswell, Harald D. (1902–1978) war Kommunikationswissenschaftler. Er formulierte 1948 die nach ihm benannte Lasswell-Formel zur Beschreibung von Kommunikation und insbesondere von Massenkommunikation.

Liberalisierung (wirtschaftliche) ist ein wirtschaftstheoretischer Ansatz zur „Befreiung" des Marktes von einschränkenden staatlichen bzw. rechtlichen Regeln, damit sich die Unternehmen frei entfalten können, höhere Umsätze und Gewinne erzielen und somit die Volkswirtschaft gestärkt wird ››› *Deregulierung*.

Lobbyarbeit erfasst die Bemühungen wirtschaftlicher und gesellschaftlicher Gruppen, Einfluss auf politische Entscheidungen zu nehmen, um ihre Interessen dabei berücksichtigt zu sehen.

Manichäismus bezeichnet ein nach einer alten Religion benanntes Denkmuster, wonach das Weltgeschehen als Kampf zwischen zwei Kräften, dem Guten und dem Bösen, zu begreifen ist.

Menschenrechte sind die in der ››› *Menschenwürde* wurzelnden, unveräußerlichen Rechte eines jeden Menschen, die ihm von Natur aus zukommen. Sie sind niedergeschrieben in der UN- Menschenrechtserklärung von 1948.

Menschenwürde ist wesentliches Merkmal jedes Menschen und nach allgemeiner Auffassung der Grundwert, auf dem alle moralischen Normen beruhen, soweit sie den Menschen betreffen, also auch Grundlage der ››› *Menschenrechte*.

Messias (hebräisch „der Gesalbte) steht im Alten Testament für den Erlöser, der in Zukunft erwartet wird. Im Neuen Testament steht er als Beiname für Jesus Christus, der – nach christlichem Glauben – durch seinen Kreuztod die Menschen erlöst hat.

Metapher (griech. *metaphorá* „anderswohin tragen") ist ein sprachlicher Ausdruck, bei dem ein Wort (eine Wortgruppe) aus seinem Bedeutungszusammenhang in einen anderen übertragen und als Bild verwendet wird.

Milizen sind ursprünglich Polizeiverbände, aber v.a. in Ländern/Regionen mit bürgerkriegsartigen Zuständen (z.B. Afrika) militärische Kampfverbände, die häufig nicht zu einer regulären Armee gehören und selbstständig handeln (plündern, foltern, morden) und von regionalen Kriegsherren (Warlords) angeführt werden.

Mind Map (Gedächtnislandkarte) dient dazu, Gedanken zu einem Begriff oder Problem zu assoziieren und diese in einen Zusammenhang zu bringen. Sie soll zu Gedanken anregen, die sich in verschiedenen Assoziationsketten ordnen und die sich wiederum in Haupt- und Nebenzweige unterscheiden lassen.

Morus, Thomas (1477–1535) war ein englischer Philosoph und Politiker, der die „Utopia" auf Deutsch „Nirgendsort" schrieb. Dabei handelt es sich um einen fiktiven Reisebericht über die Insel Utopia, auf der es nur Gemeineigentum gibt. Für ihre Bewohner sind Wissen und Tugend die wichtigsten Grundlagen für ein gutes Leben.

Nero Claudius Caesar Augustus Germanicus (37–68 n.Chr.) war von 54 bis 68 Kaiser des Römischen Reiches.

Nietzsche, Friedrich (1844–1900) stellte sich als Philosoph die Aufgabe, fest gewordene Urteile umzustürzen. So galt es den Glauben an eine absolute Wahrheit zu zerbrechen, die Existenz allgemeingültiger moralischer Grundsätze in Frage zu stellen und das Christentum als überholte Religion zu verwerfen. Ein wichtiges Werk hieß „Also sprach Zarathustra".

Nussbaum, Martha (geb. 1947) gehört zu den bedeutendsten Philosophinnen der Gegenwart. Ihre Hauptschwerpunkte sind Ethik und politische Philosophie, besonders die Gerechtigkeit zwischen den Geschlechtern.

Okkultismus (lat. *occultismus* „geheim" oder „verborgen") bezeichnet (Geheim-)Lehren von übernatürlichen Dingen, die durch die Naturgesetze nicht erklärt werden können.

Palliativmedizin ist die schmerzlindernde Behandlung einer weit fortgeschrittenen Erkrankung mit begrenzter Lebenserwartung. Nicht die Verlängerung der Überlebenszeit um jeden Preis, sondern die Lebensqualität des Patienten steht im Vordergrund der Behandlung.

Paternalismus (lat. *pater* „Vater") bezeichnet eine wohlwollend väterliche Bevormundung. In der Medizin steht P. für ein Ethos, bei welchem sich der Arzt als väterlicher Sachwalter über das Wohlergehen seiner Patienten sieht und in ihrem Namen entscheidet.

Pazifist ist ein Mensch, der den Einsatz von militärischer Gewalt grundsätzlich für nicht gerechtfertigt hält.

Petrischale ist eine flache, runde, durchsichtige Schale mit übergreifendem Deckel, die bei Laborexperimenten zum Einsatz kommt. Im angeführten Beispiel dient sie der Aufnahme eines ausgesonderten Embryos.

Platon (427–347 v.Chr.) war neben Aristoteles der wichtigste griechische Philosoph der Antike. In seinem Hauptwerk „Der Staat" entwickelte er seine Vorstellungen von einer gerechten Gesellschaft.

Philosophie (griech. *philos* „Freund" und *sophia* „Weisheit" bedeutet „Liebe zur Weisheit"). In der Philosophie werden wichtige Probleme des menschlichen Lebens wie z.B. Gerechtigkeit oder Glück durchdacht, hinterfragt und in Theorien zusammengefasst. Die Antworten fallen jedoch unterschiedlich aus.

pragmatisch meint zielorientiertes, situationsbezogenes und auf schnelle, praktikable Lösungen setzendes Handeln.

Pränatale Medizin ist ein Sammelbegriff für Diagnostik, medikamentöse Behandlung und chirurgische Eingriffe an noch ungeborenen Föten.

Propheten sind in der Religion jene Personen, die von Gott auserwählt wurden, um den Menschen sein Wort zu verkünden.

Psychologie (wörtlich „Seelenkunde") ist die Wissenschaft von den Ursachen und Formen des Erlebens und Verhaltens der Menschen.

Psychotherapeut/in hilft Menschen mit psychischen Erkrankungen wie z.B. Magersucht oder Depressionen (Gefühlserkrankungen), durch gezielte Gespräche eine Lösung für ihr seelisches Leiden zu finden.

Rawls, John (1921–2002) gilt als wesentlicher Vertreter der liberalen politischen Philosophie der USA. Sein Hauptwerk „Eine Theorie der Gerechtigkeit" (1971) ist eines der einflussreichsten Werke der politischen Philosophie des 20. Jahrhunderts.

Reanimation bezeichnet das Durchführen von Maßnahmen, die einen Atem- und Kreislaufstillstand beenden sollen.

Renaissance steht als Bezeichnung für eine – die Zeit von 1350 bis zur Mitte des 16. Jahrhunderts prägende – kulturelle Bewegung, die an die Ideale der Antike anknüpft und eine enge Beziehung zum Humanismus aufweist.

Relativismus beschreibt eine Lebenshaltung von „Leben und leben lassen". Jeder müsse selbst wissen, was für ihn in Ordnung ist. Eindeutige, für alle Menschen gültige Maßstäbe gibt es dieser Auffassung nach nicht.

Rousseau, Jean-Jacques (1712–1778) sah im Naturzustand das Idealbild des menschlichen Zusammenlebens, die Entstehung von Eigentum als Beginn von Krieg und Ungerechtigkeit. Den Ausweg legte er in seiner politischen Schrift „Der Gesellschaftsvertrag" dar, den er als freiwillige Übereinkunft aller Mitglieder der Gesellschaft verstand.

Savater, Fernando (geb. 1946) lehrt Philosophie in Madrid/Spanien. Er wurde bekannt durch seine Bücher, in denen er ethische und philosophische Themen jugendgemäß erklärt, z.B. „Tu, was du willst".

Schwarze Madonna bezeichnet in der Marienverehrung das Bild oder die Staue einer Madonna, deren Gesicht schwarz ist. Sie ist für Gläubige das Ziel von Wallfahrten.

Sekte (lat. *sequi* „folgen, nachfolgen") bezeichnet die Abspaltung von einer größeren Religions- oder Glaubensgemeinschaft. Um Missverständnisse zu vermeiden, spricht man heute von neuen religiösen oder weltanschaulichen Gemeinschaften.

Singer, Peter (geb. 1946) ist (vor allem wegen seiner Position zum Umgang mit behinderten Embryonen) einer der umstrittensten Philosophen der Gegenwart. Mit seinem Buch „Die Befreiung der Tiere" gilt er als einer der Begründer der Tierethik.

Sokrates (um 470–399 v. Chr.) war ein bedeutender griechischer Philosoph. Er diskutierte auf dem Marktplatz, der Agora, auch mit Jugendlichen, die er durch gezielte Fragen zum Nachdenken anregen wollte.

Soziologie ist die Wissenschaft, die sich mit der Beschreibung und Erklärung der Formen und Funktionsweisen des menschlichen Zusammenlebens – eben des sozialen, d.h. des gesellschaftlichen Mit- und auch Gegeneinanders –, seinen Voraussetzungen und Folgen beschäftigt.

spirituell bedeutet geistig, geistlich, übersinnlich.

Suizid (lat. *sui caedes* „Tötung seiner selbst") auch als Selbsttötung bezeichnet, ist das willentliche Beenden des eigenen Lebens (z.B. auch durch Nahrungsverweigerung).

Unterschiedsprinzip ist Teil des *zweiten Gerechtigkeitsgrundsatzes* von Rawls. Es regelt die Zuweisung von Einkommen und Vermögen an die Mitglieder der Gesellschaft. Unterschieden wird dabei zwischen den Positionen der am schlechtesten gestellten und der am besten gestellten Mitglieder. Eine Ungleichheit der Verteilung ist solange gerechtfertigt, wie diese zur Verbesserung der Aussichten der am schlechtesten gestellten Mitglieder beiträgt.

Urzustand bezeichnet einen Bestandteil des von Rawls vorgeschlagenen *Gedankenexperiments*, das dazu dient, für alle Mitglieder der Gesellschaft gleichermaßen akzeptable Gerechtigkeitsgrundsätze zu finden. Gemeint ist ein fiktiver Zustand, der gewährleisten soll, dass die Vereinbarung über Gerechtigkeitsgrundsätze unter fairen Ausgangsbedingungen zustandekommt.

Vegan ist die strengste Form vegetarischer, ausschließlich auf pflanzlicher Kost basierender Ernährung. Bei ihr wird nicht allein auf den Verzehr von Fleisch und Fisch, sondern auch auf den von Eiern und Milchprodukte verzichtet.

Weltethos ist der Name eines vom ››› *Theologen Hans Küng* ins Leben gerufenen Projekts, bei dem sich Vertreter aller Weltreligionen zu gemeinsamer Verantwortung für die Zukunft der Welt bekennen. Das Projekt beruht auf der Idee, dass Menschen unterschiedlichen Glaubens bei allen Unterschieden auch einige moralische Grundüberzeugungen teilen.

Werte sind jene obersten Güter, an denen sich Menschen oder Institutionen orientieren, etwa an der Freiheit, dem Frieden, der Gerechtigkeit u.a. Werte steuern unser Handeln und helfen uns, es zu rechtfertigen.

Zygote ist eine Zelle, die bei einer Befruchtung, aus der Verschmelzung von Samen- und Eizelle, entstanden ist.

Bildverzeichnis

S. 2/3: Stanislav Popov/panthermedia.net; S. 8: Roger Jegg/panthermedia.net; S. 9: Uta Wolf, Leipzig (r); S. 10 (v.l.n.r.), 1. Reihe: Klaus Steves/pixelio.de; Rainer Sturm/pixelio.de; CFalk/pixelio.de; 2. Reihe: Erich Westendarp/pixelio.de ; Peter Hebgen/pixelio.de; Heike Dreisbach/pixelio.de; 3. Reihe: Thomas Max Müller/pixelio.de; siepmannH/pixelio.de; Robert Kneschke/panthermedia.net; Runkersraith C. V. Schraml M. A./panthermedia.net; 4. Reihe: Angelina Ströbel/pixelio.de; S. 14: Anna Hofmann (o); Ignacio Gonzalez Prado/pantermedia.net (u); S. 15: Günther Richter/pixelio.de (l); Peter Kirchhoff/pixelio.de (m); foto ARts/fotolia.com; S. 16: © Scholastic Inc. (o); Bernd Leitner/panthermedia.net; S. 20: Uta Wolf, Leipzig; magicpen/pixelio.de (o); S. 21: magicpen/pixelio.de (o); Monkey Business Images; S. 22: Gator/ Google (u); S. 23: Elke Salzer/pixelio.de; S. 25: unter Verwendung eines Fotos von paulnie/photocase.com; S. 27: Alexander Dreher/pixelio.de; S. 30: © fashionjunkies 2009; S. 32: © 2004 Blizzard Entertainment; S. 37: Josef Philipp/panthermedia.net; S. 38: Ulrich Schollmeyer, Bautzen 2007; S. 39: Andres Rodriguez/panthermedia.net; S. 40: Thomas Rassloff/panthermedia.net (u); S. 41: Theresia Karanitsch/panthermedia.net; S. 42: Bernd Sterzl/pixelio.de; S. 45: Iris Woldt/panthermedia.net; S. 47: ullstein bild – ddp; S. 48: Philip Lange/panthermedia.net; S. 49: Pippilotta*/photocase.com; S. 51: Marie-Lan Nguyen, Paris; S. 52: Eric Gaba, 2005 (o); Calidius, Wikimedia Commons (u); S. 54: Ludger Banneke-Wilking (o), Andreas Weber (u)/panthermedia.net; S. 55: Xof711/fotolia.com; S. 56: Yuri Arcurs/panthermedia.net (ol und ur); Angela Hawkey/fotolia.com (u/Mädchen); Alexander Yakovlev/fotolia.com (m/Tänzer); Warren Goldswain/fotolia.com (ul/Mann mit Hut); Stefan Kassal/panthermedia.net (or/Gothik); S. 58: Imago TF Photo Cologne; S. 59: Kirsty Pargeter/fotolia.com; S. 61: Jessica Bushnaq/panthermedia.net; S. 63: Amir Kaljikovic/fotolia.com; S. 64: Linleo/fotolia.com (Baum); EastWest Imaging/fotolia.com (Paar); S. 66: Darius Turek/panthermedia.net; S. 67: © fgwallpaper, 2009; S. 69: JCB Prod (Paar), Alexander Briel Perez (Kondom), Brigitte Meckle (Pille)/alle panthermedia.net; S. 70: Eric Simard/panthermedia.net; S. 72: Thomas Butsch (l); Silke Mertens/pixelio.de (ml); Christian Schwier/fotolia.com (mr); Robert Kneschke/panthermedia.net (r); S. 73: Annemarie Heine/panthermedia.net; S. 74: António Duarte/fotolia.com; S. 76: Southmind/fotolia.com; S. 77: Diego Cervo/panthermedia.net; S. 80: Friedrich Karl Wächter, Erben; S. 81: © 2010. UCLICK LLC/Bill Watterson; S. 83: http://wiki.vorratsdatenspeicherung.de; S. 84: © Stadt Linz 2009, www.linz.de; S. 85: unter Verwendung eines Fotos von Stephanie Hofschlaeger; S. 86: Gunnar Bach Pedersen (o); Wikipedia; S. 88: Vitopuntocom/wikipedia; S. 89: unter Verwendung eines Fotos von Gerd Altmann/pixelio.de; S. 93: JCB Prod/panthermedia.net; S. 94: © Lesben- und Schwulenverband Berlin-Brandenburg; S. 96: Kati Neudert/panthermedia.net; S. 98: Lierman/fotolia.com; S. 100: Uta Wolf, Leipzig; S. 101: Caritas CH; S. 103: Ludger Vorfeld/panthermedia.net; S. 104: picture alliance/dpa; S. 106: Henryk Dierberg, panthermedia.net; S. 108: dpa/Fotoreport, Peter Endig; S. 110: picture alliance/dpa, Jochen Lübke; S. 112: Ralf Thielicke, Leipzig; S. 117: Sven Neugebauer (FM4_Party_1)/aboutpixel.de; S. 120 (v.l.n.r): picture alliance/Pressefoto Ulmer; Dirk Dümpelmann/panthermedia.net; Erwin Wodicka/panthermedia.net; Heiko Eschrich/panthermedia.net; S. 121: © Christian Wöller/aboutpixel.de; S. 122: picture alliance/dpa; S. 125: Jörg Röse-Oberreich/panthermedia.net; S. 126: Franziska Rehorz/panthermedia.net; S. 128/129: Alfred Loidl (Fenster), Rainer Sturm ((Hintergrund)/pixelio.de; S. 131: © Walter Womacka, VG Bild-Kunst, Bonn 2020; S. 134: © http://www.oekodorf7linden.de; S. 135: © Palm Jumeirah/Nakheel; S. 136: Paylessimages/fotolia.com; S. 138: Heike Weick (l), Jan Schuler (or)/panthermedia.net; S. 141: Rainer Junker/panthermedia.net; S. 142: Pete Saloutos/panthermedia.net; S. 143: Martin Fally/panthermedia.net; S. 144: Seanprior/polylooks.de; S. 146: Franz Pfluegl/fotolia.com; S. 148: dpa – Report/Hans Wiedl; S. 149: Ralf Dietermann/aboutpixel.de; S. 150: unter Verwendung eines Fotos von Volodymyr Vasylkiv/fotolia.com; S. 151: Alexander Tabaksmann/panthermedia.net; S. 154/155: Uta Wolf, Leipzig; S. 160: Ulrich Riemer/panthermedia.net; S. 162 (v.l.n.r.): Franck Camhi/panthermedia.net ; Michael Baudy/pixelio.de; Jerzy, pixelio.de; Klaus Schönepauck/panthermedia.net; Achim Lueckemeyer/pixelio.de; S. 165: Ralf Thielicke, Rajasthan, Indien, 2007; Christian Mokri/panthermedia.net (u); S. 168: jean-luc cochonneau/panthermedia.net; S. 170: Npine B.J. Lee/panthermedia.net; S. 171: Welthungerhilfe; S. 172: Helge Eisenschmidt (m); ullstein bild – CARO/ Riedmiller (um); S. 174: unter Verwendung eines Fotos von Scott Griessel, panthermedia.net; S. 175: FSM, http://www.venganza. org/; S. 176: Jens Ferchland/panthermedia.net; S. 177: dpa – Fotoreport/epa Badarneh; S. 178; froodmat/photocase.com; S. 183: Arnuld Kossak; S. 184: ullstein bild – AP; S. 185: ullstein bild/Roland; S. 187: Design Pics/pixelio.de; S. 188: Times/commons.wikimedia (l); Zoonar/ Komar, polylooks.de (m); Ilya Mauter/commons.wikimedia (or); Ralf Thielicke, 2007 (ur); S. 189: E. Kolmhofer, H. Raab/Johannes-Kepler-Observatory, Linz, Austria ; S. 193: © Teamworx Television und Film GmbH; S. 194: Paul-Georg Meister/pixelio.de; S. 195: DrGenn/photocase.com; S. 199: Scott Griessel/fotolia.com; S. 202: Daniel.Schoenen/photocase.com; S. 206 (v.l.n.r.): Jörg Klemme/pixelio.de; Günter Havlena/pixelio.de; www.foto-fine-art.de/pixelio.de; Orlando Bellini/fotolia.com; richard villalon/fotolia.com; S. 207: panthermedia.net/Andres Rodriguez; S. 208: Meseritsch Herby/panthermedia.net; S. 210: panthermedia.net; S. 211: Tinvo/photocase.com; S. 212: Robert Kneschke/panthermedia.net; S. 215: Chris Pearson/WordPress.com; Dr. Helge Eisenschmidt, Leipzig 2009; S. 216: © M.C. Escher; S. 217: Hans Holbein der Jüngere; S. 219: Katja Pfannenschmidt/panthermedia.net; S. 220: Jens Rösner/panthermedia.net; S. 222: ullstein bild/SIPA; S. 227: Monkeybusiness Images/panthermedia.net; S. 228: © dpa-infografik; S. 230: Ines Ebermann/panthermedia.net; S. 232: Monkeybusiness Images/panthermedia.net (l); ullstein bild/Scheffen (r); S. 233: © Südwestrundfunk;

Alle übrigen Abbildungen: Archiv Militzke Verlag. Sollte es uns trotz größter Sorgfalt, nicht in allen Fällen gelungen sein, den richtigen Rechteinhaber der Abbildungen zu ermitteln, werden berechtigte Ansprüche selbstverständlich über die üblichen Vereinbarungen abgegolten.

(S. = Seite; o = oben; m = mitte; u = unten; l = links; r = rechts; ol = oben links; or = oben rechts; ul = unten links; ur = unten rechts; om = oben mitte; um = unten mitte)

Abkürzungen

v. a. – vor allem
u. a. – unter anderem
d. h. – das heißt
z. B. – zum Beispiel
i. d. R. – in der Regel
der Verf. – der Verfasser
v. Chr. – vor Christus